中央民族大学“985工程”少数民族美术学科建设项目

中国少数民族艺术发展创新研究系列丛书

中央民族大学特色教材
ZHONGYANG MINZU DAXUE TESE JIAOCAI

民族文化·时尚创意

中国服装品牌建设

钟志金　张 彬　李雅洁 著

中央民族大学出版社
China Minzu University Press

图书在版编目（CIP）数据

民族文化·时尚创意：中国服装品牌建设/钟志金等著.——北京：中央民族大学出版社，2013.11

ISBN 978-7-5660-0402-4

Ⅰ. ①民… Ⅱ. ①钟… Ⅲ. ①服装工业—品牌战略—研究—中国 Ⅳ. ①F426.866

中国版本图书馆CIP数据核子（2013）第059883号

民族文化·时尚创意——中国服装品牌建设

作　　者　钟志金　张　彬　李雅洁
责任编辑　红　梅
装帧设计　孙琳琳　汤建军
封面用图：张肇达设计作品
出 版 者　中央民族大学出版社
　　　　　北京市海淀区中关村南大街27号　邮编：100081
　　　　　电　话：68472815（发行部）　传真：68932751（发行部）
　　　　　　　　　68932218（总编室）　　　　68932447（办公室）
发 行 者　全国各地新华书店
印 刷 厂　北京宏伟双华印刷有限公司
开　　本　880×1230（毫米）　1/16　印张：24.75
字　　数　470千字
版　　次　2013年11月第1版　2013年11月第1次印刷
书　　号　ISBN 978-7-5660-0402-4
定　　价　118.00元

总序

中央民族大学美术学院是全国最主要的少数民族高级美术人才培养基地之一，自1959年建立至今，已经为国家输送了42个民族成分的本科、硕士、博士等不同学术层次的美术人才3000余名，为中国民族美术事业的发展做出了突出贡献。21世纪是中国文化艺术飞速发展的时代，在这种文化大发展、大繁荣的背景下，中央民族大学美术学院秉承突出民族特色和可持续发展的教学思路，形成了符合自身特点的教学、创作、科研三位一体的办学模式。

在教学层面，学院构建了符合学科发展需求的多层次教学结构，培养了专业方向全面、专业结构合理的优秀师资队伍，确立了艺术学和设计学两个学科的七个本科培养方向以及民族美术硕士和博士培养方向，新建并完善了"中国画临摹"、"丝网印刷"、"影像设计"、"服装工艺"等工作室和实验室。2011年，中央民族大学美术学院同中国美术家协会共同开办全国少数民族青年美术家创作高级研修班，继续对多层次人才培养进行深入探索。

在艺术创作方面，我院教师密切关注学科发展动向，在把握时代发展脉搏的同时，坚持探索具有中国民族特色的艺术创作道路。生活是艺术的源泉，学院教师每年暑期都会带领学生深入全国各地尤其是少数民族地区采风写生，体味民俗风情，感受民族文化。截至2011年5月，我院学生作品已在174个国际级、国家级、省部级赛事中入围，荣获金奖、银奖、铜奖、优秀奖和各类单项奖等奖项105个，得到社会各界的广泛认可。

在科研方面，中央民族大学美术学院重视对教师科研能力的培养，拓展了教学与科研相结合的研究新思路。进入21世纪以来，学院将教学科研纳入国家"211工程"、"985工程"的学科建设项目，陆续出版了"中国少数民族高等美术教育系列教材"、"中国少数民族美术教育五十年学术文库系列丛书"、《中央民族大学美术学院成立50周年师生作品集》和《中央民族大学美术学院成立50周年论文集》等学术书籍，召开了"民族美术教学发展论坛"等全国性学术会议。2011年6月，学院推出了中国第一本专门宣传介绍、研究挖掘、继承发扬少数民族美术的学术专刊——《中国民族美术》，标志着学院民族高等美术教育与研究的新起点。

作为一个多民族国家，文化多样性是中国民族传统文化的基本特征。中国少数民族艺术是中国民族艺术的重要组成部分，对其发展创新的研究直接影响到中国当代艺术创作、原生态艺术保护、艺术文化传承等诸多领域，其研究成果对中国艺术与文化发展意义重大。中央民族大学美术学院对少数民族艺术的探索主要包括两个层面：一是对少数民族艺术的创作实践；二是对少数民族艺术的理论研究，“中国少数民族艺术发展创新研究系列丛书”在实践的基础上侧重于对理论的研究与探讨。

对中国少数民族艺术发展创新研究包括保护、传承和创新三个层面。保护是研究的前提和基础，传承是文化延续的保证，而创新是发展和前行的方向。“中国少数民族艺术发展创新研究系列丛书”牢牢把握“传统”与“现代”这一时代主题，涵盖了上述保护、传承和创新三方面内容，对当代少数民族艺术的发展具有重要的理论和现实意义。

“中国少数民族艺术发展创新研究系列丛书”由“中央民族大学‘985工程’少数民族美术学科建设项目”和“中央民族大学‘211工程’三期重点学科建设项目”两部分组成，运用了美术学、民族学、人类学、考古学、社会学、历史学等跨学科交叉研究的理论与方法，涉及艺术理论、绘画、造像、建筑、服装等诸多门类，涵盖了文化研究、原生态艺术保护、艺术实践等方面的内容。本系列丛书具有以下三个特点：一是构建了“中国少数民族艺术发展创新”的研究体系；二是突出对民族地区的实地田野调查；三是将学术探索性与工作应用性紧密结合，较为全面地反映了学院近年来的研究成果和对少数民族艺术的研究思路，是学院对少数民族艺术研究的一个阶段性总结，为推动中国少数民族艺术与文化向纵深发展做出新的贡献。

中国少数民族艺术非常丰富，对其的研究与探索任重而道远，我们还将继续前行。

殷会利

中央民族大学美术学院院长

由“西学为体，中学为用”蝶变成“中学为体，西学为用”

为《民族文化·时尚创意——中国服装品牌建设》作序

作为改革开放后中国服装时尚发展的亲历者，历史的场景仍宛如历历在目，细细回味，绝不像有些人所说是轻而易举，而是苦多于甘——苦尽甘来——迄今为止则仍然是甘苦交融。

客观地审视和评价改革开放后的中国服饰流行文化，从最初一直延续至今可以简要概括为“西学为体，中学为用”。也就是说，中国服饰流行文化以“引进”为主，中国服饰文化的特色仅仅被用在推广、普及外来服饰文化的方式和方法中，社会对于“中国服饰文化”、甚至什么是“服饰文化”知之甚少或视而不见，有许多偏见与错误的理念还占据着主导地位。

服装最基本的功能是蔽体（大致包括御寒和遮羞），制作服装取决于经济这一基本条件，服装的发展更是取决于文化传承与经济发展。同时，服装业本身也是文化与经济的组成部分之一，文化和经济的发展涵盖着服装业的发展，服装业的发展推动着文化与经济的发展。

改革开放后的第一个阶段，也就是20世纪80年代，由于中国经济刚刚开始起飞，各方面的条件还不可能推动中国服装产业的飞跃；到了20世纪的90年代，中国经济有了一定的基础，服装产业已开始成为国民经济的重要支柱产业。

20世纪90年代的中国服装市场，首先是从外来加工起步。港台风、日美风、韩流，通过外来加工的方式占领了国内的服装市场。服装界对模仿、抄袭外来服饰文化之风一直采取容忍甚至鼓励的态度。这时候的中国服饰文化以T台为阵地，延续、发扬着中国的民族传统，在与外来服饰文化做着抗争。但具有中国创意的服饰文化一直被外来服饰文化冲击波的既得利益者们以“缺乏实用性”为借口排除在市场之外，更谈不上知识产权的保护。

21世纪开始，外来文化逐渐膨胀为国内服装的主流文化。其间，曾有人试图以唐装、汉服作为中国传统服饰文化的代表抵抗外来服饰文化的冲击，但因为它们仅仅是传统服饰文化的复制，并且往往带有明显的政治寓意，远不能符合当代中国消费者的需求，只是昙花一现。

由于中国服装在世界市场只是以加工外来服装为手段，并没有中国服饰文化的输出，因此，国际服装企业可以轻而易举地将加工基地转移出中国。“狼来了”叫了多年，并不为中国服装界所重视，总心存侥幸，认为最后一棒不至于砸在自己手中。“狼”最后还是来了。中国服装产业和品牌正面临前所未有的考验。

当今略懂经贸的人和具有一定素养的消费者都知道，商品的品牌，从来就不仅仅代表着商品的生产企业，更重要的是代表着商品独特的品质。在今天，把自己的商品交由其他企业代工的做法风行全球，产地和产商已不再是商品的主要特征，商品的品质几乎成为唯一能够支撑品牌的要素。商品的品质，主要包括技术含量和设计含量，而今天各种技术可以通过买卖等方式转让多方或以技术形式的多样化迅速实现市场化，一家或少数企业已不再能够拥有对技术的垄断能力。因此，设计展现出的外观、用途等就成为商品品质的最重要特征。而设计，正是文化在服装外观、用途及品质上的具体体现。服装总是一定文化的产物，也是文化构成不可缺少的组成部分。

近年来，网络文化进入社会的各个层面，甚至形成了某种程度的社会言语霸权。一些传统媒体动不动就拿网民的发帖替代民意，并借机肆意炒作。例如，对近百年来一直活在当下并不断发展的中华服饰文化——旗袍，相当多的人或者臆断其不属于正装，或者将其等同于满族人的服装，或者任意指责为妓女的服装；而对男士正装几乎清一色为西装的现象却习以为常，甚至奉为规范和标准。更有一些人只知有短袖或无袖旗袍，而不知旗袍最开始只有长袖，而且至今长袖旗袍仍比比皆是。不少人看到了电影《金陵十三钗》中妓女穿着的是旗袍，而偏偏对同一电影中与妓女同时避难的女学生穿着的也是旗袍却视若不见，独断地将旗袍归入妓女服装。不知旗袍为何物，却视旗袍为邪恶，颇有“文化大革命”初期“红卫兵”破“四旧”（恰恰就包括扫除旗袍）的遗风。这种缺乏文化的知性与理性的言语霸权现象不止在服饰界十分突出，在社会的其他方面也比比皆是，可以用当下的网络流行语将其称为“秀底线”。这充分说明普及中国服饰文化、还原其历史真相是任重道远的。

服装，就其内容而言可以归入感性的范畴，但从事和发展这一感性的事业，更多的是需要以极大的理性去感知、推动和经营。这本著作可以说是迄今为止从理性的角度最为详尽地描述改革开放以来中国服装业发展轨迹的学术著作之一。凡是关注中国服装发展历史和中国服饰文化的人，可以不赞同作者的观点，但面对作者将中国服装近年的发展脉络如此鲜亮地展现在你面前，应当能够从中感知到文明发展的轨迹并形成自己的理性判断。当全社会对改革开放乃至中国5000多年以来的服装文化发展有了客观公正的评价，中国服饰文化才有可能真正从“西学为体，中学为用”蝶变成“中学为体，西学为用”，进而真正成为世界主流服饰文化的重要一翼。

吴海燕
中国美术学院设计学院院长
中国服装设计师协会副主席

目录

绪 论

“民族文化·时尚创意”是服装品牌强国建设的根本

绪 论

“民族文化·时尚创意”是服装品牌强国建设的根本

一、当代中国“服装制造大国、服装品牌弱国”的现状

“衣、食、住、行”是人类生活的四大基本需求，“衣”在其中位列第一，其重要性可窥一斑。中国是世界人口大国，也理应是世界上的服装大国。但是，由于种种历史原因，目前，西式服装几乎代替了中国传统服饰，使中国成为“貌似强大”的世界服装“大国”。

服装是民族文化的外显，承载着本民族的历史、哲学，甚至是某种趋于永恒的信仰，因此，民族服装的风格演变是一脉相承的，然而20世纪接连不断的战乱、运动与革命的浩劫，却使我们失去了自身深远、厚重的服饰文化根基，导致国民缺乏中华民族文化与服饰文化的自信与自觉，服装从业者缺乏文化转型与创意的觉悟与自信。

改革开放之初，在人口众多、就业困难、劳动力资源丰富的背景下，中国服装企业为了基本的生存所需，蜂拥从事服装产业链U字形底端的“代工”部分——经济效益最低的产品加工工作，缔造了中国的服装“制造大国”。我国著名的社会学家、人类学家费孝通先生说：“我们中国虽然是世界上的服装生产和出口大国，却没有具有强烈的中华民族特色的品牌服饰，我们只是跟屁虫……”

进入21世纪以来，尽管中国林林总总的服装品牌、服装企业有上万家，但是，由于历史造成的文化灾难太深重，目前的服装业仍处于亏欠太多、积重难返的困境中，服装的文化创意、品牌建设工作等尚未得到全民积极有力的回应，品牌建设水平与西方时装大国相比还存在很大的差距，在“文化·创意·价值”的核心目标的显现上与国际顶级品牌相比，中国的服装品牌建设仍然处于弱国的地位！

在上述背景下，国际顶级服装品牌蜂拥中国市场，之后，又以高度敏感的市场意识与恰当的文化转型意识，运用中国文化元素将自身品牌进一步“中国化”，使崇尚西方文化的、具有较强购买力的人群成为它们在中国市场中最大的消费群体。由此，国际顶级服装品牌在中国赢得了广阔的市场空间和高额的商业利润，加剧了中国服装品牌弱国的现状！

造成中国现今服装品牌弱国现状的，还有以下几个品牌要素的严重缺失与不足：

其一，自2001年至2010年，在中国上万个服装品牌中，被评为“中国名牌服装”的只有115个（2010年8月“中国女装网”的有关统计数据）。具有文化内涵和自身特色的“名牌”在浩浩荡荡的服装创业大军中所占的比例严重失衡。大多数品牌策划乏力、定位同质化、文化内涵缺乏，未能将“以文化构建品牌的核心价值，拓展市场空间”、“以文化凝聚团队创造力，升华品牌精神”等关键要素作为品牌建设的首要条件加以重视，使许多自主品牌存在严重的“民族文化”缺失、“时尚创意”特色缺失，同时连带产生了“自主品牌精神”缺失和“时尚话语权”缺失。

其二，中国的国际知名品牌更是寥寥无几。目前，闯入国际市场的几家品牌企业与设计师品牌包括：香港邓永锵于1994年创立的“上海滩”品牌（此品牌在2000年被国际奢侈品集团之一，世界第二大名牌集团——瑞士历峰集团［Richemont］收购）；香港服装设计师张天爱创立的“Tian Art”品牌；台湾王陈彩霞创立的“夏姿·陈”(Shiatzy Chen)品牌；中国内地只有张肇达创立的“马克·张”(MARK CHEUNG)品牌系列产品于2005年一举进入美国高档市场，吉平生创立的“MOUSE JI”品牌于2008年进入巴黎“老佛爷”百货公司，此外相继进入国际市场的还有谢锋创立的“吉芬”(JEFEN)、房莹创立的“CLAIRE FANG”、梁子创立的“天意”(TANGY)、李琳创立的“江南布衣”(JNBY)、高德康创立的“波司登”等品牌，进入国际市场的品牌数量屈指可数。而且在中国内地，几乎没有世界顶级品牌。

其三，长期以来，经济、文化的全球化，西方经济、科技、文化、艺术、服饰时尚的强势宣传，中华民族文化与服饰文化教育的缺失，使中国国民的民族自尊、文化自信与自觉、文化转型意识都有待进一步呵护与重建。改革开放过程中，经济利益的驱动带来的道德滑坡，使“假货”、“劣货”充斥市场，致使“国货等于劣货”、“坑己害人”，而洋货则“现代、时尚、货真价实”的消费观念成为多数中国消费者的思维定式，由此引发的消费理念反映了强烈的民族服装品牌信任危机。其直接的影响是，自改革开放以来，在中国，几乎全民长期追崇现代西式服装，进而使全民穿着现代西式服装的情境愈演愈烈，形成国际上独一无二的“重洋牌”、“比奢侈”的情境。而由此情境所生发的购买需求，最终导致在中华大地上演了多有争议的、轰轰烈烈的“买洋牌”、“傍洋牌”的市场大戏。

“傍洋牌”强烈地吸引着“蔑视国货、崇洋媚外”的众多中国消费者，众多“傍洋牌”的运作、营销者顺势而上，使中国服装产业赢得了一份市场利益。从真正具有文化自尊的文化大国、品牌生态环境良好的品牌强国的角度来说，我们应当以海纳百川的胸怀与气度，视其为多元品牌群体之下的一个群体、一种中国服装品牌成长过程中的阶段性历史现象。然而，轰轰烈烈的“买洋牌”、“傍洋牌”却导致“品牌消费群体情感定位、品牌自我表现定位、品牌文化定位”良好的中国许多自主品牌，以及一部分与国际大牌品质无异的优秀自主品牌，在中国市场上受到严重抑制。中国自己的消费者尚且如此“蔑视国货、崇洋媚外”，又怎能指望国外的消费者看重中国的品牌呢？如此情境进一步恶化了中国所处的世界服装品牌弱国的地位！

二、打造顶级品牌是中国服装品牌强国建设的重中之重

当今，国际上的顶级服装品牌蜂拥中国，在国内已经形成品牌消费市场。在这个市场上，众多国际顶级奢侈品牌、中国的“傍洋牌”与部分成熟品牌的奢侈品满足了中国消费者“重鉴赏、讲享受、讲品位、讲炫耀、讲文化消费”的心理。我国的时尚消费者以最快的速度、最强的购买力涌入了国际品牌奢侈品的消费群体之中，形成了“追潮流”、“比名牌”的局面。2012年，中国已经成为国际顶级品牌与奢侈品的最大消费国。

作为世界上最大的品牌产品消费国，中国有着巨大的消费潜力。但是，由于前述种种原因，中国的服装业仍然停留在世界服装制造大国的层面上，中国少有真正通过民族文化创意成长起来的强势品牌，可以参与到境内、外的国际化顶级品牌市场的竞争中来。当前，打造世界级的、具有中国文化底蕴的自主服装品牌，已经成为中国由服装消费大国、制造大国、品牌弱国向服装品牌强国方向前进的重中之重。

一个崛起的大国一定要有自己的服装品牌。改革开放之始，中国学界的精英、服装界的有识之士已经开始呼吁对国民展开中华民族文化与服饰文化的教育，积极推进服装品牌的建设工作。20世纪末、21世纪初的全球化与亚洲金融风暴、全球金融危机，撼动了中国以OEM“代工”建立起来的世界服装制造大国的根基，服装界更是连连发出服装产业转型、升级、建设自主品牌的呼声，并积极采取措施，做了很大的努力促进服装品牌建设的发展。随着中国经济的发展和国际地位的提高，服装品牌强国建设已经提上了发展的日程，并日益成为中国服装界的最强音。

三、服装品牌强国建设过程中面临的生态环境与文化自觉

中国有着悠久、博大而光辉灿烂的历史，是有着多元的民族、地域文化和绮丽多姿的服饰文化历史的礼仪之邦。中国文明历经了几千年的变迁，造就了无数的服饰风格。中国在历史上曾经是服装文化创造领先于国际的时尚大国。

汉朝的服装以大汉雄风，演绎了“汉代深衣”的经典华章；近2000年前

的“魏晋风度”流传至今，已经是“自由自在”与“洒脱不羁”的代名词，从服装的角度来观察，我们就会强烈感受到，曾经，在古老的东方蔓延开来的，正是独步当代的休闲时尚。当时流行的白纶巾、鹤氅裘、屐子等均不是正装，却获得了从皇帝到士大夫的青睐，以此彰显穿着者闲云野鹤般的自在和“矜毫傲物”的洒脱。“步摇钗梁动，红纶帔角斜”的士大夫是风靡一时的休闲时尚风潮的代表性群体。学者谢万就曾头戴“白纶巾”去见简文帝，而陈文帝也以身披纶巾的形象出现在传世的帝王肖像中。“脚著谢公屐，身披大纶巾”成了魏晋时尚界最具影响力的“休闲装”概念。

唐代的服饰华贵而旷达不羁，散发出意气风发的大国气度，充满了“万国衣冠拜冕旒”的自信与飞扬，彰显着“天上人间”的恢弘与大气。唐代的服饰文化不仅独步天下，而且通过丝绸之路的传播对世界的服饰文化产生了重大而深远的影响；随后的历朝历代，服饰随朝代的演进而变迁，各具鲜明的特色。

中华民族“天人合一”的哲学思想体系与“自强不息”的人文精神，使华夏子孙生生不息地传承自己的优秀传统文化，海纳百川地吸纳人类各民族的先进文化，在优与劣、新与旧、传统与时尚的对话、碰撞、交融中创新、演进、繁衍了“朝代多元一体脉络”与“少数民族多元脉络”两支“各美其美、美美与共”的服饰文化根脉。通过这两支根脉的延伸扩展造就了不同民族、不同地域、悠久、璀璨、多姿的服饰文化，让世人心醉神迷。它们是中华民族文化的外化和载体，是人类服饰百花园中绚烂而多彩的奇葩，是人类服饰文化的宝库，是现代国际服装品牌劲刮“中国风”、诸多服装设计师进行时尚设计的创意源泉。

作为文化的外化和载体，即使在人类已经进入全球化时代的今天，服装依旧是区别种族、民族、地域的重要标志之一。国际品牌的运作者们以坚定自信、自豪豁达的心态，严谨科学的工作作风，来彰显其国家、民族或者地域文化，来进行他们的服装品牌文化创意，构筑品牌的民族文化底蕴与鲜明的个性。“路易·威登”（Louis Vuitton）将其巴黎文化个性，外化成了尊贵而又浪漫清新、帅气成熟、多变优雅的气质；“ONLY”内含的丹麦文化，使其散发出了粗犷无拘、随时尚而变、自由而自信的民族风采；“卡文·克莱”（Calvin Klein）则凸显了美国式的现代简约、舒适性感、轻松优雅。

上述国际品牌在设计过程中彰显自己民族文化的前提是对其所属的民族文化充满自信。没有自信，便会盲从、依附于其他的强势文化，造成品牌灵魂的缺失，没有灵魂的设计是没有生命力的，更谈不上发展和壮大。

在国际化高端品牌竞相争艳的时代，谁对民族文化充满自信，把握住文化创意与流行的脉动，谁就具有服装界的“时尚话语权”，成为时尚界的王者，在时尚界赢得主动，引领时尚界的未来发展趋势。

然而，自20世纪之初，璀璨、绮丽多姿的“朝代多元一体”传统服饰文化在“革命”的时代，被“革命”的口号和“破四旧”的运动几乎切断了流淌了几千年的血脉。“文化大革命”时期更是以黄、绿、灰、黑的服装色彩与单调的款式，代替了“穿衣戴帽，各有所好”的人类穿衣法则，使中国的服饰文化渐趋消亡，几近断代。因此，当下我们的服装发展不像西方那样是在传承中发展，未能在中国作为“衣冠王国”这一丰富服饰文化资源的基础上，通过自然的传承、演进、创造与发展，顺利地过渡到现代服装文化时尚的阶段上来。中国当代的服装品牌建设是在几乎弃置了本民族优秀服饰文化传统的大前提下，在全球经济一体化的现代化进程中，全然追随西方现代服饰文化，在“全盘西化”格局的时代背景中进行的，因此导致了服装界以传统文化为根基的服装自主品牌建设意识的丧失，造成民族文化自觉、文化自信、文化转型意识、文化创意的缺失，以及由此带来的“时尚话语权”的严重缺失。使现今众多的中国服装品牌，无法在国际时尚舞台上显示出各自的鲜明个性与文化特征，更无法建立中国服装品牌强国生态环境，使品牌显现国际顶级品牌“文化·创意·价值”的核心目标。

在全球化激烈竞争的时代，服装品牌必须灵活应对激烈竞争的生态环境，在对自身文化的自觉中成长。“路易·威登”、“ONLY”、“卡文·克莱”、“巴宝莉”（Burberry）、“高田贤三”（Kenzo）等各类国际顶级品牌的发展史告诉我们，它们在各自不同的生态环境中，坚守着自己的文化身份，自觉地将自身民族文化的元素特性与现代时尚元素交融于一体，形成适度的文化转型，并以此为品牌的精神旨归进行创意设计，由此，使它们的面貌常新且能够立足于世界高端市场。正因为如此，国际顶级品牌在成长过程中，无一不重视品牌竞争的生态环境构建，无一不将品牌置于其所在国家、民族或者地域的文化之中，将文化融入对服装设计的时尚创意之中，使之成为品牌的文化符号，成为他们所在的国家、民族或者地域的文化名片。

在当代，中国时尚界影响最大而位居时装设计界泰斗地位的张肇达，把品牌建设的目标确立在“让中国也出现像LV那样的世界级航母级时尚集团”。他设计的作品有着令人神往的魅力，经常令中国乃至世界时尚界耳目一新。他在时尚领域创造了许多辉煌的业绩，是中国时尚界当之无愧的领军人物。张肇达在22岁之时即1985年已经扬名美国，在1993年至1995年间，他与美国纽约的一个合作伙伴共同推出一个名叫“浪度”的休闲品牌，他没有把自己在西方掌握的最前卫的休闲服装概念，经过适当的文化转型，就原汁原味地直接搬到中国市场，由于这一时期的设计作品不适应当时中国服装消费市场的“生态环境”，导致业绩不佳直至亏本，这使他经历了人生中最大的挫折。这一巨大的挫折，驱使他思考“民族文化·时尚创意”、“品牌市场”构成的品牌“生态”等问题，并开始了自己的文化寻根之旅，通过一段凤凰涅槃般的思索，直到2000年，他翻然醒悟——艺术一定要有自己的根。他深刻地意识到民族文化的血脉神韵和历史是设计师的灵魂，而现代的技术、材料和时装理念则是实现设计与追求的手段。在全国各地的游历中，他不断从艺术的视角进行民族文化血脉神韵与情境上的追根溯源，汲取中国几千年文化的传统积淀。他以区域地理、单元民族文化分列出诸多专项设计主题，借助绘画、雕塑、音乐、现代时装的国际时尚语言和表达方式，从人学、心学的高度，对创作加以精到而出神入化的把握，娴熟地展开品牌产品的“民族文化·时尚创意”设计，最终开创了属于自己的、在品牌生态环境中具有强大生命力和迷人魅力的——“中国的·国际的”——“马克·张”时尚品牌集群。

张肇达由挫折迈向成功的转折点，就在于他面对品牌生态环境的改变时采取了积极应对措施，智慧地找到了自己的文化根脉，以此作为设计的出发点，结合国际时尚设计语言，最终创建了成功的品牌集群，这一品牌建设的途径已然为当今进行中国服装品牌建设的同行以及后来者提供了一个可供参照的成功典范。

如今，把品牌建设当作重中之重的中国，林林总总的服装品牌有上万家，但是即便是被评为“中国名牌服装”的115个品牌，又是否能够对激烈竞争的品牌生态环境做出积极反应？是否能够像国内的“马克·张”时尚品牌集群那样，像国际上的“巴宝莉”和“高田贤三”等品牌那样，在各自不同的生态环境中将其国家、民族或者地域文化的元素特性与现代时尚元素水乳交融，进行创意设计，寻求生存与发展的途径？我们还需要在这方面做更多的努力。

综上所述，在品牌建设过程中，面对不同的生态环境，需要有积极、智慧的文化转型意识，而文化转型意识是建立在文化自信、自觉与时尚创意的基础上的。

四、“民族文化·时尚创意”与产业链建设是建设品牌强国的根本

在21世纪的今天，中国传统服饰文化在中国加入WTO、中国成为国际服装品牌弱国的背景下，渐渐从沉睡中惊醒，从隐匿状态转而现身于服装文化创意产业，并初步踏上了品牌强国建设的征途。改革开放前色彩单调、款式简单的着装模式，今天已经全部被打破，人们沉醉在色彩斑斓、款式多样、风格多元的时尚潮流之中。随着中华民族文化与服饰文化的教育、觉醒与文化转型意识和民族自尊的增强，以及国内外消费者对中国自主服装品牌的认可，加之拥有13亿人口的服装加工、消费市场，中国品牌服装的消费时代已悄然来临。自1994年起中国连续8年，以OEM代工生产的模式创纺织服装出口世界第一位的纪录，又通过多年的产业升级与自主品牌建设，消费者对民族文化有了初步的自觉与自信，进而有了对具有“民族文化·时尚创意”的中国本土品牌产品认可度的提升，这预示着服装产业作为未来中国经济发展的重要支柱之一的地位将不会改变。

随着人类文明的不断进步、社会的不断发展、服装科技材料的不断更新，服装文化创意与潮流的更替、品牌的建设，都将会在适时、适当的转型、创新、演进中向前推进。“报喜鸟”集团董事长吴志泽认为：“艺术家只有传承中国文化精髓并兼具国际艺术视野，才能获得话语权，才会孕育出中国血统的世界顶级品牌。”这是中外服装界的共识。从这个视角来观察张肇达、王新元、吴海燕、计文波、张志峰、吉平生、谢锋、卡宾、罗峥、房莹、马可、王玉涛、刘洋、祁刚、郭培、曾凤飞、蔡美月、薄涛等许多中国著名设计师在以“民族文化·时尚创意”与自身品牌的产业链建设中，所展现出的先行性、具有示范意义的实践途径，我们可以得出结论：“民族文化·时尚创意”与产业链建设是建设品牌强国的灵魂，是根本。

鉴于上述的分析与思考，中国应当在“中国的·国际的”服装品牌强国的建设过程中，重视以科技创新为产业升级的主线，以民族文化和时尚创意为核心，以品牌运营、市场营销为保障的三者有机结合；强化以文化为核心的品牌风格定位，在构建庞大的产业链集成创新体系、建立现代品牌生态环境的过程中，深入探索东西方传统服饰文化与现代服饰文化的特点及发展趋势，以民族文化作为服装创意产业的切入点进行时尚创意，构建多元多样的品牌集群。

面对品牌强国建设的历史使命，本书首先以“民族文化的传承、创意对中国服装品牌建设的启示”为开篇，以史为鉴，深入探讨“多元民族文化与时尚创意支撑中国服装品牌建设”、“民族文化与时尚创意产业推动中国服装品牌建设”进程中所面临的诸多议题，在“用‘中国的·国际的’视野与胸怀建设服装品牌强国”的过程中，重点探讨多元服装品牌类型格局与服装品牌生态环境，对品牌强国建设的战略、社会责任、时尚话语权、品牌强国建设的基本途径等方面进行探索和讨论。

建设服装品牌强国需要有高瞻远瞩的视野与海纳百川的胸怀，无论是审视服装品牌类型格局、建设服装品牌生态环境，还是对中国服装品牌强国建设进行展望，都需要明确自己肩负的历史使命和社会责任，努力赢得“时尚话语权”，以包容的心态客观对待和解决服装品牌建设过程中所出现的诸多问题，为服装品牌强国建设谋求多元发展的途径，比如：我们可以借鉴美术界引进西方油画后使之演变为中国造型艺术的一个画种的经验，使OEM、“傍洋牌”、并购国际品牌，以及通过各种途径吸纳国际高端技术与市场运营经验，转化成为中国服装品牌强国建设的强大助力，甚至把OEM、“傍洋牌”、并购国际品牌确立为中国多元品牌群体中的一个群体，使它们在时代的进程与潜移默化的中国文化熏陶的过程中，注入中国文化基因，同化为中国多元品牌群体中不可分割的一元。同时把重点放在通过参加国内外展会、时装周的方式，推进具有中国文化底蕴的自主品牌建设的速度和规模，尝试多元运作的品牌建设途径，寻找文化创意、时尚设计与资本、市场结合的共赢机制，为服装企业的发展找到适合自己的、最佳的、多元的发展路径。

在全球化的大背景下，中国服装界的有识之士应当在国际顶级、中端和低端服装品牌、“傍洋牌”、“中国制造品牌”林立的品牌类型结构和生态环境中，审时度势地吸纳各方有利因素，化解不利因素，使中国逐步成长为以中华民族文化为根本的、多元风格和谐共存的、生态环境良好的世界服装品牌强国。

五、建设服装品牌强国，推进世界文明的发展与进步

21 世纪，世界时尚的主题之一当是“中国”。中国经济的崛起、中华文明的复兴，必将成为世界文明史上的重大事件，会对人类未来的文化和文明产生深远的影响；中国文化的振兴，会从根本上改变世界文化的格局；我们所进行的以“民族文化·时尚创意”为核心的，推动“中国服装品牌强国建设”各产业链全面建设的工程，会彻底改变近代由西方主宰的时尚界，打破当今西方国家一统时尚天下的格局，56 个民族共同构筑的中华文明的一举一动影响到的将不仅是中国，而且是整个人类的文明发展轨迹。

肩负着建设服装品牌强国、振兴中国文化的历史使命，我们要有文化自信、自觉，民族文化与我们是血脉相通的，是我们心灵的本根和灵魂的原乡；但是，在民族文化的民族性与世界性的关系问题上，我们要有宽广的文化胸怀，“民族的就是世界的”不是提倡纯粹的、狭隘的民族主义，固守传统、故步自封、拒绝接受外来文化，必然会使文化萎缩。文化是一种生命，需要多方面的滋养才能发展壮大，因此，我们需要有“海纳百川而浩瀚”的气度。在建设服装品牌强国的过程中，必然会面临民族文化与外来文明的冲突与取舍。历史是一面明镜，我们不妨以史为鉴。放眼西域，飞天艺术的璀璨已经为我们提供了最好的答案，其辉煌的根本原因正在于艺术家们以民族文化为核心，以民族艺术精神为灵魂，广泛吸收了外来文化的精华，为我所用，结合彼时彼地的审美，创造出了永恒美丽的艺术形象；飞天艺术的辉煌不仅仅源于中华民族的艺术土壤，更是世界文明共同哺育的结果。

从心理学的角度来讲，与他人分享是人类的共同心理与愿望，而对于先进文化、优秀艺术作品、优质商品的分享，也是人类文明发展的重要助力之一。在文明演进的过程中，这一心理沉淀成为了一种普世的价值观，推动着人们努力追求并实现人类的共同梦想。中华文明如旭日东升之时，便实现了对于周边民族（东夷、南蛮、西戎、北狄）“普世”意义上的“化成天下”。回望世界上历史最悠久、范围最广泛、影响十分深远的、交汇于中国西域的中华文化、印度文化、希腊文化和伊斯兰文化；回望以中华、伊斯兰、西方为代表的大陆农耕、游牧商贸、海

洋工商三种类型的人类古老文明；世界上的绝大多数人在上述四种文化的碰撞、交融、创造中共同分享上述三种类型的优秀人类文明成果，并在这个过程中，继续以不同的方式不断地推动着包括服饰艺术在内的人类文明的发展。

在人类彼此分享、共同前行的过程中，最具“普世”价值和生命力的是“爱”——佛家的慈爱、儒家的仁爱、墨家的兼爱、基督教的博爱……“爱”包括爱别人和被人爱，给予爱和接受爱。“爱”是人性的主要根基，“爱”不仅促使不同种族、肤色的人在自身的历史、地理环境中形成了不同的生活方式，在文化、艺术上存异求新；“爱”更促使不同种族、肤色的人共同追求独立、自由、平等、民主的理想。未来世界的文明将在世界各民族、宗教、区域特点的基础上，在相异的文化特色基础上，以“爱”和真诚来构筑人类的共同精神家园——建构第四种“求同存异”型的人类文明。因此，我们应以广阔的胸怀去接纳、用不同文化中的智慧来滋养、以“共同追求，各自实现”的方式来持续推动、发展、壮大绚烂多姿的“求同存异”型人类文明。

从“求同存异”型的人类文明的高度来看，世界是一个整体，国家是其中的个体，每一个国家都是世界的有机组成部分。因此，当今“中国的”的艺术创造必须在“求同存异”中融入“国际的”元素，进而在“存异求新”中前行——“中国的”也就是“国际的”，中国的文明，不仅仅属于中国自身，它应该属于全人类。每一个国家和民族都有责任和义务与全世界分享自己包括服装在内的种种“存异求新”的优秀成果，共同推进世界文明的发展与进步。中国也不例外！

第一章

民族文化的演进对中国服装品牌建设的启示

第一节
中华多元民族文化及其精髓

一、中华民族文化的多元一体格局的形成

在古老的中华大地上，北起黑龙江，西南到云南，东至台湾，都有早期人类活动的痕迹，这些早期人类的活动创造了丰富的石器文化。我国现有7000多处从公元前6000年起延续到公元前2000年的新石器文化遗址。许多学者根据考古发现将中国古代史前民族划分为三大集团，即华夏集团（河洛民族）、东夷集团（海岱民族）和苗蛮集团（江汉民族）。比较有代表性的文化链有前仰韶文化—仰韶文化—河南龙山文化；青莲岗文化—大汶口文化—龙山文化—岳石文化；河姆渡文化—马家浜文化—崧泽文化—良渚文化；大溪文化—屈家岭文化—青龙泉文化，等等。以地理区域为依据划分的民族群落有东北古代民族、北方古代民族、西北古代民族、南方古代民族。

自人类文明的曙光初照蛮荒的中华大地，各民族先民在这片给文化成长以严峻考验和丰润机会的辽阔土地上，以大分散、小聚居的生活方式繁衍生息，创造出了各具特色的文化，形成了中华多元民族文化的格局。这些文化在接触的过程中，相互竞争、共同演进的现象在历史的舞台上轮番上演，各民族在吸收其他民族文化的同时又不失其原有的个性，呈现出“各美其美、美美与共”的绚烂情境。例如，在黄河中游兴起的仰韶文化，曾一度向西渗入并影响了黄河上游的文化区，但当接触到了黄河下游的山东龙山文化时，河南龙山文化随即出现，取代了原先的仰韶文化。考古学者在龙山文化前加上各个地方的名称，是为了表示它们依然是从当地原有文化中衍生出来的，但这也同时说明了当时各族群间存在的文化“交流”过程。

通观中华沃野，先后生息繁衍着许许多多分散存在的民族单位，是它们奠定了中国历史上多元文化起源与发展的基础，它们经历了接触、碰撞、交融的历程，在民族演变、发展的过程中，也存在分裂和消亡，有些民族消失了，有些民族则兴盛壮大起来。不同的民族在成长的过程中，对于自己所处的地域，对于天地、自然、祖先、图腾与宗教的神秘力量，都有着大同小异的见解，同时伴随儒、

释、道多元文化的并存与碰撞、融合与传承，这些民族形成了各自的物质与精神生活方式，并逐渐形成自己的民族文化个性，不断地衍生出各个民族不同的文化传统。

在漫漫历史长河中，各民族在发展自身文化传统的同时，相互之间建立了和平相处的机制，进行经济、文化的交流、借鉴、吸收与互补，与此同时，也出现了不和谐的纷争、短期的民族之间的冲突、对抗，甚至出现过多次局部战争，但和平相处、共同发展的局面占据了历史发展的主流。这样的和平、纷争、和合，产生了中华历史长河中曾经出现的暂时分裂、割据或者是几个政权同时并存的局面。另外，中原的汉族，或周边的少数民族政权在入主中原并建立各个王朝时，都视自己为中国的正统。事实上无论是汉族还是少数民族，都是中华历史构成的一个部分，因此各个王朝施政的主流方向都是倡导多民族共同进步、共同发展的。由此，在中华大地上演绎了有序发展、规模庞大、相互包含而又各具个性的、多元一体的多民族共同发展史，形成了多元一体的基本格局。中华民族在上述多元一体的基本格局中，经过漫长的迁徙与繁衍，迈过蛮荒冥迷时期，跨入殷周多元一体格局的萌发时期、春秋战国时代多元一体文化格局的奠基时期、秦汉至清朝中叶多元一体文化格局的发展时期，最终形成了中华民族多元一体文化的格局。

20 世纪初，由梁启超提出的“中华民族”的称谓，现已被世人所认同。中华民族多元一体文化的历史实际上是一部中国各民族的交流史，是包括汉族在内的各民族共同创造的中华民族文化史。由 56 个民族构成的中华民族以海纳百川的胸襟、地承万物的气魄面向世界，为人类留下了博大精深、影响深远的圆融于天、地、人的诸子学说，直指人心的宗教典籍，气象万千的历史古籍，浩如烟海的诗词歌赋，匠心独运的艺术经典，泽被后世的四大发明……汉唐以来，有通往世界各国、便于向世界开放中华文化以及学习各国文化的丝绸之路，由此形成了诸多丝绸之路上交融各国文化的聚合点，北有敦煌、龟兹，南有茶马互市、盐茶互市，中有黄河与长江文明……如此便将多民族、多阶段、多层次的复合文化融为一体。

早在幅员辽阔的秦汉之际，多民族国家的基本格局已经形成，汉民族在古代早期多民族国家的格局中从点到线、从线到面，像滚雪球一样，通过文化上的认同，融合了许多的民族成分，积累了丰厚的文化底蕴，形成了一个兼收并蓄、凝聚力非常强的民族。在历史发展的长河中，汉族逐渐成为中国 56 个民族中最具影响力的民族。而值得一提的是，中华文明伊始就已孕育的各少数民族文化，在中华文明的一体格局中，都保留着自己的民族图腾、宗教、历史、经济、民俗、节庆、餐饮、地理、自然科学等文化层面，还有各自独特的史诗、歌赋、书画、雕刻、音乐、舞蹈以及服饰、建筑等文化形式，与汉文化一同构成了中华民族多元一体的文化格局。

二、中华多元民族文化的内在精髓

在中华大地上，从荒蛮时期演进到现代文明，从贯通中、西的丝绸之路到黄河、长江，再到长城内外三山五岳、湖海平川，凡是56个民族所居之处，无不展现着中华各民族生产、生活、经济资源环境的多元、独特、丰华、多姿；无不展现着“天人合一”思想、儒释道神传文化精神对中华后世的感召力；无不展现着各民族人民对自然、祖先、图腾与宗教的神秘力量的尊崇与信仰；进而展现出各民族独具个性的文化风采，它们共同形成了多元绚丽的中华文化。古代中华各民族由衣食住行、婚丧嫁娶而展开的各种文化活动，无不贯穿着“天道”与“人道”或自然与人事卦象相通和统一的“天人合一”思想的思维向度与内涵。正如古时的《易经》“贲卦”的彖传所载，“刚柔交错天文也，文明以止人文也，观乎天文以察时变，观乎人文以化成天下”。

“刚柔交错天文也，文明以止人文也”——我们所看到的宇宙与自然的莫测变幻、阴阳交错、时空运行即是“天文”的表现，这些“天文”映入人类的心志之中并被人类领悟之后，便融合体贴于人类的生存方式之中，从而被创造、外化为人类的物质文明与精神文明。

“观乎天文以察时变”——我们通过观察天文的各种现象，而知朝代更替之迹象，明时空变幻之必然，晓万物生化轮回之因果，知四象应四时之“时变”。

“观乎人文以化成天下”——人类以自己与万物和谐共存、体贴天地万物之心的“天人合一”思想来观乎“人文”，便知晓了天、地、人、宇宙万物生化的规律，就可以“化成天下”——“教化”无缘无界千年万年轮回生化的人类众生。

中华各民族人民自盘古开天地的蛮荒时代到三皇五帝的文明伊始，直至当今时代，所行的“人文教化”，即“文化”的本源是儒、道两家的思想，同时吸收、融合了佛教文化之精髓。在中华大地上不断生成的以儒学为主要导向的中国传统文化——国学，代表了东方的智慧。国学让人可感知“至广大而尽精微”的万物生化妙道，体悟高明而中庸的为人之道，实践经世致用的济事之道，修为兼济天下之大德，练达成就事业之博大胸怀。“天人合一”的思想是我们国学的灵魂，是中华民族多元一体文化的精髓之所在，在一定意义上也是东方文化的精髓与灵魂。

第二节

中华服饰文化与多元民族文化的关系

一、中华民族服饰文化是多元一体文化格局的主要组成部分

中国传统文化研究会（香港）会长李士生认为，文是一种得体的装饰。在甲骨文中，“文”字就像一个人，正面站着，这个人的胸口有一个交错的图案，这个图案很简单，可能是文身，也可能是衣服上的花纹。其次，文是内在美好东西的一种外在表达。《易传》说：“黄裳元吉，文在中也。”“文”既是衣服上的美好彩饰，也是内在精神的一种反映。原始人类用树皮，用兽皮，或者是用树叶来遮羞、来御寒，有时也用来表现社会身份、地位，有时仅仅是为了美观；除了树叶、树皮、兽皮，他们也会在身上绘制表示礼俗的花纹，或者是插上羽毛等装饰物，这就是文身文化。《左传·哀公七年》说：“大伯端委以治周礼，仲雍嗣之，断发文身，裸以为饰，岂礼也哉。”根据庄子的记载，在春秋战国时期，越人崇拜鸟神，以鸟为图腾，将鸟作为至高无上的象征物，文于人体和器物上。古代各个民族大都有这样的文身文化，时至清代，文身在我国南方少数民族还相当普遍，直到现在，傣族、布朗族、佤族、基诺族、高山族、黎族仍然保留着文身的习俗（见图 1-2-1）。人类早期的文身文化同时也伴随着服饰文化的演变而发展，这是“文”、“化”于服饰上、人的身体上所形成的关于“文化”的另一深层含意。所以在中国文字

图 1-2-1 傣族文身

中文化的文、文明的文、文章的文，最早都是从衣服的纹饰和文身中来的。他们用衣服上的花纹，体现着天文——日月星辰、地文——山川大地。人以穿戴这样的服装来显示他们的文化特点，因此，可以说服装是中华民族文明最基本的表现形式。

有人的地方就会有“文”与“化”的活动，或者说，凡是人都会受到“人文的教化”或被已有的文化所感动从而兴起文化活动，经过一代接一代地传承与发展，这些文化活动中的精华最终积淀为文化传统。今天我们对“文化”所作的定义是：“广泛传承的行为规范、信仰、制度和其他所有人类劳动及思想产品的总和。”“文化”是一个群体（可以是国家，也可以是民族、企业、家庭）在各个时期形成的思想信仰、制度、理念、行为、规范、风俗、习惯、代表人物，以及由这个群体的整体社会意识形态所折射出来的具有历史传承意义的物质与非物质形式。食、衣、住、行是人类最基本的生存要素，“衣”在其中居于重要的位置。通过各个朝代的“人文教化”过程与衣饰创造过程演进而来的56个民族传统服饰文化，不仅仅是中华民族多元一体的文化格局中的重要组成部分与中华民族的重要文化遗产，也是全人类独特而又辉煌的服饰文化遗产，所以具有不断被传承、创新的历史价值与意义。中华民族服饰的传承性与可创新的魅力也正是当今国际服饰文化、时尚领域连年不断兴起中国服饰文化风潮的根源。

二、中华民族服饰文化是多元民族文化精髓的载体

中华民族的“人文教化”，使传统服装的造型与色彩传递出深厚广博的民族文化精髓，换句话说，中华民族服饰文化是多元民族文化精髓的视觉载体。

从服装造型上来看，中华古代服装造型形态特征传递出了其所蕴涵的“天人合一”思想。首先是其形态对应阴阳五行，因此便具有稳定的、蔽形表德的、重象征的、社会等级差别的功能；其次是以平面性、宽松大方（略有宽大与瘦长之别）的上衣下裳制（商周）和上下联属衣裳制（春秋战国）形成衣人相映的造型形态。这样的服装形态一直运用于古代汉族服装中，同样也体现在彝族、苗族、瑶族等许多少数民族服装中。此外还有包括“天人合一”思想和“神明”意味的文化符号造型，像是宇空中阴阳交错的日、月，承接天地人间、有神性能力和精神象征的龙、凤等文饰符号，以及在佛教传入中国之前，已经出现在中国古老的马家窑文化的彩陶上的、汉代通行的五铢钱币上的“卍”字符等许许多多的符号造型元素都被融合进了服饰造型之中。

各朝代的服饰源自于漫长的、稳定的农耕文明，受到“天人合一”的神传文化的思想影响；受到日月星辰轮回交替，盘古开天辟地，龙、凤以及各种宗族图腾文化的深刻影响；受到儒、释、道文化美学主流思想的影响。其中对其影响最

深的便是“天人合一”的思想，而最能够全方位地、非常直观地表达“天人合一”这一核心理念、文化特色的代表性服饰，当属帝王冕服（见图 1-2-2）。晋武帝司马炎的冕服，头饰有通天冠、天河带；衣裳结构为宽衣大袖，宽衣甚至宽到了无以复加的程度，寓意天之子占有广阔的天地空间，并将宇宙自然融入自身之中，而自身形态也随之融入天地宇宙当中，此为“天人合一”在服饰象征上的明确体现；其色彩以“天地玄黄”为理论依据，其衣为天用玄色，裳为地用黄色；服饰图案以日、月、星、辰、山、龙、华虫、火、宗彝、藻、粉米、黼为十二章文，八章绣于衣，四章绣于裳。可以说天子之冕服是穿地戴天，包罗宇宙万物，而同时人的形体也消融于宽大的含有天地成分的服饰之中。这样的服饰展现出落落大方、行云流水、平和朴实、自然妥帖、宽舒和谐、和平长远、意蕴绵绵的特征。这种包容天地的服装造型理念影响了后来各个朝代的官方袍服以及民间袍服的形态。

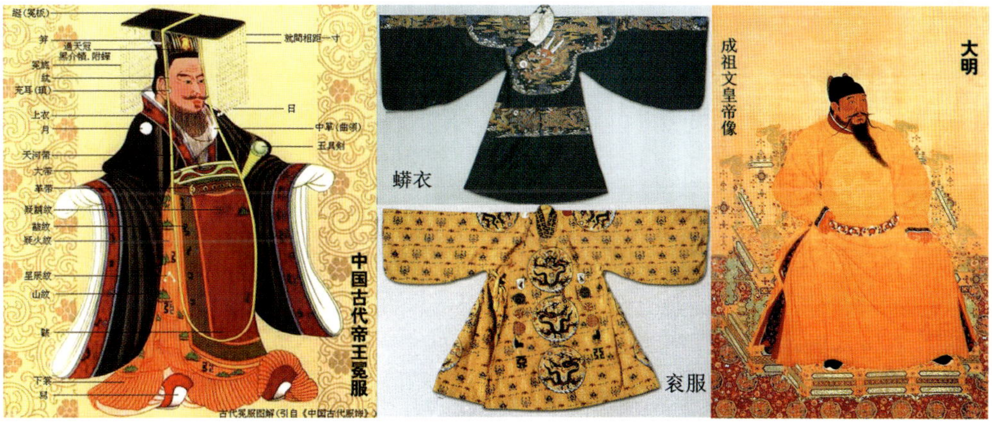

图 1-2-2 古代帝王冕服（左图）、蟒衣（中图上）、衮服（中图下）、大明成祖文皇帝像（右图）

从服装色彩元素上看，中华古代服装的色彩特征同样传递了其所蕴涵的“天人合一”思想的信息。其中最典型的是西周时期由先贤所创立的阴阳学说与五行学说之中所蕴涵的色彩内涵。依阴阳五行学说之观念，物质世界乃是由阴阳二气相互作用而产生。西汉董仲舒在《春秋繁露》中对五行这样记述：“天地之气，合而为一，分为阴阳，判为四时，列为五行。”中国古人将五种物质木、火、土、金、水，对应五色为青、红、黄、白、皂（黑）；对应方位为青色象征东方，红色象征南方，黄色最为贵重象征中央，白色象征西方，皂色象征北方。五色还有“正色”的具体含义，“正色”，具有神性和能与“君主”之德相比的正统地位。许多朝代规定只有帝王能穿黄色，官员则是穿着相关的正色，而百姓只能穿由正色调配出来的间色服装。可见“五行、五色”不仅是世人对色彩的崇尚，更是一种人文思想、社会规范、民族精神的象征性符号，并已被融入服饰的色彩造型之中，成为服装的主要元素之一。五色与服装形态共同构成了辨别人的阶级身份的标识，被纳入到“礼治”的范围之中，成为礼仪的一种表现形式，并影响其时以降的各朝代服饰的相关色彩的运用。在《豳风·七月》中曾这样写道：“七月鸣鵙，八月载绩，载玄载黄，我朱孔扬，为公子裳。”大概意思是七月听见杜鹃叫，八月时纺织忙，染出的丝线有玄色也有黄色，我的红色是最漂亮的，所以为公子们做下裳。这里所谓公子，代表的便是社会中的上层贵族，由此看来，服装的色彩被打上了鲜明的等级印记。

许多服装的色彩造型元素不仅来源于“天人合一”的思想，也来源于图腾与宗教，以及产生于牧猎文明和农耕文明的色彩观念和符号。上古时期“五行”的色彩观念在冕服上体现出的色彩造型特点比较单纯、鲜明，色度反差大，民间服装与同时期的彩陶的装饰艺术手法有相似之处。随着各地域各民族自身的宗教、图腾文化与自然生活环境中的色彩元素的融合以及时代的演进，不同的时代在五行五色基础上，都有不同的色彩崇尚：夏后氏尚黑；殷人尚白；秦代尚黑；汉代尚黄。时尚色彩随朝代变更而变异，并成为那一特定朝代人们的艺术境界、审美境界在神传文化中的情景交融。冕服和民间服装也在这样的演进中不断呈现出丰富多彩的新姿色。明朝洪武元年二月，翰林学士陶安等上奏明太祖：“古者天子五冕，祭天地宗庙社稷诸神各有所用，请制之。上曰五冕礼太繁，今祭天地宗庙则服衮冕，社稷等祀则服通天冠绛纱袍，余不用。”明世宗时期又对服制进行大规模的修改与创新。各民族的服饰色彩则融入了宗教、图腾信仰以及地域经济文化的元素，如内蒙、新疆、西藏、甘肃、云南等许多省区的各民族服饰。此外，我们所熟知的贵州屯堡、福建惠安的汉族服饰也与少数民族服饰一样在色彩、纹饰、造型上各显姿色、奇葩争艳（见图 1-2-3）。

图 1-2-3 传统文化在南北方各民族服饰与图案中的体现

从传统服装的材质与装饰上看，中华传统服装的材料与装饰文饰主要与各民族地域经济资源、地理文化直接相关。在《礼记·礼运篇》中可以看到这样的记载："昔者……未有丝麻，衣其羽衣……后圣有作，治其麻丝，以为布帛。"屈原在《九歌·山鬼》中也有过形象的描绘："若有人兮山之阿，被薜荔兮带女萝"，诗中的山鬼便是以女萝这种植物的树叶遮挡身体。《魏台访议》中也有"黄帝始去皮服布"的记载，在传说中黄帝的元妃螺祖"始教民育蚕，治丝蚕以供衣服"，由此可见，中国古代的服装材料几乎源于牧猎文明和农耕文明，树皮、稻草、火草、裘皮、罗布麻、苎麻、棉、丝绸等，无所不有。许多服装的纹饰造型来源于人们所信仰的图腾与宗教的符号，以及由牧猎文明和农耕文明外化而来的动植物纹样与几何图案，表达了"天人合一"的思想内涵。此外，蜡染、刺绣、织锦等服饰的装饰手段呈现出复杂与复合型的态势（见图 1-2-4）。服饰上的装饰图样有了龙凤呈祥、龙飞凤舞、九龙戏珠、蜥龙闹灵芝等龙凤禽兽万物图腾的形态，形成入情入理的设计与织绣。除此之外还有其他飞禽走兽、四季花卉、山峦亭阁、几何纹样等丰富多彩的图案纹样。

苗族背背

苗族蜡染

南通五福捧寿

图 1-2-4

在装饰艺术造型上有抽象、规范、具象、夸张、对称、写实等各种精彩纷呈的处理手段与风格。例如，商周以前的服饰图案与原始的汉字一样，既简练又概括，有抽象的装饰趣味。而从周朝之后，装饰图案日趋工整精美，布局形式严谨考究，其后随时代的变化服装上的装饰风格也各有不同，但在总体脉络上都不离中华传统文化的根基。例如明清文官的服饰装饰为飞禽图案，武官的则为走兽图案（见图 1-2-5）。明清帝王的服装造型虽形态各异，但材质与装饰纹样又大体一致，织绣有龙文图案的皇帝龙袍象征真龙天子，龙袍上的十二章纹图案则各有寓意："日、月、星、辰"取其照临；"山"取其稳重；"华虫"取其文丽；"火"取其光明；"藻"取其洁净；"粉米"取其滋养；"宗彝"取其忠孝；"黼"取其决断；"黻"取其明辨。又如壮族的太阳纹样、百鸟衣，苗族银制凤冠的"二龙戏珠"、气势无比的牛龙纹样银头饰以及银牌纹样"双凤朝阳"（见图 1-2-6）。彝族虎头

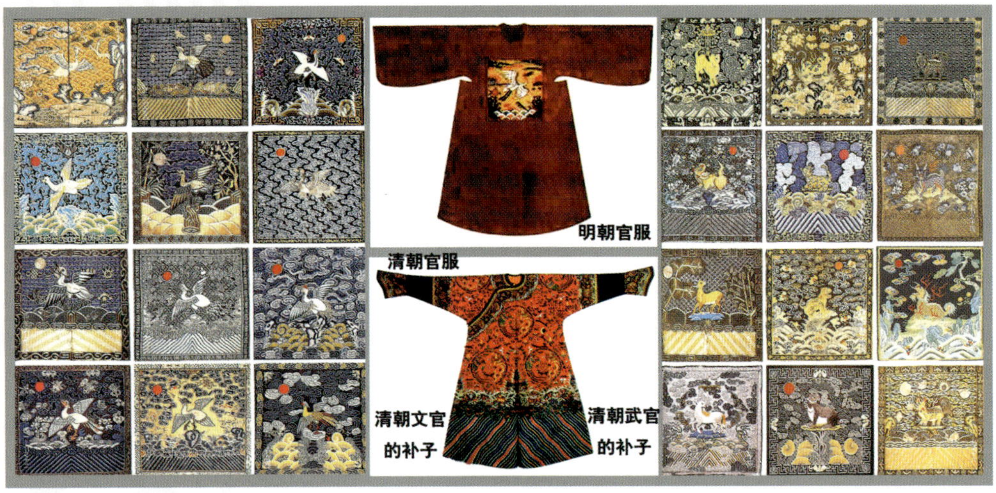

图 1-2-5 清朝服饰传承明朝服饰的补子

图 1-2-6 苗族的银质凤冠、牛角银饰与河姆渡文化间的某种联系

帽等代表着各少数民族崇拜的物象符号所外化出的服饰装饰，不仅反映了社会时代背景和各阶层、各族人民的生活状态，体现了人们的宗教信仰、思维方式以及对美好事物的向往，也表达了人们对幸福生活的不懈追求，隐喻了各民族人民的内心情感，其中蕴含着“天人合一”的神传文化思想，体现了人们对龙、祖先、图腾等的信仰和崇拜。像鹤鹿同春、喜鹊登梅、凤穿牡丹、团鹤仙寿、福禄寿喜、连年有余、吉祥八宝等寓意吉祥的图案，不仅仅运用在民族服饰之上，还与从古至今的各种衣饰材料广泛结合，织绣、印制于包括从高贵的绸缎到简朴的民间织物在内的各种面料上。这些无不反映了人民对生活的期望与追求，并丰富、升华了“天人合一”的神传文化思想、图腾信仰以及地域文化内涵在服饰文化中的呈现，使中华民族服饰文化在独特的形态与色彩造型的基础上再现锦上添花、奇葩竞放的艺术效果。

综上可见，中华各民族的服饰从形制、形态到色彩造型，从材质、装饰到工艺上都各具姿彩；多元的中华民族服饰文化中蕴含着多元民族文化精髓，深厚的人文思想，历史以及地理环境、经济文化的积淀，是“天人合一”思想的灵魂载体。

三、多元服饰文化是多元民族文化交融的载体

1. 多元服饰文化是多元民族宗教图腾与区域文化的载体

在中华文明延绵不断的数千年历史中，通过各民族之间的交流、接触、混杂、碰撞、联结和融合、传承与发展，由汉民族和其他少数民族共同构筑的历朝服饰文化，形成了丰富多彩的“朝代脉络的服饰文化”。在“朝代脉络的服饰文化”中，从历代的宫廷服饰到民间服饰，都蕴含了“天人合一”的思想和人们对于儒、释、道互补的神传文化信仰，承载了人们对于自然、传说的尊重。“朝代脉络的服饰文化”同时传承了各大区域文化以及各大民族区域之间通过交流所产生的文化。

值得关注的是，在中华民族服饰多元化格局中，一个重要的组成部分是各少数民族多姿多彩的服饰文化。56个民族的传统服饰文化，受东北和内蒙古地区、西南地区、西北地区、中东南地区的民族历史文化的影响，受草原、森林和山地农耕等生态区域文化的影响，受河西走廊、丝绸之路、长城与草原之路、半月形文化传播带、岭南走廊、藏彝民族走廊、茶马古道和南方丝绸之路之间的沟通影响而产生了风格迥异的民族服装。它们在中华民族大家庭的文化中，遍布古今中华大地。在各个历史阶段，各个少数民族的服饰文化之间虽也有相互影响和交融，但未能和“朝代脉络服饰文化”一样与其他各民族之间有更深层次的碰撞与融合，因此其发展过程自然也不能与“朝代脉络服饰文化”的创新、演进、发展的进程并驾齐驱。由此，生活在边远区域的各少数民族服饰“有幸”保留了其原始风貌，从而形成了“少数民族多元服饰文化”的特色。

人文地理环境使各民族的服饰文化朝着不同的方向发展，但对其最重要的影响则来自于各民族宗教图腾、习俗等。“少数民族多元服饰文化”特色的形成，与以下因素密切相关。

首先，与民族的起源、繁衍、宗教信仰、图腾崇拜、历史迁徙、宗法、羁縻制度等因素有关。许多边远区域的民族服饰文化的特点是在承载了“天人合一”的思想基础上不断融入各自的民族宗教图腾信仰；同时也承载了其繁衍生息的自然环境、经济生活等所构成的独特的区域文化，从某种意义上来说，少数民族的服饰文化同时也成为其民族自身历史发展的写照。而宗教与图腾信仰则是服饰文化中一项重要的内容。例如壮族的图腾崇拜对象为太阳，所以其服饰上以太阳的抽象符号元素进行装饰。苗族同样也以或写实、或装饰、或抽象的符号性文饰元素来承载其对于龙牛、蝴蝶妈妈等的图腾崇拜。畲族以凤的形态元素来承载他们的图腾文化崇拜与传说。在基诺族的传说中，开天辟地之前，世上只有水、天和太阳，后来水中浮出一个戴白色尖顶帽、穿素白色衣裙的女人，这就是基诺族的女始祖阿嫫尧白。她搓下手中的泥做成地球，再用泥土造出基诺族和天地万物。

基诺族后人就依照阿嫫尧白的装束，缝制了洁白的三角尖顶帽和洁白的衣裙作为日常着装。无疑，这样的装束便是基诺族崇敬祖先的精神文化印迹的遗留。高山族奉行蛇图腾崇拜，其中排湾人文身图案的起源据说是从蛇背纹以及人像、人首、阳光等形象演化而来的。随后，他们还将蛇纹演变成各种不同类型的花纹，如曲折纹、半圆纹、叉纹、网纹、菱形纹等，作为衣料织绣纹饰的元素。他们用这样赋有独特意蕴的面料制成裙、衫，乃至结婚服，形成了高山族服饰文化独特的艺术风采和精神象征。畲族则将凤的形态、羽毛、色彩文化体现于自己的服饰造型之中。葫芦崇拜在西南许多民族中都有流行，其中流传于彝族的葫芦生人神话是这么说的：远古时期，洪水泛滥，人类濒临灭绝，只有两兄妹得到天神指点躲进葫芦得以幸存，因此今天滇南红河县的彝族老人还常在胸前挂一个皮面光亮的葫芦作为装饰。“少数民族多元服饰文化”以多样的方式，在天地、自然、图腾信仰中模仿、创造（见图 1-2-7、图 1-2-8）。

图 1-2-7 基诺族的三角尖顶帽和白衣裙（左图），西南民族的葫芦纹样（中上图），苗族刺绣（中下图），高山族的蛇纹样（右图）

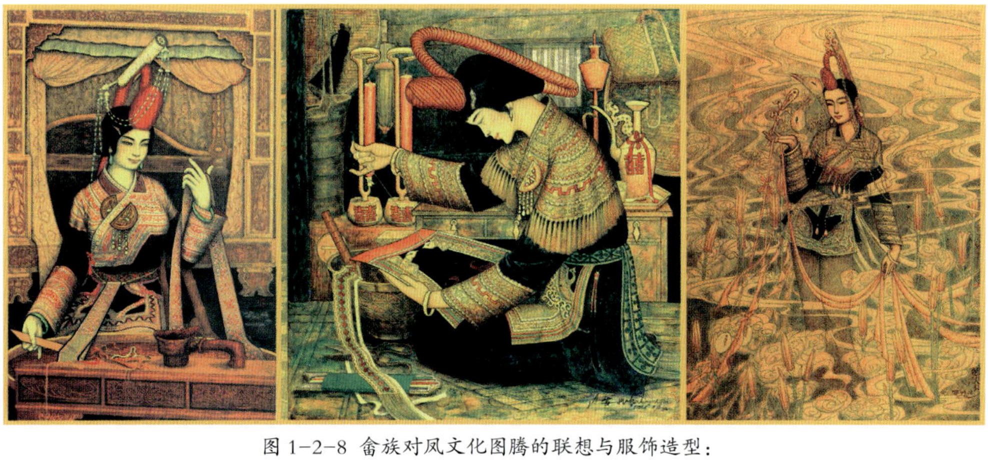

图 1-2-8 畲族对凤文化图腾的联想与服饰造型：山哈（左图），畲族新娘（中图），祈天（右图）（钟志金作）

其次，与少数民族自荒蛮的远古时期至今大多保持大分散、小聚居的生存状况有关；与民族成分多样，各民族之间自然生态环境、经济条件差异性、某些民族发展上相对滞后和各民族不同的局限性有关；与某些民族区域交通不便、信息闭塞、文化发展缓慢或停滞有关；与某些民族对外开放、相互影响、借鉴、交融等条件有限有关。我们从南方诸如苗族、瑶族、畲族、侗族等民族的支系服饰特点的构成与分布状况中可以看出，许多民族服饰都是在上述诸多有关条件的限定下，在本民族的族群文化区域之间，或是在相邻民族区域之间文化的“共生互补，借鉴、融合、传承和有限的再创新”的道路上发展起来的。因此，“少数民族多元服饰文化”成为“天人合一”思想与多元民族宗教、图腾信仰以及区域环境经济文化的载体。

综上所述，可见无论是汉民族和其他少数民族共同构筑的历朝服饰文化——“朝代脉络的服饰文化”，还是“少数民族多元服饰文化”，都承载着“天人合一”的思想，儒、释、道互补的神传文化的信仰，对于龙、凤等万物的图腾信仰，同时也是多元民族与多元区域文化交流成果的载体。

2. 多元服饰文化是多元民族交往成果的载体

多元服饰文化在中华各民族历史中的碰撞与交融时有发生。在中国北方牧区战国后期及汉代的墓葬中，发现了很多来自中原地区的物品、钱币等，在新疆尼雅遗址中也出土过东汉万世如意锦，都是很好的例证。又如在战国时期，处于牧攻农守的状态时，赵国的武灵王为强国力所推行的被后世称为“胡服骑射”的服饰改革；战国时期中原七国争雄期间，楚国顷襄王执政，由于秦强楚弱，楚为巩固西南后方，欲向西南地区拓展，遂使将军庄跻率领一支数千人的队伍，用武力降服了滇国，使其归附楚国，成为滇王，对此史书有“变服，从其俗，以长之”的国策记载；东汉晚期，汉文化的主流儒学趋于衰落，北方各族文化在魏晋南北朝时期获得了与汉文化同等的发展机会，各族文化与汉文化经过长达300多年的交流与磨合，北方各族文化从中得到长足的发展，汉文化也充分吸收了西北各族的服装、音乐、绘画、工艺品的艺术样式，胡服成为社会上司空见惯的装束，这也是当时的文化丰富多彩的一种体现。在历史交锋点上的各民族服饰自古以来便一直在各民族之间的交流、接触、混杂、碰撞、联结和融合中传承发展，其发展的趋势是，时而源于先进因素被吸收，时而是因为时尚的因素被传播，时而是国策强行而致。

因此，中华各民族绮丽多姿、灿烂辉煌的服饰，不仅源自于“天人合一”的思想，儒、释、道互补的神传文化信仰，以及图腾文化信仰，也是民族区域之间的交往成果的载体。

第三节

中华服饰文化的演进、创新对品牌建设的借鉴意义

一、中华服饰文化在人类初始时期的形成与创造发展

岩画艺术反映了原始蛮荒年代在艺术创造上人类冥迷相通的感知意识，体现了人类早期文化的共通内涵。而作为人类最早的艺术，它也必定会反映出服饰文化的特色。

我国远古时期少数民族先民在崖壁、洞穴的墙面上用稚拙、原始的手法画下人类和动物的形象，这就是早期的岩画。这些岩画的内容包括人物、食、衣、住、行和征战、畜牧、狩猎、祭祀、舞蹈等先民的社会活动和天体、神灵等先民的信仰，以及健美灵巧的鹿、雄壮粗犷的牛、矫健饮驰的马、悠悠而行的骆驼和威猛的老虎等动物。其中的人物或畜牧或狩猎，或祭祀或舞蹈，表达了他们在天地神祇的保佑下，借助强大的祖先灵魂的神秘力量获取恩惠和收获（见图 1-3-1）。

图 1-3-1 中国岩画艺术

他们长期在这样的环境中不断地发现和发挥动物的毛、皮以及肉、骨的作用，不断积累如何使用它们的经验。在这个时期，人类学会了将狩猎获取的野兽骨头磨成针，把动物的牙齿修磨穿孔作为人体的装饰，用野生麻类植物的纤维来搓成线绳缝缀兽皮制成衣物防寒取暖，搓绳编网捕鱼。

在距今 1.9 万年左右的北京周口店山顶洞人遗址中，不仅在人体骨骼化石旁

发现了大量被赤铁矿粉末染成红色的人工打磨和钻孔的石珠、兽牙和贝壳，还发现有 1 枚骨针和 141 件钻孔的石、骨、贝、牙装饰品，这证明当时人类已能利用兽皮一类的自然材料缝制简单的衣服（或衣服的部件）。大约在旧石器时代的中晚期，以树皮、树叶为衣饰的遗痕，可以从我国存留至今的一些少数民族的服饰上看到。如傣族的树皮衣是用木棒将箭毒树的树皮捶打成柔软的纤维后制成御寒性强的衣服；苗族、侗族男女在祭祀活动中穿着的“帘裙”；以及土家族在节日祭祀祖先的盛典，追寻原始生产方式进行“毛古斯”的表演时，表演者所穿着的一种从头到脚都是用稻草制成的服装；傣族、壮族等的人们在祭祀活动中，也要穿着用稻草制成的衣裙。尽管服饰出现的具体时间少有资料可考，但我们通过北京周口店山顶洞人遗址中与衣饰发源有关的遗物推测：随着历史的前进，以及野生麻类植物的纤维搓条穿连、搓绳编网等技术的发展以及纺织术的发明，服装材料有了人工织造的布帛，服装形式发生了变化，功能也得到改善。服装从将单块面料披绕于身上的披裹式，演进出了将两个身长的单块面料对折，在中间留一口或挖洞，使头可从中伸出的贯头式服装款式，不作剪裁的服装成为人类服装的雏形。在甘肃辛店彩陶上所绘制的剪影式人物形象所穿着的腰间束带的及膝长衫大概便是这种酷似今日连衣裙的“贯头衫”。这种中华先祖的服装初型在彝族、苗族、瑶族等少数民族的服饰中亦留有遗痕，例如分布在广西南丹县的白裤瑶族的妇女上身穿着的蜡染贯头衣，云南寻甸彝族支系的白彝妇女穿着的白底红图案的贯头衣，云南麻栗坡彝族妇女所穿的贯头祭服等。新石器时代除有笼统式样的服装外，从一些陶塑遗物中还发现有冠、靴、头饰、佩饰等。这些都表明，人类的衣物服饰在原始生活中正在不断地形成并有着新的创造和发展（见图 1-3-2）。

图 1-3-2 钻孔的石、骨、贝、牙装饰品（左上图、左中图），“贯头衫”（左下图），傣族树皮衣（中图），彝族山草衣（右图）

二、早期民族服饰从原始材质及工艺到剪裁型的形制的演进

随着社会的进步，服装样式逐渐丰富，并逐渐成为文化和传统。西安半坡村遗址考古中发现，远在6000多年前，人类已经开始从事毛皮的手工业生产。据此时人类社会活动对衣物功能的要求来推测，皮革用途有三：一是制作衣服，无毛的做成皮衣，毛朝外的做成裘衣。甲骨文与金文中的“裘”，便是取裘毛四散纷披之象；二是制成其他各种物品，皮革牢度好、耐磨、挺拔，有一定厚度，可以制成防风御寒的帐篷、毯子和被褥等；三是用于军事，像是做成铠甲、盾牌、弓、剑鞘、马具、战鼓等。此外，在新石器时代，麻布是我国先民的重要衣料，考古已经发现的有大麻、苘麻和苎麻。“浙江余姚河姆渡曾出土6900年前的苘麻绳子和苎麻织物残片；河南大河村新石器遗址出土不少麻类种子；西安半坡仰韶文化遗址出土7000年前的陶器中，有100余件带有麻布或编织物的印痕，从这些印痕可以看出，当时已有平纹、斜纹、一绞一纱罗式绞扭织法及环绕混合编织方法。”[①]上述各种考古成果，证明那时已经有了服饰的形制，并且有了丰富的服饰材质的来源。

在少数民族东夷诸侯的居住区域，即距今6000多年前新石器时代的龙山文化层中出土了大量史前精美的文物，其中有一些陶笄、骨笄和骨簪。由此，我们可以断定，这个时期少数民族地区已经有相当高的工艺技术手段，并已开始使用装饰物品束发或固定官帽。从中国北方各游牧民族先祖的居住地域——内蒙古中部的阴山岩画群所描绘的包括食、衣、住、行、征战、神灵、祭祀、舞蹈等人类生存的场面中，从中国匈奴、鲜卑、突厥、党项等少数民族狩猎和放牧的宁夏西北部贺兰山口的岩画群对人面像、鹿、牛、马、骆驼、猛虎等的描述中，再从少数民族区域——新石器时代的龙山文化层发现的东夷诸族的史前文物与服饰中，我们可以推论，少数民族区域的原始先民在编结、编织、皮革纺织等服饰材料和服饰基本形制与形态等方面，都在不断地传承与再创新，使服饰的诸多要素已经发展、演进到较为成熟的阶段。

到了夏、商、西周，已经发现了一种特殊的野生小虫——蚕。我国出土的甲骨文中有蚕、桑、丝、帛等字样，在后来的遗址中又发现了带有雷纹装饰的丝织物，由此可见，商代衣服材料主要是皮、革、丝、麻等织物，并且已经能够精细地织造出极薄的绸子。根据文献记载和对出土文物的分析，夏、商、周时期，中原华夏族的服饰形式主要采用“上衣下裳”制。“上衣”的形状多为交领右衽。夏、商、周时期阴阳五行的思想开始萌芽，因此，其时上衣用正色，即青、红、黄、白、黑等五种原色；“下裳”类似围裙的形状，腰系带，用正色相调配混合成的色间色，在《诗经》中也可见“衣正色，裳间色”之说。统治者对贵族和平民阶层的冠服制度作了详细的规定，他们以严格的等级服饰来显示自己的尊贵和

①李当岐编著：《服装学概论》，第34页，高等教育出版社，1998年版。

威严。根据《周易·系辞下》中所说，“黄帝、尧、舜，垂衣裳而天下治，盖取之乾坤”，可知其时的统治阶级已将“衣裳”与“天下治”、“乾坤”联系在一起，甚至已将服装作为某种统治秩序的象征物。冠服制度，到周代已较为完整，春秋战国之交被纳入礼治。此时服饰虽繁简不同，但上衣下裳已经分明，表明服装从较原始的织造型，演进到缝合型，直到此时的剪裁型，确定了中国传统服装的基本形制（见图 1-3-3）。

图 1-3-3 商周交领右衽的剪裁型服装
（左：戳点纹右衽武士俑，中：商周冕服，右：商周三星堆青铜直立人像）

三、春秋战国时期胡服骑射所产生的服饰形式的创新

在内蒙古中部阴山岩画群、宁夏西北部贺兰山区域岩画、永昌北山岩画、甘南榆木山岩画、嘉峪关黑山岩画等岩画中，有大量远古先民的狩猎图和作战图。图上有单个猎人持弓箭猎杀野兽，也有数名猎手持弓箭围杀野兽，还有骑士挽弓猎杀的场面，这些岩画分布的区域都是远古少数民族游牧部落先民的生存区域。从这些文化遗存中可以看出，他们的生活方式是马背游牧。那时北方、西方（西域）各少数民族先民，被中原人泛称为“胡人”。为适应马背上骑猎与游牧生活的需要，“胡人”的服装款式均为短衣、长裤、革靴，此服装形制被泛称为“胡服”（见图 1-3-4）。

图 1-3-4 胡服俑与三彩绞胎骑射俑

春秋时期之前（公元前770年前），“胡人”在长期的骑猎与游牧生活中经过不断的实践，改造其着装，最终形成了适应他们生活方式的“胡服”，它极其符合“胡人”的生存环境和骑猎游牧生活。到了春秋战国时期，在战场上，“胡人”穿一种衣身紧窄的短衣，下配长裤和革靴，凭借其轻捷灵活的装束和熟练的骑射技术，在军事上给中原诸国以严重的威胁。

战国时期（公元前475年至前221年）的赵国，赵武灵王执政时期，军事力量不强，不但受到中原大国的强势威逼，而且林胡、匈奴等游牧民族以及邻境较小的中山国都不时前来进犯、骚扰。赵武灵王发现，虽然赵国有着比胡人精良的武器，但作战队形大多数都是步兵与兵车混合编制的形式，官兵都是身穿上下相连的长袍，甲胄笨重，结扎烦琐，不便于上下战马和战地穿行与骑射。王国维考证说：“此服之起，本于乘马之俗，盖古之裳衣本乘车之服，至易车而骑，则端衣之联诸幅为裳者，与深衣之连衣裳而长且被土者，皆不便于事。”为了拓展疆土、强兵富国，赵武灵王不为旧制和保守势力所束缚，不顾众多大臣的反对，说服了他颇为顽固的叔父，坚持“法度制令各顺其宜，衣服器械各便其用”的主张，力排众议，于公元前307年正式颁布命令宣布易服，学习、借鉴胡人服饰优秀的功用元素之长补己之短，例如：衣服、裤子贴身剪裁，袖口在手腕处收紧，裤脚收紧扎进靴子里，料省工简，穿着舒适，便于活动与骑射。赵武灵王不仅让赵国人改穿胡人服装，而且以身作则学习骑射。“胡服骑射”这一服饰文化的新奇事物迅速在赵国推广，很快形成风气并产生良效，此举帮助赵国灭了心腹之患中山国，驱逐林胡、楼烦等于境外，赵国开始建筑长城御胡，秦国也仿效筑城御胡，自此初步形成划分农牧两大区域文化的地理界线。赵武灵王的这一举措，不仅打击了“先王之道不可变”的保守思想，减弱了华夏民族鄙视胡人的心理，增强了胡人对华夏民族的归依心理，促进了双方之间的经济、文化交流，而且“胡服”与赵国服饰的有效融合，为以后的民族大融合和国家大统一奠定了一定的心理基础。赵国改革的军服后来逐渐演变为襦、袄类的服饰，成为汉民族服饰的一部分，也成了春秋战国服饰创新的起始。由此看来，“胡服骑射”的军事改革，是一次具有划时代意义的对少数民族服饰文化的借鉴与创新，其根本原因是少数民族先民服装的优越功能，符合中原赵国国策的需要。这个时期，胡服对赵国服饰的影响、演进是划时代的一个里程碑，也因而被载入中华民族文化的史册之中。

据考古发现，在德国斯图加特西北20公里的地方，有一座公元前5世纪凯尔特时期的坟墓，墓主人衣服碎片上嵌满了厚实鲜艳的中国丝绸。在公元前5世纪的南西伯利亚巴泽雷克畜牧部落首领的石室巨墓中，也发现了精美的中国刺绣丝绸鞍褥面。[①]其花纹风格，与中国湖北江陵及湖南长沙出土的战国时期楚墓的刺绣纹样完全一致。此时，裘皮服饰除了使用上的功能之外，还具有其不一般的价值。据《史记·孟尝君传》记载：“战国七雄”之一的齐国使者孟尝君，到秦

① [前苏联]C.M.鲁金科：《论中国与阿尔泰部落的古代关系》，载《考古学报》1957年第2期。

国游说，被秦昭王发现是个人才，于是被封为宰相，引起秦国一些官员的不满。他们就在秦昭王面前挑唆，说孟尝君虽然才华横溢，然而终究是异国之人，其来秦的目的是为了谋害昭王，等等。结果秦昭王轻信谗言，囚禁了孟尝君，并以企图谋害之罪要杀头处死。孟尝君知此情后，买通官吏，以白狐裘作诱饵，先向秦昭王宠爱的幸姬说情，幸姬贪图名贵的白狐裘，答应向昭王劝说。与此同时，孟尝君又收买门客去宫中盗出昭王的白狐裘，转献给幸姬。这套计策完成后，孟尝君果然被释放，逃出了秦国，幸免了一场杀身之祸。从中我们可以清楚地看出，在当时的社会尤其是官场中，裘已经具有非同寻常的价值。①春秋战国时期，苎麻已成为服饰用料，丝织技术也进入了一个重要的发展阶段，并已远播海外。此时，由于各个诸侯国之间的物资交流频繁，促进了农业、水利、商业等的发展。染织、裘、皮与漆器和陶器一样，设计和制作的技术水平也达到了一定的高度。

服饰文化的演进、服制的改进是社会时政的需求，更体现了人们对于服饰美的崇尚，由此而来的穿衣习俗的变动所产生的“时尚”，甚至成为长期的衣着习惯。正如《辞海》对时尚所作的解释那样，“习俗的变动形态”形成长期性的崇尚即为“流行时尚”。在中国服饰文化演进中不乏这样的“流行时尚”。

四、胡、汉、鲜卑服饰在秦汉三国魏晋时期的交融与创新

秦汉时期（公元前221年至公元220年）。秦始皇在统一中国、建立封建专制的中央集权国家后，推行“书同文，车同轨，兼收六国车旗服御”等措施，确立了包括服饰在内的各种等级、制度规范，而出于对六国服御之美的爱好与欣赏，秦朝服饰吸收了六国的车旗服御的某些优点。秦帝国在政治上具有强大的向心力，使得其时各民族趋于融合，同时服饰材料也有了新发展，因而秦代的服饰文化在直接传承商、周服制的基础上，吸收、融合了春秋战国时期各诸侯国服饰文明之所长，形成了秦国服饰特有的精神风貌。东汉时，汉明帝厘定了适应封建政教理想的封建服饰制度，对后世封建服饰文化产生了重大的影响。

西汉时期，张骞出使西域，开辟了一条自首都长安出发，途经甘肃河西走廊至新疆，经伊朗延至欧洲和非洲大陆的陆路通道——“丝绸之路”，另一条传播途径则是由东通往朝鲜、越南等国。丝绸之路的开通加强了汉朝同邻国之间的服饰文化交流，当时有一种经线起花的锦丝绸，就是经由丝绸之路的传播而闻名于世的。不仅如此，丝绸之路还带来了异常活跃的中外文化交流，使得“东服西渐”，并使华夏服饰得以吸收外来优秀文化元素，使服饰文化在融合、创新中得到发展。

在上述背景下，中亚（阿富汗、土库曼斯坦）、西亚（阿拉伯、伊朗）、南亚（印度、巴基斯坦等）和一些欧洲国家的文化艺术、民间技艺及特产也传入中国。在新疆地区营盘、楼兰、尼雅等古城区域的考古中，都发现了大量精美的丝绸织物

①袁杰英：《中国历代服饰史》，第14页，高等教育出版社，1994年版。

和毛织物，这些织物的基本组织及部分图案呈现出了中原纺织文化的影响，而纺织技术却具有西域的特点，从植物纹样和技法上又可以看出来自中亚和西亚地区的影响。在新疆出土了一件毛织“马人”的武士壁挂，“马人”武士壁挂以通经断纬的方法织造，从人物的衣饰和肌肉凹凸晕染的立体效果上看，明显带有中亚和西亚的风格。吐鲁番阿斯塔那墓葬中出土的“龟兹锦”和“疏勒锦”的织法吸收了新疆传统毛织物工艺，并以纬线显花、几何化的骨架和动物纹样为显要的特征。在吐鲁番高昌地区出土的许多织物都带有波斯锦的特点。如吐鲁番阿斯塔那地区出土的方格兽纹锦和灯树纹锦。此外，佛教艺术也通过西域的传播而在我国留存至今。这种有益的输入明显地反映在我国的纺织品、壁画等装饰品上，并且极大地丰富了图案纹样。华夏服饰的创新与变化受到这一交流与发展的影响，服饰的材料也不断得到发展。东汉时期苎麻的种植和织造向湖南、广西等一些偏僻山区传播，当时在哀牢山（今云南保山）一带，少数民族就已经用苎麻原料纺织细布。这些交流形成了历史上各民族艺术、服饰文化的大融合、大发展的局面（见图 1-3-5）。

图 1-3-5 传入中原的西域纹样

在春秋战国、秦汉的历史阶段（公元前 5 世纪中叶至公元 1 世纪初），位于云南晋宁县滇池东岸石寨山的古滇国作为西南古丝绸之路上的重要驿站，以其开放的局势引得万方来朝，八方商人和南北诸多民族到这里汇聚，进行国际间的商贸交往，其开放与融合的纷繁兴旺景象可想而知。从 20 世纪 90 年代以来在古滇国多次考古发掘出土的 3000 多件具有浓郁的地方民族文化色彩的精美青铜器，蜚声中外，举世瞩目。其中有一件“铜鼓形铜贮贝器”，在其腰部上装饰着众多人物，有荷铜犁者、顶筐者、身背斗笠者、手持农具者、乘四肩舆的女奴隶主与徒步而行的奴隶等，这些人物衣着形态各具风采，且辅以天空群鸟翻飞、地上家犬相随的情景，表现了人们虔诚地祈祷丰收的“初耕式”的祭祀仪式，散发出一股清新的春日气氛，胜似一场大型系列服饰展示。

汉朝立国400年后，经过三国鼎立、两晋王族之争（公元220年至公元420年），中原政权内部分崩离析，徙居华北边境的少数游牧民族得以扩张。蒙古系的游牧民族匈奴、羯、鲜卑，以及藏系的游牧民族羌、氐先后进入中原，建立了十多个小王朝，即历史上所称的“五胡十六国”。公元4世纪至6世纪的南北朝，是混乱的战争时期，于此阶段，民族大迁徙，胡、汉开始杂居。

在此期间，北魏第七位皇帝孝文帝拓跋弘，将己姓拓跋改成汉姓，姓元名宏，并于494年迁都洛阳，规定官民改穿汉人的服装，采用了汉族统治阶级的政治制度，鼓励鲜卑人跟汉族的士族通婚并改用汉人的姓，命鲜卑贵族汉化，“诏禁士民胡服”[①]，崇尚汉文化中的典章制度及帝王百官峨冠博带等礼仪。“孝文改制”时令群臣皆服汉魏衣冠，以汉族服饰为“时尚”，禁止鲜卑贵族穿着胡服，改原来的夹领小袖为宽衣博袖。除了服饰的改革外还禁止鲜卑贵族讲鲜卑语，一律改说汉语。孝文帝促进民族融合的措施，使北方少数民族在语言、服饰、风俗习惯上与汉族逐渐趋同。从孝文帝正式迁都洛阳那一年开凿的洛阳龙门石窟，以及在北魏时期也经历了建造的甘肃敦煌莫高窟、甘肃天水麦积山石窟、山西大同云冈石窟合称为“中国四大石窟”，被誉为世界文化宝库。其中人像的衣着服饰，可以看出汉文化融合少数民族文化的强大力量。例如，云冈石窟北魏窟中的供养人服饰、龙门石窟宾阳洞《帝后礼佛图》中的世俗人物服装为褒衣博带式，是沿袭汉晋礼仪服装发展而来的。在龙门石窟宾阳中洞前壁左边有一方很有特色的石刻浮雕《帝王礼佛列像》，其中的帝王（有的专家认为即孝文帝）头戴高冠，面目清秀，身着宽袍褒带，袖口远比汉晋长大，腹部微向前挺，显现出高雅华贵之相。帝王周围的侍从手持各种仪仗器具，皆服褒衣博带，完美地显现了汉文化传统的帝王威仪之姿。北魏佛造像和供养人的褒衣博带式样在甘肃麦积山、炳灵寺、南北石窟寺，东部的山东青州等地均有出现（见图1-3-6左图）。“孝文改制”，是继“胡服骑射”之后，封建王朝上层阶级又一次推动服饰及其文化观念改革，是跨越不同民族的文化背景进行相互转换、融合、传播与发展的范例。

在北朝服饰改革的160多年里，各族服饰在时代大舞台上演绎着胡服汉化，或鲜卑化，或胡汉混杂，或外来服饰东渐中原，从而使服饰样式不断变异。孝文等帝王改革服制主旨是采用汉家的礼仪文化，但宽袍大袖与烦琐的礼仪，在日常生活中不如胡服便捷，所以未能普及。在多次服装文化的碰撞和融合过程中，人们最终还是选择了在功用上便利、舒适和在视觉上美观的服装，这也反映了服装功用上的便利、舒适和视觉上的美观是设计服装时尚永恒的切入点。

在北魏晚期、东魏、北齐、北周时，在民族文化大碰撞、大融合的背景下，

①司马光:《资治通鉴·齐纪五·高宗明皇帝（上）》。

服饰文化都有了创新。

南北朝时期的东魏，女装已出现了小袖合领长袍，河北磁县东陈东魏武定五年（547 年）墓中出土了一组女陶俑，做磨房劳作、炊事、提包等劳动状态。女俑均垂双髻，身穿窄袖束胸长裙，内衣为合领，腰间垂裳如腰袱，还垂有长带，其妇女服饰已与隋代妇女常服大致相同。[①]2002 年在太原市北齐武平二年（571 年）从徐显秀墓中发现的大型精美壁画中可以看出，北齐妇女的常服继东魏后又有了新的发展，如：徐显秀墓室北壁壁画《宴饮图》中，在男女主人身旁各有一仕女，身穿红色束胸长裙，裙上饰对兽联珠纹，外披轻薄的窄袖衫，已接近半臂的样式，脚穿黑靴。而在太原市北齐武平元年（570 年）娄叡墓出土了一件陶女仆俑，身着红裙，外加胸前打结的白色披肩，其样式已接近于隋唐女服的披帛。在徐显秀墓东壁的壁画《备车图》中，牛车的后面有一身穿翻领黄衣的仕女，下着黑靴。在驾着车的牛之后有一胡人，也穿着翻领长袍，脚穿由皱皮革制成的吉莫靴（见图 1-3-6 右图）。在徐州的北齐墓中也出土了一件陶女俑，其衣着与此相同，由此看来这种受到波斯服装影响的衣着款式在当时应是男女皆用。

图 1-3-6 甘肃省庆阳市北石窟寺佛像造像（左图） 徐显秀墓东壁的壁画《备车图》（右图）[②]

南北朝时期北方民族与中原汉族在服装上互相取长补短，演变出了新的服装款式，其特点是上衣紧身窄袖、下裳宽大博广，这样的服装款式在《晋记》中被东晋学者干宝称作“上俭下丰”。北朝鲜卑族流行的交领或圆领、窄袖、过膝长衣、两侧开衩的袍服、长裤、长筒靴以及腰带、头上戴后垂披幅的鲜卑帽的时尚服装样式，因为有便于骑乘的实用性，同时符合当时人们的审美观，因而成为引领中原北部地区潮流的时尚服饰。此前的春秋战国时期，中原王朝与北部各族来往频繁，胡服中的武冠、革带也被融入了汉服装之中。

魏晋南北朝时期战乱频繁，各民族不断迁徙杂居，来自北方游牧民族和西域国家的异质文化与汉族文化的相互碰撞、相互影响，造就了其时开放融合的文化特征，使人们产生在文化上相互交融的自觉心态与心理趋向，极大地促进了学术

①史岩：《中国雕塑史图录》第二卷，第 468-470 页，上海人民美术出版社，1987 年版。

②太原市文物考古研究所：《北齐徐显秀墓》，文物出版社，2005 年版。

思想的进步和科学技术的发展。在上述南北方的农业民族服饰和牧业民族服饰的总体发展上，农业民族的服饰始终是主流，南北方的农牧服饰有时共存，有时相互影响，有时以游牧民族的服饰为基础的创新服饰也会成为一时的风潮。

五、大唐自由开放环境下的民族服饰演变与时尚之风

618 年至 907 年为唐代。唐朝的建立使生产力得到极大发展，国家经济、文化艺术繁荣昌盛，对外贸易发达，服饰形制更加开放，日益华丽，成为封建文化光辉灿烂的时代。鼎盛时期的唐朝成为亚洲各民族经济文化交流的中心，绘画、雕刻、陶俑、音乐、舞蹈、绢绣及服饰等各个门类的艺术都因吸收了外来的技艺和风格而有了很大的变化与提升。而在衣冠服装上的广纳博采、兼容并蓄，使得这个时期的服饰大放异彩，富有时代特色（见图 1-3-7），在世界服装史上留下了不可抹杀的影响，甚至直到今天东南亚尤其东亚诸国的礼服（即民族服装），仍保留着我国大唐时期的形制特征。

图 1-3-7 唐高祖李渊（左图），唐朝周昉的《簪花仕女图》（中图），唐太宗李世民（右图）

唐代织锦在风格上既有本土传统文化所赋予其的饱满端庄、富丽堂皇的特征，亦明显带有外域文化的印迹，粟特、萨珊波斯（伊朗）、拜占庭、大食（中国古代对阿拉伯的称呼）等文化为其添加的新颖活泼与生动写实的影子，因而唐代织锦不仅是中国纺织业发展的标志和重要见证，也成为那时的时尚，以及令世界瞩目的艺术瑰宝。

唐朝时期，妇女的服饰形制之盛可谓空前，著名人物画家周昉的《簪花仕女图》，表现了唐代贵族妇女的生活，服装上显现出了外域文化的影响，出现了前所未有的“慢束罗裙半露胸”的“袒胸露臂”的形象，在古诗题咏中也可见对这类服饰的形象的描述：“粉胸半掩疑暗雪”，“长留白雪占胸前”。在永泰公主墓东面的壁画上，就描绘了一个梳高髻、露胸、肩披红帛，上着黄色窄袖短衫、

下着绿色曳地长裙、腰垂红色束带的唐代妇女形象。这种半露胸但不露肩膀和后背的裙装，有点类似于现代西方的晚礼服，它从侧面反映出了当时思想颇为开放的社会风气。当然，这只是上层阶级女性和专门取悦统治阶级的歌女的穿着，平民百姓家的女子则不许半裸胸。通常的女服为“短襦长裙装”，即上穿短襦或衫，下着长裙，佩披帛，加半臂（即短袖）的装束。唐代的女服，襦很短，一般只长到腰，与此相近的衫，却长至胯或更长；裙子的裙腰较高，系在腰部至腋下之间，两者宽窄、长短形成鲜明对比。这种上衣下裙的“唐装”，是对前代服装的继承、发展和完善。从整体效果来看，上衣短小而裙长曳地，给人一种俏丽修长的感觉，形成“短襦长裙装”的独特服饰特点。

在中国汉代的《礼记·内则》中即有“男女不通衣裳”的规定。唐代以前，由于受胡服的影响，曾出现没有绝对服从这一礼规而男女服式差异较小的现象，但女着男装则还未曾有过。在唐代，由于民族大融合，经济繁荣，国泰民安，文化开放，其时北方边地和西域马上民族粗犷的性情以及英武的装束，对女性着装意识产生了一种渗透式的影响，营造出一种适合女着男装的气氛，因此，女着男装蔚然成风。玄宗开元初，《旧唐书·舆服志》载“或有着丈夫衣服靴衫，而尊卑内外，斯一贯矣”。真实地记载了当时的女着男装之风。在《新唐书·李石传》中还有“吾闻禁中有金鸟锦袍二，昔玄宗幸温泉与杨贵妃衣之”的记录。《新唐书·五行志》记录了“高宗尝内宴，太平公主紫衫玉带，皂罗折上巾，具纷砺七事，歌舞于帝前。帝与后笑曰：‘女子不可为武官，何为此装束？’”虽说太平公主这种举动可能出于恃宠撒娇，但却说明了女着男装不仅仅只是出现在民间，也同样出现在了宫廷之中。由此，可以看出，当时女子仿制男装、穿着男装的风气之盛。

在唐开元、天宝年间，“胡服热”席卷中原诸城，长安及洛阳等地穿胡服之风最盛，其时饰品也独具异邦色彩。我们从武则天孙女永泰公主墓的墓室画中及出土的女俑身上，以及陕西省境内的其他唐墓中都可看到这种带饰：其样式多为头戴幞头，身穿圆领窄袖袍衫，足登乌皮六合靴，腰系革带，与男子装束几乎无异。反映出这种风尚在大唐开元、天宝年间已经盛行。穿紧身胡服参加社交活动在当时的官民之中已为时尚，一些士大夫的妻子也竞相效仿，甚至索性就直接穿起丈夫的胡服招摇过市。因此，在《中华古今注》中有 “至天宝年中，士人之妻，着丈夫靴衫鞭帽，内外一体也”的记载。

大唐是我国封建社会中最为开放的朝代，外来文化对中原的影响很大，但必须指出的是，当时对于外来文化的吸收并非是不加选择地生搬硬套，而是结合了唐代的纺织材料与工艺特点，继承了周、战国、魏晋时期的风格，融周代服饰图案布局上的严谨、战国时期的伸展、汉代的明快、魏晋的飘逸为一体，同时融合外来服饰的精髓。皮革材质制作的胡服、用羊皮或小牛皮制作的浑脱帽产地遍及全国，在产量、质量上均超过之前各代，新颖富丽的唐代丝、棉织品等服饰材质成为符合大众审美习惯的选择；并且唐代服饰的装饰图案多为写生的花、草、鱼、虫，以表现自由自在、饱满、华美、圆润之寓意，除此以外，也有传统的龙、凤图案用作服装装饰，表现皇权神授的思想。所以胡服流入中原后服装材质即改用有图案的丝棉织品，而风格也由粗犷转为细腻，如此唐人以博采各国文化的态度，将胡服之优势与本国服装的特点融会贯通，推出了无数新奇美妙的服装，为中国服装史谱写了精彩的篇章，其冠服之丰美华丽，妆饰之奇异纷繁、绚丽多姿，使服饰、图案的华贵之美达到了历史上令人叹为观止的高峰。唐代服装的辉煌正是唐代开放又开明的思想环境和自由、宽容的社会环境，以及唐代人以承前与开拓的意识对外来服装博采众长、合理借鉴、勇于创新的结果。以上诸种原因，造就了中国服饰文化史上空前绝后的时尚之风。

中国唐代服装的辉煌不仅伴随丝绸之路远播西亚、欧洲，还光耀亚洲现今的越南、日本、韩国等许多国家的绝大部分地方。现今的日本与韩国等地的人民早在隋唐时代起，就与中国有着密切的交往和文化交流活动，"推古天皇"甚至模仿隋的服装，制定了冠服和朝服。到了日本的奈良时代，大唐的时尚之风已吹遍亚洲的许多国家，日、韩等国家均以模仿唐朝的服装和穿戴方式为时尚。可以说，唐代服饰在一定范围内产生了国际性的影响，并一直延续到今天，这正应了社会学家费孝通先生的"各美其美，美人之美，美美与共，天下大同"之说。唐代服饰是"民族文化·时尚创意"的典范之一，为我们当今以"中国的·国际的"视野与胸怀建设服装品牌强国提供了可供借鉴的良好范式。

六、宋、辽、金、元时期的民族服饰与创新风潮

宋朝期间（960年至1279年），中华各民族间既有矛盾又存在经济文化上的交流，民族融合得到了加强。与汉、唐相比，虽然宋王朝与辽、金等国长期对峙，但是统治者之间的穷兵黩武、剑拔弩张，并没有阻隔兄弟民族之间在经济和文化方面的交流往来。当时南方的士庶男女喜穿北方少数民族的服装并相习成风。契丹服装一般为长袍左衽，圆领或交领，长袖，下穿裤，裤收于靴筒之内，女子袍上有疙瘩或纽襻，袍带子于胸前系结，然后下垂至膝，在袍内着裙，穿长筒皮靴（钩墩），适宜于马上作战射猎，这个式样传到内地汉族区域后成为时尚，广为流行。

南北朝时期，社会上盛行玄学，民间信鬼神之俗盛行，文士们一度以穿衫领敞开、袒露胸怀的宽松衫为时尚，南京西善桥出土的《竹林七贤砖刻》，便是当时文士服饰的真实写照，"七贤"的衣着体现了文人"每非汤武而薄周孔"（嵇康语）、"越名教而任自然"的任情而为、不受拘束的审美追求，这是当时社会风气的一种集中反映。而宋朝统治者则崇尚理学，同时文人也倡导旧时礼制，北

宋的司马光和南宋的朱熹都重视依照古制来复辟袍服（深衣）。所以此时的士大夫文人在理学的文化语境中，皆崇尚隐逸的文化精神，他们将传统的仕隐观念及行为机制加以重新整合、定位，形成了十分圆通的处世心态与行为方式：既与现实政治保持着密切的联系，又努力摆脱“政统”的羁縻、控制，游离于现实政治之外；既不放弃世俗的享乐，又不为外物所役，在物欲横流的世俗社会中努力坚守人格的独立与自由，成就自己的闲适生活和诗意人生。由此，穿着清雅的白色袍服（深衣）出席各种交际场合的现象在士大夫文人之间流行一时。在休闲时，文人还常着一种上衣下裳的服装，衣类似道服，用黄、青、白各色，直领、结带、齐膝。葛衣道服也颇受那时文人青睐，苏东坡在《放鹤亭记》中这样描绘：“独终日于涧谷之间兮，啄苍苔而履白石。鹤归来兮，东山之阴。其下有人兮，黄冠草履，葛衣而鼓琴”，表现出人们身着葛衣，在自己的精神家园中追求仙风道骨之境界。

在这个文化大背景下，宋代提倡简朴，不准奢华，太宗、神宗时都曾颁布服饰禁令，如妇女“不得作高髻及高冠。其销金、泥金、真珠装缀衣服，除命妇许服外，余人并禁”[①]。其时服色、服式虽然承袭、融合了唐代传统服饰的特点，却另具自由闲适、含蓄而又合乎礼仪的儒雅之风，在中国服饰历史长河中具有创新意义。但由于崇尚简朴，禁废矫饰之举，宋人服饰不再采用唐人服装开放、裸露的样式，因而唐代开放、热烈、张扬的服饰风尚于此时不再为人们所崇尚。虽然宋代服饰的自然之美、含蓄之美、清雅之美绝不逊色于唐代服饰的张扬与华丽，但服饰风格在总体上显得较为单一。而当时辽地属游牧地区，畜牧业发达，毛料充足，毛纺织技术亦较先进，那些样式新颖别致的毛丝品——契丹衣服，一传入境内，就被素以植桑养蚕为主、不太重视皮毛纺织业发展的汉族视为新奇之物，毛织品因为它的独特性被竞相仿效穿用，相习成时尚之风，这一仿效现象一直延续到了赵宋南渡时期。另外，宋代上层社会对于服饰的审美追崇是自然之美、含蓄之美、清雅之美，因此服装的“功能”已由原来单一的“温度”向“风度”发展，由此也就形成了与唐代风格迥异的时尚风潮。

宋代民间女装样式是上身穿窄袖短衣，下身穿长裙，通常在上衣外面再穿一件对襟的长袖小背子，很像现在的背心，背子的领口和前襟，都绣着漂亮的花边。背子是宋代妇女常着的服饰（见图1-3-8）。朱熹在《朱子语类》中对其有这样的描述：“褙子本妾婢之服，以其行直主母之背，故名背子。后来习俗相承，遂为男女辨贵贱之服。”可见背子原是身份较低的妇女所穿，后因其穿着便利而在社会各阶层中都广为流行。从文献和绘画中可知背子形态是直领对襟的长袖，衣长齐膝或过膝，大多数在两腋下开衩，颜色多样，男女皆着。和背子类似的常服还有半臂和背心，穿着更加随意。

宋代民间男子首服流行幞头、幅巾，女子则流行花冠和盖头。妇女的发式和

①《宋史·舆服志五》，第3574-3575页，中华书局。

花冠，是当时的时尚，最能表现宋代装束的变化。唐及五代的女子花冠已日趋危巧，宋代花冠在其基础上又有发展变化，通常以花鸟状簪钗梳篦插于发髻之上，形状、款式无奇不有。北宋徽宗时期，妇女追逐奇装异服，流行装束的风气势不可挡。宣和年间的妇女大多追崇一种盘梳高髻、疏目秀眉、衣衫宽博的装束，当时称之为“宣和装”。南宋服饰同样历经了简朴与奢华的反复，后来进入了以长裙短衫为主体的多种形制的时代。

宋代真宗咸平年间，服装材料——苎麻已成为举国之本，在广西地区就有“劝谕部民广植苎麻”的奏章。虽然宋代棉布发展较快，在很大程度上取代了丝织，但是由于苎麻所具有的吸湿、放湿特性，深得广大民众之喜爱，所以江南一带还一直沿袭种植苎麻之习。苎麻不仅可以用作制衣原料，还能用作编织蚊帐和绳索等工具用品。宋代将写生的技巧应用于纺织品图案纹样之中，使得花形生动、传神，这是古代装饰技法上的一个新突破。宋代的印花绸往往以牡丹花、飞鸟为装饰题材，并以团花形成排列，色彩淡雅柔和，纹样更加强调祥瑞意义，其优美的图形、独特的品质可与绢、绫、缂丝和锦媲美。同时，它也是一种很好的衣服原料。宋代的纺织业在唐代的基础上有了进一步的发展，创造了缂丝和锦等新产品。“缂丝”是一种宋代特有的精巧秀雅的手工丝织品，其织面有空隙，呈现出刻镂的效果，所以又名“克丝”或“刻丝”。

图 1-3-8 太原市晋祠圣母殿北宋彩塑梳盘髻、着背子的侍女立像（左图），宋代缂丝作品（中图、右图）

“锦”是一种用彩色经纬丝织出来的有丰富图案花纹的织物，中国有起源于周秦时期的成都“蜀锦”、起源于三国时期的南京“云锦”、在隋唐织锦基础上发展起来的苏州“宋锦”以及源于宋代的广西“壮锦”，它们并称为中国“四大名锦”。我国南方少数民族，如壮、土家、傣、黎等民族都有卓越的织锦才能，而且历史久远，壮锦、土家锦、傣锦、黎锦、侗锦、瑶锦等都流传至今。其中，土家锦就是历史久远、民间广为流传的卓越的工艺成果，其光色迥异的图案不下百种，如桌子花、大白梅花、韭菜花、梭罗花、荷叶花、狮子花、燕子花、虎皮花、牛脚迹花、鱼尾花。[①]“宋锦”的发展得益于宋高宗为了满足当时宫廷服饰及书画装裱的需要，而专门在苏州设立“宋锦织造署”，大力推广“宋锦”之举。“宋锦”以其金碧辉煌、富丽高贵的特质影响中外，声誉很高（见图1-3-9）。宋代的染织纹样奠定了以后明清染织纹样的基本样式。

图1-3-9 苏州宋锦

907年后，中国古代契丹、党项、女真民族分别建立了辽、西夏、金等政权，他们的服饰反映了当时的时代特色。如辽国（契丹）朝事时允许皇帝和南班汉族大臣们穿着汉服，太后和北班契丹大臣们穿着契丹服，这样汉民族服饰与契丹民族服饰都顺延了各自民族传统服饰的发展轨迹，各具明显的特色。辽代时以丝绸官服上刺绣的山水鸟兽纹样来区分官品的高低，金朝（女真）则在官服上刺绣花朵纹样，并以花朵大小定尊卑，这一形制影响了明清官服的等级标志。西夏（党项）衣着的原材料多为畜产品，贵族妇女着翻领胡服，大约从德明统治时期起，宋朝将中原所生产的锦、绮、绫、罗之类的丝织品通过“岁赐”和“榷场”等方式源源不断地运入西夏，西夏的上层统治阶级由此开始钟情于轻软华丽的衣衫。男子穿团花锦袍，妇女穿着绣花翻领胡式长袍，领间精美的刺绣成为贵族阶层所追逐的时尚。对此，西夏太宗李德明对其子元昊说：“吾族三十年衣锦绮，此宋恩也，不可负。”元昊继位以后，大刀阔斧地对先前所吸收的汉民族文化进行改革，袍服以仿效宋朝式样为基础，同时保留了西夏的民族本色。

契丹族一般穿窄袖圆领齐膝外衣，足下着长筒靴，妇女穿窄袖交领袍衫，长至足背，都是左衽。金代（女真）早期的衣服以布、皮为原料。由于女真有家庭纺织工艺，春夏以麻布为服，衣尚白，秋冬皆以皮作衣裤。《大金国志》卷三十九《男女冠服》记载：“非皮不可御寒，所以无贫富皆服之。富者春夏多以纻丝、绵袖为衫裳，亦间用细布。秋冬以貂鼠、青鼠、狐貉皮或羔皮为裘，或作纻丝绸绢。贫者春夏并用布为衫裳。秋冬亦衣牛、马、猪、羊、猫、犬、鱼、

①韦荣慧：《论中国少数民族服饰的陈列艺术》，载中国民族博物馆编《中国民族服饰研究》，第48-49页，民族出版社，2003年版。

蛇之皮，或獐、鹿皮为衫， 裤袜皆以皮。”女真的衣服也为左衽，后来因分别受到契丹服饰和汉服的影响，衣服形制有所改变，如《金虏图经》记载：金朝“君臣之服大率与中国相似，止左衽异焉”。时至金朝中期，风俗日趋侈靡，服装也随之越来越豪华，富贵之家甚至奴婢都得以服罗绮。为扭转奢华之风，章宗时曾命礼部和尚书省制定帝、后、太子、宗室、命妇和臣下朝服、祭服、公服以及常服等服制。

1260 年至 1368 年是蒙古族人建立的元朝政权时期。在元代刚统一中国时，蒙古、汉两族服装都沿着自己的传统各自发展。元代的贵族妇女，常戴一顶高高长长的帽子，这种帽子叫做“罟罟冠”，《元宫词》描绘出了这种贵族女子冠的特色：“罟罟珠冠高尺五，暖风轻袅鹖鸡翎”（见图 1-3-10 中图）。她们穿的袍子，宽大且长。蒙古人多把额上的头发弄成一小绺，像个桃子，其他的就编成两条辫子，再绕成两个大环垂在耳朵后面，头上戴笠子帽，这种特别的头饰成为他们服饰的独特特点。元代由于民族矛盾比较尖锐，最初没有完整的服饰制度，宫中服制长期沿用宋代形制，直到 1321 年元英宗才参照古制，制定了“质孙服”。“质孙服”本为戎装，是较短的长袍，比较紧窄，在腰部有很多衣褶，穿着这种衣服很方便进行上下马等乘骑活动。“质孙服”是既承袭了汉族服饰特点又兼有蒙古民族特点的服制，一类是帝王、大臣、贵族等上层社会的人士所穿的腰线袍以及直身放摆结构的直身服，另一类是在质孙宴上服务于上层人物的乐工、卫士等所穿的辫线袍，它是又一次民族服饰融合的范例（见图 1-3-10 左一、右一）。

图 1-3-10 元朝天子服饰（左图） 元朝“罟罟珠冠”（中图） 元朝官员服饰（右图）

因经历连年战争，元代纺织业没有突破性的发展，但值得世人骄傲的是棉纺革新家黄道婆（宋末元初棉纺织家）的改革。相传元贞年间黄道婆曾在崖州（今海南岛）与黎族人民一起日出而作，日落而息，在共同的劳动生活与交往中，她努力学习、掌握了黎族同胞先进的棉纺织技术。返回故乡乌泥泾（今上海徐汇区东湾村）后，她将家乡织布技术的长处融入所学之中，对纺织技术进行了重大改革。在织造方面，她用错纱、配色、综线、挈花工艺技术，织制出有名的“乌泥泾被”，推动了松江一带棉纺织技术和棉纺织业的发展。“乌泥泾被”一时成为闻名全国的产品，附近地区都竞相仿效，产品美誉不胫而走，蜚声各地；她创制了一套“擀、弹、纺、织”的工具（如搅车、椎弓、三锭脚踏纺车等），提高了纺纱效率。弹棉设备方面，之前江南虽已有弹棉弓，但很小，只有 1 尺 5 寸长，效率很低，黄道婆将其改制成 4 尺长，装绳的大弹弓得以推广，使弹棉的速度加快；在棉纺织工具方面，黄道婆推广了三锭棉纺车，使手工纺织技术达到极高的水平，纺织效率一下子提高了两三倍。黄道婆传授了新技术，创制了新工具后，元代的棉织业迅速发展。当时乌泥泾出产的被、褥、带、帨等棉织物，上有折枝、团凤、棋局、字样等各种美丽的图案，鲜艳如画，成为那一时代的时尚潮流，并历经几百年之久而不衰。到了明代，“乌泥泾”所在的松江，成了全国的棉织业中心，赢得“衣被天下”的声誉。这无疑是一个边疆海南少数民族的纺织技术在中华大地上被融合、推广并产生了广泛而深远影响的典型例子。

七、明、清的服饰演进与民国初期旗袍的诞生

明朝以汉族传统服装为主体，清朝则以满族服装为主流。两个朝代中社会不同阶层的服饰均有明显的等级区别。自唐宋至明清，黄色龙袍均为王室所专用。受辽代在官服刺绣山水鸟兽纹样的影响，此时的官服以其上的“补子”来表示品级，所谓“补子”，即是织绣着不同纹样的40—50厘米见方的绸料，文官的补子用飞禽，武官用走兽，各分九等（见本章第二节图 1-2-5）。

1368 年至 1644 年是明朝政权时期。明朝建立后很快扫平了各种割据势力，完成了统一，并派遣郑和出使西洋。在出使西洋期间，郑和到过亚、非 30 多个国家和地区，加强了明朝同海外各国的联系。总的来说，此间国力较强，明太祖执政初期订立了服制，尤其强调革除胡元之制，消除元朝服饰的影响，倡导华夏之风，此举的目的是想要通过汉文化的影响以恢复唐制。但由于那时资本主义生产关系已经萌芽，商业经济高度发展，实用与时尚的消费观念在民间已深入人心，追崇时尚颇成气候，而朝廷倡导穿着的服装的实用性不够强，特别是压制了女性爱美的天性，以致民间不愿“遵旨”，反而反其道而行之，崇尚奢华的风尚，追求可以体现女子天性美的服饰。因此，行政手段并未能完全禁绝元朝服饰的遗俗，在便装的设计中元代服饰的影响一直存在。因此，明代普遍流行的“上衣”与“下裳”相连的束腰袍裙的样式，大体上沿袭了元代袍服特征：圆领、窄袖、腰束横带、下裳打褶，这种袍裙在君王与臣民的服饰中都极为常见。明朝普通百姓的服装趋于丰富，有长、有短、有衫、有裙。女子主要有衫、袄、霞帔、背子、比甲

（无领、无袖、长至膝盖对襟的马甲叫做比甲）及裙子等；男子则一律蓄发绾髻，身着仿自唐宋的宽松衣，脚穿长筒袜、浅面鞋等，衣服一般都为右衽，样式也基本上恢复了汉族的习俗。在服饰用色方面，平民妻女只能衣紫、绿、桃红等色，以免与官服正色相混，普通百姓只许用褐色（见图 1-3-11）。

图 1-3-11 明朝男女服饰

一般人的帽子，除唐宋以来一直流行的旧样外，还有一种士人常戴的用黑纱罗制成的方桶状黑漆纱帽，以四方皆平而得名，又称“四方平定巾”；市民和商贩则常戴由六片合成的半球形小帽，称“六合一统帽”（俗称瓜皮帽），原为使役、吏卒、厮人所服，但明王朝因其四海升平、天下归一之寓意将其推行至全国。

在明成化年间，京城的富商、贵公子、歌伎以“马尾裙”为时尚。“马尾裙”是朝鲜国的舶来品，在当时的人们看来它既漂亮又前卫，后来逐渐普及于民间，“人人买而服之”，成为时尚。

明初为使社会经济得到恢复和发展，国内实行休养生息的政策，鼓励垦荒，进行屯田，桑、麻、棉等经济作物种植广泛，尤其是棉花，已在全国普遍栽种。苏州等地出现许多以丝织为业的“机户”（早期的资本家），如《天工开物》所载：“十室之内，必有一机。”这些“机户”拥有大量资金，少则几台，多则几十台的织机，他们开设机房，雇用机工（早期的雇佣工人）来进行生产，能够织造出组织复杂的提花纱、罗织物，并能精心加工出诸如织金孔雀羽、织成龙袍料等绚丽辉煌、举世瞩目的珍品服装材料。地纹缜密细致、光艳夺目、手感挺括、穿着舒适的明代提花缎织锦，因其花纹色泽精美丰富，装饰风格堂皇富丽，而声名远播，使明代成为我国手工丝织提花技艺迈向顶峰的时期。

1644 年至 1911 年是清朝政权时期。清朝是以满族贵族为主的各族统治者的联合政权，所以满族服饰在清朝占有举足轻重的地位。清朝皇帝认为："我朝初以马上得天下"，满洲的冠服即是"立国之经"，不可改变。顺治九年（1652），钦定颁行《服色肩舆条例》，规定剃发留辫，宣布辫垂脑后，穿瘦削的马蹄袖箭衣、紧袜、深统靴的服制，并以暴力手段推行此种统一的男子装扮。与前几次异族服装在中原地区与汉服交融、演变并大受欢迎的情况相反，这种强化满族特点的服制遭遇到汉族的强烈抵制，后来在不成文的"十从十不从"的条例之下这一矛盾才得到了缓解。至此，经历了多元融合并传承了两千多年之久的冠冕衣裳，宣告终结。

在清代，汉族妇女服饰变化不大，基本保持了汉服的原貌。自唐宋以来，汉族妇女一直穿对襟上衣，右衽大襟（或斜襟）。从清代开始，改用圆领口，有领子、大襟、五副纽扣、宽镶边的样式，这都是融进了满族服式的创新型服装形制。但上衫（袄）下裙的传统装束，在清王朝统治时期，始终没有变化（见图 1-3-12）。

图 1-3-12 清朝男女服饰

由于满族原来是马背民族，为了适应征战和狩猎的需要，旗袍、马褂、坎肩、皮袄等都是满族的主要服装样式。男子在冬天喜欢戴坤帽，为官者穿靴子，百姓则穿靰鞡。女子喜欢在袍、褂上镶边和绲边，袍外罩马甲。满族的旗装外轮廓呈长方形，其特点为偏襟右衽，以盘纽为饰，圆领、开衩、紧身窄马蹄袖。所谓的"马蹄袖"其实就是由猎装演变而来，袖长盖手，镶绲工艺装饰，衣外增加坎肩或马褂，其造型完整严谨，整体形态肃穆庄重，清高不凡，独树一帜。

值得注意的是，自清道光帝以后，清宫内流行一种纹样华丽、边饰繁缛的便服——氅衣（见图 1-3-13 左图）。氅衣与衬衣款式大同小异。衬衣为圆领、右衽、捻襟、直身、平袖、无开裾的长衣。氅衣则左右开裾至腋下，开裾的顶端必饰有云头，氅衣的纹样品种繁多且有各自的含义，边饰的镶绲更是精美华丽。大约在咸丰、同治期间，京城贵族妇女衣饰镶绲花边的道数越来越多，这种花边渐渐有了“十八镶”之称。不同于皇太极称为“立国之经”的长衣窄袖的样式，氅衣发展成为宽衣大袖，是一种与地道的汉族服饰相融合的服装。皇太极当年虽对于臣下劝改汉装的请求痛斥“宽衣大袖”、“待他人割肉而后食”，“与尚左手之人，何以异耶”，乾隆皇帝亦有过“衣冠必不轻言改易”之说，但穿着氅衣却并没有因为祖制的限制而停滞，反而渐兴于道光时期。到同治时期，穿着这种有悖祖训的汉化服饰热潮势头大长，其中最重要的原因在于这种热潮的发起者是慈禧。由于慈禧太后的推崇，此时的氅衣绣工细腻精美，用料昂贵讲究，精致程度达到了极致。因此，后宫妃嫔争相仿效，氅衣逐渐成为后妃们必不可少的日常服饰之一，直到民国期间氅衣仍在流行。

到清朝末年，氅衣与具有鲜明满族服饰特点的袍服融合并逐渐演变成旗袍，遂成为华夏女性的典型着装。随着穿用者的增多，它的板型也更加随合人体。此后，它在更广阔的范围内被汉族妇女穿用，样式也在不断革新，形成了如今独具特色的服饰——旗袍。

图 1-3-13 慈禧的杏黄氅衣（左图），
丝绸博物馆丝绸旗袍（中图），旧上海的月份牌女郎（右图）

需要补充指出的是，在汉族妇女中，旗袍的大规模流行，并非发生在高压政策下的清王朝，而是在清室逊位后的民国初期，这是十分耐人寻味的。清室逊位后，旗袍以高度的“包容性”，吸收了西方文化的精神，接受了近代西方的立体造型，出现了省道，腰部更为合体，并配上了西式的装袖。新式旗袍不断接受着西方服饰文化理念、现代服饰材料、适身合体的立体结构和人体工程学的洗礼，为了在各种场合便于行动，开衩变高，使得旗袍呈现出了中外服饰史上前所未有的紧裹女性优美的身体，强调女性端庄、高雅的曲线美的造型（见图 1-3-13）。宋庆龄等中国现代杰出女性出席国际、国内的各种场合时都身着旗袍，无形之中使旗袍逐渐成为代表华夏服饰文化的中华国服，也使中国的民族服饰文化向国际化跨出了一大步。可以说，旗袍时尚是中华民族服饰文化史上汉族、少数民族、外来服饰文化最为成功的一次融合与创新。东方卫视的杨澜女士在《杨澜访谈录》中与“时尚界的凯撒大帝”、著名时装设计师卡尔·拉格菲尔德（Karl Lagerfeld）的对话中曾经问道：“你认为中国什么时候会出现世界级的服装品牌？”卡尔·拉格菲尔德回答说：“中国曾有过世界级的品牌，只是不称之为品牌。20 世纪，全世界都来到东方学习旗袍的元素。”这说明“民族文化·时尚创新”在世界时尚舞台上所具有的魅力。

八、中华服饰文化历史的演进、创新对当今服装品牌建设的借鉴意义

中华服饰文化伴随着中华民族悠久的历史走过了漫长的旅程，经历了朝代的更替带来的风格演变。其间经历了不同民族之间由于各种原因所导致的服装文化的冲突、变革与创新，其中，赵武灵王“胡服骑射”、魏孝文帝改制等在服装发展史上留下了锐意革新的佳话。唐代通过中外文化交融而创新的时尚服饰文化，如劲风吹拂中华大地，吹向国际，至今余波未息。宋、辽、金、元时期，各朝代的民族服饰创新各领其时尚风潮。明、清两个朝代，同样在前代服饰基础上，以排斥、交融、传承并存而有各自的创新。旗袍的出现成为现代中西服饰文化观念、创新的典范，而声名远播国际。

服装作为文化的视觉载体，作为文化外化的显形符号，承载着文化的精神。服饰的变革以中华多元民族文化为灵魂，从文化创新的角度出发，在相互碰撞的过程中兼收并蓄，形成了集功能实用性、美观时尚性、文化寓意性于一身的服饰文化，在不同时代演绎了风格迥异的流行时尚，满足了人们的精神需求。

在历史前行的过程中，各朝代多元文化的融合与传承推动着服饰的交融、传承、演进与创新。中华服饰文化的演进具有“共生互补，相互排斥，相互借鉴融合、创新；再相互排斥，相互借鉴融合，再创新”的特点。中华民族服饰文化光辉灿烂、纷繁多变的旅程，让我们体会到了在服装创新的过程中文化自尊、自信、自觉，宽广的文化胸怀，高瞻远瞩的文化视野，适时的文化转型的重要性，同时对于当下中国服装产业的发展与服装品牌建设极具参考价值，具有广泛而深远的借鉴意义。

第四节
中西多元服饰文化特点与神韵对中国服装品牌建设的启示

一、“天人合一”思想下中华服饰文化的神韵

1. “天人合一”思想下“朝代脉络的服饰文化”的神韵

衣是人类生活的必需品，中华民族“朝代脉络的服饰文化”，根源于我们的祖先所处的远古荒蛮时代，伴随着华夏文明的跌宕起伏，一路至今多有碰撞、交融与创新。

从中华民族多元文化演进、发展的视角来看，这种起伏、交融、碰撞与创新主要源于古代中国“王权至上、儒学至尊”的正统思想以及对各种宗教兼收并蓄的胸怀，源于中华多元民族之间的交流，同时也源于国土的守护与扩张的需求，源于对世界上其他国家、民族的先进服饰观念、技术与时尚理念的吸纳与借鉴，上述种种原因成就了中国“衣冠王国”、“礼仪之邦”的美誉。但是，从“朝代脉络的服饰文化”发展的文化本根来看，其核心影响则来源于“天人合一”的哲学思想。“天人合一”是道家的核心思想，指人与宇宙是一个整体，天的本根与人的心性是相通的。庄子认为，“天人合一”的另一种表述是“物我两忘”，“天”与“人”通过“道”而合一。关于“道”的阐述，道家思想的创始人老子在《道德经》中有精辟的描述，《道德经》对“道”的定义是：“有物混成，先天地生。寂兮寥兮，独立而不改，周行而不殆，可以为天地母。吾不知其名，强字之曰道。”道家认为“道”是生成万物的最为原初的力量：“道生一，一生二，二生三，三生万物”，“道者万物之奥”。“道”的特点是：“道之为物，惟恍惟惚。惚兮恍兮，其中有象；恍兮惚兮，其中有物。”因此，由“道”感悟而来的“天人合一”哲学思想下的服饰文化态势浑圆、博大和谐；服饰造型均衡、对称、统一、稳定；服饰形态平面宽博，具有蔽形表德、区分身份等级、承载象征的社会功能。因而，传统服装所追求的是委婉含蓄、闲适平淡、中庸和合及超越于人体的精神意蕴，注重通过款式、布局、色彩与线条将人体融入于服装的整体和谐之美中，并且大

量采用刺绣、飘带、图案和其他的装饰手法，表达丰富的寓意与想象。中华民族的服装文化大都漠视“性”的存在，女装不严密包裹人体，不表现人体曲线，使其产生了藏而不露、令人难窥其详的视觉效果。同时，女装不具备直接的性感官刺激要素，但洋溢着朦胧隐约、温婉阴柔的神秘之美；而男装则严整修长、宽衣博带，表现出一种庄重中和、阳刚挺拔的伟岸之美。男女服装都饱含中华民族深厚的历史文化底蕴。

“朝代脉络的服饰文化”是中国文化精神和本土哲学的外化形式，有着独特的神韵。其“神韵”之“神”，在于通过款式、色彩和图案的象征性暗示着人的心灵与宇宙神界、万物之间的沟通与理解，寄寓着祈福与保佑，蕴含着人伦和礼仪。其独特神韵之“韵”，在于造型自然妥帖、宽舒和谐、落落大方，纹饰的浩繁、神秘，色彩的和谐、绚丽，以及“高古游丝”般的衣纹线条，由于虚实相生、行云流水、富于变化而更加的意蕴深沉、形简意赅。这些都表现出东方服装艺术既有着见素抱朴、含蓄内敛、意蕴绵绵的意境，又有着浩繁绮丽、变幻多姿的装饰手法而独具灵动的气韵。其“神韵”既隐于内，又现乎于外，服装似水似云、似雾似风，宛如朦胧的诗行；服装上的装饰耀目丰华，突出隐喻的艺术表现手法，成为“天人合一”思想与民族创造精神的生动再现。

2. “天人合一”思想下“少数民族多元服饰文化”的神韵

“少数民族多元服饰文化”虽然与“朝代脉络的服饰文化”一样受到“天人合一”思想的影响，但其特别之处，还在于各少数民族几乎都相对完整地保留了自己的文化，它们拥有万物有灵的原始宗教、追本溯源的图腾文化；它们不仅受到本民族独特文化的影响，同时也受到一脉相承的宗教、民俗、经济、地理和气候的影响，这就造就了少数民族服饰与“朝代脉络的服饰文化”之间的巨大差异。

前文提到，服饰是文化的载体，“少数民族多元服饰文化”也有着深厚而又丰富多彩的历史文化积淀和绚丽多姿的独特神韵。它们同样以“天人合一”思想为基础，以对天地、神明、图腾、生活与自然环境的感悟为原点进行创造，甚至将远古时代人们潜意识的、非理智的启蒙性造物行为，现实人类的生存与繁衍历程、创造与进取等行为都“文化”于自身的服饰之中。例如古代傣族的“树皮衣”，苗族的“百鸟裙”，土家族的“毛古斯”稻草服等，在服饰形态、材质、图案纹饰等方面，都表现出了那时的个性时尚，即“人无我有”的“独一无二”；在服装长短、大小的形态上各不相同，藏族日常穿着的藏袍长度超过身高 10 厘米，哈尼族的叶车人所穿的短裤以及贵州苗族短裙只有 15—20 厘米，凉山彝族男装的裤脚最宽的可达 170 厘米，维吾尔族服装上抽象的植物与水构成的“艾德莱斯”……“少数民族多元服饰文化”不仅是我国远古人类服饰发展历程的活化石，同时也潜藏着我国服饰文化中民族、时尚、创造的优秀成果与独特的设计理念，具有现代世界流行时装无法企及的大胆的创造，构成了独有的、神秘的、自然的、生机活泼的、古老而又时尚的服饰形式，且蕴藏着国内外服装设计师灵感源泉的巨大宝库（见图 1-4-1）。

图 1-4-1 苗族革家蜡染锁绣女服（左图）、贵州彝族布贴挑花女服（中上图），四川苗族布贴挑花蜡染女服（中下图），苗族百鸟裙（右图）

中华民族服饰中的“朝代脉络的服饰文化”与“少数民族多元服饰文化”在服装的艺术表现手法上多种多样，内涵与神韵丰富无限，但从总体上看二者的艺术表现手法都呈现着“隐喻”的内涵与神韵。因为“天人合一”思想的影响而产生了落落大方、和谐妥帖的服装形态，因为象征和审美的需要而产生的千文万华、绮丽典雅的装饰，以及自然灵动的节律，使其二者的“神韵”展现出和而不同的魅力。

二、西方“以人为本”观念下的服饰文化特点及神韵

1. 西方“以人为本”观念下的服饰文化特点

西方自古至今文化的演变，影响、改变着人们对人体的态度，进而影响了对于服饰的审美。古希腊时代崇尚人体美，人体的完美被认为具有神明的特性，其原始宗教尊奉的是奥林帕斯诸神，这些神是多元而富有人性欲望的，在他们看来，人、神之间可以沟通，他们将健美的人体赋予了神性的力量，对于竞技场上的裸体运动习以为常。古希腊的艺术被德国文史学家评价为“高贵的单纯、静穆的伟大”，这种艺术特点在服装上也有体现。希腊人把遮蔽身体的服饰物当作人体的附属品，其服装形制的特点是在衣服的接缝中间或者衣物飘动的时候，随时可以暴露肉体。古希腊的服饰多采用矩形面料，不经裁剪、缝合，通过在人体上进行披挂、缠绕、别饰针、束带等基本手段，形成了“无形之形”的特点。以其遮蔽

人体方式的不同，可以划分为“披挂型”和“缠绕型”两大基本类型。前者以“基同衫”为代表，后者以“希马申”为典型。“披挂型”的服装主要借助于饰针和绳带，将矩形的面料固定在人体的肩部、胸部、腰部等关键结构部位，使宽大的面料与人体若即若离，形成自然下垂的褶皱，人体在自然的服装中若隐若现，服装被赋予了一种生动的神采。绳带使用的数量、在服装上系束的位置和方式，以及褶裥在人体上的聚散分布，可随穿着者的审美和不同的穿着需求，进行自由的调节和变化，使其呈现出灵动的个性。而“缠绕型”的服装则主要依赖面料在人体上的围裹，形成延续不断、自由流动的褶状线条，围裹的方式不同，所形成的款式各异。与披挂式服装一样，随意、自然、富于变化也是这类服装的重要特点。古希腊服饰的悬垂性和服装线条的流畅性，服装的自由性和变化性，服装的舒适性、简洁性和单纯性以及以“无形之形”的方式表现人体的方式，与其艺术风格是一脉相承的。无论是古希腊时期还是古罗马时期的服装，都遵循比例均匀、平衡和谐的形式法则，讲究整体效果，忽略细节刻画，摒弃繁杂的装饰，并以悬垂性设计为其主要特征（见图 1-4-2）。

图 1-4-2 古罗马时期的服装

伴随着宗教势力的壮大，宗教对于人体的抑制改变了人们的着装观念，服装风格进而发生了颠覆性的转变。《圣经》中代表黑暗邪恶的撒旦和代表光明仁爱的基督是善恶的两个极端，亚当和夏娃因为经受不住撒旦的诱惑，吃了智慧树上的禁果，被逐出伊甸园。而“失乐园”的宗教传说，使服饰的文化内涵发生着历史性的变化。传承自希腊的罗马服饰到了古罗马帝国末期，进一步发展成为深受基督教徒喜爱的“达尔马提亚袍”（dalmatic）——将一块布料裁成代表基督受难的“十字”状，在十字中间开孔作为领口，从肩膀到下摆装饰两条紫红色的条饰，然后再将袖下和体侧分别缝合而成。宗教的禁欲主义思想让男、女都穿上了能够严密遮盖身体的宽大保守的服装。一般基督徒们穿着色彩单调呆板的土布麻衣，女人们则一度戴上了长可及肩的面罩或者从头上垂下遮掩全身的面纱。同时打着“荣耀主”的旗号，各种夸张华丽的奇装异服于13世纪末在意大利各城市兴起，逐渐蔓延到西欧各国，盛行于16世纪。

萌芽于13世纪的文艺复兴运动发起了波澜壮阔的冲破禁欲主义和崇尚个性解放的思潮，新生产力和新兴资本主义生产关系的产生与发展，促进了社会经济的繁荣和都市生活的富庶，具有一定经济基础的人们在新思潮活跃的社会各领域中，大肆宣扬现世的享乐和当下的幸福，肯定人生的价值和自由，追求奢华的服饰等物质享受。至17世纪初叶，服饰文化出现了与艺术同步的追求感官刺激的潮流，出现了“巴洛克”风格的服装风潮。在随后的几个世纪里，西方服装样式的发展经历了“洛可可”、“新古典”、“浪漫主义”等风格上的演变。

但是，西方服装无论如何演变，其思想文化中的“人”始终是一个相对“个体”的人，一个自我意识、个人价值观很强的“人”。虽然在服装的构成中有过十字状的“达尔马提亚袍”，但总体来说服装的神喻成分少，大多是表现“人本精神”，在服装造型上重视科学的“真”与“理”是西方实证科学观在服装上的体现。所谓“真”是指服装的结构适于表现人体形态。“理”则是指研究服装的内部结构如何适合人体结构的需要，通过有条理的数学几何原理来实现服装与人体之间的关系，以求掌握准确的服装人体工程学所需的服装结构、材料、工艺的原理、规律与方法，并使它们能够承载服装的设计思想。

西方服饰文化中“重理求真”的特点和崇尚人体美的态度自古已然。除了由宗教势力统治的“黑暗的一千年”，“重理求真”的西方服装在色彩、款式及造型上，崇尚并展示人体的性感美，真实甚至夸张地表现人体的节奏之美和性别差异之美。我们可以回顾一下古希腊文化，古希腊是西方思想文化的发源地，也是西方服饰文化的发源地，其服装由宽大的矩形布简单制成，与东方的宽衣有相似之处，也属于宽衣形制。而与东方服饰的不同之处在于设计者施行了平面布形的二次造型功能。通过对人体的包裹、缠绕，使平面宽大的布形，沿着人体的起伏，自然地塑造了“人体之美”。在西方的服装史上，13世纪初期就已有了立体三维的裁剪方法，由此服饰造型从平面走向立体，体现了追求“人体美”的服饰理念。因此，西方将服装视作一门特殊的人体艺术，并崇尚以服装传统美的模式来表现人体形态与性征。其重点是采用各种手段夸大地表现人的自然特征，突出、强调人的第二性征。男装突出肩、胸的宽阔感和腿的挺拔度；女装则露颈、露肩、露背、半胸，或围绕女性的三围曲线变化做文章，如胸的隆起、臀的扩张、腰的紧收等，可以说是用尽一切手段强化表现女性的曲线美和男性的雄武刚健美，以此来表达“人体的魅力”，从而表现出“人”的个性与价值。

文化本来就是一个整体，西方的服饰发展与各个时期的文化艺术一脉相承，雕塑、建筑的风格常常会影响服饰的风格。如罗马式艺术风格、哥特式艺术风格、巴洛克艺术风格、洛可可艺术风格、新古典主义艺术风格、浪漫主义艺术风格等都体现在不同时期的西方服饰之中。即使在现代，西方的各种文化艺术思潮依然是影响其服饰发展的强心剂。虽然当今西方服装紧跟文化、艺术思潮的时尚演变，并积极主动地承载了人们新的文化观念，展现出新的时尚要素，服装模式变化的主要特性是倾向于简约的形式，但服装主体文化形式仍然以表现人体三维空间的自然曲线为要义，以服装的短、露和紧身来强调人体的主体造型，以立体的裁剪方式来表现人体本原形态的属性美、规律美与自由变化美，因此服饰的主体形态并没有很大的变化。

2. 西方“以人为本”观念下服饰文化的神韵

如上所述，西方传统服装以科学为基础，以表现“人体美”为服饰文化的根本。服装设计师竭尽服装形制、结构、面料、色彩的全部功能来表现“人体美”，并适时融入各种艺术观念，使服装成为人体美和各时期艺术思潮、文化观念的载体，使服饰所有的生机和张力，都直接张扬着装者的人体之美，体现着装者的社会价值观。由此，以直接显现着装者的个性与心象为服装设计的目的，西方服装的“神韵”在于，在各种文化艺术思潮的启示下，将灵感凝结于人体美的表现，通过体、面、点、线构成的服装形态分割，以及图案、色彩、材质的构成来进行人体曲线美的塑造。其神韵之“神”是表现人体形态美、性感美。其神韵之“韵”是表现繁复而又饱满、强烈的几何形体与人体曲线，还有整体形象在视觉上的舒适感，极其流畅有力的韵律、节奏的构成与组合，强调以服装结构来美化人体形态结构和律动，赋予服装外表以完美的神韵。故而，与蕴含着“天人合一”的文化内涵的中国服装所采取的“隐喻”的艺术手法，及其所体现出的如朦胧诗般的神韵不同，西方服饰文化倾向于表现科学的人体美及其形式美的价值，通过“明喻”的艺术表现手法，以及造型上的“重理求真”，产生有棱有角、有圆有方、有弹性、有力度的曲线、块面与省褶绣饰，构造出明晰的、有体量、有起伏的结构，使服装的节奏强劲，产生了宛如交响乐般的神韵。

总之，西方传统服饰文化凸显了思想开放、浪漫生动、张扬个性、追求自我的心理需求和期待感官愉悦得到满足的需求，展现出了西方重视“自我”与“个性”的社会价值观。

3. 中西传统服饰文化的差异

中华“朝代脉络的服饰文化”与“少数民族多元服饰文化”是通过“隐喻”

的艺术表现手法营造了多元服饰文化的抒情境界。而西方服饰由于西方实证科学文化的深厚积淀，相对于隐喻式的中国服装艺术表现手法，采取的则是“明喻”的艺术表现手法。两者根本区别在于：“隐喻”的中式服装艺术观根源于“天人合一”思想，而人的心性与天（神明）相通的中介，是一个“道”字。“道”是大象无形而玄妙幽冥的存在，将其融化在服装造型上，便表现为不刻意追求个性，不追求贴切于人体的性感，而使服装形式平和朴素、自然妥帖、宽舒和谐、潇洒舒适，展现了二维平面的大方气度和坦荡胸怀。当人、衣合为一体时，起伏连绵的衣褶自成纹理、疏密有致、行云流水般地缠绕于隐约的人体形态之上，营造了虚实相生、意蕴绵绵而又气韵生动的服饰意境。“明喻”的西方服装艺术表现手法则偏重于科学性，西方人在科学思想的引导下在研究宇宙和人的关系时，将宇宙与人分离，二者之间是主观与客观的对立关系，“人”作为一个独立而强大的个体存在，因此其文化“以人为本”，作为文化载体的服装也自然以表现人自身的美感为旨归。东西方服装的差异归根到底源于东西方文化观念的差异（见图 1-4-3）。

图 1-4-3 中国传统服装与西方传统服装

三、中西传统服饰观念与服饰神韵对中国服装品牌建设的启示

纵观中西服装发展史，会发现时装风格的演变犹如四季轮回中的花开花谢，每一个季节都会绽放不同的芬芳。历史的演进、时代的变迁会影响人们对于服装的审美，在此过程中，服装在继承自身传统的基础上，吐故纳新，由此创造了千姿百态的东西方服装。东西方服装发展史上观念的改变所带来的风格创新对于中国服装品牌的定位极具借鉴意义，对于我们的品牌建设也具有启示性意义（如图1-4-4）。

图 1-4-4 东西方服饰文化合璧的现代服装设计
（左图为曾凤飞设计作品，中图为邢丽设计作品，右图为王新元设计作品）

1. 东西方传统服饰的优势互补产生新的服饰意境

以中华服饰为代表的东方服饰与西方服饰之间存在着很大差异。首先是人文环境、地理环境及艺术审美观上的差异；其次是服饰文化的整体外观造型及结构的不同，由此产生了东、西方服装不同的发展道路。如上文所述，东方服饰重“意”，以含蓄的表达方式为主，西方服饰重“形”，以鲜明的表达方式为主；由此，服饰呈现出了不同的文化内涵与不同的神韵。究其根本，服装的神韵体现了其所处的文化生态自身的特性，彰显着不同的魅力。不管是东方服饰还是西方服饰，都符合着衣者的审美和实用功能的，但东、西方服饰在其历史发展的过程中，都存在一定的不合理性。例如在西方的巴洛克、洛可可时期，超越健康人体美的范畴产生的紧身胸衣（如图1-4-3），给女性身体的运行机能带来了严重的危害。东

方的宽袍大袖历经几千载的因袭守旧、呆板，继承性与连续性远大于变异性与创新性，在创新道路上几乎停滞不前。

19 世纪末 20 世纪初，东、西方服装文化观念及其基本造型都发生了革命性的变革，在变革中，两者都有朝着彼此交互的方向发展的倾向，东方服装的宽袍大袖吸收了西方的三维立体裁剪，使服装变得贴体、轻便，改良旗袍正是中西合璧最为经典、最为完美的代表；而西方则摒弃了有损于女性健康的紧身胸衣。东西方服饰为适应新的时代，都改变了繁缛的装饰和复杂的服装结构，服饰理念相互交融、相互促进，由此无论东西方服饰文化都具有了现代化、全球化、时尚化的特点，产生了新的服饰意境（见图 1-4-5、图 1-4-6、图 1-4-7）。

图 1-4-5 著名纽约华裔设计师 Jason Wu 作品中的东方风情

图 1-4-6 “江南布衣”品牌的现代民族情境

图 1-4-7 “路易·威登”2011 春夏秀场，
范冰冰、凯丽·华盛顿倾慕中国元素的服饰意境之美

2. 东西方服饰文化的交融与时尚创新展现出新的服饰神韵

在当代全球化的生活中，当人们提到一些关键词时，就会让你非常自然地联想起一些国家：奔放——意大利，浪漫——法国，自由——美国，严谨——德国，绅士——英国，这是以上这些国家在全球大同小异的物质生活基础上，各自独特的传统文化的内质特征的形象体现，抑或称为神韵。这种“非常自然地联想起”是当下全球化、时尚化时代中，人类的文化与各民族文化神韵相互认同的成果。近代以来，中西服饰文化就是在这一背景下，有了相遇与互动。

（1）融合了中国文化的西方服饰创新所展现出的新的神韵

从国际服装文化的交融、演进来看，在相当长的时期内，东、西方服饰的相遇、互动并不常见，它们在各自的文化传统下以相对独立的轨迹向前发展。然而，自经济全球化以来，各国服装文化之间的交流变得十分频繁，人类增进了对多元智慧产生的不同服装文化的理解，使服装超越了单一的区域范围和文化传统，促进了服装文化的发展。

20 世纪 60 年代，时装设计大师伊夫·圣·洛朗发布了“中国风”系列服装，以清代官服中的凉帽和马褂为设计元素来展现中国风情。他有句名言：“优雅不在服装上，而是在神情中。”其实他所强调的“神情”就是服装的法国神韵。在伊夫·圣·洛朗的时装神韵中不仅影射出中国文化，还明显表现出对日本、摩洛哥、西班牙等国文化的好奇（见图 1-4-8）。此后国际上的许多设计师、著名品牌都开始在自己的设计之中同时融入东、西方的服饰文化，在互相融合中不断重构并创新出多样化的服装时尚。如意大利时装大师乔治·阿玛尼一直有着东方情结，21 世纪初以来，他在时装设计中经常运用中国的书法、斗笠、大草帽等元素，还巧妙地将中式元素与法国 20 世纪 30 年代的流行元素结合起来，侧襟、盘扣、立领、中国结、流苏等颇具东方情调的细节被运用得恰到好处。在他的设计中有明显以中式黑色丝绸为材质的宽松型服装、长裤，有以马褂为原型的白色马甲等，另外中国的工笔水墨画也大量地出现于他所设计的服装上。乔治·阿玛尼巧妙地把“中国的”民族文化融入自己的设计之中，将“中国的”传统变为了“世界的”时尚（见图 1-4-9）。但是，乔治·阿玛尼所有带有中国文化情调的设计，在总体感

图 1-4-8 1985 年伊夫·圣·洛朗在中国

图 1-4-9 “阿玛尼”高级定制再现“中国风”

觉还是统一在“阿玛尼”品牌的一贯风格之中，仅含有中国文化情调、元素的时尚创新，其文化本根与形象体现的还是意大利的、乔治·阿玛尼品牌的神韵。从中我们发现，国际品牌与设计师在推动全球服装产业朝着多元化、国际化、时尚化方向发展的过程中，中华民族的传统文化成为国际时尚创新中新的文化元素。我们同时发现，国际时装舞台上连年劲刮“中国风”的发起者伊夫·圣·洛朗、

乔治·阿玛尼等西方服装设计师，运用东方文化，使他们的设计作品传递出了闪耀着中国文化元素的现代西方服饰文化神韵。

（2）融合了西方文化的日本服饰创新所展现出的现代神韵

在当代东西方服装产业朝着多元化、时尚化、国际化方向发展的历程中，日本是亚洲与国际接轨最早的国家。三宅一生（Issey Miyake）、山本耀司（Yohji Yamamoto）、高田贤三（Kenzo Takada）、森英惠（Hanae Mori）等服装设计大师之所以能够成为国际著名的服装设计师，他们设计的服装之所以能够进入国际舞台，就是因为他们的设计融合了东方的传统文化与西方的现代文化，并展现出了东方服饰文化的现代神韵。

当代全球时尚业是在巴黎、米兰、伦敦和纽约发展起来的，由此，巴黎、米兰、伦敦和纽约成为世界瞩目的时尚中心，其中最重要的世界时尚中心便是当代时尚的摇篮——巴黎。长期以来，这个市场的主要设计家都是法国人，以及少数西班牙人和意大利人，亚洲人是难以涉足的。但由于日本在20世纪40年代中期第二次世界大战结束后就开始学习当代时尚，三宅一生、高田贤三、山本耀司等人更是在20世纪70年代远赴巴黎，在西方国家广泛接触、深入学习西方服装文化，并在20世纪70年代末、80年代初逐渐与当代时尚业接轨，建立了影响国际时尚业发展的、具有日本文化特色和东方传统文化内涵的品牌，创造了现代东方服饰文化的新神韵。

在日本的许多服装设计师中，三宅一生最具有代表性，他的知名度在法国甚至排在伊夫·圣·洛朗的前面，是第一位在时装设计界享有如此地位的亚洲设计师，这与他对东方服饰文化的坚守和对西方服饰文化孜孜不倦的追求是分不开的。三宅一生早年曾梦想成为一个画家，后来却为橱窗中的服装而着迷，从而走进东京多摩美术学院设计系学习服装设计。在他设计的第一个系列，命名为“物与石之诗”的作品中初露才华之后，1964年，三宅一生进入巴黎高级女装联合会设计学校学习。1966年至1968年，他先后担任法国设计师纪·拉罗什（Guy Laroche）、纪梵希（Givenchy）的助手，1969年他又来到纽约，成为时装设计师杰弗里·比尼（Geoffrey Beene）公司的成衣设计师。积累了多年的制作西方高级时装和成衣经验的三宅一生，本可以像森英惠和高田贤三一样步入法国高级时装界，跻身国际设计大师的行列。但是，他却放弃了唾手可得的名与利，毅然于1970年回到了日本，决心用日本自己生产的材质，“发掘出和服后面的潜在精神”，向主宰时装界的西方传统宣战。三宅回到日本后，在东京开办了“三宅时装设计所”。毫无疑问，在巴黎和美国的学校以及国外著名设计师的工作室里，三宅一生学到了许多高级时装的设计方法和西方服装的制作技巧，并且他对西方的时装业也有了深刻的了解。但是，他与高田贤三等日本的著名设计师一样，一直坚持寻求一条与西方传统高级时装不同的道路，他熟知西方“重理求真”的制作技巧，但却不去刻意模仿，而是将“天人合一”这一东方的文化传统融入西方现代时尚要素中。他设计的服装主要运用平面裁剪，体现了三宅一生的民族文化自尊以及丰富的制衣经验与艺术家的胆识，他摆脱了西方时装界追求丰胸、束腰、突臀的造型模式。他还在西方先进的板型工艺的基础上，采用了东方的制衣技术并发扬了包裹缠绕的立体裁剪技术。他说：“在巴黎，我不想模仿任何人，我只想做我自己。”他的目的是让穿他的衣服的人从服装结构的束缚中解脱出来。他的服装宽松大方，虽不强调合体的曲线，但却充满了易于活动的东方精神特质，并且表现出了独特的、浅潜隐藏的人体节律美。三宅一生的服装始终追求魅力十足的色彩和完美的面料感觉，他利用现代科技手段将日本流传至今的传统织物制造出各种新的肌理效果，成为“褶皱时尚”的引领者。在东方文化的基础上，他成功地将现代时装艺术的相关要素与魅力注入到他的时装之中，在设计中创造出与西方构筑式的窄衣造型结构截然不同的造型，这种东西结合、古今结合的服装造型流露着日本民族的哲学观念和对自然的态度，展现了东方服装“天人合一”的神韵，同时又透着强烈的西方现代文化气息与时尚创新的美感。他的前卫超越了时间和民族的界限，设计作品中流露着“静、虚、空灵”的东方文化境界，被称为“东方遭遇西方”的结果。三宅一生商标下的T恤、裤子、小上装、套头衫和那些像羽毛一样轻的外套也因为这种独特的东方质感而风靡全球。因为抓住了当时反体制思潮和石油冲击的大背景所带来的消费选择的新契机，这位来自东方的时装大师的设计很快广为流传，他也从此登上巴黎时装乃至世界时装的舞台（见图1-4-10）。

图1-4-10 三宅一生服装设计作品

（3）融合西方文化的中国服饰创新所展现出的新神韵

中国服装业的发展始于20世纪80年代的改革开放，虽是国际上时尚产业发展较晚的国家，但由于中国服装人在以民族文化为根基的基础上，融西方文化于中国服饰的创新之中，展现出了新的神韵，如今已经出现了在国际上崭露头角、蓄势待发的本民族设计师和设计师品牌。

例如，设计师梁子的设计师品牌“天意”（TANGY）①，“天意”的品牌文化、品牌故事，缘于广东。广东是中国桑茧主要产区之一，早在汉唐时期就有描写广东女子“采桑饲蚕”、“桑蚕织绩”的篇章，明永乐年间蚕丝已有上市交易，至清雍正年间“粤段之质密而匀”、“广纱甲天下”。民国时期南海县首创出“白坯纱”的绞纱新产品，白坯纱与当地特有的薯莨汁液、河塘细泥结合，经过“三洗九蒸十八晒”的手工制作，即为莨绸。1994年，梁子开始拯救辉煌过后濒临灭绝的、根源于上述悠久文化情缘的中国珍贵传统生态服装面料莨绸②。梁子致力于对莨绸的保护与设计研发，并以莨绸这一世界上独一无二的传统服装原料所具有的现代环保意义和在莨绸所体现出的悠久的“采桑饲蚕”、“桑蚕织绩”华夏“桑蚕”文化作为品牌文化背景，结合自己与其相遇之缘似如“天意”促成的品牌故事，创立了“天意”品牌，设计开发“天意莨绸”时装。梁子崇尚“天人合一”的设计理念，她的品牌“天意”，以莨绸美丽、质朴的材料质感、宁静的色彩、简洁的形式、精致的细节，以及平和淡然的东方美学来承载中华民族文化和现代国际时尚，以充满着人与自然生态和谐相处的创意“锻造国际性品牌”，并“用做百年老店的心态做莨绸”来营建独特的传统文化内涵与材质文化内涵的“天意”品牌（见图1-4-11、图1-4-12）。

图1-4-11 梁子的莨绸服装品牌“天意”的国际时尚、东方神韵

①梁子的设计师品牌“天意”是她与她的同学、先生、事业上的伙伴黄志华共同创建。梁子说：“比起大家来我觉得我太幸运了，为什么，因为我碰到了我先生，我的同班同学黄志华，这么多年来我们一起创建‘天意’，但是自从2001年发布会之后，很多人就只知道是梁子的公司‘天意’，这个品牌一切都是梁子的，其实并不是这样的，在我心目当中，他才是这个品牌的真正的领导。”

②薯莨原料具有活血、止血、消毒、散气，以及除湿热、防蚊虫、消炎、止痒的药用价值，用其染制的丝绸布称作莨绸，做成的衣物凉爽、舒适，利于皮肤健康。

图 1-4-12 “天意” 时装作品

1996 年，事业有成的梁子与黄志华合著出版了《服装原形裁剪及应用》与《服装效果图到平面结构图的转化》两本著作，显示了她的服装制作技巧，以及现代服装艺术设计的深厚功底与实力。但是，在全球化时代与中国服装品牌强国建设的感召中，在自身的艺术天赋与智慧的驱使下，她并没有以自己品牌、学术发展的成就和已有的专业实力为满足，而是以此为新起点，继续向新的高度攀登。1999 年，梁子获“深圳十佳优秀设计师”荣誉称号，并被聘为惠州大学的客座教授；1999 年至 2001 年，梁子赴法国巴黎“法国高级时装公会学校”以及美国纽约的“纽约时装学院”深造，全面、深入地研究国际时尚、服装产业与品牌创新、设计的新途径。2001 年，在第五届“中国国际时装周”[①]上，梁子凭借自己对中华民族悠久历史和传统文化的深刻理解，以及对国际时尚流行语言的独特感悟，通过简洁的服装造型、中性淡雅的服装色彩，运用丝、麻、棉天然纤维——特别是传统的天然丝绸面料“莨绸”，融民族文化与时尚创意于一身，举办了一场宣扬国际环保理念、主题为“天音”的时装发布会，将“顺其自然，天人合一”的“天意”品牌理念演绎得淋漓尽致。2002 年，应韩国服装协会之邀，梁子首次代表中国服装设计师在韩国首尔的时装周发布会上成功举办了“天意·梁子”专场发布会。同年，又应邀参加各国驻华外交官夫人联谊会并举行专场时装发布会。2003 年，梁子以保护、传承传统莨绸为出发点，成功地完成了“天意彩莨”的深度研发，研发的新品种有天意彩莨、生纺莨、柯莨，它们与现代国际时尚流行元素相交融后焕发出了蓬勃的生机（见图 1-4-13）。莨绸重生后，第一次亮相是在 2003 年中法历史上的首次时尚盛事——“2003‘时尚中华’当代中国时装设计师作品发布会”上，“天意”在巴黎卢浮宫中的衣香袂影，惊艳了国际时尚界，其后的“上海国际时装周”、“马来西亚吉隆坡时装周”、“新加坡时装周”以及 2009 年

①第一届中国国际时装周（1997 年 12 月 5—8 日），名称为“首届中国服装设计博览会”，2000 年之前的各届名称都不相同。2000 年 12 月的第七届正式起名为“中国国际时装周”。从 2003 年第十三届“中国国际时装周”开始，建立了每年分别于 3 月、11 月举办秋冬系列发布和春夏系列发布的机制，正式与国际时装发布的规则全面接轨。

的“伦敦时装周”，梁子的“天意”品牌服装的设计一次比一次从容，娴熟地以时尚的创新形式来展现着中华文化所蕴含的“天人合一”的宁静意境与悠远神韵，不断受到国际媒体的关注（见图 1-4-14）。

梁子将东西方服装观念共同融入时尚创新之中后取得的成就集中体现在她为此而获得的荣誉上：2001 年到 2008 年期间，曾荣登意大利知名时尚杂志《COLLEZIONI》；荣获中国国际时装周“中国十佳时装设计师”总排行、院校排行、商业排行三项的第一奖项；“中国设计业十大杰出青年”称号；在“中国国际时装周”上荣获 1 个“最具时尚品牌奖”、5 个“最佳女装设计师”奖；2007 年，获第 11 届中国时装设计“金顶奖”；2007 年获中国顶级服装设计名师——“中国国际时装周十大设计名师”称号。

2004 年，梁子在法国巴黎设立了自己的工作室，搭建了“天意”与世界时尚殿堂密切接触的窗口，专门针对欧美、新加坡的高端小众客户。莨绸也因为有了梁子“中国的·国际的”时尚创造，而成为赠送给瑞典国王、王后的中国国家礼物，在“天意”自身“中国的·国际的”时尚与市场的强力话语传播下，反过来又为“天意”对传统丝绸服装文化的传承创造了更好的条件，在“民族文化、时尚创造、品牌市场”的良性循环中更有力地推动了莨绸的发展。民族文化、中国材质、时尚创造伴同梁子的汗水与心血、才情与智慧，营造出了“天意”这一中国自主品牌的设计风格（见图 1-4-15）。“天意”不仅承载着“天人合一”的中华民族本土文化精髓，而且展现了当代国际时尚设计的风格，显现出独特的内涵与神韵，而梁子在义无反顾地踏上了发扬莨绸、生纺莨的材质生态环保特性，张扬中华服饰时尚美的“中国的·国际的”时尚品牌建设的旅程中，使“天意”品牌产品、品牌所蕴含的文化底蕴日渐丰实深厚，其现代生态理念、大胆的时尚创新设计作品受到中国消费者的欢迎，同时也备受欧美消费者的青睐，进而使其国内市场不断快速扩展，国际市场效益日渐增长。

梁子以中华文化为根本，倡导“崇尚自然、尊重自我”的精致生活，平和、健康、美丽的设计理念以及强调简洁舒适、东西方自然融合的设计风格深受法国巴黎“WHO'S NEXT”设计师品牌组委会的推崇。2012 年新年伊始，“天意”作为中国唯一受邀的女装设计师品牌，参加在凡尔赛宫展览中心举办的“WHO'S NEXT 2012 高级成衣展”（见图 1-4-16）。由于梁子参展的作品采用已有 500 年生产历史的中国传统丝绸面料莨绸，以及环保的手工染色技术，秉承其品牌一以贯之的“民族文化·时尚创意”的新颖风格，而被组委会列入了展区中的“创意单元”，在展会中反响热烈，巴黎最有名且最有权威的时装学院 IFM（Institute Francais De La Mode）的教授及 EMBA（Executive Master of Business Administration）的学生对该品牌更是喜爱有加。来自法、英、美、意、俄等国家的高级时装店及顶级百货商场（如巴黎老佛爷百货、巴黎春天百货等）

图 1-4-13 生机蓬勃的“天意彩莨”设计作品

图 1-4-14 2003 年中法文化年巴黎时装周“时尚中华”
中国设计师梁子作品（上图）、法国权威媒体关注“天意莨绸”（下图）

图 1-4-15 梁子以“中国的·国际的”时尚理念赋予“天意”品牌的独特设计风格

图 1-4-16 梁子“天意”品牌进入巴黎 2012“WHO’S NEXT”高级成衣展

在为期 4 天的展会中客户纷纷向梁子传达了合作意向，展会结束时梁子接到了国际买手的订单。

继“WHO’S NEXT”的冬季展览后，梁子再一次受到该组委会的邀请，携其旗下品牌“天意”以莨绸为特色的 90 余件春夏服饰及沙滩装作品，第二次参加 2012 年 6 月 30 日至 7 月 3 日在凡尔赛宫展览中心举办的“WHO’ S NEXT”高级成衣展。梁子以纯天然的材质、精妙的手法专为此次展览所作的主题设计——“DIY 两用沙滩裙”，被展览组委会从数万件作品中筛选为本届“流行趋势”的展品，专门陈列在展览特设展区之中，展现了中国自主品牌的精髓与韵味。梁子和她的“天意”以其中国的文化身份融合西方文化进行中国品牌服饰的创新设计，展现出新的神韵，在“WHO’ S NEXT”展会上呈现出“中国的·国际的”时尚创造，自信地向来自全世界的专家和买家宣告：“‘天意’品牌来自中国！当今中国人不再只是看流行，而是参与流行，引导潮流。”

2012 年，“天意”已经成功进驻法国巴黎六区极具时尚气息的时装店，成为在法国市场直接面对法国高端消费者的为数不多的中国高端服装品牌。同时梁子也被《时尚芭莎》杂志誉为“中国时装界的环保大师”。

作为中国服装设计师协会理事、时装艺术委员会主任委员、亚洲时尚联合会成员、企业及中国服装协会会员单位，梁子与她的“天意”是中国当下时尚创新先锋队伍中的重要一员，从她身上我们可以看到中国当下服装品牌强国建设的过程和设计师品牌成长的足迹。从这个历程中我们可以联想到被时尚界所熟知的张肇达、计文波、张志峰、吉平生、谢锋、卡宾、罗峥、房莹、马可、王新元、王玉涛、刘洋、祁刚、吴海燕、郭培、曾凤飞、蔡美月、薄涛等众多著名服装设计师所组成的传承中国传统文化、进行时尚创新的设计先锋队伍，他们集中展现了当前中国自主品牌的基本面貌。在全球化的今天，中国博大精深、丰厚多元的传统服饰文化与国际多元民族服饰文化以及时尚创新的碰撞，能够使中国的服装品牌更具国际魅力。

3. 东西方传统服饰文化观念与时尚创意共同构建新的品牌神韵

综上可见，东西方传统服装观念与时尚创新，是世界服装产业在全球化进程中最积极的要素。如何在服饰文化全球化的进程中，创造有着不同服饰文化的共生环境；处于服装品牌弱国地位的中国，如何使自身的多元服饰文化在全球服饰文化的发展中崛起，使其成为在中国服装品牌强国建设中与世界服饰“文明对话”的基础；如何使中国多元服饰文化在东西服饰文化的碰撞、交融中保持各自的神韵，并呈现出“和而不同”、“美美与共”的多元时尚创新，是中国服装界需要面对并妥善解决的现实问题。

事实上，我们的分析已经为中国服装品牌建设、服装设计的发展整理出了一条明晰的思路，提供了一面可供参照的镜子。费孝通先生曾在20世纪末指出：经济全球化之下，多元性的文化世界怎么能持续发展下去？这一多元性的文化世界持续下去的基础，就是要端正对异文化的态度，但同时要认清自己的文化，提倡文化自觉。[①]我们做服装，做的其实就是文化，因此一方面必须重视全球化时代的异文化，另一方面更要有继承自身传统文化的自觉。服装作为文化的载体，承载的就是中华文化、先进的异文化和时尚文化的碰撞与交融；设计作为表达思想的语言，必须通过服装造型与色彩、面料、工艺等手段来实现，设计的目的是展现品牌文化与服装神韵；服装产品面对的是全国十几亿人口的消费市场以及国际消费市场，应该针对恰当的目标群体。我们只有注重对国家、民族、区域文化与城市文化的把握，体会中华文化的精髓，通过继承民族的文化传统并融合东、西方新的服装形态、色彩创意、面料材质与平面、立体剪裁等方式，加之独特的时尚理念，才能在国际品牌不断涌现的今天，营造出服装品牌的独特文化内涵和独具一格的文化创意，进而展现出民族的、世界的品牌面貌，为现代的国内与国际市场设计出具有“中国的·国际的”文化内涵以及神韵的时尚品牌服装。

① 费孝通：《端正对异文化的态度——在中华炎黄文化研究会大连学术座谈会上的讲话》，载《炎黄春秋》2000年第02期。

第二章

多元民族文化与时尚创意支撑中国服装品牌建设

第一节
古今流行时尚在中国服装品牌建设中的作用

一、人类自古已然的流行时尚

同任何一个文化现象一样，时尚有其自身诞生、发展、演变的轨迹。

“时尚学”的概念约形成于路易十四时代的“旧奢华主义时期”。“时尚”一词，曾经是指在穿戴打扮方面比较前卫、潮流的现象，是年轻、身材和美貌、享受奢华生活的代名词。

1999年出版的《辞海》对“时尚”作了这样的解释：“一种外表行为模式的流传现象。如在服饰、语言、文艺、宗教等方面的新奇事物往往迅速被人们采用、模仿和推广。表达人们对美的爱好的欣赏，或借此发泄个人内心被压抑的情绪。属于人类行为的文化模式的范畴。时尚可看作习俗的变动形态，习俗可看作时尚的固定形态。”

而今的时尚文化，不受限于金钱、地位、职业和年龄，泛指一种流行广泛的大众心理现象和社会行为，即人类的言行举止和生活观念，是一种生活的观念、学习的精神。因此，“时尚”涵盖了人类的艺术境界、审美观点，以及情景交融中的无穷韵味等特点，是客观与主观高度融合的产物。

时尚的定义及其特质、意旨的深刻释意，在人类古代生存历程中虽无文字记述，但其存在却自古已然。

北京周口店山顶洞人远在1.9万年左右的时期就有了对美的追求，他们将色彩各异的石珠、砾石、兽牙、鱼骨和海蚶壳磨光、钻孔，再用绳子穿起来制成项链，甚至还用石器将一种红色石块即赤铁矿，刮磨成粉末制成颜料，在绳子上和装饰品的小孔中染上了色。用这种办法制成的项链，虽不能与今日各色项链的高级材料、工艺、造价相比，但却显示了我们祖先对美的崇尚与追求。事实上，这样的赤色绳子，串连着洁白的石珠、兽牙和淡绿色的砾石，即使佩戴在现代人的胸前或手腕上也是别有时尚情趣的，可见即便是远古人类，对艺术美的追崇，也是显然存在的。我们可以从距今4800—3100年前左右的三星堆中，那高达2.61米、重达180多千克的青铜立人像上的蜀王礼服——中国服饰文化的奇迹“龙袍”上[①]，从日、月、

①杨雯:《中国服饰研究上的重大突破》，载光明网 http://www.gmw.cn/content/2007-10/01/content_678780.htm，2007年10月1日。

星辰、山、龙、华虫、藻、火、粉米、宗彝、黼、黻等12种象征王权和帝德的纹样上，从龙袍纹样工艺“锁绣和贴绣”中感受到中华民族将“天人合一”的信仰，对“龙”等古老图腾的崇拜衍生为对衣饰纹样和精美工艺的崇尚。我们还可以从河南洛阳金村韩墓出土的战国时期铜人身上看到：头梳双辫，上衣在领窝处加饰领座设立领，长度仅及膝的中短裙，腰间革带上挂着悬有组玉佩的组带，组合搭配成极富诗情画意的美丽裙子，裙下穿革靴，形成新奇的、有别于此前历史时期的装扮（见图2-1-1），甚至用现代人的眼光来看也颇为时尚。事实表明，中国古代先进的蚕桑养殖和刺绣织造技艺，使东方的审美观通过服装得到了完美的体现，中国服饰一贯有着不可抵挡的独特的时尚魅力，它不仅曾对日本、朝鲜的传统服饰产生过深远的影响，而且成为西方皇室与贵族的顶级时尚奢侈品。有着强烈的民族文化特色的丝绸，以及其他时尚元素，像瓷器、漆器等，其影响早就传播到了世界各地，并已经成为中华民族文化的代表符号。

图2-1-1 汉代龙袍（左一图）、洛阳金村韩墓出土的战国时期铜人着装像（左二图）、三星堆龙袍复原与“龙袍实例”（右一图、右二图）

中华大地上自古已然的时尚事例比比皆是，我们可以从“才比宋玉，貌似潘安”这一赞美男性的溢美之词中，感受战国末期屈原的学生宋玉的风流倜傥，才华横溢。由此而闻名后世、备受赞誉的宋玉，可称得上是中国古代的时尚先生。我们还可以从《三国志》中“身长八尺，容貌甚伟，时人异焉”，在任何场合都气定神闲、摇把鹅毛扇、泡壶菊花茶、摆个围棋盘等记述，感受一生戎马倥偬的政治家诸葛亮气质脱俗的时尚达人气度，他历经战火历练成为相国时，“抚百姓，示仪轨，约官职，从权制， 开诚心，布公道……”他已然是史上最具传奇色彩、最有智慧的时尚先生；魏晋是我国盛产美男子的时代，在《世说新语》中有“潘岳妙有姿容，好神情。少时挟弹出洛阳道，妇人遇者，莫不连手共萦之”的记载，在刘孝标注引《语林》中则有：“安仁至美，每行，老妪以果掷之满车”的记述，这些都为赞美其时美男子中的NO.1潘安而书。潘安不仅写得一手锦绣文章，而且有一副锦绣皮囊，他帅得惊天动地、颠倒众生，更是孝母至诚、有恩必报、情感专一、友于情笃，可谓其时的头号时尚美男。魏晋之后，北齐的兰陵王高长恭则貌柔心壮，音容兼美……中国这个曾经的世界时尚大国、超级梦工厂在漫漫时空中出现了不胜枚举的衣着时尚、风度翩翩、气质超群的时尚达人。假如中国古代的时尚达人能够跨越时空穿越于今世，加入当今的世界达人的队伍中，他们对流行时尚的把握，绝不逊色于西恩·潘（Sean Penn）、布拉德·皮特（Brad Pitt）、肖恩·奥普瑞（Sean Opry）等当代时尚达人。

西方自古同样有着自己的流行时尚和时尚达人。古希腊人尚武，推崇人体美，崇尚服饰的自然、潇洒、和谐。男子赤膊，包缠式短裙；女子裸胸、束腰、丰臀，服装以简约、无形之形为时尚。拜占庭时期的贵族们穿着锦缎制成的叫作“达尔马提亚”的宽松连衣裙式的服装，上面饰有华丽繁复的刺绣，还缀着五光十色的珠宝或贵金属，华丽繁复成为那一时期的时尚。1500年前后的威尼斯，男女都以长裙亮相，为了避免把长裙裙摆在水城街道上弄脏，人们就穿着一种特制高跟鞋出门，成为风尚，具有现代时尚意味的镂空和铜扣在那时也已经出现……（见图 2-1-2）

图 2-1-2 古希腊女装（左图、右图）、达尔马提亚（中上图）、早期高跟鞋（中下图）

凡此种种，人类在生存、发展的历程中不断传承传统的同时，也在不断地创造着时尚的生活方式和时尚的穿着方式。流行时尚自古已然，我们在本书第一章第三节“中华服饰文化的演进、创新对品牌建设的借鉴意义”的时尚事例中已有详述，它们并非今人独有，其例可谓不胜枚举。古今中外的时尚流行为今人提供了关于时尚态度、时尚生活与时尚创意的广阔思考空间。

二、民国时期至新中国改革开放初期中国服饰的时尚变迁

1912 年元旦，孙中山宣誓就职中华民国临时总统，启用西方阳历，这意味着中国封建社会的结束，也意味着中国服饰艺术“古典时代”的终结，中国服饰

艺术“现代时期”序幕的拉开。

这一序幕的背后有两个因素值得关注：一是鸦片战争后西方殖民者的入侵，使中国经历了长达半个多世纪的半封建半殖民地社会形态，使单一的清王朝制度表现出多元发展的复杂态势；二是中国现当代历史上著名的五四运动和新文化运动，这是中国历史的一大转折。五四运动和新文化运动大力提倡西学，反对专制，反对旧道德，提倡所谓的新道德，把中华传统文化作为封建文化的代表不加分别地予以否定，中国人在受到西方强大的经济、文化思潮冲击的同时，几乎离弃了有着几千年历史的传统文化之根。

这两个因素带来了空前的移风易俗运动，产生了社会习俗的变迁和服饰审美观念的更迭。放足、剪辫成为时尚。辛亥革命期间，进行了民国男装服制改革，中山装的设计引进了西方服饰文化理念，以西服为基本模式融入些许中国传统文化意识，中西合璧的中山装为彼时的男性所推崇。与此同时，穿着西服、西裤、领带和皮鞋的人逐渐增多，使西服成为中国男士的主要礼服；在女士的着装中，西服、西式连衣裙、西式大衣等洋装和日式学生装，成为当时普遍流行的服饰。随着服饰文化的西方化、开放化，西方的时尚观潜移默化地影响着上海、广州、北京等大城市，并蔓延到其他中、小城市。

五四运动和新文化运动成为中国人的文化自觉，直接给中国服饰带来的变迁潮流势不可挡，西服虽然因为比长袍马褂更符合人体身形而大受欢迎，但毕竟还有许多中国人在思想深处仍然保留着些许中国封建文化、传统服饰文化的观念，认为改制变迁的西式服饰与生活习惯有出入，因而，还有一些男士在西裤上套长袍，体现他们不凡的生活品位，并以此展露自己的个性。20世纪三四十年代的中分头、金丝边眼镜、宽松打折吊带裤等不仅吸纳了国际优秀文化，也潜藏着微弱的中国封建文化的残余。女性的主要服饰，在西方女性服饰文化表现人体美、“重理求真”的科学理念影响下，从清朝那种宽大、平直、长及脚面的样式，大胆进行再创新，形成三围突出、凹凸分明、曲线尽露的新样式——旗袍（见图2-1-3）。这一服饰变革因赢得了“新文化时代”女性的共同喜爱而流行于全国，同时通过宋庆龄等杰出女性在多种对外场合的展示，成为女性的时尚“国服”。时尚的“国服”带给女性愉悦的心情、优雅的品位与不凡的纯粹审美感受，赋予女子以不同的气质和神韵；此外，受旗袍审美取向的影响，普遍穿用的女装由上袄、下裙组成，并且收紧了腰身，表现出与旗袍大同小异的美感。

民国时期的服饰流行现象表明，此时，对中华民族服饰文化本源的传承已经所剩无几，以情景交融地表达完整的艺术境界、审美观点为终极指向的中国传统服饰崇尚观念已逐渐式微，而注重人体直观美的西方服饰观念逐渐为大众所崇尚。在这样的潮流之下，虽然服饰西化的现象已经非常明显，但毕竟还保留了些许传统的服饰文化要素。

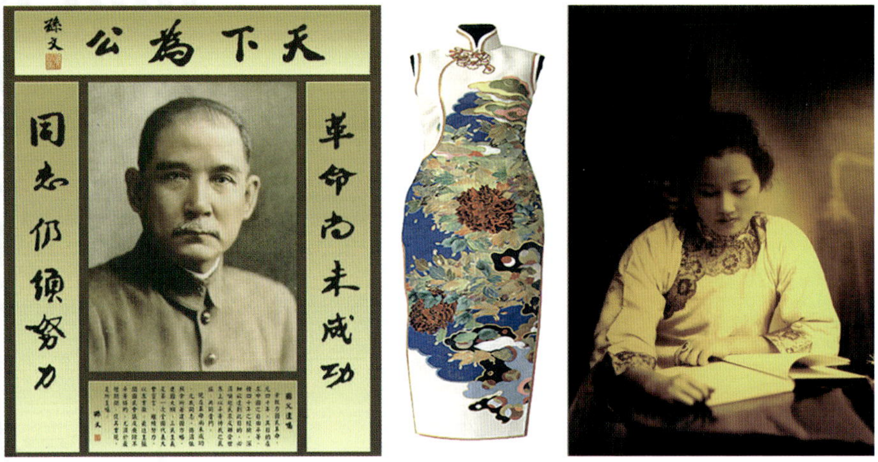

图 2-1-3 孙中山着中山装（左图）、宋庆龄及其穿着的旗袍（中图、右图）

新中国成立后很长一段时期内，传统文化被定位为“封建主义”，作为完全敌对的文化模式被推翻，民族文化的审美观被忽视，传统被淡忘。对“新生活”的向往充斥着人们的身心，“做新的人、建设一个新的世界”的人生观支配着人们的现实生活，适合无产阶级的价值观和革命需要的功能的服装款式得到了发展。“文化大革命”时期，推翻敌对文化的运动得到了极端的开展，人们憎恨一切旧东西，用实际行动砸烂旧世界，传统文化被连根拔起，遭到了毁灭性的打击和铲除。此后的中国出现了明显的文化断层，服装文化一次又一次地成为政治风云变幻中的牺牲品。

值得指出的是，从五四运动到“文化大革命”的中国近代历史中，历次政治动荡无一例外都是以冲击自己的文化传统为终极目的。正是在这样的背景下，由民国时期保留下来的些许传统服饰文化要素，以及 20 世纪 50 年代国人流行的上穿立领、对开门襟、中式布纽扣、西式绱袖结构的上衣，下穿西式长裤的中西合璧的雅致、庄重的衣装范式，几乎被代表革命的苏联模式的布拉吉、列宁服所取代。其后的 60 年代前后，从香港传来了“人民装”，一种受青年人青睐的裤管很小的裤子形成短暂的时尚。“文化大革命”期间的政治气候，把人们统一在无色彩、无个性、无性别的同一衣着模式之中，军便服成为最能体现“革命”身份和志向的服装范式（见图 2-1-4），人们盲目加入军服大潮中，彻底淹没了中国具有几千年历史传统的服饰文化。20 世纪 70 年代，人们穿上了牛仔裤。20 世纪 80 年代初的改革开放，让中国人进一步感受到西方服饰文化的美丽与多彩，开始在穿着牛仔裤与迷你裙的在基础上，追求“人穿我穿”的时尚潮流，千军万马齐追“西方时尚”成为这一时代前期的特色。80 年代后期人们又从西服热到运动装热，继而从喇叭裤到萝卜裤、蝙蝠衫、泡泡袖。改革开放以西方的观念促进了经济的高速发展，营造了经济的繁荣，带来了一个新的西方时尚时代，为西方服饰文化在中国的流行提供了极好的土壤，中国人沉醉在西方文化的审美观中，更为宽裕的经济条件和时间、空间使人们能够更自由地享受西方现代文明成果，中国消费者对西方穿衣文化的意识越来越深化，中国服饰文化的踪影难寻，中国进入彻底追崇西方时尚潮流的时代。

图 2-1-4 “文化大革命”时期的服装

三、在改革开放后“全盘西化”的背景下了解“民族文化·时尚创意”的意义

1. 在改革开放初期的懵懂中体会现代时尚的真谛

首先，我们再对改革开放后 30 余年来全盘西化的时尚潮流作简要的回顾。

20 世纪 80 年代改革开放伊始，中国服装人全身心投入到向先进国家学习并进行了产业实践。此时，中国服装人开始逐渐了解影响服装时尚流行的因素是由大到政治、经济、文化、艺术，小到文艺明星、体育明星等错综复杂的关系所构成的。2002 年底，世界吉尼斯英国总部正式授予中国电影《庐山恋》为“世界上在同 影院连续放映时间最长的电影”的吉尼斯世界纪录。《庐山恋》拍摄于 1980 年，号称是“中国的第一部吻戏”。重要的是中国服装人从《庐山恋》看到：它不仅完美地呈现出了两个年轻人纯洁的爱情、庐山的景色，而且女主角张瑜在影片中更换了 43 套服装，远远超过电影《花样年华》里张曼玉更换 23 套旗袍的纪录，主演张瑜和郭凯敏在电影中的喇叭裤、尖头皮鞋、墨镜，成为当时城市年轻人最热衷的时髦服饰，掀起了 20 世纪 80 年代初中国服装的流行风潮。这部电影成为当时时尚流行的源起、引领者与推动者（见图 2-1-5）。

此时，中国服装人开始追寻优秀的中华民族文化，学习中外服装史学，解读当代政治、经济、文化、艺术现象，了解时尚流行、西方大牌服装的成长历程。

国际著名品牌“香奈尔”的创始人香奈尔女士（Coco Chanel）对时尚流行与品牌文化的概括是：“流行稍纵即逝，风格永存。”1913 年，香奈尔在法国南部的滨海胜地杜维尔开设了第一家时装店，自那时起，她就深悟设计与流行理念宣传的要诀，并以她自身的智慧用心良苦地实施她的品牌运营策划。其时，香奈尔凭借自己对服饰艺术的敏感与天才的创造能力，把杜维尔的贵妇确定为她的品牌消费群体，推出具有传统文化积淀、源于板球运动的造型简朴的女款针织羊毛运动装，作为妇女户外活动的休闲装，以此来冲击、挑战杜维尔的贵妇们无视战争的阴影，以无所事事而近乎于铺张的心态，继续穿着高规格的“波烈式的羽饰、长裙”等服饰来炫耀丈夫地位的不合时宜的传统消费心理，引导杜维尔的贵妇们逐渐接受新时代的时尚穿衣理念。

图 2-1-5《庐山恋》剧照[①]

那是一个尚无时装表演和品牌宣传概念的时代，于是香奈尔在杜维尔常常穿着这样的羊毛衫，配上简单的褶裙，骑马散步，招摇过市，由此，她的着装、生活方式起到了“时装表演”发布的作用，“阐述”了香奈尔这一品牌的强烈个性，有效地传达了她让“妇女从头到脚摆脱矫饰”的设计理念；从着装上体现出“女人不再是男人的花瓶，女人同样是担负社会重任的公民”这一品牌核心文化。她的设计改变了波烈式长裙宽大拖沓的时髦与花哨的饰边，既不适宜更多的社会活动，也不适宜新生活方式而显得滑稽可笑的服饰状态。

香奈尔以这一全新的设计理念，以及爆炸性的创造力，将人们熟知的水手装和水手裤的干练形式，拿来替代了肥大繁复的女长裙；以薄软的内衣面料，设计制作出渔夫式的套装；将男装稍加修改，饰以一个恰到好处的饰针，设计成为新颖的女时装……香奈尔创造性的设计冲击了那个时代“不合时宜”的女性着装风潮。香奈尔本人的衣着举止，代表了当时的世风之源，起到了最好的“时装表演”的效应；香奈尔以板球运动文化、羊毛衫文化、骑马文化进行服装文化创意，创造了那时妇女户外活动的休闲服装品牌。

在学习过程中，中国服装人了解了香奈尔对于品牌文化的明确把握及品牌宣传的智慧，还了解到她如何在传统文化基础上创造新奇事物，进而深化促进她的设计品牌建设的理念。据说，有一次天气骤冷，香奈尔借来情人的马球套衫，束了腰，卷起袖，显现出潇洒、迷人的新奇英姿。这一偶然创造的新奇装束，竟成

①《庐山恋》出品公司：上海电影制片厂 导演：黄祖模 制片人：李金根 编剧：毕必成 摄影：单联国 郑宣 录音：卢学瀚 剪辑：张龙根 美工：朱建昌。

为时髦一时的“香奈尔装”，被人竞相仿效。还有一次，香奈尔在操作加热炉时，炉子突然爆炸，烧灼了她的头发，她毫不犹豫而又机敏地用指甲剪修剪了剩下的头发，成了一种可爱的新型短发。尽管当时贵妇仍不能容忍短发，但受她这一新奇发型的影响和诱惑，短发终于成为 20 世纪 20 年代的流行发型；长期以来，白皙肤色总被视为显贵的象征，但是香奈尔经常在海上游玩，她便将晒黑的皮肤当作时髦的肤色，从而一反过去崇尚白皙肤色的传统审美观。香奈尔以她的时装和她本人不凡的衣着举止和“时装表演”，销魂蚀骨地迷住了那个时代。香奈尔的“香奈尔装”、新型短发、时髦肤色的流行，都反映了她对于传统文化的新奇创意能力，以及天才的创造时尚、引领时尚的能力和建立品牌文化的策划能力，宣传与推广的能力。

香奈尔对时装美学的独特见解和难得一见的才华，与她结交了不少诗人、画家和知识分子而广纳艺术精华不无关系。她结交的艺术界朋友中就有西方现代派艺术大师毕加索 (Picasso)、法国诗人导演尚·高克多 (Jean Cocteau) 等，通过与艺术大师的交往，香奈尔提高了自己的艺术修养，进而将对艺术的理解应用到品牌文化的建设中，进一步加深了品牌的文化内涵。

凭借着天才与智慧，香奈尔昂首闯入了法国时装艺术界这块高傲无情的领地，为西方现代时装带来了重大革命。她扎根于消费群体之中，以广博的国家、民族区域文化知识和前瞻性的时尚理念与艺术思维，进行接二连三的新奇创意、创造时尚、引领潮流、进行品牌建设的经验和成就，为中国服装人提供了绝佳的成功案例，成为他们成长道路上的榜样。

在服饰文化几近断代的年代里，中国服装人从了解时尚开始，回味自古已然的时尚风潮和本民族的时尚之路，继而在传统文化失语的大背景下，在对“现代时尚”、“流行”等字眼的懵懂未知中，通过对“香奈尔”、“克里斯汀·迪奥”、“乔治·阿玛尼”、“三宅一生”等国际著名设计师及其品牌的诞生、成长与发展的了解，鞭辟入里地体悟到服装设计师必须具有全面的文化知识、前瞻性的理念与艺术思维，才会具备品牌建设的能力。他们在学习中逐渐知晓国际大品牌的成功之道，沉醉于“时装”、“时尚”的耀眼光芒（见图 2-1-6）。他们懂得了国际服装品牌的缔造者是如何竭尽才能、施展智慧引领时尚潮流，如何巧妙地运用传统文化、时尚文化以及其他民族的优秀传统服饰元素，结合现时的社会变革、适时的文化转型、消费者的需求，进行品牌定位。他们开始设计自己风格的服装，在尚无服装设计概念的中国服装企业与市场中磨砺，创立了中国自己的企业自主服装品牌、设计师品牌，为中国服装品牌建设积累了最初的经验。

2. 在“全盘西化”的背景下了解民族文化在品牌建设中的意义

中国服装人在 20 世纪 80 年代前后，在间接地学习西方时尚的同时，又有了

图 2-1-6 国际著名品牌发布作品

近距离领略、接触西方时尚杰作的机会。1979 年皮尔·卡丹率领 12 名法国姑娘在北京民族文化宫进行了一场时装表演，国人第一次感受到国际时装的魔力，也真切地感觉了“品牌”的概念。[①]更让中国人振奋的是 1985 年 5 月间三位国际级的服装设计师伊夫·圣·洛朗、皮尔·卡丹、小筱顺子（Junko Koshino）先后来到我国首都北京进行时装展览和展示。从此，中国服装界拉开了现代中外服饰文化、时尚交流的序幕，服装企业和设计师在亲眼目睹了国际大品牌的时尚服装展览后，在受国际大品牌的时尚服装展示情境的震撼中，拓展了服装设计与艺术创造的视野，从心灵深处受到启示，萌发出创造中国时尚与中国原创服装品牌的意识。特别是伊夫·圣·洛朗在中国美术馆举办的“25 年个人作品回顾展”的《展览前言》，让中国服装人重新感受到了久违的文化自尊与自信，在《展览前言》中，他以客观真诚的语言这样写道：“中国一直吸引着我，吸引我的是中国的文化、艺术、服装、传奇……我们西方的艺术受中国之赐可谓多矣，影响是多方面而且明显的。没有中国，我们的文明绝不能臻于今日的境地。”在展览中，中国服装人不仅看到了伊夫·圣·洛朗 25 年艺术生涯中的经典之作，也让他们探寻到现代世界时装艺术的全球性与民族性的发展轨迹。令人难以忘怀的是，中国服装人从伊夫·圣·洛朗、皮尔·卡丹、小筱顺子展出的三个系列的中国风格服装作品中，真切地看到了中西文化的交流在服装设计风格上的展现，深切地体会到民族文化在中国服装品牌建设中的真正意义，预感到中华民族文化在未来中国的服装设计中一定会起到不容忽视的作用，并成为国际时尚的重要组成部分。这一切都成为“庄吉”、“报喜鸟”、“中华立领”等众多中国民族原创服装品牌崛起的重要动力。

但大多数中国人却仍旧沉醉在全盘西化的喜悦中。时至 20 世纪 80 年代后期，社会不断走向开放，人们似乎完全从禁锢中解放出来，中国又一次向西方文化敞

①《服装界》，2010 年第 7 期。

开了宽阔的胸怀，同时表现出高度的包容性，中国人也向国际化跨出了一大步，与此同时，却彻底疏远了自己的传统文化，几乎没有人去考虑全盘西化的服饰文化带来的负面影响。因为，中国人对自己的传统已经是那样的陌生，抑或认为我们的民族根本就不曾有过自己的服饰文化传统，因而对它没有丝毫的依赖，转而去依赖别人的所谓时尚了。这一切，在中国人的眼里是那样的理所当然，他们对于全盘西化的服饰文化是那样的心悦诚服，以至于不假思索地去迎合、跟进西方时尚成为一种新的价值观，深入到人们的日常生活当中。

中国服装人对此心怀忧虑，在中国服饰文化全盘西化之初，在间接和直接地对西方时尚进行学习的同时，全力投入到大量的OEM（代工生产）企业的生产、科技的专门学习，特别是对西方时尚的全面模仿、实践学习中，在此过程中深刻地体会到中国与发达国家之间的经济发展以及时尚品牌产业间的极大差距。发达国家的服装文化、时尚潮流让“衣冠王国”中的中国服装人刮目相看，从内心产生由衷的钦佩。中国服装人中的有志者开始面对中华多元服装文化，思考在当代的服饰文化背景下中国服装设计创意的着眼点和服装发展的新取向。

四、当今国际时尚特点为中国服装品牌建设提供有益思考

当今的时尚文化，不受金钱、地位、职业和年龄的限制。在当今国际上的时尚创意、时尚生活中，青年人占主流，是时尚的主角，但许多老年人也在享受时尚生活，甚至在时尚的舞台上独领风骚。2010年，“美国疯狂老太”曾风靡网络；同年，英国布里斯托尔市69岁的老太太露丝·弗劳瓦斯（Ruth Frau gas）用时髦的电子节奏对20世纪70年代的阿巴乐队、皇后乐队、滚石乐队的经典老歌重新混音，从而形成了一种自己独创的舞曲风格，如今，她已经成为法国巴黎的各大迪厅的著名DJ、“舞曲女王”（见图2-1-7）。露丝·弗劳瓦斯不仅有自己独创的舞曲风格，在巴黎的各大迪厅还戴着引人注目的耳环和一副大墨镜，上身穿一件短夹克，下身穿一条宽松的裤子，脚蹬一双闪亮的运动鞋，以嘻哈式着装创造胜似巨星的时尚风格；英国75岁的阿婆莎拉·琼斯（Sarah Jones）参加西班牙的选秀节目时，大跳热情奔放的拉丁莎莎舞，拿下头奖1万欧元，顿时轰动英国，其星运陡然上升。在互联网上的“Kappa潮人搭”活动中，一位长相普通的中国老人一改传统搭配，穿着时尚、新潮，动作前卫、疯狂而迅速蹿红网络。Kappa强调：“潮”不拘泥于传统，只要能够演绎你心目中的青春激情，只要能展示出四射的魅力，就是这场时尚大赛中的制胜高手……因此，年龄不再是时尚的界限，身材、相貌也不能阻挡人们追求时尚的信念。

尽管年龄、身材、相貌不再是时尚的界限，但是，年轻人是人类未来的主人，国家和民族的希望，是现在的传统继承者和未来的时尚创造者、开拓者，这是任

图 2-1-7 著名 DJ、“舞曲女王”露丝·弗劳瓦斯

何力量都无法改变的。未来文化的很多萌芽或基因已潜藏在现在的青年群体的亚文化及其价值体系中，因而它能够对社会主导性文化施以某种影响，甚至可能发展成为某一主导性文化的主要组成部分，而正是这一点使青年群体亚文化的时尚主张格外引人注目。在外国的时尚历史上，著名的爵士乐与摇滚乐都曾经是亚文化，但随着专业人士与文化学者的不断介入，它们都成为主流时尚文化的一部分。不断演进的时尚文化历史告诉我们，昨天的亚文化可能就是今天的主流时尚文化，而今天的亚文化可能就是明天的主流时尚文化。这也表明，所谓正规时尚文化总是在吸收社会内部的民族群体、宗教群体、种族群体、地理区域、国际文化交流、现时社会的新奇事物等多元因素的过程中发展起来的，并在未来演变为他们自身的传统文化，成为促进人类新一轮文化创意发展的源流和纽带。

时尚并不是少数高不可攀的人才能拥有的神秘之梦，而是将最适合自己的价位、奢侈品融入自身的工作、生活、社会交往中，充分体现个人的艺术品位与总体形象，使之与自己的身形相貌、言行举止、生存环境相和谐的生活方式。

可见，当今的时尚文化除了基于传统文化的基础成分之外，还包括融合现代社会的价值观念和生活观念的最新因素。传统文化一般都处于比较稳定的态势之中，而时尚文化则如法国人所定义的那样是文化“创意产业”，它是在传统民族文化基础上有意识地摒弃传统思考问题的程序和模式，摆脱了思维定式的束缚并进行文化创意的一项产业。因而，时尚文化起着不断更新人们的生活、娱乐内容和消费、行为方式的作用，它使人的生活更加丰富多彩，更加富有个性魅力。例如新一代时尚文化，其内容包括街舞、DJ、MC、涂鸦等嘻哈文化形式，并以此显示个人的时尚品位与主张，进而成为一种生活方式。这是西方现代服饰文化、时尚理念的主要特点。

2011 年 9 月 27 日，由中国服装协会、中国国际贸易促进委员会纺织行业分会和中国国际贸易中心股份有限公司，在北京全国农业展览馆合力打造了时尚潮流活动——CHIC-YOUNG BLOOD（简称“CYB”）。“CYB”旨在为本土市场上的年轻时尚潮流品牌和设计师品牌搭建起全新的推广、交流，资本、商贸对接，达成合作等多种可能性的平台；以“潮流文化、原创力量”为核心，为中国本土的“创意交易”市场注入新的活力。在“CYB”上，展出了国内最具市场影响力的原创师、知名设计院校的学生、时尚创意群体、法新时尚国际机构、巴黎TUDOO设计师机构等带来的时尚创意作品。其中有第二届马克华菲“创意马达”艺术设计大赛巡展的身影。“创意马达”是以“跨界”为主线，以“城市in像”为连接，展现生于斯长于斯的城市年轻人对美学语境、潮流概念的思考与理解，凸现当代年轻人加速创意性思维的独特文化语境。“CYB”中的“YB”意为YOUNG PEOPLE WITH NEW IDEAS，即年轻血液。“YB”是一群有着共同信仰的年轻人，同时“YB”也在表达这群年轻人的精神和态度——永远保持一颗年轻的心，敢做真正的狂想者，为理想头破血流。他们创造的潮流品牌包括“创意马达”、“The Thing”、“肚脐眼”、“Holy Moly”、“创可贴”、“蓝布屋”等。其中“The Thing”主张将玩乐、戏谑的精神融入产品设计，鼓励人们通过生活灵感激发创意，鼓励人们在追赶潮流的同时，坚持自我，彰显个性。“肚脐眼”是北京的设计品牌，以年轻、怀旧、调侃、复古为理念，作品意在展示人们回忆各自童年的感觉。他们主张“将每天活得不一样，每一天都要精彩、鲜活”。他们的主旨和理念是“锐意·颠覆·梦想”，创意设计产品面向的主要对象是80后至90后喜欢体验新鲜事物的年轻群体。

在现代时尚理念的影响下，无论是80后、90后，还是其他年龄段的群体，都是创意产业中最富有生机的推动推动者。当今各个国家的文化创意、品牌建设都在本国优秀民族文化的基础上，强调与社会新奇事物的交融，以及区域地理与国际间文化的交融，突显文化创意产品所表达的人类精神活动内涵及其影响的价值属性、经济价值属性，推动各国文化产业持续高速发展。

当今国际时尚的特点为中国服装品牌建设提供了一个有益思考：当世界各民族之间多元的传统优秀文化、现代时尚文化，成为激发人类创意的灵感源泉时，必然会引发多元的“新奇的创意”活动和服饰品牌的“新奇的创造”。当中国把共存于中华文明的漫长时空中、密布于中华大地上的56个民族的多元、多样性优秀文化，融到世界时尚舞台，并将其作为激发创意的灵感原点时，必然会引发出多元、多样、鲜明的“新奇的创意”活动和多姿多彩的时尚产品的“新奇的创造”。有了中国服装品牌的加入，人类的时尚潮流也将会平添姿彩，更显波澜壮阔。

五、“全盘西化”与西方流行时尚给中国服装业带来的关注点

伴随着“文化大革命”的结束和改革开放的开始，思想文化界的有志人士发出了虽然弱小但却坚定的中华民族文化自觉的声音，继而声势越来越清晰可辨并且不断壮大，随之迎来了20世纪80年代的传统文化热，90年代更是以较快的

速度进入了文化复兴的状态中。如今，中国传统文化正在作为一股影响全球的强劲的思想力量对世界产生越来越大的影响。国际时尚界不断掀起“中国风”（见图 2-1-8）。中国服装文化产业界的有识之士尽自己的最大努力，将中华民族文化自觉与全球化文化背景下的文化转型相结合，创造出了纷呈于国人面前的、具有中华民族文化底蕴的原创服装品牌。但是，由于受到“中华传统文化属于愚昧、迷信、落后、封建的文化形态”的思维惯性的影响，在大多数人眼里，西方服饰仍旧代表着“先进、文明，以及超前潮流意识”，这一强大的思维定势，阻碍了服装消费者的民族文化自信与自觉的觉醒。进入到 21 世纪初的头 10 年里，崇尚西方品牌的势头仍然有增无减，中国许多男士也纷纷拥到追逐“英伦风潮”、“后现代风格印花”、“修身休闲装”的队伍中，在一轮一轮的西方时尚潮流中展示品牌为之提供的身份。从男士对时尚的追求向度，我们可以看到“西风东渐”、“全盘西化”的服装文化，在中华大地上继续全面、深度延伸的状态。

图 2-1-8 2011 年国际服装界“范思哲”（Versace）（左一）、“阿尔伯特·菲尔蒂”（Alberta Ferretti）（左二）、“Jason Wu”（右二）、“路易威登”（右一）等品牌劲刮“中国风”

当今，环顾国际品牌蜂拥而入的国内顶级服装市场，各国知名品牌比比皆是；高、中级市场柜台上古典与新潮拼盘，西洋与东土嫁接；“傍洋牌”的“娜”、“伦”等等充斥一级城市的各个高端市场，甚至向二级城市的中端市场延伸；女士们的衣着狂追西方大牌的流行时尚，将西方品牌视为“个性、时尚、高档、奢华”的代名词……国人的消费观存在很大的盲目性。炫富心理与贫富差距让中国人的消费观陷入一个怪圈，为满足炫富心理需求，还有为送礼产生的购买需求，无限延伸。对奢侈品的消费，欧美在 20 世纪中期就开始了，然而 2008 年全球金融危机，使得欧美奢侈品消费下降了 10% 左右，中国、俄罗斯、巴西和印度却逆市上扬了超过 10%。[①]这一现象在中国尤为突出，使中国成为其中的主角。2010 年，中国内地奢侈品市场消费总额占全球份额的 25%，2012 年已成为世界上最大的奢

① TOPIC 专题《奢侈品牌中国道》，载《服装界》2011 年第 9 期。

侈品消费国，市场的繁荣景象前所未有，并且还在不断飞速发展。网上卖折扣奢侈品的“第五大道”等网站运作的红火劲头，也与消费者火热的购买欲望交合在一起，燃烧出熊熊的炫富、送礼需求的火焰。而在设计品质等方面，与国外品牌无异的相关中国原创服装品牌，在市场效应上却没有与国外品牌比肩的地位，更无应有的国际“时尚话语权”。相反，国际品牌的运作者，则兴奋地接受中国市场以无处不在的热情为他们的品牌进驻中国鸣锣开道，感受中国消费者追逐名牌的狂态、为他们创造了如搭乘火箭般飞升的市场效益，他们以道不尽的喜悦在中国时尚市场上沐浴着品牌利润如旭日东升的光辉。

综上，中国时尚发展的历程，以及改革开放后“全盘西化”与西方时尚潮流的冲击，给中国服装业带来以下的关注要点。

关注要点之一：从民国初期开始，到100年之后的今天，西方的现代时尚观念已经遍布古老中国的各个角落。特别是中国新兴的消费能力较强的中产阶级正在迅速崛起，加上盲从、炫富心理等促成的消费心理，引发了中国消费市场的红火局面。尽管中国部分消费者已经有了民族文化自觉、自信与自尊，但是要做到全民的民族文化自觉、自信与自尊的回归还需时日。中国大多数消费者在向世界学习的时候，透过传媒、网络等媒介吸纳新资讯，他们把自己的消费与全球化的国际社会发展相结合，与自身的言行举止和生活观念相结合，不断培养自己的消费心理素质，越来越重视消费的品位和文化。时尚慢慢从一个小圈子，变成一个席卷中国的巨大产业。

关注要点之二：世界上不同民族、不同地域的服装不尽相同，这些多元性、多样化服装在国际间的文化交流与碰撞下，相互作用、相互融合、彼此共存是各个时代都普遍存在的现象。近代以来，西服的优势得到了世界上各个国家的普遍认同，具有国际服装的地位，但“穿衣戴帽，各有所好”则是人类生活的永恒旋律，由于世界各国服装品牌的多元性、多样化，保持其各自鲜明的民族特色必然是人类服装文化发展的永恒话题。世界各地的人们，一方面穿着各自特有的、民族文化与时尚创意相交融的品牌服装；另一方面又穿着具有国际性特质的西服，这是全球化服饰文化发展的必然特征。中国有博大精深的传统文化和多元、多样的服饰文化，因而，在全球化的文化同质化背景下通过文化创意，发展现代服饰文化是最有开发潜力的国家。

关注要点之三：改革开放后的“全盘西化”使西方时尚潮流席卷中华大地，但是与此同时，服装产业中的相关政策、法规还有待完善，宣传媒体有待跟进，特别是市场平台的操控者重视眼前利益，重视推展外国品牌，而在推动民族文化自觉、自尊、文化转型与中国原创服装品牌上没有作为。中国服装人在“全盘西化”的服饰文化背景下付出了巨大的努力，虽然已有几个中国原创服装品牌在国内和国际市场中初露头角，但与国际大品牌之间的文化创意与设计仍然存在很大的落差，当今中国原创服装品牌建设的成就，中国时尚产业及其对国际时尚风潮的引领作用，仅仅处在“小荷才露尖尖角”的蓄势待发期。

六、流行时尚带给中国民族服装自主品牌建设的思考

改革开放初期，对时尚、品牌、流行尚处懵懂的中国服装人，通过学习了解现代时尚的特质，在对时尚、品牌、流行的间接学习中，掌握了人类自古已然的时尚观念、流行风潮的实质与概况，认识了现代时尚潮流与西方服装品牌建设的历程。中国服装人不仅在中国服饰文化“全盘西化”、西方服装百年品牌建构的经验学习中获益匪浅，更在中国服饰文化“全盘西化”以及西方品牌蜂拥涌入中国的时尚潮流中有了深刻的领悟，获得对中国原创服装品牌建设的思想启迪。

近几年来，中国服装人亲眼目睹国际上的多元服饰文化与时尚文化影响了现代中国人的生活理念，以及服饰的消费观念，一波未平一波又起的服饰流行时尚直接使中国的服装消费额度波澜迭起。在鞋帽、箱包、饰品、化妆消费领域中，服装人亲眼目睹消费者从高跟鞋到“耐克”（Nike）、“阿迪达斯”（Adidas）的鞋帽，再从鞋帽到“古琦”（Gucci）、“路易·威登”的箱包，从炫酷的发型到法国“兰蔻”（Lancome）、美国“雅诗兰黛”（Estee Lauder）的化妆品等一阵接一阵消费热潮的此起彼伏；在品牌服装领域中，服装人亲眼目睹消费者从德国“鲍士“（Boss）、意大利的“阿玛尼”再到法国的“迪奥”，英国的“登喜路”（Dunhill）、“唐狮”（Tonlion）；极端强调自我的消费者则加入从 “欧潮”、“美雨”、“日风”、“韩流”到“酷”，再到“蔻”一代的服饰流行队伍；还有亚文化的朋克风格、街头嘻哈服装，等等，一波接一波潮起潮落……流行服饰的风起云涌不断地改变着人们对时尚的追求，近年又进入到“我行我素”、“怕撞衫”、“追潮流”、“追名牌”、“比名牌”、“重鉴赏”、“讲享受”、“讲品位”、“讲炫耀”、“讲文化消费”的消费情境之中。

今天的中国，在全球化文化的激荡下，世界各地的时尚生活方式通过高度发达的互联网和大众传媒、日趋主动的商业运作传媒、时尚文化生活专题传媒等通讯工具快速地交互传播到地球上的每个角落，也传播到了中国。“全盘西化”的“西方服饰文化、时尚文化”生活方式应时进入中国人的现实生活。国际上多元、时尚的文化生活理念，在不断地更新着中国人的生活内容、观念和行为方式。在国际上，时尚文化深刻地反映在成熟的消费人群中，成为他们对社会普遍情感的表达，形成对于新的价值取向、文化观、消费观、生活方式的追求，例如法国、意大利、英国“亚文化”时尚群体的时尚生活境界。但是，我国有些人以一掷千金的盲从去“拥有”某件特定商品，此举多多少少给奢侈品牌经营者一种“人傻、

钱多，速来购买”的感觉，是一种不成熟的炫富心理的表现，而不是时尚文化生活的表现。2010 年有一则“职场·博客——都是‘路易·威登’惹的祸”的短文是这种消费行为的生动体现，文中描述，某公司人才招聘，通过猎头的前期筛选进入面试行列的一位女生，在面试官的心中留下了深刻的印象：“这位女生背了个较新款的‘路易·威登’包，但衣着却过于朴素、随意，加上一脸沧桑模样，显得那个‘路易·威登’包特别扎眼。”该女生最终没能通过第一轮面试。究其根源，不能说未能通过第一轮面试与她的“路易·威登”包有关，但这个价格不菲的“路易·威登”包至少没有起到适宜于自身的工作、生活、社会交往以及体现个人艺术品位和总体形象的作用。

在“全盘西化”的西方时尚潮流中，有以下三个方面的情况值得中国服装人去总结、应对。

第一，中国服装人在中国服饰文化“全盘西化”的过程中，不断地了解、解读并切身体会到驰名世界的时尚品牌，依靠品牌自身特有的魅力、依靠中国文化元素进行品牌文化转型的深化设计，占领中国高端市场并赢得高利润回报的市场效应；切身体会到由于中华民族服饰文化“全盘西化”，而出现的追崇西式时尚潮流、自身品牌的建设处于“弱国”地位的现状。

这种情境不仅不断地加深了中国服装人对中国当代服装设计的创新意识，更激发了中国服装人的民族文化自觉意识，以及原创服装品牌的创造热情，并且使整个服装行业开始步入中国服装品牌建设、时尚产业建设的阶段。部分国产品牌努力营建引领时尚的平台，并赢得了市场的认可。据权威部门“2007 年全国大型零售企业主要商品销售市场统计监测数据”显示，“利郎”、“劲霸”、“七匹狼”、“柒牌”、“九牧王”等一批真正的国内原创服装品牌，显现出有望成为中国男装市场主力军的势头。而纵观这几年的国内服装市场，昔日风光无限的许多“傍洋牌”随着人们消费越来越理性而渐渐显露淡出的迹象。同时，吉平生的“MOUSE JI”等品牌在国际顶级市场上呈初露头角的发展状态。可见中国原创服装品牌建设已经进入蓄势待发期。尽管目前国际品牌仍然有增无减地蜂拥涌入中国各大市场，赚取中国原创服装品牌望尘莫及的利润。资料显示，2010 年前三季度品牌竞争依旧十分激烈，男装市场高档品牌的份额呈现出增长态势，诸如“阿玛尼”、“杰尼亚”、“萨巴蒂尼”、“登喜路”等国际一线品牌的市场份额增长明显。[①] 但中国这一蓄势待发的能量在近几年渐趋强大，中国原创服装品牌建设已经进入到具有历史转折意义的进程中。

第二，中国服装人历经以上种种时尚事件，深刻地认识到，21 世纪初中国时尚市场环境的基本特点是科学技术不分国界、信息瞬间千里、经济不断发展、材质不断丰富、思想与个性不断开放、个人价值张扬、中华民族优秀的传统文化与审美文化缺失、炫富心理等因素不断延展。消费者似乎完全进入西方时尚生活

① 2010 年前三季度男装市场销售情况简析》，载《纺织服装周刊》。

的春天，它给人们带来了“新享乐主义”的价值观，以及优质至上的生活态度和“求新、求文化享受”，“摒弃趋同价值”，“注重审美”，“主张自由自在、自我做主的个性化消费”的消费价值观。

第三，上述种种时尚事件消费价值观不可能在中国长期存在。中国消费者在伴随着全球化的进展，中华民族文化的崛起与自觉、自尊意识的提高，以及民族文化与时尚文化的交融、文化转型意识的提高，他们将会以成熟的生活方式、文化价值观来消费“中国的·国际的”原创服装品牌的产品。在这个背景下，中国服装业界如能以国际化的视野，借助当今国际上连年劲刮的“中国风”动力，进行民族文化创意，以“民族文化·时尚创意”为底蕴，营建“中国的·国际的”原创服装品牌，并以此来推动市场消费，那么，在不久的将来，真正的“中国风”流行时尚将会成为国人的情感寄托与生活方式，真正的中国风将会刮遍全球。

以上所列的时尚潮流给中国服装人带来如下难题。

一是如何应对国际品牌在中国市场上居于消费强势的挑战。

二是如何正确引导时尚消费。即中国服装人应当如何才能拥有“时尚话语权”，并在消费领域倡导时尚新生活，引导消费者抵制“超前消费、炫富心态”、送礼行贿不良消费观，推崇中国文化，提倡一种健康的、现代的、时尚的、让世界人民体认和接受的优美、雅致、幽静的东方生活哲学以及中式生活方式，用东方文化重新唤起人类对东方精神和文化生活的追求，降低人类对物质无限膨胀的占有和依存，拯救地球和人类的灵魂。

三是如何克服原创服装品牌存在的不足，使之能够在国内外市场上与国际品牌齐头并进。

综上，时尚的发展规律带给中国当代服装设计、品牌建设以下几点思考：

第一，不同群体的时尚达人趋向于将不同的区域、民族或城市的传统文化、多元社会因素构筑的多元化的、个性风格的服装、服饰品牌，融入自己的身材、相貌、言行、举止以及现代生存环境之中，进而显示个人的时尚品位与主张。服装设计、品牌建设的运作者，要聚集各方有利因素（包括人才、资本、信息、技术等要素）进行资源整合、协同创新，才能使中国原创服装品牌在市场上引领一方时尚风潮。

第二，不论在东方还是在西方，服饰文化史观与时尚潮流总是充分地浸透着传统文化的特征，在鲜明地体现出时代特点、民族特色的基础上融入时尚达人的生活品位与观念，才会有“新奇的创意”。“新奇的创意”物化于设计产品才能产生“新奇的创造”，造就多元的中国原创服装品牌，并赋予品牌以特有的文化神韵，这样才能在国际品牌林立的市场中彰显独特而持久的生命力。

第三，试图推动时尚潮流的中国时尚创造者，不仅要有香奈尔、克里斯汀·迪奥、乔治·阿玛尼、三宅一生的智慧与创造能力，还要有对时尚潮流的敏锐把握和品牌运作的能力，并在传统民族文化和世界多元时尚文化的基础上，去了解昨天、熟知今天、着眼明天，体察各类消费群体的时尚动因，从而有的放矢地在“民族文化·时尚创意”的引领下进行“中国的·国际的”服装设计和中国原创服装品牌的建设。

第四，只有在全球化背景下提倡民族文化的自觉、自尊，在创新中创造出“中国的·国际的”多元时尚品牌，才能满足当前消费者我行我素、怕撞衫、追潮流、追名牌、比名牌、重鉴赏、讲享受、讲品位、讲炫耀、讲文化消费的要求，才能满足未来国内外消费者将品牌产品与自身的工作、生活、社会交往以及个人艺术品位和总体形象联系在一起的越来越健康、理性的消费需求，真正使当代中国服装文化快速崛起。

第二节
多元民族文化与时尚创意的有机融合是服装品牌建设的成功之本

一、多元民族文化是中国原创服装品牌建设的灵魂

香奈尔在传承传统板球运动文化与骑马运动文化的基础上，将当时的时代特点与创意性的理念、材质、工艺、造型相结合，经过时光的历练与岁月的磨砺，造就了享誉全球的西方百年时尚品牌，而且至今仍活力十足地引领国际时尚，深深扎根于消费者心中。“宝剑锋从磨砺出，梅花香自苦寒来”，对于即将走向国际的中国原创服装品牌而言，也当历经时间的考验，方能以恒久的魅力引领国际时尚潮流。

品牌是否能够保持持久的活力、是否能够引领国际时尚，需要上述诸多必不可少的条件，但其中最重要的条件是其本土文化。香奈尔等国际著名品牌都因为根植于其传统文化之中，使传统民族文化为其内在的灵魂，而具有了极强的品牌张力。事实证明，传统文化一旦与创意完美交融，品牌将具有强大的生命力。

中国服装业界的有识之士，在原创服装品牌建设中深悟民族文化的奥秘，将自己执掌的原创服装品牌，扎根于中华民族多元文化的沃土之上，希望通过过去

30年中国服装走过的道路以及持续的努力，中国服装品牌建设在不久的将来能够修成正果。诚如前文所析，中国原创服装品牌建设已经在国内和国际上显现出“小荷才露尖尖角”的蓄势待发之势，正活力十足地走在国际时尚舞台的前沿。它的成长，潜藏着中国服装人从无到有逐步建构中国当代服装设计的创新意识，以多元民族文化为主导，以顽强的拼搏与创造精神进行创造的艰辛与毅力，是中华多元民族文化与时尚文化磨砺与融合的成果。

通过下面几个驰骋于中华多元文化的原创服装品牌，我们可以了解当代中国原创服装品牌所显现出的活力。

杭州的江南布衣服饰有限公司成立于1994年，汉语拼音字母的缩写“JNBY”，同时也是英文“Joyful,Natural,Beautiful,Young”的缩写，主张将中国传统文化“崇尚自然、塑造完美”的理念与“追求浪漫”的时尚女性生活方式相结合（见图2-2-1）。品牌以丰富的语言，设计包括服装、鞋类、箱包、帽子、围巾在内的服饰产品，为20—35岁都市知识女性提供服装及饰品。现有自主原创的“阿米巴梳”、“谷子”、“麦子”三大品牌，无不以纯天然的棉、麻、丝、毛面料作为主要材质；以丰富而又沉稳雅致的自然环保色作为基本色系，配以流行亮色作为点缀；以枝叶花草作为标志性的装饰纹样；以手工刺绣、机绣布料造型、手绘、胶印，作为品牌工艺品质与风格的保障；以精湛的工艺与板型，塑造出现代知识女性从容、优雅的健康形象；追求“健康、生命、自然”的品牌风格。如此等等，其品牌塑造手段的每个环节中，都深藏民族文化因子，演绎了“崇尚自然、塑造完美、追求浪漫”的设计主题，行销于香港等国内各大城市，新加坡、加拿大、格鲁吉亚等国家的主要城市，以及莫斯科、东京、曼谷、巴塞罗那、首尔、纽约等国际各大城市，焕发出“中国的·国际的”时尚光彩。

中国以男装为主体的领军品牌之一的“庄吉”，倡导中华文化“庄重一身，吉祥一生”的思想，通过让消费者感受“吉祥日”的方式传递品牌文化与理念，如今已是名誉大江南北的品牌（见图2-2-2）。“报喜鸟”即喜鹊，“报喜鸟”品牌是“喜文化”理念的传承者，其“金榜题名”等寓意让“喜文化”伴随着其服装品牌的市场的扩大而活跃于中国市场。

在北京开幕的“2005中国国际时装周”上，由中国服装设计师协会、天津应大（台湾）投资集团有限公司联合主办的“应大‘中华衣王’揭幕新闻发布会”隆重举行。此次新闻发布会以“民族化”的审美观及“国际化”的品牌观，洞察国际皮革时装的流行趋势。发布会上，应大投资集团有限公司展示了由其独立设计制作、造价超百万的“中华衣王”（见图2-2-3）。“中华衣王”首席设计师、中国服装设计师协会理事、时装艺术委员会主任委员、中国时装设计“金顶奖”获得者武学伟说：“中华衣王”的设计灵感来源于中华民族古老的图腾——龙与凤，鳞状皮子和柔美羽毛的独特搭配，柔美跃动，曲线流畅，动静之间刚柔兼济，将龙的高贵、霸气与凤的华美、灵秀演绎得淋漓尽致，展现出独具东方风情的神秘与性感，体现了东方“天人合一”的精神，用西方的塑型手段达到东西方美学相融相合的意境……“中华衣王”的设计就是这一想象与创造的完美体现，武学伟通过阐释“中华衣王”的内在灵魂，构建了品牌文化的永恒魅力。

图 2-2-1 “江南布衣”作品

图 2-2-2 “庄吉”作品

武学伟在民族文化与时尚创意上一以贯之的卓越才能与设计理念的前瞻远见，使他从 1991 年开始先后获得第二届大连服装节销售优胜奖、1993 年“兄弟杯”国际青年服装设计大赛优秀奖、1995 年“中国青年服装设计大赛铜奖”以及 1995 年“兄弟杯中国国际青年服装设计作品大奖赛金奖”，作品被收藏于服装服饰博物馆。1997 年获得第六届全国“金剪奖”大赛银奖，同年不仅举办了“亚麻服装个人时装作品发布会 ”，还获得了第二届“中国十佳时装设计师”提名与“首届中国服装设计博览会‘金榜’设计师”称号。1998 年获 1997 年度第三届“中国十佳时装设计师”称号；1999 年荣获中国时装设计“金顶奖”……2007 年由服装业界人士投票评选为中国顶级服装设计名师——“中国国际时装周十大设计名师”。

武学伟担任天津应大（台湾）皮革时装有限公司首席设计师的十几年中，始终以他丰厚的中华民族文化素养，对于时尚文化以前瞻性的目光从容、沉静地进行一次次“中国的·国际的”时尚皮草创意研发，为消费者带来一次又一次的感动，被服装界称为流行的“革命者”。在武学伟创意设计的推动下，“应大”与中国服装设计师协会联合主办了多届“应大杯”（见图 2-2-4），吸引全国从事皮革服装设计行业的优秀人才参加各届大赛，使“民族文化·时尚创新” 皮草装在年复一年的“应大杯设计大赛”中国国际时装周女装发布会 T 台上，散发出别样的魅力，推动了皮草类品牌的大力发展，使应大投资集团有限公司锻造出了“应大女装”、“应大男装”、“应大裘皮”和“CEREL 高级女装”等四大成衣品牌为主的品牌集群，其优雅、简约、时尚、环保的品牌荣获“中国广告主长城奖——2011 年度消费者信赖的知名品牌”和“2011 年度销售领先品牌”称号。武学伟在以多元民族文化为背景的中国时尚皮草原创服装品牌建设中，智慧地注入了具有市场活力的品牌灵魂。

图 2-2-3 武学伟设计的收藏于“应大”博物馆的“中华衣王”

近年来，中国自主原创的服饰品牌，越来越重视民族文化的深度开发，不断在已有成就的基础上，以各种方式从纵深方向对民族文化与时尚创意进行挖掘。

图 2-2-4 武学伟“应大”品牌服装设计发布会作品

“例外”、“杉杉”、“太平鸟”、“汉帛”等品牌不仅不断从传统文化中汲取创意灵感，对本品牌产品进行创意设计，还选择历史文化底蕴相当深厚的宁波地区，获得联合国教科文组织亚太地区遗产保护奖的慈城古建筑群区域，以及天一阁、宁海前童古镇、鄞州走马塘、镇海郑氏十七房、象山石浦古镇、江北老外滩、海曙区月湖盛园（郁家巷）等区域，举办不同规模的时装秀，借以彰显品牌的文化内涵。1999 年杉杉集团总设计师王新元设计、策划、主导的大型时尚情景服装秀“天一夜宴”在中国也是亚洲最古老的图书馆浙江省宁波市的天一阁（建于 1561 年）上演，这场让人记忆犹新的视觉盛宴，首创时尚与深厚历史场景结合的发布方式，将现代的时尚语言汇入古老的历史中，让人感觉犹如穿梭于不同的时空中。这场视觉盛宴也是首次代表中国服装界在法国时尚频道 FTV 向全球转播，引起了欧洲服装业同行的高度关注（见图 2-2-5）。王新元在杉杉集团的举措，展现了他在中国自主品牌的经营谋略之道的智慧和才华。王新元甚至从人员聘任、面料选择、产品设计，到专卖店开张、促销，乃至画册的拍摄、形象代言人的选定等进行事无巨细的品牌发展的全局把握。而其最核心的工作则是孜孜追求多元民族文化在中国原创服装品牌建设中的深度开发设计。王新元的“天一夜宴”等设计作品（见图 2-2-6、图 2-2-7）。

中国著名服装设计师马可的原创服饰品牌“‘例外’2011 春季服装秀”在历经 1200 多年风雨的古城慈城亮丽登场（见图 2-2-8）。慈城古县城拥有“甲第世家、福字门头、宋式彩画”等遗风文化，时尚现代的服装融入古城的粉墙黛瓦中，意象错综交叠，精彩纷呈。“例外”2010 年 11 月联合北京服装学院、天工慈城等机构，共同启动“中国服饰文化百年之旅”，以“百年衣裳”为切入点，结合图片展览、美学讲堂、服装表演等形式，推动中国服饰文化的传承与发展，引导对中国当代生活美学的思考和探索。[①]

①《创意的火花能否在宁波古城古镇点燃？》，中国服装网·资讯中心·品牌传真，http://www.efu.com.cn/data/2010/2010-11-30/341184.shtml。

图 2-2-5 大型时尚情景服装秀“天一夜宴”

图 2-2-6 王新元 尽显才智和时尚震撼的设计作品

图 2-2-7 王新元“中国风”2007 年中国流行趋势发布会作品

图 2-2-8 “例外”品牌服装发布秀

“状态”服装设计有限公司董事长毛继鸿认为，一个地区经济兴衰有点像风水轮流转。文化才是永远攥在手中的不变的王牌，是永恒的资源。这资源既是经济的，更是精神的。以创意设计作为桥梁，能促进手工艺和现代工业之间的价值转化。[1]中国服装协会产业经济研究所常务副所长陈国强认为，宁波分布着数十个江南水乡各具特色的古城、古镇、古街、古村，而这些地方并没有注意到文化传承与创意产业结合的价值，倘若能将现代时尚与古典元素较好地结合，定能激发出创意的“火花”。[2]慈城籍著名作家、中国文联副主席冯骥才站在更为宏观的高度指出：“有些事物的历史文化价值，必须站在未来才能看到。文化，不仅是站在现在看过去，更重要的是站在明天看现在。文化眼光不只是表现为一种文化素养、一种文化意识，更是一种文化远见和历史远见。”[3]

在共同的实践过程中，服装企业逐渐在文化创意、品牌创新设计等方面，由制造商向创造商的角色转换，并以设计师为主导，运用民族文化、区域文化及时尚元素推动品牌文化创意，建立品牌核心文化，营造品牌内涵。设计师也在民族文化与时尚创意的交融、创造中成为一个独立的品牌设计者，最终成为国内服装市场的领军者，在未来的发展道路上，以设计师为主导的文化创意将是服装企业转型、发展的关键。

①《创意的火花能否在宁波古城古镇点燃？》，中国服装网·资讯中心·品牌传真，http://www.efu.com.cn/data/2010/2010-11-30/341184.shtml。

②《创意的火花能否在宁波古城古镇点燃？》，中国服装网·资讯中心·品牌传真，http://www.efu.com.cn/data/2010/2010-11-30/341184.shtml。

③《创意的火花能否在宁波古城古镇点燃？》，中国服装网·资讯中心·品牌传真，http://www.efu.com.cn/data/2010/2010-11-30/341184.shtml。

中国现今许多由设计师主导文化创意的原创服装品牌，确实具有冯骥才先生所说的“文化远见和历史远见”。这种文化远见和历史远见赋予服装品牌以灵魂，是服装品牌立足与发展的核心动力。

中国时尚界著名的双“金顶奖”设计师武学伟、武学凯两兄弟曾于 2011 年获得“旭化成·中国时装设计师创意大奖”。武氏两兄弟一起以“城市探索、自然现象和旧趣味”三个富有民族文化生活情境与时尚创意的主题，在对宾霸面料特性及 2011 年春夏流行趋势充分把握的基础上，用独具创意的设计诠释了他们对人、社会和自然的深刻认识和理解，并以“旭化成·中国大奖”2011 年春夏季系列新闻发布会的形式，在北京饭店宴会大厅举行了武学凯、武学伟“一起美丽”的作品发布会，获得时尚界的赞誉（见图 2-2-9）。

图 2-2-9 “旭化成·中国时装设计师创意大奖”武学伟、武学凯作品发布会

武氏两兄弟中的武学凯，身兼亚洲时尚联合会中国委员会理事、中国服装设计师协会理事、时装艺术委员会主任委员。他与中国许多设计师一样，在设计历程中越来越关注本土元素，不断地挖掘中国文化的精髓，并通过中国国际时装周以及与企业品牌的合作来推动多元民族文化的中国原创服装品牌建设。武学凯早在 1996 年就获得了第四届“兄弟杯”中国国际服装设计师作品大赛金奖。1998 年在中国国际时装周上荣获“中国十佳时装设计师”称号。2000 年成为被国际权威时尚媒体法国 FTV 追踪报道的首位中国服装设计师。2002 年不仅获得中国服装设计师协会“兄弟杯”事业成就奖、中国时尚大奖年度“最佳男装设计师”奖，更为荣耀的是，武学凯还荣获中国时装设计“金顶奖”。2003 年，武学凯赴巴黎举办“‘时尚中华’当代中国优秀时装设计师作品发布会”。2006 年代表中国在米兰举办“2006 米兰时装周·中国日”中国设计师品牌作品发布会。2007 年中国国际时装周十周年的庆典活动上，又被中国服装业界授予中国顶级服装设计名师——“中国国际时装周十大设计名师”称号。武学凯不仅领衔杉杉

集团有限公司设计总监、WU.D时尚创意机构创意总监、北京汉武国际设计总监，还领衔“柒牌”首席设计师，创建了著名的“柒牌·中华立领”，锻造了“中华立领”的独特品格 （见图2-2-10）。其设计直取中华民族图腾的精神元素——中华民族气质中的“龙之精气神”、“刚健大度、儒雅坚毅”，并将其上升为设计理念，体现“中国心、中国情、中国创”，这是“中华立领”品牌的文化内涵与品牌发展的目标和方向。“中华立领”以此来演绎消费者心目中的民族情结、民族个性、民族气质等核心品牌价值。在“中华立领”的系列主题设计中，武学凯于细节处做了许多精心、卓越的创意：在具体款式形态、色彩、材质、内形分割与细节装饰上，采用了中华民族服饰文化中的“外观物质元素”；在形态和工艺上，采用了宽展的肩位，更充分地展开了胸廓的造型，使国人普遍稍嫌单薄的臂膀显得英挺、伟岸，更能够展现国人的气度；并通过立领、绣花、盘扣、腰封、玉佩等中国服饰元素和中国红、魅力紫、庄重黑等流行色；在材质上将传统面料与现代面料进行科学搭配，让服装质地更加柔和，穿着更为舒适。“柒牌·中华立领”的精彩设计呈现出民族色彩与时尚色彩相辉映、民族化的服装结构形式与国际化流行的裁剪相交糅的艺术效果，充分演绎了其倡导的设计精神——胸怀中华民族龙之精气神，海纳中西方现代时尚设计精髓。“柒牌·中华立领”在武学凯的统领下，完美地将传统的民族风格与现代穿着理念和国际化流行趋势相融合，使“中国风格·世界时尚”合而为一的感觉呼之欲出。

图2-2-10 “柒牌·中华立领”作品

以李连杰作为代言人的“柒牌·中华立领”的广告片《武》中的主题语“男人就应该对自己狠一点”、“龙之精气神”、“刚健大度、儒雅坚毅”，被评为“中国十大流行广告语”，并被“ASIA IMAGE”在《广告成就》以及世界性广告专业杂志《Shots Magazine》中报道。通过实施品牌的核心文化传播，在消费者心目中，“中华立领”成为最能体现民族情结和民族气质的品牌之一，它淋漓尽致地演绎了其品牌的文化底蕴和由设计理念构筑而成的核心文化内涵，其文化影响深入人心，显现出“柒牌·中华立领”在服饰领域的文化远见、历史远见。

2006年，“欧迪芬”以清朝历史文化为切入点推出的“清风雅韵”系列，从清代国家强盛、版图一统、民富一方的历史与文明中，折射出中华女性一贯具有的“谦和、内敛、包容”之美，汲取时尚元素和设计灵感，传承中国服饰精妙绝伦、羞花闭月的文明外延，设计出带有民族神韵的内衣，赋予清代文明以清雅的品格，探索出一种民族文化与时尚创意相结合的全新设计思路。2007年，以气势恢弘的大唐文化为设计原点推出“大唐凤仪”系列内衣，并在中国国际时装周上闪亮登场。年轻的设计师畅游在有海纳百川之势的大唐文化中，在胡汉合流、华夷无碍的唐代服饰文化世界的丰华、绮丽中，在武则天女皇的威仪中寻觅设计灵感，汲取设计元素，从设计师的现代、个性而富有时尚气息的视角出发，用最优美、生动的设计语言，用“民族的·世界的”时尚准则进行创意设计，剪裁出符合当今时尚白领女性追求奢华、高贵、典雅与自我独立要求的华美内衣。2008年推出的“汉世盛典”，则追忆了中国历史上第一个强盛的封建王朝，在那个曾经耀眼的时空隧道中，张骞出使西域开辟了著名的丝绸之路，“汉世盛典”展现了丝绸古国在时尚奢华的艺术创造中与世界文化交融的辉煌篇章。2009年，“欧迪芬”更以精彩的“游历‘元’朝·惊梦时尚”为主题，追溯由蒙古族所建立的中华历史上前所未有的疆域广大、气势强盛的朝代。元朝统治者将“祖述”和“变通”紧密结合，创造了一个属于游牧民族的马背时代。展示会上马头琴与元曲悠扬回荡，草原游牧文化的浓郁气息与中华传统文化相交融，迸发出精彩纷呈的创意火花，缤纷优美的设计作品被包裹于柔美、性感的粉色现场中，各个系列的作品无不焕发出奢华、高贵的内在品质与气度。在高潮迭起的演示中，从元朝文化的代表青花瓷中汲取的元素，凝炼成浓艳而不失厚重的青色，却不经意间打破了粉色的娇柔，并与那由远及近、雄浑有力的马蹄声交相呼应，增添了无尽的豪迈气概，将元朝所代表的那个具有王者气息的马背民族铁汉与柔情的两面充分展现。“元锦”、“铁汉柔情”、“那木阿”、“乌吉斯古勒”、“青花的记忆”、“元曲”、“剩山异梦”、“云端漫步”……观众的思绪从一组组设计作品中穿过，元朝的记忆与现代时尚交相辉映，若即若离却又如此的紧密相联。[①]在决赛现场，欣慰的笑容浮现在所有关注中国内衣行业发展以及中华民族文化传承者的脸上，而优秀的设计师们也通过大赛的磨砺深深懂得了中华文化在时尚设计中的价值，深知传统碰撞时尚成就的现代服饰文化潜在的价值与财富。“游历‘元’朝·惊梦时尚”让草原英雄成吉思汗的气魄回归华夏儿女心中，让久远的历史在时尚中新生，也象征着中国服装人在中国服饰文化创意与品牌强国建设的道路上“弯弓射大雕”、“数风流人物还看今朝”的雄心与气度（见图2-2-11）。

①游历“元”朝·惊梦时尚欧迪芬内衣设计总决赛，载网易女人，2009年11月2日，http://lady.163.com/09/1102/17/5N4OKJR900263SHI.html。

图 2-2-11 “欧迪芬杯”赛事作品

“欧迪芬”接连举办的内衣服饰文化主题创意设计的大赛与决赛，紧紧依托于中华民族的传统文化之上，倡导“用中华元素打造内衣文明，让内衣文明打动世界”的新理念，运用民族文化的内在精神元素与外在物质元素，创造出现代中国的时尚气宇与文化豪情。

如同“柒牌·中华立领”、“欧迪芬”一样，以全球化文化发展为背景，以“民族文化·时尚创意”为主导，运用中华民族文化的内在精神元素与外观物质元素，对原创服装品牌文化内涵进行深度挖掘的还有“天意”、“吉芬”、“例外”、“利郎”等品牌，他们各自以其所具有的文化和历史远见，产生了品牌文化创意，在民族文化创意设计成果的带动下，不仅在国内引领一方市场，甚至在全球金融危机的特殊时期，经济效益也在不断攀升，并且在国际交流中产生了很大影响，形成中国服装文化的创意奇葩，蓄势待放于国际市场。

此外，执掌中国原创服装品牌的许多著名服装设计师，如吴海燕、张肇达、王新元、计文波、张志峰、武学伟、武学凯、屈汀南、王鸿鹰、罗峥、祁刚、吉承等都以自己独特的审美观，将中华民族的文化元素用现代、高雅的设计带入到他们的服装创作中。从众多服装设计作品的民族性、时尚性与创新性及其所展现的灵动、浑然天成的设计风格与蓬勃的艺术生命中，我们看到了中国服装设计的光明前景，以及服装文化创意产业与中国原创服装品牌的无限发展潜力。民族文化为中国民族服饰文化的复兴、为服装产业的发展、为纷繁而又活跃的中国时装界，注入了新的活力。

上述中国原创服装品牌以及执掌原创品牌的许多著名服装设计师，在运用中华民族的文化元素进行品牌创意与建设的过程中呈现出了强大的生命力，其品牌的文化内涵、设计风格深入人心，发展前景广阔。与此同时，也有一些企业的品牌只有一个响亮的名称和一个漂亮的标志，仅仅开发了几款新颖的产品，就想包打天下，此举不符合品牌长远发展的规律，定然会陷于日暮途穷之境。俗话说“百年锻造品牌”，一个原创品牌的成功，必须注重在文化精神的层面上把握中国传统文化和时尚文化，吸收西方优秀文化，牢牢抓住中国传统文化的精髓，防止符号化、表面化地组合传统元素，图解式、猎奇式地展览中国元素。

中国服装协会常务副会长蒋衡杰指出：要把服装设计的流行思潮上升到文化事业的层面加以认识，进而与文化创业产业联系起来，凸显文化创意的优势，从而使中国的服装产品浸透着中国文化特色“走出去”，走向世界，走向未来。

二、从中华多元文化的一隅体悟中华服饰文化与时尚创意的历史脉动

中华民族在写满了沧桑的漫漫岁月中积累了丰富的物质和精神财富，创造了令世界瞩目的中华多元民族文化。有新石器时代的彩陶，殷商时期的青铜，战国时期的漆器、帛画，汉代的雕塑、画像石，唐、宋匠心独运的书画。有分布于全国各地的岩画和崖画，藏族的唐卡画，纳西族东巴画等等至今留存于自然界和民间的民族艺术。有与艺术相通的“朝代脉络的服饰文化”和“少数民族多元服饰文化”两条服饰文化脉络，赵武灵王“胡服骑射”、“魏孝文帝改制”，从大唐吹向国际的时尚风，以及历代时尚创新的典型事例。有思想精深的先秦诸子学说，蒙学经典，宗教典籍，浩如烟海的历史古籍，气象万千的诗词歌赋。有黄河与长江文明，泽被后世的四大发明。有创造了汉唐文明、集商贸与文化交流于一身的丝绸之路，以及丝绸之路上诸多如网络分布的文化聚合点……从中华多元民族文化中的任何一个单元文化或文化聚合点上，都可以看到它博大、悠远与深厚的身影。

我们透过人类文明奇迹的三星堆、世界艺术宝库——敦煌这两个地理相异、距离遥远的南、北丝绸之路的聚合点，及它们沿线的历史景观，可以看到那琳琅满目、风格各异、神秘久远的文化身影所展现出来的灿烂多姿的图景。在三星堆、

敦煌丝绸之路的沿线上，马铃叮当、人声鼎沸、茶马互市、盐茶互市，来往于国际间的文化艺术交流以及丝绸、瓷器等物流源源不断，各民族在纷争融合中和谐相亲、相依共存……无尽的文化、艺术、人文景象跃然于我们的眼前。

无数刻入中华历史深处、如网络分布于现今中华大地上的各种文化、艺术、人文景象，构成了丰富多彩、多元多样的中华民族传统文化。这正是我们今天在文化创意上所应寻觅的历史脉动，是我们依托于民族文化的时尚设计的本根，是我们创造别具一格的新的服饰文化的本源。

下面，我们从中华多元文化中的单元文化——丝绸之路文化聚合点之一隅，来纵观时下中华服饰文化创意的历史脉动。

1. 丝路多元文化潜藏服饰文化的创意源泉

（1）中国丝绸文化的缘起及“丝绸之路”名称的由来

中国是世界上最早养蚕织绸的国家，自古享有“丝绸之国”的美誉。依据考古发现，自山西夏县西阴村新石器时代遗址中出土了半个蚕茧以来，我国相继在浙江吴兴钱山漾新石器时代遗址中出土了距今4800多年的丝制品——长2.4厘米、宽1厘米、经纬密度各为48根/厘米的黄褐色丝帛残片，在山西、陕西、河北分别出土了新石器时代的陶蛹、玉蚕，河南出土了新石器时代的丝织物……此外，《诗经》中有不少篇章反映蚕桑生产和丝织智慧的诗篇，如《诗经・小雅・隰桑》所描述的“隰桑有阿，其叶有难。既见君子，其乐如何”，把爱情与桑树联系在一起。荀子在《蚕赋》中认真总结了劳动人民养蚕的经验与创造。河南安阳殷墟甲骨文中大量出现蚕、丝等象形文字，殷墟妇好墓以及河北藁城台西村的商代墓葬中发现了一些青铜器上有丝织品与铜锈粘连在一起的痕迹，表明商朝的达官贵人常用丝绸裹盖、衬托青铜礼器显示时尚的奢华境界……中华古老文明沉淀下来的点点滴滴，使我们在对丝绸文化源起和服饰文化艺术创意血脉本源的追寻过程中，对丝绸古国在时尚奢华的艺术创造上散发出的耀眼光芒产生了无穷的想象。

以上种种文化迹象表明，我国古代的养蚕初始时期当在5000年以前，而且在4000—5000千年间的丝织技术已经达到了很高的水平；战国时期已经有棉、绢、罗、纱等丝织品，且品种多、产量大、质量高；秦汉以后，我国蚕业丝织生产进入兴盛时期；西汉初期实行了一系列有利于农桑的政策，促进了丝织业的发展。在考古出土的实物中，发现汉代有很多技巧高超、品种繁多、图案创意变化丰富的丝绸，仅长沙马王堆出土的丝织品就有二十余种色彩；唐代丝织业发展重心南移，丝织业生产分工更细、品种更多、花样新颖精美、技术更高。

丝绸之路缘起于汉代。公元前139年，西汉著名的外交家、旅行家张骞带领一支队伍，首次从长安出使西域，沿途到达楼兰、龟兹、于阗等地，其副手更远至安息（伊朗）、身毒（印度）等国进行交流访问。张骞回国时，所到国的使者、商人随其回访中国。自此，往来奔波的身影开始出现在他们所开辟的丝绸之路上。

东汉初年，匈奴分裂成为南匈奴和北匈奴两部分。其后，南匈奴归顺了东汉，北匈奴贵族则经常率领骑兵南下掠夺，威胁东汉北部边境，东汉明帝永平五年（62），为确保因战争受阻的丝绸之路能畅通无碍，任命班超为西域都护，携36名随从人员出使西域，其副手甘英到达了大秦（古罗马）并转道波斯湾，扩展了原有的丝绸之路。至此开辟了一条长1万里，穿越广阔原野、无垠沙漠、肥沃草原和崇山峻岭，联系古都长安（西安）和地中海东岸国家的国际文化和商贸之路。

1877年，德国地理学家李希霍芬（Richthofen）根据公元前114年到公元127年，中国与印度之间的贸易以丝绸为主要媒介的历史，把这条西域交通路线定名为“silk road”——“丝绸之路”。后来，史学家把沟通中西方的所有商路统称“丝绸之路”。根据丝绸之路的方向、地理和所经地区景观、所具有的特点和差异性，人们从广义的角度分为“北方丝绸之路”与“南方丝绸之路”，“草原森林丝绸之路”、“高山峡谷丝绸之路”和“沙漠绿洲丝路”，“陆上丝绸之路”与“海上丝绸之路”。因此，在历史上，“丝绸之路”并没有严格的界定，线路由众多干线与支线组成，其中“沙漠绿洲丝路”延续千余年，全长7000多公里，沿线文物遗存多，是丝路的主干道。另外，“海上丝路”的重要起点有番禺（今广州）、登州（今烟台）、扬州、明州（今宁波）、泉州、刘家港（即今江苏太仓东浏河镇）等，规模最大的港口是广州和泉州。“丝绸之路”内含了跨越2000多年历史的东西方经济、文化交流之路，是人类物质文明与精神文明演进的产物。由此，“丝绸之路”的响亮名称于1877年起被世界所认同。

古代“丝绸之路”的开辟，使丝绸受到亚、非、欧各国人民的广泛喜爱。在古罗马，只有贵族才能获得来自遥远东方的、让人爱不释手的精美丝绸。古罗马的贵妇们更是不惜以昂贵的代价来满足自己追求时尚的要求。欧洲中世纪的拜占庭式服装，继承和发扬了古希腊、古罗马的文明和艺术风格，在纹饰上融入了东方精美华丽的刺绣图案，在材料上以丝绸为富贵、时尚。近代考古发现，丝绸之路沿线有许多汉唐丝织品出土，更加证实了当时丝绸作为时尚消费品在商贸往来中的重要性。

中华民族的丝绸时尚在时空的演进中风潮不断，在横贯中西的丝绸之路上，呈现出格外斑斓的时代色彩，使延绵数千年的中国丝绸文化播及全世界。通过汉唐开辟的丝绸之路，丝绸自由地行销于世界各地，它的高级时尚奢华，不仅中国人可以拥有，而且产生了世界性的广泛影响，一时间，使世界为之动容，日月因之增光。

（2）丝绸之路上曾经的时尚奢华及其内含的文化底蕴与创意

季羡林先生说："全世界历史最悠久、范围最广泛、自成影响而又影响十分深远的文化只有四个，那就是中国文化、印度文化、希腊文化和伊斯兰文化，再没有第五个了，诚然这些文化交汇之处只有一个，那就是中国的敦煌和新疆。"[①]通过丝绸之路，各种文明在古代西域碰撞、交流，这样的痕迹一直保留到现代，同时，因为历史原因而留存于西方各国。

丝绸之路按历史脉络可划分为先秦、汉唐、宋元、明清四个时期。起点一般认为是长安，但根据中国朝代的更替、政治中心的转移，其起点有一定的变化，如长安（今西安）、郏鄏（今洛阳）、平城（今大同）、汴梁（今开封）、大都—燕京—北京都曾先后为丝路起点。普遍意义上来说，丝绸之路从中国古都长安出发，到达东南亚诸国、阿拉伯和东非沿海诸国，远及法国、荷兰以及意大利等欧洲国家，成为世界上路线最长、持续时间最长、中国和亚欧各国之间政治往来、文化交流的通道和穿越古代亚洲、非洲和欧洲27个国家的国际交通贸易运输路线。

丝绸是古代中国沿商路输出的最具中国创造性、独特性与代表性的商品，因而这一独特的商路自然而然地被史学家称作"丝绸之路"，而作为与丝绸交换的主要商品，"佛教之路"、"皮毛之路"、"玉石之路"、"珠宝之路"、"瓷器之路"、"茶马之路"和"香料之路"等也被用作"丝绸之路"的别称，此外还包含漆器、缯布、稻米、书籍等多种多样的物品交流。

丝绸之路是东亚强盛文明的象征，是中西文化交流的纽带和桥梁，它不仅将中国造纸术、指南针、火药、活字印刷术等中华民族的伟大发明创造传到了西方，同时，也将异域的佛教、景教及伊斯兰教等宗教及相关的艺术引入中国。

通过丝绸之路，商队从中国运出中国发明的、原创性的具有高艺术含量的产品，其中主要有丝绸、瓷器、漆器、金器、银器、镜子、铁器和其他豪华制品。中国历朝政府的友好使节，把丝绸（包括瓷器）作为出使西域乃至更远国家时的友好礼物与有效的政治手段。丝绸和瓷器西传至君士坦丁堡时，其价格奇高，成为中国向世界传播的高级艺术品、奢侈消费品。各国元首及贵族曾一度以穿着中国丝绸、家中使用瓷器为身份、富有、荣耀的象征。

2008—2011年，在江苏顺山集遗址考古中发现的"猪首支脚"陶器碎片，说明早在8000—9000年间的新石器时代，江苏区域的先民就已经制造和使用陶器。中国陶器经过漫长岁月的演进，于3500多年前的商代中期创造出了原始瓷器。后来瓷器逐渐从中国传播到其他国家，3000年前的古印度梵文史诗《摩诃婆罗多》和《罗摩衍那》中以"支那"一词赞誉中国治国之"智巧"。随着丝绸之路的开通，远播海外的中国瓷器，因为原产于昌南（景德镇的古称），而被称为"china"。

① 季羡林：《敦煌学、吐鲁番学在中国文化史上的地位和作用》，载《红旗》1986年第3期。

景德镇瓷器最重要的原材料、景德镇附近高岭村的“高岭土”（Kaolin），已经成为国际上通用的制瓷材料，现在又作为新材料被用于制作原子反应堆、航天飞机和宇宙飞船的耐高温瓷器部件。“china”在当今的高科技时代仍然在不断发挥着它的优势。

古代玲珑剔透、雕琢华丽的瓷器和别具东方神韵的园林、建筑艺术，通过丝绸之路传到西方，迎合了法国宫廷的审美情趣，被吸收融会于法国的艺术乃至欧洲的艺术中。尤其是中国陶瓷上的精描绘画、镶金嵌银，极尽曲线绕转之美的装饰风格，在欧洲不仅体现在服装上，还体现在了建筑、绘画等艺术门类上，深深地影响了18世纪欧洲的洛可可艺术风格。此外，西域的青金石也随着商队的行进，不断流向欧亚各地，青金石不仅是各国财富的象征，还被佛教徒供奉为佛教的“七宝”之一，使佛教文化更具悠远、神秘的色彩。

西域运往中国的，从外奴、艺人到歌舞伎，从器具、牙角、武器到书籍、乐器，从动物、鸟类、植物到皮货、药材、香料、珠宝首饰，一应俱全；葡萄、核桃、胡萝卜、胡椒、胡豆、菠菜、黄瓜、石榴等的传入，丰富了东方人的饮食结构；西域特产的葡萄酒经过历史的酿造，早就融入中国的传统酒文化当中；西方的造桥术、棉花种植和加工、挂毯织造、葡萄种植等技术，以及天文历法等，也沿着同样的路线进入了东方。

十几个世纪以来，中国人开创的古丝绸之路，将中国文化与印度、罗马及波斯文化联系在一起。在丝绸之路上起着直接交流、中转、运作作用的有古代中国人、大宛人、康居人、天竺（印度）人、安息人、阿拉伯人、西突厥人以及欧洲各国人民。因此，源起于中国人伟大创举的丝绸之路，同时得益于其沿线诸多民族和西方各国人民的共建，它成为中外人民经济和文化交往、交流的友谊之路，对促进中华民族与世界各民族的物质文化和精神文化的建设，产生了积极的作用，是一条国际性的古代文化艺术的创意交流与融合发展之路。

进入工业化时代后，虽然丝绸之路已经被连接太平洋和大西洋的捷径——东起连云港，西至荷兰鹿特丹，长约1.09万公里的“新亚欧大陆桥”所取代，但是，古老的丝绸之路，对于今天中国的服装文化创意产业建设却有着特别深刻的意义，随着中国服装品牌强国建设的发展，伴随开发大西北的步伐，丝绸之路在沉寂了数个世纪之后，又重新焕发了她往日的光彩。

如今，在文化全球化的背景下，创建国际化的中国品牌产业的经营者、设计师、时尚达人们又可以沿着这条历史之路，尽情浏览绮丽的西域人文景观。置身于地属古西域的新疆、甘肃等民族区域的风土人情及其展现出的异域风光中，追溯汉唐、宋元、明清等朝代在华夏民族融合、发展进程中的傲然雄姿；感怀当年辽远壮阔、气势磅礴的国土以及那个民富国强、国威远播的时代；追思楼兰情缘，阿不旦罗布泊、戈壁沙漠的风光与神韵；探访引人遐思的古迹，欣赏精彩荟萃的敦煌石窟艺术……纵观古今，这的确是一条可借助于曾经蜚声国际的古代文化艺术，进行现代创意、创新、创造的道路。而这一切又将引发人们进一步思考：未来的丝绸之路，能否重振雄风，像它在鼎盛时期曾一度使中国文化成为世界性的、高贵奢华的代言人那样，在今天的全球化背景下，以中华民族传统文化为根基，以时尚创意为手段，通过中西文化交融，创造出充满中国文化魅力的“中国的·国际的”时尚品牌，让中外消费者获得中华民族的现代时尚文化的洗礼。

2. 丝路敦煌展现“珠珠相含、影影相摄”的文化情境与创意脉动

（1）丝路敦煌展现“珠珠相含、影影相摄、重叠不尽”的文化情境

敦煌莫高窟坐落在甘肃省河西走廊西端，是古代丝绸之路上的重要枢纽和文化艺术宝库、中西文化汇集之地。1987年被列为“世界文化遗产”，它是20世纪最有价值的文化发现，被誉为“东方卢浮宫”。在这里交会的，是古代希腊、阿拉伯、印度、中国四大古文明，这里曾经是地球文化圈的中心聚焦点。

敦煌莫高窟始建于十六国的前秦时期，历经十六国、北朝、隋、唐、五代、西夏、元等朝代的兴建，现有洞窟735个，现存壁画4.5万平方米，还有泥质彩塑2415尊，是世界上现存规模最大、内容最丰富的佛教艺术圣地。莫高窟以精美的壁画、塑像，以及典藏有5万多件古代典籍文物的藏经洞而闻名于世，其中数量最大、内容最多、色彩最美的是壁画艺术。其中不仅有由佛像画、故事画、经变画、山水画、动物画、佛教史迹画、神话题材画、装饰图案画等组成的壁画内容，还集建筑、雕塑、经卷、织绣、文本于一身。文本包括粟特文、佉卢文、回鹘文、吐蕃文、梵文、藏文等民族文字写本。在壁画、彩塑中，无论是天国的众神还是人间的众生，其衣冠服饰都是历朝历代服饰的生动再现，极具考古价值。其中属于神的有佛陀、菩萨、飞天、天王力士的服饰；属于人的有帝王、官吏、妇女、舞乐、武士、庶民百姓、供养人等的服饰。这些服饰又因不同的朝代、不同的国家、民族而形态各异，栩栩如生地展现了中国服饰文化史。

从敦煌莫高窟的艺术特点来看，它集合了各个朝代的艺术风格，可以说以点带面构成了一部中国古代美术史。石窟艺术内容丰富，博大精深，反映了我国历代各民族、各阶层的劳动生活、社会活动、科学技术、音乐舞蹈、民族风情、衣冠服饰等。其内容之广泛，形式之多样，历史之悠久，技艺之精湛，实乃举世罕见。当今世界上任何宗教石窟、寺院或宫殿都不能与之媲美。印度佛教最早经由敦煌传入中国内地，敦煌莫高窟的艺术在继承中原汉民族和西域兄弟民族艺术的优良传统的基础上，吸收、融合了外来的表现手法，发展成为具有中华民族神韵和敦煌地域特色的佛教艺术，为研究中国古代政治、经济、文化、宗教、民族关系、中外友好往来等提供了珍贵资料，是人类的文化宝藏和精神财富。

置身于莫高窟之中，观者就会被不同时代各族艺术家非凡的创造才能所营造

出来的极具神秘意味的艺术氛围、得意忘象的表现形式、神态各异的人神形象所折服。那神态逼真、含笑自如的菩萨，婀娜起舞的伎乐飞天，以及各式各样纷纷扬扬、精美无比的装饰图案无不让人驻足难移。特别是壁画中侍奉佛陀和帝释天的飞天，她们不长翅膀、不生羽毛，以祥云为背景，凭借飘曳的衣裙在漫天无际的茫茫天穹宇空中翱翔飞舞，凌空俯瞰众生人伦事态；不奏自鸣的乐器演奏的神曲入耳动听，涤荡着凡俗污浊的心魂，仿佛把观者带进了莲洁荷美而又“珠珠相含、影影相摄”的神界天国。这是画师在继承本民族传统文化的基础上，吸收、融合了外来飞天的艺术成就，用神明、灵感的创意与智慧创作出来的绝世形象。在画师们对理想天国热烈而动情的描绘里，我们仿佛感受到了画师们在地处大漠荒原中的三危山前，沐浴在曾经于366年洗礼过乐樽和尚的金色佛光和其时所领略到的神佛所在的天界的美好绝伦当中。画师们以成竹于胸的气度，尽情地将神游天界的心灵感悟轻松自由地流淌于笔端，笔、壁的自然交合，呈现出仙境中光的流溢、色的氤氲，升腾出那烈烈扬扬的千佛在跃动、纵骑、狂奔，展示着神佛开辟无量无际世界的宏大法力及其赋予人世的不竭激情。正是佛的宏大法力与人世的不竭激情，不断给后代艺术家以默默的滋养并世代传承，源源不绝地孕育出壁画中那样幻梦、张扬的想象力和无以量度的文化创意以及艺术创作的才情。画家在物我两忘的情境中迸发出艳丽而又和谐的色彩，蜿蜒曲折、满壁风动的长线，线与色完美结合而成的壁画呈献给人们的是一个优美而空灵的天穹仙界，其艺术魅力永恒四射。

敦煌莫高窟以其令人叹为观止的艺术魅力吸引着海内外无数文化与艺术的虔诚追求者，在融东西方艺术表现手法于一身的艺术品面前，他们全身心地朝拜。曾与西方画坛的一代宗师毕加索共论艺，因其作品《秋海棠图》而被纽约国际艺术学会评选为“世界伟大画家”并获金质奖章的张大千，也不无例外地醉心于敦煌莫高窟艺术的魅力。他于1940年至1942年两度赴敦煌莫高窟，举着油灯将莫高窟连绵流畅的线条和饱满华丽的色彩带到了世人面前，继而风靡世界画坛。据介绍，在描摹壁画时，他发现部分壁画有内外两层，便揭去外层以欣赏内层。他剥去的第一层是西夏壁画，第二层是晚唐壁画，如今人们只能见到原本位于最底层的盛唐壁画，被他剥损的壁画总共约有30余处。张大千因为被壁画的魅力所吸引而不惜破坏千年遗存的做法所引发的争议直至现在仍未停止，在他剥损的壁画中层层累叠的不同阶段文化、服饰艺术所展现的时代风采，同样显示了多元文化的创意血脉、艺术家的神明灵感与内在智慧的创造。

敦煌莫高窟中的一窟、一边、一角都层层累聚了千年时空中延绵流淌的中华文化血脉，实为充满了生命的张力、气势波澜壮阔、意境气象万千的生命体。不同历史阶段，来自四海的文化艺术的虔诚追求者们前赴后继地走进曾经佛法宏传的圣地——敦煌莫高窟，走进十六国伊始的纷争与融合交替登场的历史。

走进北魏石窟，在北方少数民族鲜卑族拓跋氏建立政权的时空隧道中，瞻望鲜卑族统治下战事频繁、驰骋沙场的北方骁勇之士的剽悍风姿，以及他们的强壮与苦难汇合而成的如同剑戟般的奔放豪迈。在这奔放豪迈的笔触中，还可以窥见孝文帝改拓跋宏为元宏、“群臣皆服汉魏衣冠”、亲近汉装服饰等“孝文改制”的民族文化、服饰文化交融史（见图 2-2-12）。

图 2-2-12 敦煌北魏壁画

文化艺术的虔诚追求者们在此中可以听闻隋文帝杨坚降生般若寺内，欲生之际，红光照室，紫气满庭的神奇；隋文帝统一中国，发大愿弘扬佛法，运筹帷幄于千里之外，收复了绵亘千里的河西，保障了丝绸之路的畅通与繁荣；隋炀帝开创科举制度，运河的碧波荡漾中传来扬州名花奇葩的馨香，御驾舟船南下偶遇迷幻的笑声同时也背负千载的骂名。虔诚的追求者们在此中可以看到彼时画师手下的人物生活有了新意，衣服和图案都变得华丽，画面不息地奔泻出强国大气与精细、畅快与柔美的前奏（见图 2-2-13）。

图 2-2-13 敦煌隋代壁画（莫高窟第 420 窟）

文化艺术的虔诚追求者们可以在唐代石窟中触摸到盛唐时期东、西方文化的交汇点京师长安开放、开明而合天地、纳四海的文化胸怀与艺术创意的脉动，赏析东、西方文化在交融的时空中凝炼出的领先世界的灿烂的盛唐文化、艺术和服饰，通过丝绸之路，盛唐文化伴随着商旅悠远的驼铃传播到世界许多国家和地区。膜拜者们可以把自己的心神凝聚在壁画中那刚劲有力、细密流畅而又舒展奔放的线条律动之中，领略以人世间最美的色彩挥洒出的盛唐初春，春风浩荡、万物复苏、八方歌舞、欢乐升平的盛世中引来八方宾客。《通典》描述龟兹古国的舞姿“举止轻飘”、“或踊”、“或跃”、“跳足”、“弹指”、“撼头”、“弄目”……（见图 2-2-14）。窈窕的龟兹女郎上着宽口长袖的紧身短衣，下着长裙，裸露着胸项和纤细的腰身，踩着热烈奔放、急速旋转的舞步所放射出的热焰，化为大唐长安城内从皇妃、公主、王女到小家碧玉妇孺皆知的舞服与舞姿，仿佛古国浓厚的儒学氛围一夜间烟消云散，缠绕在妇女身上的枷锁不知所终，取而代之的是纵情豪放地展露大唐女儿们娇美的身段，绽放令人炫目的美丽，如醉如痴地去享受着身为女人的快乐，仿佛古罗马和古希腊文化在东方重现（见图 2-2-15）。（其后的宋代，因程朱理学主张“存天礼”、“去人欲”，使文化思想趋于保守。）追求者们可以从盛唐壁画中体悟大国画师的境界与气魄。他们把灿烂的繁花裹卷成经典的图案，把沸腾的民心、跃动的脉搏和自由的呼吸幻化成壮丽无比的交响乐章，把胡风、胡韵融入大唐的文学、美术之中，诗词歌赋、书法画派无不闪烁着铿锵和雄健，营造了大度雄浑、精细瑰丽，让人心醉而千年奔腾不息的生命体旖旎的神韵，勾起人们的思古幽情。

图 2-2-14 唐代敦煌壁画、舞姿

图 2-2-15 唐代敦煌壁画服装

敦煌壁画中的菩萨、飞天形象已经成为中华民族文化艺术最好的代言人。菩萨衣着上璎珞盘绕旋转，衣物材质层层透明，衣纹如行云流水，花饰秀丽通缕，把优美的身体把握在隐、露得宜的朦胧与清晰之间，彰显着灵动、庄严与神秘（见图 2-2-16）。

图 2-2-16 敦煌飞天

飞天斜结着璎珞，或右手抬起，左手下垂，或头微向右倾，上身有些左倾，胯部又向右突，动作协调而充满动感，既保持了身体的平衡，又显露出女性身段柔美的动律与意境。飞天轻盈的身姿随风而动，随天体星云的运转而翱翔，她们有单飞的、群飞的，有上飞的、下飞的，有逆风飞的、顺风飞的，或飞绕在极乐世界正中佛陀说法的上空，她们手捧莲蕾，脚踏祥云，徐徐降落，姿态豪迈而大方；有的飞天从空中俯冲下来，势若流星，绰约多姿；有的飞天昂首挥臂，腾空而上，体态轻盈，妩媚动人；有的飞天手捧鲜花，直冲云霄，动作轻盈，潇洒自如；有的飞天手托花盘，横空飞翔，势如飞鹤；有的飞天穿过重楼高阁，腰姿柔软，宛如游龙；有的飞天则随风漫卷，悠然自得，千姿百态，千变万化……随着飞天凌空飘游，辗转身形，其衣裙迎风飘曳，剔透的罗沙、飘带如霓虹在空中翻卷飘游，撒落的仙花满天飘扬，如风中猎猎作响的旌旗，令观者目不暇接，眼花缭乱……

彼时彼地、彼情彼景融入我们的六识深处，升华为一种心灵的意象，使我们冥悟：那不是绘画技法，不是神佛飞天的造型与姿态，而是横跨千年的中华文化基因的艺术再现，是漂浮于人性之上的一种神明境界。由此，我们有了借鉴当今风靡一时、根植于美国文化的积累与沉淀的“阿凡达”高科技视频，再现飞天传奇的想法，但是，我们发现这种高科技手段却难以传达莫高窟代代拓抻、层层累聚、幕幕蜿蜒的历史，延续一千多年的中华文化的血脉、生命与境界之万一。人们身不由己地被裹卷在层层叠叠的宇宙、天庭、人间和个个都有蓬勃生命力的“人神同欢共喜”的队伍中，坠入中西文化交融构筑的中华历史长河和中华民族心理长河之中，徐缓漂游，旖旎而行，深刻、神奇的艺术心灵在此长河的洪流中消融、重生。重生出一种感召心魂的力量，创造美的心智，它巧妙地把人性神化为神佛飞天的造型，又用造型召唤出“天人合一”的大道，催生出民族心底里的彩色梦幻——构筑了东方文明，让世人心存圣洁而永久向往。人们的心象在这个由东方艺术家创造的王国中飞腾、狂欢、释放，完成天与地、神与人的交融。于是，神话、寓言、宇宙意识、人文与自然科学化为人们升空踏足的祥云与霓虹，继而成为文化艺术虔诚追求者跨入艺术天国、自由殿堂的桥梁。我们在敦煌莫高窟艺术魅力中静心沐手，冥想跨过祥云与霓虹筑就的天国桥梁，在天国接受无边佛法的圣洁洗礼，在儒、道的熏陶中感悟丝绸之路敦煌文化底蕴的层叠深厚。

敦煌有着久远、丰富的文化积淀，伴随着丝绸之路敦煌研究的国际化，“敦煌学”不仅已经成为国内地域文化的三大显学（敦煌学、藏学、徽学）之一，且渐趋成为国际性的显学。“敦煌学”一词于1930年由史学家陈寅恪提出，当时其含义主要指整理和研究敦煌发现的文献资料——敦煌遗书。提及“敦煌学”，我们的脑海中自然会飘然浮现出最重要的敦煌遗书《大方广佛华严经》。《大方广佛华严经》是释迦牟尼佛成道后，在禅定中为文殊菩萨、普贤菩萨等上乘菩萨解释无尽法界时所宣讲的宗经，其中对“圆融”概念作了一个贴切、慧智的妙喻——“帝释天之网”，它取材于印度神话，说天神的帝释天宫殿装饰的珠网上，缀联着无数珠宝，每颗都映现出其他珠影，珠珠相含，影影相摄，重叠不尽，映现出无穷无尽的法界，呈现出圆融和谐的绚丽景观。从这一妙喻中我们深深地感悟到《大方广佛华严经》神明思想体系的宏博，意蕴的深刻无比。其妙喻的隽发机语、内涵的纷呈无尽，是我们世俗人的思想永远难以触及的神明境界、宇宙境界的无尽与圆融。

但是，我们从佛法恩泽以世人的智慧，以及世人思维可及的哲学高度来理解“圆融”之意时，它的“珠珠相含，影影相摄，重叠不尽，映现出无穷无尽的法界”的表层哲理，则成为俗世中的人们开启创意慧智大门进行服装文化创意和现代文化创意产业建设的一把万能钥匙。当我们站在文化创意的大门前寻觅创意灵感、提取设计元素时，悠悠数千载光辉耀眼的敦煌以及万里长城、长江黄河，“朝代脉络的服饰文化”、“少数民族多元服饰文化”，许多区域性、单元性的文化，犹如星罗棋布的艺术殿堂，在中华大地上蜿蜒、纷呈出“帝释天之网”，它们曾酝酿了温馨缱绻的时代往事，至今仍蕴藏着取之不尽的宝藏；它们的历史、文化、艺术价值，如何不是我们“珠珠相含，影影相摄”的创意灵感与设计元素的不竭源泉呢？假如将它们的内在精神元素和外在物质元素与现代人类新奇的创造智慧、创意理念、科学技术、材料、色彩相结合，怎能不创造出“重叠不尽”的多元多样的现代时尚产品呢？这样多元多样的时尚产品怎能不是“珠网上缀联的无数珠宝”呢？

（2）以丝路敦煌文化为灵魂创建服装品牌文化

敦煌艺术的“珠珠相含，影影相摄，重叠不尽”，吸引了世界上的众多艺术家，同时也吸引了诸多服装界的志士名人。2003 年 3 月，张肇达推出的敦煌“大漠——张肇达 2003 高级时装发布会”横空出现在上海国际服装文化节上，这是艺术节中规模最为宏大的一台时装秀，是壮丽辉煌的中华民族文化创意的恢弘大作（见图 2-2-17）。

张肇达是中国服装界当之无愧的领军人物，是中国设计师队伍中成功闯入世界最名贵的时装之列的第一人。他从小练就精湛的绘画基本功，有着极富传奇色彩的人生经历。16 岁那年，他险遭雷劈而大难不死，他对自己说：“上天留我，我绝不虚度此生。”此后，他的天资才华不断在艺术设计中迸发，在无数的机缘巧合中，在与艺术界和时尚界的精英相会中，他的艺术设计天赋与才华得到美国纽约高级时装大亨赫伯德、法国著名时装设计师艾丽斯、香港时装之父莫侃特、香港高级时装界权威汪遵仪等世界顶级时装大师的赞许与认可，逐渐进入西方时尚领域。早在 20 世纪 80 年代中期，张肇达在美国年少成名，为美国和法国如“LAYCE DESIGNS”等多个品牌设计高级时装，并持续不断地用自己的设计惊艳着世界。其后，他为香港奥斯卡泰姆集团等多个集团，以及国家文化部和国务院新闻办在国际上举办的“中华文化美国行”等多个大型艺术设计活动担任设计总监、总设计师、艺术总监。他在艺术界获奖无数，主要奖项有中国服装会协会颁发的“中国名师勋章”，连续两届获得中国时装设计“金顶奖”（是目前唯一两次获得此奖的设计师）、中国顶级服装设计名师——“中国国际时装周十大设计名师”称号，联合国教科文组织颁发的“21世纪东方之星——中国服装设计师优秀代表”。他身兼亚洲时尚联合会中国委员会主席团主席、中国服装设计师协会副主席、清华大学美术学院兼职教授等众多引领中国服装品牌建设的重要职位；他创建了自己的“马克·张”品牌集群；他从服装品牌的创立、时尚话语权的建立到产业链建设；他以清华为基点在全国服装领域展开多方向的时尚教育；他创造了许多辉煌的业绩，奠定了在中国服装界不可替代的时尚引领者的地位。

一直以来，张肇达凭借他与生俱来的对民族文化、时尚创造的热情，不辞辛劳地穿梭于中国和世界的时尚舞台，演绎着民族的、传统的、中国式的种种时尚；他以典雅、气度不凡，充满了艺术感染力的作品，不断助长着人们对中国成为世界时尚中心的信心。借助于自身具备的中华民族文化的深厚修养，张肇达在西北丝绸之路采风3个月后，写下如下的感悟：“当我站在辽阔无垠的河西走廊上，感受着横亘万古的悲凉和雄壮；当我漫步在昔日的丝绸之路上，看着残阳在天边熊熊燃烧；当我面对着精美绝伦的敦煌壁画，体验着汉唐盛世自由的绝响……无数的感想，无数的历史的残片，都变为一种几近宗教般虔诚的感悟——我要用我的设计，写出此时此刻我对生命的礼赞！”辽阔的西部风情，曼妙的丝路花雨，形状古朴、健劲的汉代器物和图案，婀娜多姿的唐代敦煌壁画、彩塑，大漠变幻莫测的情境……都潜伏于张肇达灵感源泉的深处并凝集成了“大漠”系列的巧妙构思，幻化为“大漠”系列的文化创意主题。“大漠”系列以鲜明的风格，将中国传统文化、高级女装艺术和时尚潮流完美融合，以解构主义的理念对汉风唐韵、古器胡服和西域风格等中国元素进行了再演绎，将流行的浪漫与怀旧风潮，美妙的女性曲线，欧洲定制的面料和精致的制作工艺“文化”转化为现代中国的国际的时尚魅力。

林林总总的艺术创意设计，中国首席名模姜培林等的领衔演绎，视觉设计专家彭波创意的声、光场景，完美地组合成为时装和视听、剧情化演绎的艺术盛宴；T台上绚丽多变的色彩、时尚鲜亮的视觉效果，构成“大漠”系列恢弘磅礴的气势与中国的国际时尚势不可挡的魅力。而魅力背后潜藏的各种要素在张肇达通过精心布局所形成的巧妙艳遇中，化身成为“民族的·国际的”时尚绝美礼赞。“帝释天之网”那关于“无穷无尽的法界”的偈语所展示出的境界，人的思想、行为永远不可企及，然而“大漠”系列却似乎让世人感受到了“珠珠相含，影影相摄，重叠不尽”的中国时装文化所彰显出的艺术魅力。

张肇达以“敦煌”、“大漠”为灵感的设计作品，将区域民族文化与时尚创意相结合，使其成为服装品牌的内在灵魂，赋予了系列服装以优美隽永的文化神韵（见图2-2-18）。

图 2-2-17 敦煌“大漠——张肇达 2003 高级时装发布会”

图 2-2-18 张肇达以“敦煌”、“大漠”为灵感的设计作品

3. 丝绸之路上从楼兰古国到罗布泊的文化变迁与服饰文化创新

（1）丝绸之路上从楼兰到罗布泊的文化变迁

罗布泊人是新疆维吾尔族最古老的一支，生活在新疆维吾尔自治区东南部塔里木河畔的小海子——罗布泊（Lop Nor）附近的阿不旦。当中原的黄河文化与罗马文化、波斯文化和恒河文化在盛唐的胸怀中碰撞融合交会的时候，据说，在西域古地独领风骚的，是丝路重镇楼兰人的后裔——罗布人。

罗布人的故里楼兰文明从何而来？楼兰国的远古历史至今尚无定论，根据考古专家对楼兰墓葬的挖掘初步判断，时间可以上溯到大约4000年前。人类学家对楼兰国一批又一批出土的头骨进行鉴定，认为他们属印欧原始人种，母语为印欧语系的吐火罗语，但因身处丝绸之路要塞，为方便与大汉往来客商交流，故日常通用语为汉语。

楼兰因扼守丝绸之路咽喉，成为东西方重要的商品集散地和中西文化荟萃之处，在丝绸之路上传递着东西方文明，同时自身也演绎出了辉煌的文明。汉武帝时，开通了丝绸之路，当时的汉使、商旅频繁往返，都要路经政通人和的楼兰古国。那时的楼兰古国商贾不绝、驼铃悠悠，经济繁荣，物产丰富，商品交易以中国内地的丝绸为主，此外还有大宛玻璃、安息香料等各种商品，汉代的五铢钱和中亚各国的钱币都可在楼兰流通，呈现出一派“七里十万家”的繁荣景象，是丝绸之路上的一个繁华之邦。

在丝绸古道上，楼兰作为联结内地与西域的门户咽喉，在促进中西方经济和文化交流的同时，也多次上演了兵戎相见的惨剧。王昌龄的《从军行》中有“青海长云暗雪山，孤城遥望玉门关。黄沙百战穿金甲，不破楼兰终不还”，反映了当时的战争情境，可见，楼兰在唐朝是不平静的边陲重镇。自唐之后，史书中不再有与楼兰人交往或楼兰人活动的记载，甚至找不到一丝留痕，难觅半点墨迹；这个繁荣一时的城镇似乎一夜之间消失得无影无踪，只留下神秘墓葬中身着罗布麻衣的干尸“楼兰美女”面对苍天、千年无语。

楼兰为什么消失？是因为连年战争与饥荒，大量的屯田、屯兵、屯垦彻底让城郭中的水道消失，对周围森林的砍伐使水土流失严重，土地沙化成为盐碱地，绿洲逐渐被沙漠淹没？是因为塔里木河上游水系的变道，克里雅河的东移，造成楼兰古城的废弃？考古学界至今没有权威性的论断，就像中美洲的玛雅文明一样，它给世界留下了一个难解的人类文明断裂之谜。

消失后的楼兰王国的最早发现者是瑞典探险家斯文·赫定（Sven Hedin）。1900年3月初，赫定探险队沿着干枯的孔雀河左河床来到罗布荒原，在穿越一处沙漠时才发现他们的铁铲不慎遗失在前一天晚上的宿营地中，赫定的助手回去寻找铁铲时拣回几件木雕残片，这几件残片让赫定异常激动，决定发掘这片废墟。

资料记载，1901年3月4日至10日，斯文·赫定发掘了楼兰城内13个点。赫定当年带回国的文物经过德国希姆莱的鉴定，认为这座古城正是历史上赫赫有名的古国楼兰，这一消息震惊了整个世界。其后，又有多国考古工作者到楼兰探险、考古，意外地把如风吹彩虹般地在地球上消失的楼兰古国历经2000多年峥嵘岁月的沧海桑田呼唤了出来，让世界惊愕的悠久历史和神秘传说同时浮出水面。考古出土了大批汉魏和罗马古钱币、汉文木简（其中有70多枚写有明确的西汉纪年）、文书（包括部分佉卢文文书）；具有中亚希腊化风格的建筑木雕、丝织品、粮食、陶器，以及相当数量的铜镜残片、青铜针、木梳、铁器、漆器、木器和骨、石、权杖、五铢钱、丝、毛织物、皮革制品、罗布麻织品残片；还有带有明显的西方文化色彩、边缘为分区的连续菱形格纹、造型精美的狮纹毛毯；东方式的棺木两头绘有汉民族象征日月的朱雀和玄武图形；中原风格的漆碗和漆盘；其中最为珍贵的是晋代手抄《战国策》和汉锦。汉锦的做工精致、色彩绚丽，有的绣有“韩仁绣文丸（纨）者子孙无极（即子孙满堂）”，有的绣“延年益寿”、“昌乐光明”或“延年益寿宜子孙”……楼兰丝绸古国的神秘面纱被撩开了一角。

神秘的楼兰，在亚洲大陆上是一块神秘的“魔鬼三角区”，古丝绸之路从中穿过，古往今来很多孤魂野鬼在此游荡，枯骨到处皆是。东晋高僧法显西行取经路过此地时曾写道：“沙河中多有恶鬼热风，遇者则死，无一全者……”许多人竟渴死在距泉水不远的地方，不可思议的事时有发生。20世纪70年代，我国著名地理学家、中国科学研究院院士彭加木同志在罗布泊南岸考察时不幸走失，20世纪90年代，我国著名探险家、当代“徐霞客”余纯顺壮士在穿越罗布泊的途中不幸遇难……这些都使得罗布泊更加神秘莫测、扑朔迷离，众多历史故事和罗布泊地区蕴藏的自然奥秘，成为人类冒险探寻的理由。

如今我们在追思楼兰古国文明、回望神秘楼兰的“魔鬼三角区”的神奇、追寻楼兰古国消失的奥秘时，只能通过遗址中出土的蛛丝马迹来捕捉楼兰人的影踪，他们在至今无法知晓的缘由下迁离楼兰古国，在丝绸之路古道上他们没有加入驼铃悠扬的商队，没有靠近驿站林立、炊烟袅袅的商路，而是沿两河故道蜿蜒西行，过着吉卜赛人般与世无争的日子。同样，我们并不知道，在过去的千年历史中，究竟有多少被学者们称为“族”或“人”的群体曾经融到楼兰人的后裔之中，同在天蓝水碧的罗布泊周边生活过，并在塔里木盆地人种和族群的不断融合过程中，从“楼兰人”演化为“罗布人”。由于罗布人在极度闭塞的阿不旦跨越了唐、宋、元、明等朝代，他们的生活习俗、民歌、故事都独具特色，具有自身的艺术价值，成为古代“神秘”文化的典型代表。

19世纪70年代，俄国探险家尼科莱·米哈伊洛维奇·普尔热瓦尔斯基（Nikolai Mikhaylovich Przhevalsky），乘船沿塔里木河下游紊乱的河道进入罗布泊，沿途经过了一个个从不为人所知的罗布人渔村，它们统归阿不旦的罗布人首领伯克昆其康统辖。那时，阿不旦还是一个固守旧俗的“避秦桃源”；继普尔热瓦尔斯基之后，前文提及的瑞典探险家、古国楼兰的发现者斯文·安德斯·赫定在穿越亚洲时，乘独木舟抵达了罗布人的“首府”阿不旦。他们对当地所见所闻的观感都留下了精彩的文字描述，那里的罗布人无视世事的变迁，不知道自己所属地域塔里木以及新疆是谁在主宰。他们恪守祖先旧俗，不关心与自己生活无关的事情，远离尘嚣，与社会脱节。他们世世代代厮守在由千回百转、九曲畅流的塔里木河、孔雀河水漫进沙漠而形成的一片片泽国和绿洲之中。

（2）楼兰后裔罗布泊人“避秦桃源”的兴没轮回与文化创造

中国西域既深藏着大自然的秘密，也深藏着人类的秘密，而罗布泊则是这两大秘密的交汇地。罗布泊曾以蒙古语音译为“罗布淖尔”，意为“多水汇集之湖”。罗布淖尔湖中生长着高 8 米，直径 4—5 厘米的芦苇；湖畔上的胡杨，维吾尔语称“托克拉克”，意为“最美丽的树”。由于它顽强的生命力，以及惊人的抗干旱、御风沙、耐盐碱的能力，人们又叫他“沙漠英雄树”。曾经茫茫的胡杨林海中伴生有红柳、沙棘、罗布麻、甘草和其他牧草、红柳，春、夏、秋三季花开遍野，芳香万里。林中有猎捕不尽的马鹿、黄羊、野骆驼、狐狸、黑颈鹤、松鸡、野猪、水禽，还有世界上罕见的蜂鸟、珍稀名贵的新疆大头鱼等。罗布泊人就这样依水而伴，与野生动物们共同栖息，繁衍在天堂般的“避秦桃源”中。

清代和宁编撰的《回疆通志》中记载，罗布人“不种五谷，不知游牧，以鱼为食。织野麻为衣，取天鹅绒为裘，卧藉水禽之翼……”斯文·安德斯·赫定在《走向罗布泊》中说：“夏天，罗布人戴棉布或毡子做的小花帽，妇女系盖头，赤脚生活。冬天，他们用罗布麻和野鸭皮毛做成大衣，男女老幼皆用两张动物皮做成鞋子。罗布人一般把衣服全部穿在自己身上，睡觉时也不脱下来。他们千年如一日，悠然地用胡杨做舟，以曲木为罐，劈梭梭为柴，插芦苇为室，借胡杨树洞中的黄水浆洗衣服，削红柳修枝做成鱼叉，一切都取于自然。他们还用芦苇取暖、架桥、铺路，用芦花充填衣被，或者熬成浓浆代替食糖。”他们天天饮用令人延年益寿的罗布麻茶（罗布麻是当地的野麻，现代科学证实罗布麻能平衡人体酸碱度，补充钙、镁等微量元素，具有降血压、降血脂，增加冠状动脉血液流量，平衡高血压、高血脂，改善睡眠质量等功效）；或以罗布麻纤维、兽皮、兽毛为原料，用红柳枝削成针缝制具有“野生纤维之王”称号的罗布麻衣，罗布麻衣具有丝的光滑、棉的柔顺，能够抗菌、防臭、防辐射，并自然发射出 8—15 微米、作用于皮下组织 3—5 厘米的远红外光波，使人体产生生物效应，进而改善血液微循环，促进新陈代谢，增加人体免疫力。

在仅靠一小舟捕鱼为食的“避秦桃源”——罗布泊的首府阿不旦中，罗布人逐水而居，食营养丰富的罗布鱼，穿着有健身奇效的罗布麻衣，喝罗布麻茶，吃罗布麻粉，抽罗布麻烟，过着无法以金钱、奢侈品代替的“绿色”生活。许多罗布人都很长寿，他们鹤发童颜，耳聪目明，八九十岁的老人都是好劳力，百岁寿星比比皆是，甚至还有100岁的新郎，这一切都为人类未来服装文化创意与材料创新设计开启了无限的想象空间。

人类总是在生态地理环境与时代的变迁中延续着、创造着自己的生活。清朝末年，罗布人开始与外界交往和融合，迎来了刀耕火种的新时代，“避秦桃源”般的封闭生活方式不复存在。他们的生活不再是“唯一小舟捕鱼为食”，取而代之的是在洪水退去的土地上撒上一把麦种和苞米粒，到了秋天，他们把收获的粮食与商贾交换面粉，调剂鱼食生活。这个时候，罗布人把烤鱼的本领发挥到了极致——他们用胡杨泪（碱）发酵面粉，把面饼埋进烧烫的沙子中烤成“沙馕”；把肉块塞进羊肚子后埋入火炭中烤成“煮肉”；把包子贴在碱土壁上烤成“金疙瘩”；把南瓜挖空，放入葡萄干、胡萝卜、羊油等烤成“乌玛什”（糊糊）。不断创造新生活的过程中，他们的“食鱼文化”几乎演变成了一种“烧烤文化”。

20 世纪 50 年代末，北京师范大学教授赵济考察罗布泊，罗布泊水域辽阔，考察队员曾经划着橡皮船测量湖底地形。此后，情况发生了不可逆转的改变。20 世纪60年代初，政府为了扩大耕地，开采矿藏，过度地使用罗布泊的主要水源——塔里木河里的水，在塔里木河流域修筑水库130多座，掘堤修引水口138处，建造抽水泵站400多处，有的泵站一天就要抽水1万多立方米……凡此种种，如同一个个巨大的吸水鬼，使塔里木河水量锐减，最终断了罗布泊的水源，千百年来烟波浩渺的罗布泊，变成了一片干涸的盐泽，周边生态环境随之发生了变化，草本植物全部枯死，防沙卫士胡杨树成片死亡，沙漠以每年3—5米的速度向湖中推进，加速了罗布人栖身之所阿不旦环境恶化、水域干涸的进程，绿洲化为幻影，转瞬即逝，曾经兴旺的阿不旦最终沦为“弃婴”。20世纪80年代，野骆驼仅剩不到20只，几乎濒临灭绝的边缘。百岁老人热合曼追忆，以前的芦苇、胡杨和湖沼，现在变成了沙包、碱滩和干涸的河床。

人类日复一日忤逆自然的恶举违背了“天人合一”的生存观，破坏了万千年来沉淀下来的生态良性循环的规律，摧毁了罗布泊人世外桃源般的生活乐园。罗布泊人生活了千年的家园很快与广阔无垠的塔克拉玛干大沙漠连成一体。河网密布、林带茂盛、林舍毗连的田园阡陌，牧场绿茵生机盎然的世外桃源变成了荒漠废墟、生命死寂的沙海，环境的恶化使罗布泊人再无立足之地，被迫背井离乡，迁徙他方。

罗布人有许多传说伴同他们的生活，其中有这样一个美丽传说：“在烟波浩渺的罗布泊中，有许多一人长的‘鱼王’，每逢春风吹遍荒野，它们就跃上岸边，在沙滩打个滚，摇身一变，成为壮硕的马鹿，跑进浓密的胡杨林。而每逢秋风扫落了树叶，胡杨褪尽夏天华丽的衣衫，马鹿又跑到罗布泊岸边，在沙窝一滚，还原成大鱼，再游到湖泊的深处。”这是罗布人对曾经的家园的怀恋，还是面对恶化的环境的一种心理寄托，抑或是寄托了美好情思的艺术创造？“鱼王”与“马鹿”的美好传说传达出罗布人对罗布泊岸边这个“好地方”阿不旦的地理、生态文化、纯净“绿色”生活的心理追寻，对恶化环境的人性之恶的无形抨击，隐藏着深刻、浪漫的精神向往和文化创造。

从罗布泊的世事变迁中，我们可以看到，哪怕是在生活环境发生断裂性变迁的非常时期，由人类智慧生发而来的文化创意也无时不在。

（3）罗布泊文化变迁中的服饰文化创新

1979 年意大利米兰市的市长拉列德·威廉，策划出版了一部名叫《世界米兰》的书籍，他给全世界 33 个米兰市的市长、包括中国新疆的米兰“市长”写信联系此事。让这位意大利的米兰市长万万没想到的是，人类历史上曾经辉煌的“丝路咽喉”、往日繁华的中国米兰城，如今已经仅剩塔克拉玛干南边大沙漠之中残存的遗骸。我们从中了解到，“米兰”一词在罗布人的语言中是“大河、河岸”的意思。巧合的是，“米兰”在意大利语中也有“河流”之意，两种语言同源于吐火罗文。这说明罗布人和意大利人在古代曾有过极为密切的交流，在时空隧道中曾经共享“米兰”一词的捕鱼生活图景和文化底蕴。在变迁中，罗布人被迫于 100 多年前由捕鱼人变成牧人，又逐步开始农耕，这无疑是一场沧海桑田般的巨变。

现今，人们提到阿不旦，都会将指向于空的思恋交融于孔雀河古道东南处的阿不旦。曾经水草丰美的阿不旦，在罗布泊干枯后，就连“生而不死 1000 年，死而不倒 1000 年，倒而不枯 1000 年”的胡杨树，也不知已经在何时倒下、枯萎，成片地死去，如同古战场的武士，残存的胡杨独木舟与高地上凝固的泥浆共同构成了生死轮回般的“冥界意境”；在罗布人的心中，阿不旦已经如空中彩虹消失了，消失在干枯的罗布泊的传奇之中，在地球上仅留下一个让科学家们众说纷纭、争论不已的“地球之耳”。

与这个冥界般的“地球之耳”隔界相依的是，以敦煌为主要生产、加工基地的罗布麻则焕发出现世生机，而赋予世人关于生命与轮回的成、住、败、灭的冥想（见图 2-2-19）。

图 2-2-19 罗布泊给人以关于生命与轮回的成、住、败、灭的冥想

罗布人关于马鹿和鱼王的美丽传说、“烧烤文化”的创造，仅是丝绸之路上时光洪流中呈现出的无数闻名人类的故事中的一段小插曲而已。然而在这则小故事中，胡杨树、罗布麻所隐含的精神与物质文化元素却为当代中国服装品牌建设提供了如何在现实生活中挖掘各种创意思路和创造的可能。现在，塔里木河下游地区的多县都在做罗布人的文化遗产项目，罗布人仿佛一夜之间从世外桃源里的前朝遗民变成了时尚的代言人。

新疆泽普县借助丝绸之路、大漠、胡杨树的秉性所具备的强大文化吸引力，将县城西南的天然金胡杨打造成了“AAA级国家森林公园”，公园占地面积达3万多亩，延绵数十里，由色彩高贵美丽、姿态纷繁的胡杨林组成，三面环水，集戈壁、河流、胡杨于一体，成功打造了一年一度的“金胡杨”大型文化节产业。同时，大漠、胡杨等新疆自然文化元素和民族文化元素也被用于现代时尚服装文化创意设计之中。

与胡杨的观赏价值相比，罗布人曾赖以为衣食的罗布麻更是备受文化创意产业从业者的重视。罗布麻属夹竹桃科，是多年生的落叶直立半灌木，因与丝绸之路、大漠、楼兰伴生的传奇，以及自身的神奇效用与罗布人结下了不解的情缘，并由此声名大振且具有特殊的服装创意产业开发价值。

罗布麻主要生长在我国新疆孔雀河及塔里木河沿岸，在中国西北、华北地区也有自然分布，但分布最多、最集中的地方还是新疆南部的罗布泊。罗布麻的抗逆性极强，不怕盐碱和风沙，它的栽培特性为抗盐碱、抗干旱、抗风沙、抗寒冷。种植成活后即可生存百年以上，每年割取地上部分综合利用，第二年春天自然萌生新枝，取之不尽。

罗布麻的茎秆皮上可剥取高级韧皮用来镟成纺织纤维，其纤维束非常松散、细长而有光泽。纤维的自然色彩洁白，质地优良，成为用于纺织各种罗布麻布的原料。罗布麻的果胶含量、水溶物含量都居各种麻类纤维之冠；木质素含量高于苎麻、亚麻、大麻、蕉麻和剑麻；而纤维素含量是所有麻类纤维中最低的，少数与亚麻纤维的含量相当。根据罗布麻纤维射线衍射与红外光谱分析结果，其内部结构与棉、苎麻极为相似，分子结构紧密，在结晶区中，纤维大分子排列较为整齐，结晶度与取向度都较高，但由于罗布麻纤维整齐度差，抱合力不好，易脆裂分叉，影响了罗布麻纤维的大规模开发。新疆金塔毛纺织有限公司依托新疆特有的罗布麻资源，在科研生产人员的不懈努力下，改善了罗布麻的处理工艺，采用精干罗布麻的“堆仓养生”工艺技术，提高了罗布麻与其他纤维的抱合系数，并使罗布麻强力提高10%左右，使精干麻的制成率达到68.19%。同时成功地开发了麻纺（混纺）的纺纱工艺技术，提高了罗布麻的可纺性能，研制出罗布麻/长绒棉、罗布麻/棉/天丝混纺纱。由天然罗布麻纤维与长绒棉精制而成的织物，麻含量为35%。产品集棉的柔软、麻的滑爽于一身，具有优良的透气性和吸湿性，穿着舒爽、无汗臭、防静电。经验证，该产品在8℃以下保暖性是纯棉织物的2倍，21℃以上透气性是纯棉织物的25倍；罗布麻纤维内部为空腔多临形，纤维在接收太阳光紫外线时，紫外线被无规则折射并被吸收；另外，麻纤维呈束状纤维存在，其中有相当比例的半纤维素也会大量吸收紫外线。实验证明麻制面料吸收屏蔽紫外线达到96%，比棉纤维高出66%；罗布麻具有良好的抑菌性，实验表明，罗布麻纤维对白色念珠菌、葡萄球菌、大肠杆菌等有明显的抑制作用，洗涤后纤维的药用效果依然存在，洗涤30次后无菌率仍高于一般织物的10—20倍。[①]目前罗布麻在床上与服饰用品的应用方面尚处开发阶段，其内衣肌肤触感良好，具有很好的透气性、吸湿性，穿着不粘身、无汗臭、无静电。总之，用罗布麻纤维加工而成的服装具有良好的保健功能。因此，罗布麻特别适宜于做夏季的服装，以及凉席、睡衣、睡裤、男女衬衣、汗布、枕套、枕巾、袜子、手帕、牛仔布等。它是受现代追求健康、时尚生活的消费者尊崇的绿色天然纤维制品，作为名不虚传的"神衣"而备受人们的喜爱（见图2-2-20）。

图2-2-20 罗布麻现代服饰产品（"日月"内衣、天津保健内衣厂等企业的产品）

罗布麻材质在时尚产品的开发中所具有的优势与前景可谓独一无二。张肇达曾于2009年，以其卓识远见富有前瞻性和预见性地提出："未来服装设计与生产必定包含以下几个要素：技术、艺术、文化、科技、医学……30年以内，医学、科技、文化要素将主导服装潮流发展"。欧美近年来服装新材料不断面世，但是，具有传统文化与医学价值的材料则几乎没有。而在中国丝绸之路上，中、西交融的宏博文化背景以及罗布麻自身所具有的各种功能优势，无疑将在未来人类衣着文化创意中大展宏图。我国从1952年开始，就对罗布麻资源的综合开发进行研究，并于1970年后进行了一定规模的开发。目前已经有新疆罗布麻综合开发有限责任公司、新疆尉犁疆宝罗布麻综合开发有限公司、敦煌市同辉罗布麻综合开发有限责任公司、山东省菏泽罗布麻综合开发有限公司等对罗布麻进行创意产品的研究与开发。其中，敦煌市同辉罗布麻综合开发有限责任公司在对罗布麻进行研究与产品开发的过程中，十分关注我国历代医学经典，从南朝时的《胡洽百病方》

①韦超：《罗布麻的生长特点、纤维理化性能及其开发利用》，载《中国纤检》2004年第9期。

到现代的《中药大辞典》，对十余部医学巨著中有关罗布麻的药用记载加以利用和再创造，从罗布麻的茎秆皮剥取高级韧皮加工纺织纤维，用叶汁作饮料，其他部分加工副产品，如罗布麻花粉、花蜜、蜂王浆、蜂胶等优质保健天然蜂产品，此外还用罗布麻根茎枝叶所含乳胶液提炼橡胶，其秆可作造纸原料。该公司的敦煌罗布麻综合开发中心生产基地设立在库尔勒、敦煌两地，集科研、生产、销售为一体，开发罗布泊地区野生罗布麻，生产彩棉纤维，现有"大敦煌"、"敦煌三宝"两个自主品牌，产品销售范围覆盖国内众多城市，以及日本、东南亚、欧美和中国澳门、台湾等国家和地区。

上述罗布泊的文化创意产业，尽管尚处初始阶段，但仍然为产业的发展、壮大勾勒了一个初步的轮廓和美好的蓝图。我们可以想象，随着科学技术的发展，民族文化创意产业的深度开展，品牌与产业链的构筑与市场的开拓，历史悠久的丝绸之路文化、天然环保的罗布泊文化将会为服装创意产业提供光明、广阔的前景。

三、民族文化与时尚创意有机融合是服装品牌建设的成功之本

1. 对民族文化的时尚创意生成服装的文化底蕴

2010年10月27日，又见塔克拉玛干——"一华正红"张一华2011春夏时装发布会，在中国国际时装周期间于D•Park时尚设计广场拉开帷幕，展示了其品牌的三个系列："漫彩旅途"、"沙海魅惑"、"璀璨如幻"。张一华从丝绸之路上新疆区域内的美丽风光与风土人情中获得了创意灵感，表达了对该单元人文地理的深刻体验与深情的眷恋。设计直取她对雄浑莫测的塔克拉玛干大漠情境的感怀，与她不断营建"一华正红"(YH:ZH)百年品牌的核心文化的完美追求相结合（见图2-2-21）。

图2-2-21 又见塔克拉玛干——"一华正红"张一华2011春夏时装发布会作品

让世人魂牵梦萦的塔克拉玛干沙漠地处欧亚大陆腹地，四面高山环绕，充满了奇幻和神秘的色彩。变幻多姿的沙漠形态，丰富而抗盐碱风沙的沙漠植被，蒸发量高于降水量的干旱气候，以及沙漠中一息尚存的湖泊，穿越沙海的绿洲，潜入沙漠的河流，生存于沙漠中的野生动物和飞禽昆虫，特别是笼罩在神奇迷雾之中的地下石油及多种金属矿藏、远古村落、深埋于沙海中的丝路遗址，给人以无限的遐想，激发人们探寻的欲望。

“又见塔克拉玛干”这一时装发布会主题，使我们自然联想到丝绸之路上戈壁、沙漠的历史、文化元素与服装品牌、服装文化创意设计之间的关系。我们会想到驼铃悠扬于沙海大漠的情境，想到雨影沙漠、中纬度沙漠和贸易风沙漠在不同的气候与朝夕中的姿色变幻，想到戈壁沙漠中的共性生态文化，沙漠中的人类活动遗迹，历史在沙漠身上附着的沧桑岁月等因素。进而联想到新疆这一民族区域的沙漠文化元素，会对服装设计产生怎样的灵感启示，会在服装设计中展示怎样的精神品格，会在服装设计中生成多大的文化创意价值。

首先，让我们置身沙漠、感受沙漠！

当我们来到塔克拉玛干沙漠边缘的罗布泊，来到罗布荒原西北部的依坎里克勒，目睹古代曾经生命蓬勃的“二海子”区域、孔雀河古道东南处罗布人曾经生活的“世外桃源”，如今久经沧桑、造化雕成的遗迹文化——独木舟、凝固的泥浆、干死的胡杨——视线所及的任何地方难觅丝毫生命的迹象，似乎进入了阴森幽远的冥界。枯槁的胡杨枝干有的像古代战场的武士，身披盔甲，手执长剑，伸展出令人生畏的残肢断臂，怒目圆睁，仰天长啸；有的风情万种，形同婀娜多姿、翩翩起舞的神女，轻弹兰花，水袖微甩；更多的形态各异如咆哮的雄狮、腾跃的老虎、潜海的蛟龙、展翅的雄鹰……它们以凝固的姿态，向世人诉说着自身精神与生命的价值，让观者心生万千感慨。

罗布泊湖心为平坦的盐壳地貌，站立其上举目远望，苍茫一片，没有边际，灰褐色的地表死气沉沉，毫无生气，人在薄脆、翻翘的硬盐壳上行走，似乎进入月球表面，又如同进入一个只有在梦中才会出现的死寂、广袤的空间中，任凭怎样呼喊，绝无丝毫回音——一个绝望之境。残阳暮色中，更感觉到这个荒芜之域有着说不出的神秘，仿佛游走于入地升天的径途中，恍惚进入时序倒流的梦境，岁月向着起点狂奔，景物飞速消逝，神志在冥界中苏醒，艺术设计创作的灵感就在从冥界跨过、苏醒的超越过程中产生。

夏日的茫茫沙漠是一个巨大的火炉，炙烤着这块生命禁区内的一切，松柏远离了，白杨退却了，蒿草隐匿了，唯有骆驼草以顽强的毅力彰显其生命力的强大；冬天的无垠戈壁是一个巨大的冰库，彻骨的寒冷无情扫荡着这个禁区内的一切生命，只有骆驼草身披冰雪，傲然挺立，无语却坚定地守候着荒漠的严寒。即使沙漠戈壁飞沙走石，它依然沉着应对，以其柔韧而富有弹性的身体随风起舞，最终在风魔筋疲力尽时复归宁静。

明朗的月色下，站在高高的沙丘上，遥望戈壁沙漠中那在亿万年地质变迁与大自然中阵发性暴雨、洪水与风的刻蚀下塑造出的千奇百怪的地质外貌，罗布洼地中的“魔鬼雅丹”、“龙城雅丹”等区貌宛如克拉玛依“魔鬼城”，呈现出大千世界的变化万千：神明飞天、楼台亭榭、车舟飞艇、人兽鸟鱼……形态扑朔迷离、无所不有。在月光下就连那饱含沙砾的土丘，也化为了繁星，闪烁着千万个神秘的金色辉光，星星点点、淋漓尽致地体现了大自然的神奇创造力，使人飘飘然不知所归……当我们对它们那气势磅礴、栩栩如生、气象万千、蔚为壮观的造型以及鬼斧神工、精雕细镂的艺术表现交口叫绝时，对大自然崇敬的玄妙心理油然而生，此间莫测变幻的林林总总，成为设计创意中最丰富的意象灵感之源。

红日东升之际，置身于戈壁沙漠之中，会感受到眼前波澜壮阔、起伏连绵、层层叠叠的黄色沙峦形成的蜿蜒曲折的线迹，向着那气势雄宏、广阔无疆的天际无限延伸；沙峦的美丽曲线，沙砾中红日的光辉，映着朝霞，弥漫着温馨的金色辉光，照进我们那为尘事所扰的心灵。刹那间，我们的心灵似乎从现代社会生活里虚荣、物欲、名利与金钱纷争的羁绊中挣脱出来，被大漠上的金色辉光照射得通亮，隐藏于心灵深处的烦躁、莫名的孤寂被晾晒、蒸发，在我们的心底里升腾出一种动人心魄、超然于世的能量。我们的心仿佛在穿透天际的、自由自在、无忧无虑的时空中漂流，人性的本真与永恒在沙漠的大美中浴火重生。正午时分的蓝天白云下，阳光高照漫漫黄沙，我们或将视线顺着不尽的沙峦无限延伸，瞭望雄浑苍凉、寂寥空灵的沙漠；或匍匐于驼舟上迎着沙浪，去感受大漠的雄风，听风伴响沙的鸣啸，观沙中枯木雄奇的气象；探寻在高温烘烤之下，以万千姿态埋伏于沙层中油水尽失的生灵遗骨，感受生命的脆弱与自然法则的强大，领略自然与生命间的相互交融与挑战。探究胡杨、红柳、梭梭和骆驼刺，它们为适应沙漠环境的干旱和高温，无限地延伸自己的根系，以大于地上几倍甚至十几倍的盘亘交错的庞大根系深扎于脚下贫瘠的黄沙之中，悠悠迂回，深深植入地下一米、五米、十米、二十米……直到与地下的湿气相接，直到与生命的血脉相通，吮吸着仅供其生存的稀少养料，成就了它们那生机盎然的独特容貌。

红日夕照之际，太阳收敛了白日里扎刺的光芒，变得轮廓清晰，光滑圆润，宛如一位柔情的少女，那含情脉脉却魅力四射的辉光，在色彩的渐次变换中更换着沙漠的色调，跌宕起伏的沙与天地交融在无边的视界里。让人深深地沉浸于“大漠孤烟直，长河落日圆”那苍茫而无边的寂静中，粗犷中带着一丝苍凉，却又是那样一种奇妙、雄壮的美丽；让人感悟到逝者如斯，生命的轮回一如太阳的朝升暮落，人生的功名利禄皆如白驹过隙；使我们在面对世俗的进退、荣辱、升降、高潮与低谷中多了几分韧劲、理解，生出几分淡泊的心境；彻底解除了人生境遇中的种种无奈与困惑、伪装与束缚，释放出真我的灵性与智慧。

沙漠植被以各自不同的身姿，在荒凉的沙漠、戈壁滩上顶着烈日，傲视戈壁滩上的狂风，与大漠的雄浑融为一体，笑看人世百态；它们英姿焕发地向人类展现着生命繁衍的奇迹与魅力，以及适应环境、顽强生存的精神。从它们身上，我们品读了远离人类社会，生活在塔里木河畔的小海子边的罗布泊人如同胡杨、红柳、梭梭和骆驼刺般的品格，及其与自身生息的自然环境和谐共存的精神。

《大学》开篇中讲道："大学之道，在明明德，在亲民，在止于至善。知止而后有定，定而后能静，静而后能安，安而后能虑，虑而后能得。物有本末，事有终始，知所先后，则近道矣。"它从人的外在行为向内深入，启迪人的心智，唤醒人的神明，以"掘井及泉"的方式在我们已经觉悟的心智基础上发掘，进而超越道德理性，向着本我的神性飞跃……使得我们的身体、心智、灵神和谐地交融为一个有机的整体，进而从个人的和谐向外扩展到家庭、社会、国家、世界，乃至人类的和谐，甚至要超越狭隘的人类中心主义，追求宇宙的大和谐，最终直达"天人合一"的境界。

胡杨、红柳和梭梭本身的生命品格与生命轮回，以及人性之恶所带来的人类生存环境巨变的因果，终将唤醒沉睡于人类心智中的传统人文精神，触动善良的人类本性。南疆三地州林业部门对沙漠采取了以保护为主，生物和非生物相结合的治理措施，遏制沙化土地扩展，保护和恢复现有天然荒漠植被。善行让满目荒芜的沙漠恢复盎然生机，善行滋养出了河网与茂盛的林带、生机盎然的绿茵牧场，一些毗连的村庄轮廓身形神奇地从戈壁沙漠的地面升起，屋前院后的胡杨、红柳、梭梭满面春风地与戈壁牵手相依而绿树成荫，瓜果遍地，怡人心境。

我们从红柳和梭梭的生命品格与人类的双重人性所展现的相应因果中，从《大学》的传统人文精神中深刻地领悟到人类和谐于自然，构筑起对于生命终极意义的追寻。我们的心灵在曾经生命蓬勃的罗布泊世外桃源，在如今生命迹象无存的罗布泊中得到沉浸、涤荡与洗礼。戈壁大漠开启了我们先天具有的真、善、美的本源心性，开启了我们在全球化背景下关注中国服装企业生态文化建设的灵感与建构品牌文化根基的智慧；开启了将品牌产品注入"自然、环保"理念的最初一念；开启了以"天、地、人合一"作为现代产业持续发展的永恒核心和文化主题的思路。品牌文化必须要有深厚的文化根基，滋养品牌成长的土地——消费群体的根基，如同胡杨、红柳和梭梭，只有深深扎根于脚下的土地，才可能获得生存的空间，进而又滋养着它所扎根的那一方土地。

大漠的自然生态及其精神品格、人类活动的遗迹与文化积淀、历史在沙漠身上流经的沧桑岁月，构建出新疆这一民族区域沙漠文化的特质，为服装设计提供了丰富的灵感启示，生成、展现出种种服装设计创意的可能性。

上述这一区域地理单元民族文化的意义还在于：我们可以从 20 世纪 60 年代初之后人类的不同行为导致的不同结果中，领悟到假如在服装品牌的建设中断裂中华民族文化之源，便如同断却了滋养服装品牌生命的血脉根源。在中国原创服装品牌以及品牌强国建设中，应当用我们原本具足的神明、智慧来呵护自己的民族文化及其精神品格，继而用民族文化的生命本源之水，来浇灌、滋养服装品牌的成长。

内心洋溢着浓郁“民族情结”的吴海燕，在敦煌莫高窟深深震撼于敦煌壁画所展示出的中华民族绚丽多彩的服饰艺术，找到了艺术创作的生命源泉。她说：“我们的服装设计只有传递出中华文化的精粹，才能在世界舞台上散发迷人的魅力。”她经过有意识的积累，于1993年有了飞起一跃的亮相。在首届中国国际青年服装设计师作品大赛上，她以当代的时装结构和时尚色彩设计出了再现盛唐灿烂文化的“鼎盛时代”主题服装，获得了大赛唯一的金奖，作品被中国服饰艺术博物馆收藏。张肇达设计的享誉国际的“中国新丝绸之路”大型舞剧服装，“大漠”——“张肇达2003高级时装发布会”，灵感皆来自于丝路大漠。2010年，首届蓝丝羽杯“新敦煌”家纺、布艺、旅游工艺品大赛，以“古韵今风·时尚敦煌”为主题，作品涵盖了家纺、布艺、丝毯、扎染、刺绣等10个大类。首创于1979年的大型中华民族舞剧《丝路花雨》，是以举世闻名的丝绸之路和敦煌壁画为素材创作的，被新闻媒介赞誉为“活的敦煌壁画，美的艺术享受”，“此舞只应天上有，人间难得看几回”，先后到20多个国家和地区演出近1000场，其中的服装可谓东方艺术的奇葩……许许多多以这一区域的民族文化精神为创意灵感的服装设计，都缘于大漠、丝路、敦煌、新疆区域地理单元民族文化——生命本源之水的浇灌和滋养。

从上述区域的民族文化对于服装品牌建设的灵魂作用，我们放眼中华大地广袤的区域中丰富多元的民族文化，可以预见中华民族文化与时尚创意共同作用，以中华民族文化为灵魂生成的服装文化创意的成果将会是无可限量的。“马克·张”、“利郎”、“例外”、“柒牌·中华立领”、“天意”、杉杉”、“卡宾”、“太平鸟”、“江南布衣”、“汉帛”、“吉芬”、“欧柏兰奴”、“CLAIRE FANG”、“MOUSE JI”等众多自主服装品牌的核心文化、设计创意，无不受益于中华民族文化精神的灵魂作用，由于其内涵的强大精神文化元素，他们已经渐次成长为中国著名品牌，甚至在国际上取得了让人刮目相看的成就。

2. 对民族文化的体验、领悟与“圆融、贴切的妙喻”是设计成功之本

(1)从对民族文化的体验中领悟、生发服装品牌设计的“圆融、贴切之妙喻”

在服装品牌建设、品牌服装产品设计、主题服装发布中，文化创意必然来自于设计师对该国家的整体文化、一个地理区域、一个单位民族、某一文化的认知、体验和领悟。

上述丝路大漠这一区域地理、单元民族文化，为我们呈现了驼铃悠扬于沙海大漠的情境，沙峦、动物、植物和承载的沧桑岁月等戈壁沙漠中的共性生态文化元素，构建出新疆这一民族区域的沙漠文化特点；罗布人曾经的世外桃源罗布泊，久经沧桑被造化雕刻成的遗迹所呈现出的形态、个性、精神品格所蕴含的多元多样的文化创意价值，为我们提供了种种服装设计创意的可能。

在戈壁沙漠中，我们可从艺术创意的视角探寻天地间的莫测变幻。

戈壁沙漠时而平静温和，彼时，蓝天旷远，白云悠悠，微风轻荡，沙峦连绵，曲线悠游沙天一线，如同入夜万籁俱寂，广袤天地一望无际，世界变得无比纯净、清澈无瑕，有着母性般的包容、细腻；色彩如妆，简约却无比浑厚，色调宁静、典雅，营造出淡雅朦胧、含蓄深邃、从容高远、神与物游的空灵意境。沙漠的温婉、平和、豁达是设计师进行各类休闲时尚的创意灵感源泉。

戈壁沙漠时而怒发冲冠，彼时，天空乌云翻腾，阴风怒号，黄沙漫卷，嘶啸撼天，狂暴难挡，甚至雷电交加。在沙石漫天蔽日、煞气迷漫中，挺劲身躯、斜蹲马步的红柳、梭梭、胡杨等沙漠戈壁植物，飞奔的野骆驼、野马、野驴、鹅喉羚，疾飞的金雕，可以为我们共同营造出“新的”牛仔系列的狂野雄姿和大气恢弘的气势；引发我们对亨利·马丁·迪东（Henry Martin Didon）提出的奥林匹克座右铭“更快、更高、更强”这一生命力强劲的运动与时尚的畅想。

戈壁沙漠时而热情洋溢，七彩霞光映透白云、蓝天、黄沙，色彩绮丽、奢华、高雅，世间难有宏华的场面可以与之媲美，营造了胜似服装界世纪盛典华章般的华丽典雅。

沙漠时而活跃浪漫，风起沙扬，沙的帘幕透过青天云空，透过朝云夕霞层层漫罩，空灵通透如缕绣的纹饰蕾丝，轻盈优美的高级定制设计思路在此刻油然萌生。

戈壁沙漠时而神秘莫测，迷雾紧锁漫漫戈壁，疾风驱赶着浮沙横行而去，身形豪迈奔放，行迹飘浮不定，在朝夕霞光中时实时虚，渺渺茫茫，像梦中漫步者的思绪。飞扬的浮沙帘幕笼罩着晨光中的克拉玛依魔鬼城、罗布洼地中的魔鬼雅丹、龙城雅丹地貌造就的那形态扑朔迷离、气势磅礴的神明飞天、楼台亭榭、车舟飞艇、人兽鸟鱼，大自然的鬼斧神工使各种形态的造型栩栩如生、变幻莫测、精雕细镂而又繁星似的闪烁着千万缕金色的辉光。此时胜景，让人宛若飘然于神话般的世界顶级时尚舞台之中。飞扬的浮沙帘幕透过挂在天边丝丝絮絮的白云，轻柔飘逸，胜似舞动中透明的绫罗、丝麻、绸缎，如神女在穹宇中飞舞着天衣，散落自天际的仙花漫空飘香；似瀑布从天而泻，注入沙海，闪着金光的羽纱连接着天与地。在变幻无常中会突现光怪陆离的海市蜃楼——亭台楼阁、城郭古堡，或隐显着佛影仙踪，虚幻莫测的仙境，彰显出天界神明与时尚风潮共舞的灵动，营造出极度的神秘与梦幻，演绎着无比的高贵与奢华。此中，赋予我们服装品牌建设、品牌服装设计中产品所内含的文化、形态、纹饰、材质与色彩等的无尽创意，激发设计思路的如梦似幻……

凡此种种，在对丝路大漠这一区域地理、单元民族文化的体验、领悟中，设计师可提取出“圆融、贴切的妙喻”，应用于不同主题的服装创意设计中。在张一华、张肇达等当代著名服装设计师的作品中，我们可以感悟到对于区域人文地理、民族文化进行“圆融、贴切的妙喻”，将会使设计者产生怎样令人震撼的灵感！

在“又见塔克拉玛干”的创意设计中，张一华并非把她所认知、体验的丝路、大漠这一区域的民族文化通盘融入，而是提取其中最具创意、最具表现力的“圆融”、“贴切”的文化元素，并与现代时尚精神相交融，打造她心目中的高级时装。

张一华在创意设计“又见塔克拉玛干”之前，多次深入新疆大漠，以文化创意的眼光对沙漠、胡杨林进行观察、体悟，研究胡杨、红柳和梭梭坚韧的生命品格，研究红柳的柔韧，胡杨挺拔、执着、独立的风采，沙漠的包容、细腻，还有为滋养这片土地静静流淌了无数个日夜的塔里木河。

在创意设计中，张一华尽情地抒发她对丝路新疆的深情眷恋，表达魂牵梦绕的塔克拉玛干沙漠在她内心中的印象与情怀，将感怀至深的元素融会于一件件服装与一个个主题的设计中，“圆融”、“贴切”地将区域地理、民族文化中的自然元素——胡杨、红柳、梭梭、大漠、河流妙喻于都市白领高级订制服装的独立、自信的特质，以及内敛、静定的文化内涵与精神气度上；“圆融”、“贴切”地将沙漠的如母性般的包容、细腻，塔里木河流淌的意境和流动的曲线，以及胡杨、红柳的色调、肌理妙喻于轻柔飘逸的丝绸、少许光泽、柔中带刚的库缎、纯棉雕花蕾丝上；“圆融”、“贴切”地将新疆的民族文化、风土人情、生活智慧，以潜隐的手法“妙喻”于品牌的设计与演示中，以此来使“又见塔克拉玛干”主题服装的色彩、质地幻化出低调的奢华风格，衬托出女性的自信与魅力。

“又见塔克拉玛干”以米色薄纱的商务休闲装开场，新颖地诠释都市白领的文化特质，橘黄色的高级订制晚装尽展低调的奢华风格，名模单靖雅身着带有裙撑的鱼尾式下摆礼服将发布会推向高潮。中国时装设计师协会副主席、北京服装学院院长刘元峰评价张一华的作品说，她以地域性角度展示了国际化视野，整体表现流畅，在表达主题的同时，找到了自己的语言。发布会充分地展现了“一华正红”品牌的风格与国际化审美趣味，有力地推动了“一华正红”的品牌文化建设。张一华通过十余年如一日的辛勤耕耘与点滴积累，通过“又见塔克拉玛干”系列主题服装的闪耀发布，厚积薄发的服装文化创意在发布会上得到前所未有的升华，一举荣获了第 16 届“中国十佳时装设计师”称号，其品牌文化底蕴与市场效应日渐殷实。

张肇达曾于 1987 年，作为“中国新丝绸之路”的服装设计师，随表演团赴欧洲举行了 23 场时装表演，巴黎传媒（《欧洲时报》）惊呼张肇达的设计“闯入了世界最名贵的时装之列”。那时的张肇达对敦煌大漠丝绸之路的文化已经有了相当深的了解、体验与领悟。在举办敦煌“大漠——张肇达2003高级时装发布会”之前，张肇达以其时尚教育家、传媒专家、设计师、企业家、资本家的身份和视野，再次到西北深入大漠丝路去采风，这使他对于将国家、民族、区域的整体文化精神、品格、神韵融入全球化背景下的时尚服装设计理念中的诠释方式，有了更为深入、透彻的认知、体验与领悟，生成了他的“大漠”主题作品。我们从上文的敦煌“大漠”——“张肇达2003高级时装发布会”（图2-2-17）与张肇达以敦煌、大漠为灵感的设计作品（见图2-2-18）中，可以看出，大漠、丝路、敦煌壁画、彩塑中所蕴含的文化元素成为他灵感的源泉，张肇达用其一贯的解构主义理念对汉风唐韵、古器胡服，以及曾经的世界文明精华铸就的西域风格进行解构、重组，将这一区域地理单元的传统民族文化元素，进行了现代流行的再演绎，这些原生素材被他赋予了灵魂并“圆融、贴切地妙喻”于服装的形态、色彩、肌理与主题设计的内涵与神韵之中，成为敦煌文化再现于现代时尚的光辉与魅力的礼赞。

在每年两届的中国国际时装周上，许多中国原创品牌设计师的发布作品，特别是张肇达的主题发布会的核心文化、创意的灵感来源、设计思想、设计元素都源于对中华民族核心文化背景下丰富多彩、多元多样的区域地理、单元民族文化以及生活的深刻体验与领悟。这样的体悟构筑了他的独特设计思想，使他的设计思想“圆融”于民族传统文化与区域自然地理的博大、雄阔气势与人性心学的元素之中，贴切地将所体验、领悟的文化精神，完美至极地“妙喻”于一台台与众不同的、绚丽多变的剧情化时尚场景大戏中，“妙喻”于每一件服装设计的文化内涵中，熔铸为高雅、奢华的精神享受。多年来张肇达的每一场时装发布都成为中国传统文化、民族风情与高级女装艺术、时尚潮流的绝美艳遇。

与张肇达一样有着民族文化的自尊与自信，饱含“民族文化·时尚创意”热情的许多品牌设计师以及企业品牌的设计师们，都将博大精深的民族文化与当代时尚元素“圆融、贴切地妙喻”于自己的服装品牌设计之中，编织出情境雄阔、气势磅礴、婀娜多姿、浑然一体的时尚艺术语境，营造出一个个玄妙的中国现代时尚艺术时空，使品牌作品流溢出强烈的东方文化神韵和国际化的现代时尚风潮，彰显出“小荷才露尖尖角”的中国自主品牌旺盛的生命力。

（2）“想象”、“圆融、贴切的妙喻”与“同情的模仿”成就无限的创造

承启上文“圆融、贴切的妙喻”的话题，我们曾经谈及《大方广佛华严经》中对“圆融”概念贴切、慧智的“妙喻”，正是这种“妙喻”为艺术设计者提供了一个个空灵美妙的设计灵感、创意与想象的空间。的确，好的文化创意作品是感情迸发的结果，这个过程需要有创造性的想象，要把“想象”进一步转换成为

品牌与产品并能为产品赢得广阔的市场，必须要有“圆融、贴切的妙喻”和“同情的模仿”。

从创作状态来看，“想象”与“圆融、贴切的妙喻”和“同情的模仿”，是创作者的巅峰体验。林语堂在一次演讲中说：“演讲是越短越好——放心，我今天的演讲也不会太长——就像女人的迷你裙一样。”你想，演讲跟迷你裙有什么关系？天南地北，完全没有关系。可是，在一刹那的想象之间，是有一个“短”的观念。演讲要求其短，迷你裙也要求其短。于是，演讲像迷你裙。这就是“想象”的一种创造。[①]“想象”必须有思想和文化的基础，并与“圆融、贴切、慧智的妙喻”融为一体。“‘想象’当然并不是胡思乱想，是要对现实有所取舍，有所强调，能够超越时空，超越赏识的范围，把自然加以重组，作更自由而巧妙的安排。所以，有一位法国作家叫夏赛奥，他说过：艺术是什么？艺术是造化加速、神明放缓。他的原句是这样的：‘Art is nature speed up and god slow down.’你把大自然加速了变成艺术，你把神明的作为放慢了，好像变成慢动作的电影，从而成为艺术。艺术是介于自然与神之间的一个东西，所以想象是艺术的特权，真理的捷径。所以，写诗，写散文，我们用一些比喻，有的是明喻，有的是隐喻，有的是幻喻，还有夸张、拟人、象征，这一切东西都可以说是一种创造的‘想象’。那么，这些比喻都是‘一种同情的模仿’。”[②]余光中所述的比喻、明喻、隐喻、幻喻、夸张、拟人、象征、“同情的模仿”，是艺术创造的有效手法。

在设计中，“想象”、“妙喻”和“同情的模仿”都必须建立在对现实生活的体验与领悟的基础之上。余光中有一位自诩为写武侠小说高手的朋友，为写游仙诗，开车四处寻觅合适的山水景致，余光中建议道：“我建议你去看一张史匹堡的科幻片，就等于游仙诗的经验一样了。”这可以得到现实景致无法获得的间接的情境体验，是很好的情境体验与领悟的补充。但是，对文化创意中的文化、生态、情境、生活，必须想方设法直接进行亲身体验，因为它能让你在三维的场景中情不自禁，有感而发，留下如嚼青榄般的回味，形成对文化神明般的领悟，然后通达于设计创意的血脉之中，产生智慧的创造。

科学理性的研究重视对万物的分门别类，并区分其本质、内外的差异。而艺术创作则需要对传统文化有了神明般的领悟之后，结合现今人类审美和精神需求进行创意、表现。只有通过浪漫的“想象”、“圆融、贴切、慧智的妙喻”、“同情的模仿”、“解构重组”等手段，才能创造出高品格的艺术作品，才能进行创造性的设计而使产品风格各异，融人文底蕴、文化情境和时尚气息于一体，从而塑造出品牌的内在灵魂。品牌的内在灵魂是满足消费者精神需求的首要因素，是品牌产品与市场、品牌文化与消费者心理之间的桥梁。

有了上述基础，我们才能水到渠成地进入想象的空间，进行设计想象及创造实践。例如上述沙漠“时而平静温和”、“时而怒发冲冠”、“时而热情洋溢”、“时

①湖南大学2009年国家级教学成果奖——内容特色——千年论坛——余光中《艺术经验的转让》，http://jxcg.hnu.cn/943010/jxsj/bbs/qnlt/1000-2.htm。

②湖南大学2009年国家级教学成果奖——内容特色——千年论坛——余光中《艺术经验的转让》，http://jxcg.hnu.cn/943010/jxsj/bbs/qnlt/1000-2.htm。

而活跃浪漫”、“时而神秘莫测”而产生的各种情态与戈壁大漠的动物、植物、地理特性、风光特点相结合，“同情”、融化于服装设计的核心文化、品牌风格之中，以及服装的类别、形态、色彩、材料工艺品质之中，从而以拟人、拟情、拟景的方式进行“圆融、贴切、慧智地妙喻”，赋予服装品牌建设、品牌服装产品创意与设计的形态、纹饰、材质与色彩以无尽的“想象”。进而进入到品牌产品的文化内涵、内在灵魂与品牌服装的形态、色彩、材质的无限创造情境之中，创作灵感于此源源涌出。

前述张一华的“又见塔克拉玛干”主题设计，张肇达的“大漠”主题设计，还有与丝路、敦煌、大漠相关的其他服装主题设计的创造者，不仅对中华民族整体文化结构了然于心，还对其所关注的区域地理、单元民族文化所涉及的各种因素明了于胸。他们各自提取区域地理的民族文化元素，作为服装文化创意、设计的灵感，从中激发“想象”，产生“圆融、贴切、慧智的妙喻”，进而运用“同情的模仿”，生发了无限的创造思路；从而赋予“又见塔克拉玛干”、“大漠”、“古韵今风·时尚敦煌”等各种主题设计的服装形态、纹饰、材质与色彩等在创意上的无尽“想象”与设计创造的无限可能。

与上述品牌主题发布一样，品牌的市场运作、市场份额的创造，也要有切合实际的“想象”、“圆融、贴切、慧智的妙喻”以及“同情的模仿”。

中国著名服装品牌“庄吉”，自1993年创立以来，先后荣获“中国名牌产品”、“国家免检产品”、“中国十大男装品牌”、“中国男装流行趋势主导品牌”等众多赞誉和奖项。“庄吉”以“庄重一身，吉祥一生”的品牌文化内涵“圆融、贴切、慧智”地进行品牌形象的“想象”与“妙喻”，将“庄吉”的消费群体定位于25—50岁追求时尚品位、注重生活质量的成功男士、白领阶层、新一代商务精英等，对“庄重、典雅、高贵、时尚”等生活状态进行“同情的模仿”，强调以“时尚感、庄重感、舒适感”，来张扬未来商务主义风格；把“庄吉”品牌作为“吉祥文化”的载体，设立“庄吉吉祥日”，将吉祥文化和购物体验紧密结合，消费者可以在“庄吉吉祥日”中享受品牌给予的实惠，从中感受到幸运、庄重、吉祥在生活中的紧密相随，从而使消费者和“庄吉”品牌之间产生美好的情感交流，使消费者和潜在的消费者从中不断“同情地模仿”于“庄吉”所传递的品牌文化，从而不断扩大品牌市场的份额。

国际顶级品牌“巴宝莉”，始创于1856年，其时21岁的托马斯·巴伯利在英格兰汉普郡的贝辛斯托克开了一家叫“巴宝莉”的户外服饰店。到了1901年，生意越来越兴旺的“巴宝莉”正式受英国军方委托，为英国军官设计新的制服。随后巴宝莉推出了著名的“马背骑士”标识，并将它注册为商标，同时跨出英国国门，在巴黎和纽约建立起了自己的专卖店，在20世纪最初的10年里开始扩张自己的国际市场。1911年挪威探险家罗阿尔德·阿蒙森（Roald Engelbregt

Gravning Amundsen）上校率领一支 5 人的小分队，携“巴宝莉”装备抵达南极，成为世界上最早成功抵达南极点的人，并在南极点留下了一个巴宝莉的斜纹布帐篷，此事件轰动全球，“巴宝莉”也因此名声大振。“巴宝莉”自从创立以来，一直以英伦的风格不断经营自己的品牌，为了强化自身的文化根源，1924 年，“巴宝莉”注册了它的另一个著名标志：由红、白、黑、浅棕四色组成的英伦格子图案。当时被巴宝莉用在了风衣内衬上，后来英伦格子图案几乎成了“巴宝莉”的同义词，由此，格子图案成了对“巴宝莉”英伦风格“圆融、贴切、慧智的妙喻”，以及对英伦民族气质“同情的模仿”。

时过境迁，到了 20 世纪 90 年代，“巴宝莉”从美国请来布拉沃（Rose Marie Bravo）（时任 Saks Fifth Avenue 百货公司主席）担任“巴宝莉”公司的 CEO，来到伦敦东区狭小街道这家老旧的风雨衣工厂，面对毫无现代化的管理和经营理念的“巴宝莉”公司，布拉沃着手对“巴宝莉”公司进行大刀阔斧的改革。同时，布拉沃意识到，“即使你要扩展市场和跟上时代的步伐，你也千万不要丢掉品牌的精髓”。他把“英伦格子”当作能从众多精品名牌中脱颖而出的重要武器， 重塑“巴宝莉”的文化形象。布拉沃以其智慧与胆识使“巴宝莉”坚守了英伦文化与风格，并迈出了极为重要的一步：1999 年，请来了英国最著名的时装模特凯特·莫斯（Kate Moss），为“巴宝莉”拍摄了一组被奉为经典的广告片和海报。在海报上，凯特·莫斯身着格子婚纱，与身穿格子燕尾服的新郎举行了一场“英伦格子婚礼”，婚礼场所上的所有装饰、用具都是巴宝莉的格子，出席婚礼的所有嘉宾也穿着带有巴宝莉格子的服饰。布拉沃又一次对“巴宝莉”的英伦风格，进行了“圆融、贴切、慧智的妙喻”，对英伦民族气质进行了“同情的模仿”。这些海报在世界各地好评如潮，它不但使巴宝莉再度成为热门的高端时尚品牌，而且让这个品牌迅速受到各年龄段消费者的青睐。

“想象”、“圆融、贴切的妙喻”与“同情的模仿”赋予了品牌文化与产品设计以无限的发展空间，也为品牌运作、市场话语的建立提供了更大的可能性，并且能够帮助品牌赢得更多的市场份额。

（3）民族文化与时尚创意的水乳交融是服装品牌建设的成功之本

当代，众多中国服装设计师都在以自己的方式沉浸于中华民族文化的血脉神韵的滋养中，通过对现实的体验与领悟，升华出品牌的文化创意与设计灵感，进而与现代时尚相交融，成就了自主品牌在国内外市场中的地位和影响。下面以张肇达的品牌成长经历为例，就其作品中民族文化的血脉神韵与现代时尚相交融的设计进行简要的分析。

从前文有关张肇达的主题设计介绍中我们知道，作为一个设计师，中国服装界当之无愧的领军人物，他自辟蹊径，走的是与中国时装设计从“描摹到克隆再到创新”完全不同的创作道路。1991年，他在家乡广东中山，创立了他的第一个设计品牌“马克·张”，并在美国举办首场个人作品发布会，发布作品销售一空。凭着热情奔放的才华和瑰丽奇幻的创造力，他成为中国时装设计师闯入欧美时尚界的第一人。从1985年到1995年的10年间，他完全掌握了“重理求真”的西方服装设计表现方法和西方时尚的创造能力，他设计的高级时装，曼妙得体，奢美绮丽，韵隐神秘，同时，他也有了市场历练、跌打滚爬的经验。但是，1993年至1995年间，张肇达在经历了“浪度”品牌的失败之后，通过多年对于民族文化的考察沉淀，认识到“民族文化·时尚创意”、“品牌市场”构成的品牌生态的重要性。他无数次到中国大、中、小城市、少数民族地区进行深层次的漫游和访问，一边将注意力投注于中国市场、中国服装企业的运作实践中，一边把自己在中国从南方到北方、从中国到美国、从中东到欧洲的众多文化传统特点与风格、生活的亲身体历，作了全面的梳理。他意识到“艺术一定要有自己的根”，民族文化的血脉神韵和历史是设计师的灵魂，而现代的技术、材料和时装理念则是实现这些设计与追求的手段。他要去发掘和展现中华民族几千年来对美好生活的憧憬和追求，开始以自己开放的胸怀体贴于传统民族文化，在寻根溯源中领悟东方文化的内涵，寻找一种中国的、全新的文化切入点，并将之与西方文化、现代时尚完美结合，继而以恰如其分的服装设计语言去表达自己的设计思想。他说：“我一定要追求一种东方的东西。东方的东西主要在精神上是比较厉害的。我就开始寻找，学习中国的《易经》、佛经，读了很多书。我期望能在那里找到灵感，补充我自己的一种基础或者说结构，积累素材。我甚至也学过风水，学过算命，学过看相。最后我感觉到还是不行，还没找到那种感觉。到了1999年，我在云南看到中国所有的历代古迹在那里的展览，我就很震动，看到少数民族结婚和葬礼时穿的衣服，突然在那里找到一种被民族文化撞击的感觉，我彻底被震撼。”[①]不断的旅行积累了张肇达艺术思维的文化底蕴，有助于他对时装设计更深层次的理解，激发了他强烈的创作欲，文化上的回归使他能够在创意中不断激发出新异的“想象”，产生“圆融、贴切、慧智的妙喻”，创造出连年压轴于中国时尚舞台的时装大戏。

中国著名时尚评论家、中国“十佳时装设计师”、中国美术学院服装系教授张辛可在《东方文化的崛起》一书中有这样一段评述：“如果一个设计师明白了什么是中国人的设计资源，那会怎样呢？张肇达的设计素来标榜‘欧化’。但是，我对他的评价一直是‘很认真、做工好，设计不过如此’，什么原因？我一直无法解释。直到出现他的以中国少数民族为元素的设计，我才明白他是有设计才华的，他自己也说，接触了民族服饰后，才知道真正激动人心的中国设计师的资源在哪里。”他接着说：“一个人的才华，只有和真正属于他的本质的文化基因相结合（即使是下意识），才会迸发出才华的光辉！我想，从根子上来探究，

①腾讯女性 > 中国服装业名家访谈系列·中国服装设计师访谈·泰斗级设计师张肇达谈灵魂与艺术，2006年12月，http://lady.qq.com/zhuant/zhuantfs/zhangzhaoda.html。

中国的设计师都会如此。”[①]张辛可所说的“本质的文化基因”就是中华民族文化的血脉神韵与境界。

在游历过程中，张肇达时时深入于各个地理区域和少数民族区域，探访中国山水、风土民情，在自然中畅游，渴望与民族文化、艺术自然交融。张肇达说：“我的设计之路难以从生活、艺术、游历、感知中分离，它们在我的心路历程中是难分难舍，彼此交融，互相影响，综合互动在一起构成了最真切的生存状态。”[②]张肇达亲历东西方与中华大地的各民族区域的自然地理风光、人文民族风情，不断地进行绘画创作，同时在著名大学、博物馆举办个人画展。横贯东西、纵情民族文化的艺术游历，积淀成了他的深厚艺术造诣，使他在自己的天赋和才情的驱动下，心手合一地表达他的设计理念，和对世事、对消费者心境“同情的模仿”（见图 2-2-22、图 2-2-23、图 2-2-24、图 2-2-25）。他说：“艺术自在人心。绘画、雕塑、音乐、服装设计，只是为了更便捷地管理所做的命题归类，实际上艺术是人学、心学，就像空气，伸手抓不到，却又无处不在。”[③]他在游历中不断从艺术的视角进行民族文化血脉神韵与情境上的追根溯源，汲取中国几千年的文化历史传统积淀。但他真正的游历与追寻，却是在向内心挖掘，他在内心求解无限崇尚的自然与生命的奥秘，研究儒、释、道思想，研究“天人合一”的东方哲学，研究各民族的宗教与图腾文化，研究当下人类的生活状态与国际性的时尚观念，这一切，使他在广博精深的民族文化中，从“朝代脉络的服饰文化”与“少数民族多元服饰文化”的血脉神韵与境界中，参悟到东方文化独特的视觉表达形式、创意智慧和艺术精神的魅力。从而有了他以区域地理、单元民族文化分列出诸多专项设计主题；有了他借助绘画、雕塑、音乐和现代时装的时尚语言和表达方式，从人学、心学的高度，对创作加以精到而出神入化的把握，最终开创了属于自己的服装设计风格。他的艺术游历与中华文化的血脉神韵共同作用，不断在他的内心积累，升发出新的灵感和创意，他将东方“天人合一”的哲学思想，将一个个地理单元中的自然风情、区域民族文化化作独特的艺术创意思维，裹挟成时装世界里的一幕幕靓丽的风景，创造了一个个厚积薄发的艺术奇迹，呈现出丰华绚丽的时尚景观，书写出一年一度的以现代时尚诉说中华民族的文化意境的恢弘篇章，他的时装展示被称为中国服装设计领域的“年度大片”，生成了环绕着他的无数荣耀与赞美的光环。

我们把时光倒流到 2000 年 12 月 12 日晚，在北京的民族文化宫，他的“‘梦幻紫蓝’——中国高级时装品牌‘MARK•CHEUNG’发布会”成为第四届时装周的压轴大戏。发布会将 56 个民族凝练的生活蕴含在耀眼的造型之中，融会在鲜活的色彩里。和谐平息了纷繁而野性的骚动，简洁但华美的形式消解了复杂的内容。所有的一切，凭着理念的架构，各就其位。你甚至不能明确地指出哪是傣族的服装，哪是彝族的服装，哪是蒙古族的服装……因为我们所熟悉的服装样式完全找

①张辛可：《东方文化的崛起》，第 15 页，河北美术出版社，2003 年版。

②《设计中国》，第 7 页，中国纺织出版社，2007 年版。

③刘正平：《张肇达 大地为纸 山河为笔》，载《服装时报数字报刊（中国国际时装周特刊）》第 40 期。http://www.86cfw.cn/Newspapers/Stshow.asp?ID=2058。

不到了！但你又分明能感觉到每一个你熟悉的、亲切的民族性格和民族面貌，它们完全融合消逝在华美典雅的现代时尚形式中。[①]在他的许多服装设计中，都是用现代的时尚概念去演绎伟大的中华民族几千年沉淀下来的深厚的服饰文化，使古老的文化重新焕发出璀璨的光芒，彰显了最强大的生命力。他不是把民族性简单地理解为偏襟小褂，或是绣花长衫和蜡染布，而是表现了深藏于高级绚丽的色彩和肌理中的民族精神，他所寻求的是中华民族文化的血脉神韵与境界。

此后，他接二连三地推出了2001年的“东方晨彩”，2002年的“贵魅惊艳”，2003年的“大漠”，2004年的“紫禁城”，2005年的“江南”，2006年的“西双版纳”，以及后来的“西藏”、“黄河”、“长江”……（见图2-2-22、图2-2-23、图2-2-24）。

图2-2-22 张肇达“西双版纳”高级订制时装发布会作品

在张肇达创造的许多中国服装设计领域的“年度大片”中，2006年11月21日晚在中国大饭店举行的“‘西藏’——2006‘马克·张’张肇达专场发布会”所传达出的民族文化神韵与时尚创造更是独具风采（见图2-2-25）。这是在中国国际时装周2007春夏系列时装发布会上演的又一场大戏。“西藏”惊艳地重

①刘萍、刘静：《让我们记住张肇达》，载《中国服饰报》,http://women.sohu.com/20001228/file/0105,112,100027.html。

图 2-2-23 张肇达“长江”高级时装秀

图 2-2-24 张肇达“紫禁城”高级时装秀

现了通往川藏各地的山间、路口、湖边、江畔的玛尼堆，陈香迷漫的庙宇，余音袅袅的法号、法音，连天漫舞的经幡，磕着等身长头、缓慢却坚定的虔诚朝拜者共同营造出的宗教意境；重现了衣长大于身高的造型恢弘、做工精美的藏袍与巴珠等美丽的服饰；色阶分明的七彩氆氇如清晨神秘的霞光，碧蓝的天空与河流、纯净的白色云朵、雪山与羊群、清澈耀眼的阳光下黑色的牦牛，冰封的雪线、潺潺的溪流、蜿蜒的河滩……这样的宗教意境和天地间的大美被巧妙地融化在张肇达对时装美学的诠释之中：悠扬的天籁之音与一缕来自高原的神光，从混沌初开的黑幕里划破长空，横空而出，流光溢彩的舞台演绎出永恒的精神之旅——“西藏”。在现代的抽象艺术形式与宁静禅意悠远的古老唐卡艺术的投影、光效互动中，在鹤顶红、松石绿、雪域白、水晶蓝，以及在冥思与静定中获得的绚丽、神秘色彩面前，在款款飘移舞动的服装上，线与线、形与形的结合造就的绮丽炫目的视觉情境面前，层叠的褶皱、流苏和复杂的分割线在旖旎缥渺中呈现出粗犷与细腻、质朴与奢华的混响。演示高潮迭起，民族文化裹挟着时尚创意的气息奔涌而来，所有的人都在艺术化的高度感官享受中获得了关于生命和信仰的感悟。“我很虔诚，很小心，在服装上运用的西藏元素，像唐卡、经文，我都问过哪里可以用，哪里不能使用。在服装上用哪张佛像都研究过。处理服装的方面基本上没有做错一点东西。”[①]关于信仰的玄妙体验，对生命本质的理解，使设计的意境和形式巧妙地融为一体，由人的七情六欲催生的野心和动机在这里被浑然忘却而无踪影，恢弘的气势、自然的美丽和宗教的感受在这里交融、合一，一款款跨越民族与国家审美界线的高级时尚女装在T台上飘然舞动，台下人人惊叹、心醉神迷。

图 2-2-25 “‘西藏’——2006‘马克·张’张肇达专场发布会”作品

①《中国国际时装周张肇达用时装讲述西藏》，2006年11月24日，http://www.eeff.net/viewthread.php?tid=110205。

张肇达以现代的设计手法演绎古老的宗教主题，将西藏的美注入到他的时尚服装世界之中，以服装为载体再现了雪域高原的魅力。谈及“西藏”时，张肇达说：“开始的时候是一个很神秘的西藏，在那边找了个小孩子，真正的西藏的小孩子在那边唱。用了紫色的衣服表现一个神秘的西藏。之后用几件咖啡色的衣服表现了对生命的探索。采用了很多宗教的元素。最后一件衣服，是一个圣音的出现，表现了一个活佛，普度众生，给人一种光明，让人在生命的旅途中不要贻误。第二部分的开始，表现了一个人在朝圣的途中，所看到自然的景物，水啊，鱼啊，风啊，这种感觉。最后是朝圣完了之后，感受的生命的意义。一步一步不断地增强。这也是我的感受。”①张肇达就这样将自己体验到的似乎平凡真切、但却独特深邃的生命追索历程，以最甜美、最灿烂的形象，鲜活的色彩、华美的风格，粘连着厚重的文化，使藏区民族文化、藏族同胞的心境得到“同情的模仿”，使藏区民族精神得到全新的完美演绎，充分展现了厚重的藏族文化并“圆融”、“贴切”、“慧智地妙喻”于时尚华章之中，这正是他源源不绝的时尚创意才情之源，设计获得成功的根本所在。

如果现今的中国也有类似法国和意大利那样，属于时装最高层次的、以皇室贵族和上流社会妇女为顾客的高级女装（HAUTE COUTURE）的话，张肇达的设计无疑会位居前列。张肇达在与中华民族文化血脉相通的服装创意中，从艺术创作的高度，让自己的设计成就关于高级时装的时尚梦想，创造了无数时尚大戏。

张肇达的时尚大戏，承担起了将民族文化与时尚创意传播给大众的使命，传达民族与时尚交融而产生的服装神韵与境界。张肇达的时尚大戏激发了很多职业服装设计师在品牌服装设计上的灵感，并寻求到与市场的联结点，推动了中国的服装品牌建设。

不知不觉中，时间行进到2011年，张肇达伴随着中国国际时装周已经走过了13个年头，他以中国时装界独一无二的高频，在每年的时装周中做一场东方文化的、一个地理单元的、一个民族主题的时尚发布会。张肇达认为，一切风俗习惯，被传统禁锢着，在时间的流转中变成神圣，从一族传到一族，从一代传到一代，构成了民族的面貌。作为文化内容之一的服装样式也正是这样。基于这一观点，洪荒的天地、浩瀚的大漠、柔美的江南、神圣的西藏、奔腾的黄河、汹涌的长江、威严的紫禁城、绚丽的西双版纳在张肇达心目中，无不蕴含着中华民族文化的神圣、东方情韵的独特，无不潜藏着无限的创造基因。这样的基因成为丰富的艺术灵感源泉，不断注入张肇达的时装绘画与设计创作中，展现了他作为华夏子孙悠远浓郁的民族情结。在不同主题的设计中，他都要选择不同的面料质地，并通过不同的色彩、光泽的演绎，在省褶、压皱、反复水洗、染制、再造与无形的剪裁中，变幻出莫测的线条来承载不同的文化，诠释不同的时尚美学意蕴。不同区域地理、单元民族文化的血脉神韵在张肇达的艺术冥思中沉淀并与现代时尚

①世界时装网>世界经理人>世界时装网>时尚精英>设计师>《专访设计大师——张肇达》，http://fashion.icxo.com/htmlnews/2006/11/30/974589_1.htm。

相交融，化作充满力量的“中国的·国际的”时尚交响曲！人们可以在他那一次次成功的艺术创造中，游历、感知、体验、领悟“天人合一”哲学的永恒，领略那震撼心灵的时尚魅力。

综上可见，张肇达用他深厚的中华民族文化的学养、欧美时尚设计的功底、全球化的时尚设计理念，以及时尚教育家、传媒专家、设计师、企业家、资本家的眼光和设计思路，将多元民族文化的血脉神韵与时尚创意相交融，打造出了他的服装品牌设计的内在灵魂。在张肇达的灵魂深处，创作、禅修与设计是重返生命本源的殊途同归的法门，他将源自现实的体验，通过横溢的“想象”、“圆融、贴切、慧智的妙喻”和“同情的模仿”，恣意地挥洒着他那无尽的才华，创造出了无数独领风骚的时尚大戏。张肇达以超人的热情奔波于中国和世界的时尚舞台，用中华文化的生命本源之水持续地浇灌他合纵连横、日趋庞大的“马克系”品牌集群——“马克·张”、“马克·华菲”(Mark Fairwhale)、“蝶丽·奥娜”(ALPHA OERMA)…… 使“马克系”集群品牌从文化中获得充盈的滋养，为本土时尚品牌的群体性成长做出了无可比拟的贡献。他的“马克·张”系列产品早在2005年就一举进入美国高档市场，在国际顶级品牌蜂拥涌入中国大城市市场的今天，正在与国际顶级品牌一竞高低。张肇达将中国文化的精髓从不同角度进行“妙喻”和“同情”，创造出了中国时装舞台上的一幕幕奇迹，成为中国品牌建设与品牌服装设计的成功典范。

与张肇达一样，具有深厚的修养和美好梦想的服装界同道，都以中华民族文化架构起自己品牌的文化底蕴，使品牌的价值得到外放，获得了丰盈殷实的回报。

例如吉平生创建的“MOUSE JI”，先后参加过由德国人主办的、东方服装设计师少有介入的“世界精品品牌展”[①]，法国人举办的“巴黎设计师时装展”，是迄今（2012年）为止唯一进驻巴黎“老佛爷”百货公司的中国设计师品牌。2009年前，许多欧洲著名品牌在全球金融危机中萎缩或倒闭，而此时，“MOUSE JI”则建立并已经形成了以巴黎为中心，辐射意大利、德国、荷兰、西班牙、希腊、爱尔兰、英国、加拿大、日本的营销网络，而且这个网络圈还在逐渐扩大。“MOUSE JI”的成功同样是品牌背后的民族文化与时尚文化的交融与“圆融、贴切的妙喻”所造就的。吉平生这样表示：“中国文化是MOUSE JI的后盾，MOUSE JI体现的中国内涵预示着它有着一个很大的发展空间”；“老佛爷希望我走高端路线，他们希望明年的“MOUSE JI”价格能提高1倍到1.5倍。由每件300欧元，提高到600欧元到750欧元。”[②]“MOUSE JI”走的是“世界主义”路线，表面上看很欧洲、很世界，但是如果你仔细品味，就会发现在西方的外形下，有着一股淡淡的、如同玉兰花香的中国味道。吉平生说：“就像这风中的玉兰花一样，我的作品中有着很自然的中国内涵。”他的设计从根本上体现出了与中华民族的灵魂血脉相通的文化品格。“MOUSE JI”就这样“在东西方不同的哲学与美学观念下，

①晓秋：《MOUSE JI用剪刀征服欧洲》，载《服装界》2009年第4期。

②晓秋：《MOUSE JI用剪刀征服欧洲》，载《服装界》2009年第4期。

以民族精神为本根，融入世界精神，吸纳不同的服饰文化精髓与元素，提炼出简单的设计形式、语言和视觉要素，进行品牌的文化创意与服装的创新设计，表现品牌的核心文化、神韵与境界”。

此外，“庄吉”品牌的“庄重一身，吉祥一生”；“报喜鸟”品牌的“喜文化”、“金榜题名”；“柒牌·中华立领”品牌的“龙之精气神”、“刚健大度、儒雅坚毅”；“欧迪芬”品牌的中华文化神韵与服饰历史文明……都将多元民族文化的血脉神韵与时尚创意相交融，共同造就了多元多样的中国服装品牌的百花园，不同风格的原创服装品牌竞相绽放出绚烂的奇葩，结出丰硕的果实，不久的将来它们将如同“马克·张”、“吉芬”、“MOUSE JI”那样成为成功游走于国内、国际服装舞台与市场上的行者。

第三节

民族文化与时尚创意支撑服装品牌走向世界

一、中华民族传统文化是全球服装创意的无限源泉

国际性服装品牌的特点之一就是对世界各地、各民族的文化，投入高度的热情进行研究，将其文化元素运用到服装创意中去，不断为品牌输入新鲜血液，激活品牌的生命力。现在整个西方世界都在十分用心地观察和研究今日中国会朝什么方向发展，中国的真正崛起将会根本改变世界的格局，改变数百年来西方主宰世界的格局。中国在服饰文化领域中的一举一动影响到的将不仅是中国，而是整个人类文明史的进程。21 世纪世界时尚的主题是“中国”，这将是世界文明史上的重大事件，将深远地影响未来。但是首先，我们必须解决文化的传统性、时代性与创新性的矛盾。

索尼的老板曾经在世界设计大会上说：“未来索尼的技术和别人没什么区别，我们的产品和别人也不会有什么区别，唯一不同的是我的设计。”这是因为设计反映的是文化，文化是有个性的，这种个性是有价值的。在中国的服装品牌建设中，如果丢掉了自己的传统文化，也就丢掉了自己的个性价值，丢掉中华民族服饰文化在世界上的地位，那么，中国的品牌就丧失了生命力。

传统民族文化是品牌的灵魂，以时代的观念对多元、多样化的传统文化进行创意、创新，使之沐浴时代的光辉，呈现出新的多元、多样的时代风采，就能够

造就品牌的内在灵魂，避免品牌同质化。因此，一方面“创意”、“创新”是对传统的发展，不是与传统割裂，不是对传统的锁定，而是传统的再生。这个“创意”、“创新”是在全球化背景下促进世界各民族多元、多样文化的共生与发展，所以将民族文化融入具有时代性和创新意义的创意，才能使“民族的就是世界的”成为可能。另一方面，在全球化背景下的服装品牌，只有由世界各民族的多元、多样的文化来组成，特别是由中国的多元、多样文化来组成，才能突破当今国际性的品牌同质化。这两个方面的重要性，在国际上已经是共识。因此，在中国自主服装品牌建设中，要体现出传统文化的自觉性和中国品牌的文化创意特色，早就成为国际上的共识。

中华民族文化在世界各国中，既具备年代久远的厚重感与深沉的纵向性，同时又具备任何国家所没有的多元、多样的横向性，无疑，它能够为全球服装品牌建设与发展提供各自所需的多元、多样的创意与设计元素。我们继续以国际“显学”——丝路敦煌文化为例来做进一步的剖析。敦煌石窟艺术的构成无论从题材、内容，还是从形式、技法以及风格的多元、多样性来说，都堪称“万国艺术的博览会”。这里有佛教、印度教、道教等艺术题材，古希腊、罗马等艺术技巧，波斯、犍陀罗等艺术遗存，中原、西域等艺术风格，潜藏着中国文化的根源与中国艺术的核心精神，它是人类历史上世界艺术的第一次大融合，是中华民族艺术的世界性蕴涵的见证。仅以莫高窟西魏时期的第285窟（作于583年）为分析对象来看，窟中有印度教中的象鼻人形象，佛教人物形象，古希腊神话中的月神狄安娜、太阳神阿波罗形象，中国道教中的伏羲、蟾蜍、女娲、羽人等形象。这样的文化现象，栩栩如生地说明了西方艺术中国化的历史演变过程，以及中华先民的艺术创作活力与丰富的想象力，也有力地说明了中华民族文化海纳百川的气度与魄力。

在中华大地上，具有宏博、灿烂辉煌的区域民族文化聚合点构成的艺术殿堂，还有大同云冈石窟、洛阳龙门石窟、天水麦积山石窟、克孜尔石窟、浙江双龙洞、四川大足石刻，故宫、万里长城，被烈火焚烧殆尽的阿房宫、圆明园，潜藏于地下的龙垭遗址、秦陵兵马俑，还有遗存于地上的都江堰、滕王阁、黄鹤楼、苏州园林……如此悠悠数千载的民族文化艺术殿堂，在中华大地上蜿蜒纷呈、星罗棋布、光辉耀眼。它们都贯穿于神佛、儒、道共同筑就的“天人合一”文化思想下的中华文化整体架构之中，具有恢弘大气、生生不息、吐纳万代、传扬后世的优秀基因；具有开启民族服饰文化创意的独特秉赋、气度和魅力，是服装文化创意的无限源泉。它的优秀基因、独特秉赋、恢弘气度无疑将滋养中国服装品牌的文化创意与建设，同时，还会恩泽于全球化的国际服装文化创意与品牌建设。近些年来中国许多自主服装品牌在民族文化的血脉神韵与境界的滋养下迅速成长；全球服装品牌“劲刮中国风”而获得品牌的高额利润回报，已经证实中华民族文化不仅能够成为全球化的多元、多样化服装品牌文化创意不竭的源泉，也能够为品牌服装设计提供无限的资源。

二、中华传统文化具有吸收、融合世界优秀文化进行创新的天性秉赋

在中华民族的文化框架中，众多的单元性文化与少数民族文化共同构成博大精深的、多元多样的文化整体。在服装设计中，这些历经几千年文明的传统文化和元素，甚至我们赖以生存的地球，上百、上千万年的岁月积淀，都可以启迪我们的灵感，推动文化创意与艺术创造。

如上文提及的西魏的莫高窟285窟，集中外多元、多样文化于一身，进而在中华民族文化的同化作用下，演进成为中华民族文化的一部分，独具艺术魅力。

又如经由希腊艺术与印度佛教艺术碰撞而产生的犍陀罗艺术，流传到敦煌后，便演化出了代表敦煌艺术最高成就的、被称为“东方维纳斯”的莫高窟菩萨。莫高窟菩萨是犍陀罗艺术、新疆地域的民族文化以及中原信仰和艺术观念的合璧、提炼、升华、再创造的结果。有些学者认为，中国的菩萨兼具佛、母亲、爱神和美神的角色，集中体现了中国人的生活哲学和宗教信仰、西方艺术的审美原则和艺术技巧，如“对偶倒列”(contrapposto，肩膀和胳膊扭转，偏离躯干正轴，与臀部和腿不处在同一平面上，用一条腿支撑身体重量）手法的运用等（见图2-3-1）。这是典型的借西方的技巧表达民族的思想、感情和信仰，因而是一种典型的文化复合体。[①]

图2-3-1 西方“对偶倒列”造型与敦煌菩萨造型

再如，敦煌学最新研究成果表明，敦煌飞天系由佛经中的乾闼婆（帝释天的属下雅乐天神）、伽陵频迦（神鸟）、紧那罗（乐天）和迦楼罗（金翅鸟）等形象，经中亚石窟艺术中的共命鸟等演变而来。但是，古埃及、古代美索不达米亚和古希腊、罗马及古印度文化中原有的那些有翼的天神，并没有随着佛教传入中

①穆纪光：《敦煌菩萨塑像的文化意蕴》，甘肃社会科学出版社，1995年版。

国而流行起来；相反，古埃及和古希腊、罗马的有翼天神和中亚艺术中的有翼飞鸟、飞人都在敦煌壁画中变成了无翼飞人——“飞天”，这充分显示了中国文化的独立性和创新性。[①]（见图 2-3-2）

图 2-3-2 从有翼天人到无翼飞天（自左至右依次为迦陵频伽、西魏飞天、隋代飞天）

上述敦煌菩萨和敦煌飞天的创造、演变、流行的过程，充分说明了中华文化的吸纳性、同化性和创新性，这三点被国际艺术界视为中华文化能够影响世界的关键所在。

无疑，“一沙一世界，一尘一佛国”的敦煌文化，由于最初的菩萨、飞天都从“别有天地非人间”的佛国逐渐向世俗化社会行进，而存在被世俗情感所进逼和取代的倾向，从而逐渐降低了佛国世界的神秘境界，因而使佛国在经历了不同朝代的中国世俗生活后，在历史长河的撞击与交融中，创造出绚丽多姿的丝路敦煌艺术。在敦煌艺术中，我们不仅可以从其尚存的神性中、从现存的内容到形式、从思想到技巧找到全球各大文明的精华，也可以从其在民族化过程中展示出的丰富多彩的人文精神，感受到文明的交汇与融合、文化演变的历程，这些都会给当代艺术创意以隽永的启迪与昭示，由于历史原因散落在世界各国的敦煌莫高窟艺术和敦煌遗书、文物，在全球化进程中，被国际社会奉为至宝。与“汉语在中国，汉学在世界”、“《红楼梦》在中国，红学在世界”一样，“敦煌在中国，敦煌学在世界”。敦煌学逐渐成为国际显学，敦煌艺术日益绽放光芒。从中，我们不仅可以清楚地看到中华民族多元、多样文化的广博与深远，而且还清晰地看到，中华文化向世界辐射和渗透的强大趋势。

从某种意义上来说，博大精深的中华民族文化正在构建全球化时代的中国强势文化。而今，在全球化的机遇背景下，我们应像历史中的敦煌吸纳世界各大文明精华而营造了曾经的辉煌那样，以中华民族的宽广胸怀全面吸纳国际上的优秀文化，张扬中华文化一贯具有的吸收、融合世界优秀文化的天性秉赋，积极接受全球的优秀科技成果、优秀的现代服饰设计理念、时尚生活观念（其中也包括如何应对全球服饰文化单一化现象）；同时，我们通过对中华民族的整体文化、区域文化、各少数民族个体文化进行整合与创新，构建出原创的时尚服装品牌，为国内、国际消费者提供独特的文化神韵与文化个性带来的精神享受，凸显中华民

①赵声良：《久野美树：十年来日本的中国佛教美术研究综述》，载《敦煌研究》2004 年第 4 期。

族文化的特色。在全球化与中国服装品牌强国的建设进程中不断扩大原创服装品牌核心文化的传播、市场的推广、营销渠道的开拓，占领国内的庞大消费市场以及国际上有利的消费地域，通过自主服装品牌的优势能量的积蓄与发放，使中华民族文化在当今国际服装舞台上永放光芒。

三、“民族文化·时尚创意”在中国服装品牌迈向国际过程中的引领作用

以多元、多样的民族文化引领服装品牌建设，是全球化时代的议题，更是处于服装品牌弱国地位的中国在服装品牌强国建设过程中面临的核心问题。在自古至今源远流长的历史长河中，东西方各民族的服饰文化，永不停歇地在坚守自己文化本根的同时不断吸收他族文化，在同化和异化的交替中不断前进。这似乎让我们看到了时尚的未来走向，在国际时装舞台上看到了世界各民族多元多样的文化传承，看到了“民族文化·时尚创意”在服装品牌创建、发展中的核心和引领作用。

众所周知，英国上流社会的流行时尚深受承载着英伦文化的皇室服饰风范的影响，英国女王每次出现在公众面前时，无论穿着大红、宝蓝的正装，还是轻盈、柔嫩的夏装，都能从骨子里面显现气度非凡的贵族气质，女王的气质和服饰成为上流社会竞相模仿的对象。

在伦敦，每年的7月和圣诞前后，都会有两次轰动全球的购物热潮，在那里，人们排着长龙等待抢购世界顶级名牌服装。仔细观察，我们会发现同样的品牌，法国女人穿出来的是浪漫、优雅，美国女人穿出来是现代、潇洒，意大利女人穿出来的是高贵、性感，而英国女人穿出来的，却是经典的贵族气派与神韵，这是因为在她们的血脉中不同民族的文化外化成为不同的气质。

西方文化的特点是开放、强调个性，在全球化的文化背景下，不同的消费者在风格上会有不同的喜好，当代同质化的单一服装文化内涵与造型设计无法满足具有多元、多样化喜好的消费者的需求，这给欧洲开拓“有效市场”造成了难度。在欧洲品牌运作者和设计师看来，坚守西方各民族血脉相通的文化特质的同时，吸收异国风情与文化元素是很好的设计思路，是开启“有效市场”之门的一把神奇的钥匙。所以，近年来欧洲品牌服装经常会运用一些其他国家的文化元素来丰富其设计。因此，在英国既有“巴宝莉”、“V&Z”、“MANHARD”、“MONSOON”等众多传统贵族奢侈品牌，也有强调文化创意的现代服饰、宗教服饰和传统民族服饰，吸收印度裔、巴基斯坦裔、非洲裔、华裔等各少数民族文化元素设计的服装，为生活在英国的不同民族、不同喜好的着装人群提供了多种文化元素、风格的服装

产品的消费需求。而“中国元素”、“印度风”、“非洲潮”等许许多多的时尚风潮更是涌动全球。其中“中国元素”则是目前世界尤为流行的元素，受到各行各业的设计师们的追捧，可谓“全球劲刮中国风”。

“中国元素”在国际上构筑的“中国风”，只是外国品牌运作者和设计师采用的一种追求中国情调的装饰风格，反映了欧洲人对中国艺术和中国风土人情的理解，在他们的服装文化内涵上始终洋溢着西方传统的审美情趣与神韵。例如在英国的许多创意服装品牌中，即使是街头时尚也随处可见经典的英伦格子和若隐若现的贵族气派，他们的骨子里流淌的，始终是英伦的血脉。如同敦煌文化，尽管历史上如潮的西方文化汇集于敦煌，但敦煌文化在骨子里始终贯穿着与中华民族血脉相通的审美意境。无论是东方还是西方，无论是古代还是现代，各民族都有其源于血脉的神韵，它们是艺术上最根本的价值之所在。

20 世纪初，中国服装不断突破自古以来服装一直采用直线，胸、肩、腰、臀完全成平直的剪裁手法，融入了西方曲线美的造型理念，将服装制成更加符合人体工程学的自然形态。20 世纪 20 年代以来，中国近代妇女的旗袍借鉴西方服装造型的要素，融入曲线造型和立体造型的分割手段，但万变不离本民族的谦和、自然之踪，以及雅致、幽静的东方美学观念，造就了中国妇女喜爱的旗袍服装，成为中国服饰文化上的一次革命。但是到了近代，由于历史原因，中华民族服饰文化出现了断裂，以至当时有些人幼稚地认为可以把传统视为身外之物，像丢包袱一样把它丢掉。于是出现了 80 后、90 后的哈韩、哈日等思想潮流行为，燎起炫富欲火，人们竞相追崇奢侈，崇尚西方名牌或者“傍洋牌”，丢弃了东方的文化本源。

如何将服装品牌与本民族文化血脉相通，日本的做法值得借鉴。日本设计界曾经走过弯路，曾照抄别国的经验，一度被国际人士称为“抄袭大王”，然而他们最终认识到唯有将本民族文化作为设计的根基与灵魂，才是设计的真正出路，于是提出了“和魂洋才”的设计准则。“和魂洋才”的可贵之处就是定位于一个“魂”——日本民族的文化之魂，即坚持日本国传统的技术与文化，应用西洋现代的技术、器物和社会文化制度，促进技术与经济的发展。这一准则使日本迅速成为艺术设计强国。日本服装设计师三宅一生不是直接将东方的元素符号放在服装上，而是深切领会东方文化的“天人合一”思想与谦和、自然的个性，并将其创造的“皱褶系列”融入到服装设计中，成为当时东方文化的一面旗帜。这一切，正是在三宅一生所说的“发掘出和服背后的潜在精神”的文化理念之上发展起来的，由此，建构了“三宅一生”的品牌风格。

21 世纪以来，中国服装产业一方面在全球化和中国服饰文化的全盘西化中前进，另一方面中国服装人通过自身的文化自觉，使得原创服装品牌建设的前进步伐显得铿锵有力，中国不少时装设计师在中华文化“珠珠相含，影影相摄，重叠不尽”的境界中感悟、探索，营造“中国的·国际的”且价值外化的原创服装品牌，获得了丰盈殷实的市场回报，百年品牌的根系已经在中华大地上扎牢并不断向国际舞台延伸。

诚如吉平生所言“中国文化是‘MOUSE JI’的后盾，‘MOUSE JI’体现的中国内涵预示着它有着一个很大的发展空间”。同样的品牌还有张肇达的“马克系”品牌集群、马可的“例外”、卡宾（杨紫明）的“卡宾”、谢锋的“吉芬”、张志峰的“东北虎”、计文波与“利郎”，等等，如同“MOUSE JI”品牌那样，显示了的中国文化根基与放眼国际市场的视角，并从中华民族文化血脉的神韵与境界中升华出的“中国的·国际的”时尚，以实力比肩国际品牌，获得充盈的滋养而业绩丰盈。他们成功地营造出了年复一年的“中国的·国际的”时尚风采，演绎了当代中华民族服饰文化的崛起，显现出了自主品牌的优势价值。在这块年轻而朝气蓬勃的舞台上还有罗峥、武学凯、房莹、梁子、薄涛、刘洋（图2-3-3）、曾凤飞（图2-3-4）、武学伟（图2-3-5）、郭培（图2-3-6）等许多设计师成功的“民族文化·时尚创意”设计，这些品牌建设的经验已经成为中国服装品牌强国建设过程中的典范，为中国自主时尚品牌的群体性成长，做出了示范性的贡献。他们的成功经验，构成了一股积极的力量，推动着中国的OEM服装企业向着ODM升级，从而迈向OBM，构建自主品牌。在不久的将来，中国的各类品牌将以“民族文化·时尚创意”为出发点，展现出中国原创服装品牌的飒爽英姿，呈现出强烈的东方文化神韵和独到的时尚特性，并在时尚舞台上获得应有的尊严与地位。

图2-3-3 刘洋女装创意设计作品

图 2-3-4 曾凤飞男装设计作品

图 2-3-5 武学伟女装设计作品

图 2-3-6 郭培高级女装定制设计作品

第三章

民族文化与时尚创意产业推动中国服装品牌建设

第一节
民族文化与时尚创意产业催生高附加值的服装品牌

一、民族文化与时尚创意产业的基本概念和本质特点

民族文化是各民族在历史发展过程中创造和发展起来的具有该民族特点的物质文化和精神文化的总和，是各民族具有明显特色的传统文化。民族文化及其所包含的民族特有的优秀精神品质，对于整个民族的发展，对于国家的进步，都具有积极意义。民族文化有着自己动态发展的轨迹，人类各民族的文化在国际间的交流、碰撞与融合中，丰富了人类的精神与物质生活，促进了文明的发展。

中国的民族文化不论是历史上形成的哲学、政治、道德、民俗，还是它所创造的最具有民族性、最富于艺术特征的部分，如音乐、绘画、书法、舞蹈、建筑、园林等所凝结的艺术精神、审美观念、审美意识，古人理解自然，理解人生，明智地处理人与自然、人与社会之间关系等，对人类的文明进步有着许多有益的启迪。这些启迪在当今文化创意产业不断发展的时代，伴同提升人类精神与物质生活的时尚创意产业的发展，不断彰显出它永恒不朽的价值。

时尚创意产业是当代文化创意产业的重要组成部分。关于时尚的现代含义以及民族文化与时尚创意等内容，我们已经在第二章的第一节中，通过著名设计师的成功的创意设计案例，从现象上作过深入的剖析。从理论上而言，时尚就是一种符合当代价值观的生活方式；创意，是“创”、“意”的结合。一般认为“创意”一词是从英文中翻译而来的，例如“creative”以及“creativity”，都是由词根“Create”衍生而来，用来表示创造、产生等，是被广泛认同的中文“创意”的来源，比如“Creative Strategy”可以译为“创意策略”。此外，另一个英文单词“idea”有时也可以译为“创意”，例如“A Technique for Producing Ideas”可以被译为“产生创意的方法”。《辞海》中对“创”和“意”有单独的解释：“创”可以解释为创始、创造、独到的见解、初次出现、首创出前所未成的事物等，“意”可以解释为：意思、意味、心愿、意向、意境等。“创意”强调要有一定的创造性思维程序，使之作用于行为并具有指导行为的能力。因此，“创意”是一种非物质的精神行为，是一种有思想、有意识的创造性思维。这种创造

性的思想行为是人类思维中最复杂多变的思维形式与创造方式，现代高科技计算机也难以对其进行模拟。可见，创意的本质就是创造；产业的基本内涵是：以市场为导向，以效益为中心，依靠龙头产品和科技进步带动，实行专业化生产、市场化经营，获得应有的商业利润。将以上的解释综合起来，可见时尚创意产业的基本概念是：以消费者的时尚生活需求为导向，以赢得利润为目的，在继承传统民族文化的基础上突破陈旧的、经验的、已知的、传统的、习惯的、固有的东西，创造出前所未有的、具有特定文化内涵的、艺术的、实用的、并带有文化情境的、市场需求量大的、高附加值的时尚产品，进而依靠龙头产品和先进理念的带动，实现专业化生产和市场化经营。

时尚创意产业的关键是在继承传统民族文化精髓的基础上，融入个人的创意智慧，结合现代科技材料进行符合时代审美的再创造，生产出能带给人审美享受和精神愉悦的、能够满足现代人时尚生活所需的各种物质和精神产品。创意产品通过产业运作的方式，通过现代媒体的传播进入市场，使之成为社会大众所崇尚、仿效而争相购买的热销产品，从而获得高额利润回报，体现出它的本质特点——“文化·创意·价值”。

二、中国时尚创意产业的发展状态与前景

1. 时尚创意产业的发展历史

20世纪90年代以来，文化产业的经济功能逐步被很多国家认同和推动，文化经济化的新形式和新概念也不断出现。进入21世纪10年代的今天，世界各国文化时尚化的创意产业都方兴未艾，欣欣向荣，时尚创意产业应运而生。在英国、法国、美国、丹麦、新加坡、韩国等许多国家，时尚创意产业已经成为引领国家产业创新和发展的一股重要力量。时尚创意产业的前身是文化创意产业，让我们先来了解文化创意产业的历史。

1997年，英国首相布莱尔（Tony Blair）为振兴英国经济，提议并推动成立了文化创意产业特别工作小组，在文化产业中率先提出并使用了“传统文化产业”和“文化创意产业”的概念。联合国教科文组织对传统文化产业的定义是：“结合创作、生产等方式，把本质上无形的文化内容商品化。这些内容受到知识产权的保护，其形式可以是商品或是服务。”传统文化产业包括影视、出版、旅游等；文化创意产业与传统文化产业的概念与实质皆有不同，指那些“来源于创意或文化的积累，通过知识产权的形成与运用，具有创造财富与就业机会的潜力，并能促进整体生活环境提升的行业”。英国政府在文化创意产业上强调个人在文化创意中的灵感、理念、技能、创造力的主导作用，并把它作为创造价值的核心，而将文化创意产业定义为，“源于个人创造性、技能与才干，通过开发和运用知

识产权，具有创造财富和增加就业潜力的产业。”[①]根据这个定义，英国将源于传统文化的广告、建筑、艺术和文物交易、工艺品生产、时装设计、电影、音乐、表演艺术、出版、电视广播，以及软件、互动休闲软件等行业确认为文化创意产业并对这些行业进行分类，文化遗产与旅游产业也被列为重要的创意产业。世界各国在文化创意产业的划分上各有不同，美国、澳大利亚、加拿大等国则以“版权产业”或“版权贸易”来统计该产业对各国的经济贡献，其中美国将创意产业分为六大类型：“文化艺术、音乐唱片、出版业、影视业、传媒业、网络服务业。”[②]英国对创意产业的研究和随后对创意产业的定义、行业划分被许多国家和地区效仿，新加坡、新西兰以及我国的台湾和香港相继对其做出与英国相近的定义和行业划分。台湾“经济部工业局”将文化创意产业做了以下定义：“源自于创意或文化累积，透过智慧财产的形式与运用，具有创造财富与就业机会潜力，并促进整体生产。”[③]中国香港特区政府在2003年正式发表的《香港创意产业基线研究报告》中，将11个类型的产业项目纳入创意产业的范畴中，并依其属性分为三大类，如艺术、古董、工艺、音乐、表演艺术等专属文化艺术类；数字娱乐、电影与录像带、软件与计算机、电视与广播等专属电子媒体类；广告、建筑、设计、出版等专属设计类。[④]

中国以北京为代表，首先于2006年12月，通过北京市统计局、国家统计局北京调查总队联合制定发布《北京市文化创意产业分类标准》，将时尚创意产业定义为：“以创作、创造、创新为根本手段，以文化内容和创意成果为核心价值，以知识产权实现或消费为交易特征，为社会公众提供文化体验的具有内在联系的行业集群。”[⑤]中国民族文化与时尚创意产业也在此背景下得到重视。根据中国的行业分布与划分的现状，借鉴世界各国文化创意产业分类经验，目前中国文化创意产业大致分为以下四大类：（1）文化艺术类：包括表演艺术、视觉艺术、音乐创作等方向类别；（2）创意设计类：包括服装设计、广告设计、建筑设计等方向类别；（3）传媒产业类：包括出版、电影及录像带、电视与广播等方向类别；（4）软件及计算机服务领域中的相关方向类别。

英国和中国台湾将文化创意产业划分为以下13种类型，它们分别是：(1) 视觉艺术产业；(2) 表演艺术产业；(3) 文化展演设施产业；(4) 工艺产业；(5) 电影产业；(6) 广播电视产业；(7) 出版行业；(8) 广告产业；(9) 设计产业；(10) 数字休闲娱乐产业；(11) 设计品牌时尚产业；(12) 创意生活产业；(13) 建筑设计产业。在这13个类型中的第11个类型“设计品牌时尚产业”的内容是：“从事以设计师为品牌的服饰设计、顾问、制造与流通”，首次将服装产业纳入时尚产业的行列中来。

根据上述相关国家及地区对文化创意产业的理解，以及长期以来各国对各类文化创意产业的实践与探索，特别是近年来各国在服装时尚创意产业上的实践与

①布莱尔：《创意产业图录报告》(*Creative Industries Mapping Documnts*)，1998年。

②美国国际知识产权联盟《IIPA》，《美国经济中的版权产业1999年报告》，1999年。

③刘轶：《我国文化创意产业研究范式的分野及反思》，载《现代传播》2007年第1期。

④刘轶：《我国文化创意产业研究范式的分野及反思》，载《现代传播》2007年第1期。

⑤姚东旭：《文化创意产业的界定及其意义》，载《商业时代》2007年第8期。

探索，可以得出这样的结论：各国对文化创意产业所包含的行业范围划定大体相同，其中有些区别主要表现在名称的不同，还有一些只是将一个行业分成两个行业而已。但通过定义和实践经验可以看出，所有属于文化创意产业的行业，都有两个必备的条件：一是与文化相关的创意；二是能形成知识产权和财富的行业。归纳起来，文化创意产业是产业运营者和设计师在其国家、民族、地区或城市文化等传统民族文化背景下进行的，但创意不是对传统民族文化的简单复制，而是推崇个人的智慧和创造力，强调人文艺术与科学技术结合以后创造出具有文化艺术特质的现代人类时尚生活（包括物质生活与精神生活）所需的、大众所崇尚、仿效而争相购买的、各种热销的时尚产品，进而对经济产生支持与推动作用；是传统民族文化艺术资源再提升的物化表现；是人类各民族的文化和艺术、智慧和创意、高科技与知识产权、时尚生活与市场所需造就的创新性的经济产物；是科学技术和文化艺术附加值比例明显高于普通产品的产业。

从上文可知，英国和中国台湾在文化创意产业的“（11）设计品牌时尚产业”中对时尚创意产业的描述和定位最为肯定，阐释出了服装时尚创意产业的基本性质与特征。

在英国提出文化创意产业以及服装时尚创意产业的概念之前，法国早就制定了促进服装时尚创意产业发展的严格规则（详见本章第二节，三、法国的服装时尚创意产业对品牌建设的推动）。可见，服装时尚创意产业的概念最早发端于法国的时装制造业之中，其意为“时尚服装的制造者和销售者”，与英国“（11）设计品牌时尚产业：从事以设计师为品牌的服饰设计、顾问、制造与流通”的定位如出一辙。法国早年提出“服装时尚创意产业”这一概念后，随着产业范围的不断拓宽，产业体系的日益完善，现代服装时尚创意产业已经自服装行业延伸开来，涵盖了极其广泛的现代文化创意产业的多种领域。

时尚创意产业是文化创意产业中一支不可忽略的生力军，时尚创意产业脱胎于文化创意产业。时尚创意产业与文化创意产业一样，都属于知识密集型的、高附加值的产业，彰显着个人的创意智慧，具有民族文化时尚创意特质的企业品牌服装、设计师品牌服装是时尚创意产业的重要组成部分。

2. 中国时尚创意产业的发展状态与前景

20 世纪 90 年代末，在国际时尚创意产业的推动下，中国在落后的 OEM 代工生产的产业经济模式的基础上，开始了时尚创意产业的建设。目前，中国的香港、台湾地区，时尚创意产业正在以前所未有的速度迅速崛起。中国大陆起步较晚些，大约于21世纪初，北京、上海、深圳、成都等城市开始积极推动创意型产业的发展，建立了一批具有开创意义的创意产业基地。2008 年创意产业总量达到创历史纪录的 7600 亿元人民币。其中软件、汽车、动漫等时尚创意产业发展的势头最好，而服装时尚创意产业相对滞后。

在国际上的各种数据统计中，2009 年国际专利 WIPO 的数据与各国的时尚文化创意产业水平有一定关联。在 WIPO 收到的 15.59 万件国际专利申请中，来自美国的申请占总数的 29.37%、日本占 19.11%、德国占 10.71%、韩国占 5.17%、中国占 5.09%。这一数据从侧面表明，从世界各国的科学技术的发展与文化创意产业的水平来看，中国在世界上排名第五，只有美国申请总数的六分之一。中国古代在许多领域都领先于世界各国，而中国目前的排名与之极不相称，与中国在世界排名第二的经济实力的现实更不相称，由此反映出中国的科技与时尚文化创意产业的发展处于滞后状态，离其本质——“文化·创意·价值”——相去甚远。而“中投顾问”发布的《2011—2015 年中国文化产业投资分析及前景预测报告》表明，中国文化创意产业近五年发展较快，年均增长幅度在 16%—20% 左右，超过 GDP 增长幅度，这意味着具有东方古代文明创造传统、文化资源丰厚的中国，在科技与文化创意产业上具有极大的发展空间和美好的发展前景，在未来几年将步入文化产业发展的黄金时期。目前中国的文化创意产业领域中的种种迹象表明，服装时尚创意产业已经在“服装制造大国”的辉煌成就的基础上有了一定的发展，它同样具有极大的发展空间和美好的发展前景，具有创造高附加值服装品牌的潜力，具有推动建设服装品牌强国的潜力。

2011 北京国际设计周之前，北京市人民政府与中国恒天集团签订了“国家时尚创意中心——北京（宋庄）时尚创意产业园”项目战略合作框架协议，此项目将成为具有全球影响力的国家级时尚创意中心。它预示着中国服装时尚创意产业在未来将有飞跃性的发展，也预示着国家时尚创意中心作为中国时尚创意产业的代言人，与国际时尚创意产业之间已经开始建构对话平台。

三、时尚创意产业催生具有高附加值的服装品牌

诺贝尔经济学奖得主约瑟夫·尤金·斯蒂格利茨（Joseph E.Stiglize）曾说过，文化不仅是艺术、音乐、舞蹈和戏剧，而是整个的生活方式。文化创意通常要具备文化信息、知识智慧以及高新技术等基础，并有冲击陈规、逆反常规、挑战平庸和打破同质化的四个思维特征。服装文化、时尚创意同样具有这四个思维特征，其行为过程经历创意、创新、创造，是一种先后承接的、线性的过程——创意是起点，创新是过程，创造是结果。创意的核心是一种不平凡的、富有创见性的新奇思维方式，按照这种思维方式通过实践得来的成果称为原创、首创或独创作品。服装文化、时尚创意的发生和发展是人类服装文化发展的新的必然阶段。这种新的必然性的服装时尚创意，其根源主要在于服装已经成为消费者的个人价值的体现，成为人类整个生活方式中首要的视觉形象。当服装时尚创意产品引入

了民族文化、时尚创意、商标和包装，得到了知识产权的保护、现代媒体的传播、消费市场的认可，引领了潮流并不断改变人类生活，成为人类"生活方式"、"生活观念"的直接体现后，就会使创意行为自然而然地创造出可以得到高回报的产品。正因为如此，在国际上，任何品牌服装都与其创造者的国家、民族、区域文化以及城市文化整合成传统民族文化信息，以此为基础，将智慧及高新的科技材料紧密连接，进而以冲击陈规、逆反常规、挑战平庸和打破同质化四种思维方式来进行品牌运营，以期实现丰厚殷实的高额利润回报。

当今人类穿着服装不仅仅是为了满足物质生存的需要，更是追求对服装文化、对生活方式的体验，通过不同的着装我们可以体会到人们对所处时代的价值观念与审美情趣的态度，正如法国流行趋势设计师伊莎贝尔·芭露所说："服装掌握了展示穿衣人灵魂的权力。"服装作为文化的载体，从人类的文明初始，它就与文化密切结合，并通过传承与流变的过程，适应着人类社会的需求。可见，民族文化创意与艺术生产力原本就是服装产业固有的核心。郭沫若曾经说过"衣裳是文化的表征，衣裳是思想的形象"，服装是实用与审美的统一体，在具有使用价值的同时，也包含着艺术价值，世上没有价值连城的服装，但有价值连城的文化创意理念。这就是说对于服装文化、时尚创意的从业者来说，不仅要具备功用意识、创造意识，更重要的是要有思想功力、文化功力，并将之反映到服装文化、时尚创意中去。时尚创意要有内涵、有深度、有神韵、有境界，通过服装设计的艺术言语、形式来呈现现代人的文化精神和生活方式。时尚创意从业者要对服装产品的时尚创意内涵的所指与市场回应有准确的把握；对品牌核心文化有准确的阐释，时装表演发布有得体的广告和恰到好处的传媒宣传，能够准确营造购物环境的文化氛围，使消费者买到的是设计、理念和个性，是物质层面和精神层面的双重增值服务，并且能得到"文化情境"的心理享受。

可以说，服装文化与时尚创意的设计、生产、销售、服务等一系列的过程，是"文化情境"的创造过程。品牌的消费者们在消费的同时所体验到的由时尚创意产品的文化意境、内涵、个性、风格等特点所带来的是新的生活方式、生活观念体现，这恰恰充分说明了"衣裳是思想的形象"。由此，我们可以从更深的层面认识到，服装品牌的运营者和设计师获得了对其国家、民族、地区或城市文化的创意灵感之后，将灵感物化于品牌产品的外观、风格、品质上，附着于品牌生产经营和管理的层次与水平上，形成新的"文化情境"、"物质与精神"的创造。其本质就是体现服装品牌独特的文化精神与内涵，同时满足人类追崇新的时尚生活方式的需求。

从上述分析中我们可以得到一个清晰的思路，即服装时尚创意产业是国家、民族、地区或城市等传统民族文化与时代的艺术情境、人的智慧和创意，高新科技、材料与知识产权、时尚生活与市场所需共同造就的创新型的经济产物，是传统民族文化中的艺术资源得到再提升的物化表现。因此，服装时尚创意产业的精神与灵魂必然是“民族、时尚、创意”，而其外化的形象必然是“多元民族文化、时尚前沿创意、领先科技材质、多元品牌生态”。由此可见，服装时尚创意必然成为人类不断追崇的时尚生活方式，其中民族文化是时尚创意的前提和先导，时尚创意的产品一旦流行起来就会成为一种新的时尚、新的“市场与财富”。而服装时尚创意的终极目标是服装品牌建设，创造具有高附加值的品牌服装产品的核心是“文化·创意·价值”，而民族文化与服装时尚创意产业的发展过程或者说服装品牌建设的过程其实也就是锻造高附加值的服装品牌的过程。

中国现今的服装时尚创意产业，在经历 30 年“服装制造大国”历练的基础上有了初步的发展，未来的第二个 30 年将会是中国服装时尚创意产业真正腾飞的时段，因为时尚产业是在丰衣足食的基础上，人们寄托精神和对于理想的精神家园的向往的表现形式。在第二个 30 年里，随着中国市场经济运行机制的不断成熟，以及人们对于精神需求的逐步提升，中国的服装时尚创意产业的运行体制必然还会继续完善并施行专业细分。从这个意义上来说，中国的服装时尚创意产业现在才开始起步，中国的服装品牌强国建设也才刚刚开始，其前景之广阔和潜力之巨大都是难以估量的。我们可以肯定地认为，在未来的 30 年中，服装文化、时尚创意产业的发展，将会使中国进入世界服装品牌强国的行列。

第二节 服装品牌大国的时尚创意产业对品牌建设的推动

一、全球时尚创意产业发展状况概略

联合国贸易和发展大会创意产业部部长埃德娜在“2009 中国广州国际文化产业论坛”上提到:“21 世纪的最初 10 年，国际上文化创意产业与传统的服务及制造业相比，有了空前的增长，2003 年欧洲创意产业比欧盟整体经济增长速度高出 12.3%，解决了 560 万人的就业问题。从 2000 年到 2005 年，文化创意产业每年约有平均 8.7% 的增长率，全球每年从销售与知识产权收入中获得 4240 亿美元的财政收入。甚至有一些国家创意产业对 GDP 的贡献已经超过了 10%。”近年来，全球时尚文化创意产业发展迅猛，于 2011 年 11 月 10 日在中国国际展览中心（老馆）举办的“第六届中国北京国际文化创意产业博览会”的资料信息显示，2011

年，全世界文化创意产业每天创造的产值达220亿美元，并以5%左右的速度递增。美国、英国增长的速度最快，分别到达14%、12%。全球众多创意产品吸引了全世界消费者的眼球，掀起了一股巨大的创意经济浪潮。其中，软件、汽车、时装、动漫等创意产业发展的势头最好。

作为文化创意产业重头之一的服装时尚创意产业，其发展的历史、现状和前景是与文化创意产业的蓬勃状态一脉相承的。前文我们已就时尚创意产业带给服装品牌建设的高附加值做了论述，一个服装品牌强国的建设离不开时尚创意产业所潜藏的巨大的创意、生产和利润空间，“文化·创意·财富”在时尚创意产业中得到了最为直接的体现。

当今世界上的服装品牌强国通过时尚创意产业推动本国服装品牌建设的方式可谓各有千秋，我们将通过对英国、法国、意大利、美国、日本时尚创意产业的发展状况及其对于品牌建设的巨大推动作用逐一剖析，从中思考他们的经验与教训对于中国时尚创意产业推动品牌建设的启示。

二、英国的服装时尚创意产业对品牌建设的推动

1. 英国文化创意产业的优势地位

英国是全球文化创意产业最发达的国家。英国文化创意产业中的服装文化、时尚创意产业，在国际上已颇有声名。作为英国的第二大产业，时尚消费每年能给国家财政带来400亿英镑的巨额收入，这与英国在时装产业方面的教育规模、奢侈品营销管理专业的兴起以及教育投入是分不开的。在英国，一有每年两次的全球四大时装周之一的伦敦高级成衣时装周和每年两届的享誉于欧洲的伦敦国际女装展会；二有能与巴黎“女装之后”相抗衡的“男装之王”——保守的、长达200年历史的男装定制胜地萨维尔街（Savile Row）；三有先锋的、“最离经叛道”的伦敦时装周；四有世界顶级时尚教育、大牌设计师的摇篮——伦敦时装学院（London College of Fashion）、中央圣马丁艺术与设计学院（Central Saint Martins College of Art and Design）；五有国际时尚娇子——英国时尚坏男孩儿亚历山大·麦昆（Alexander McQueen）、英伦时装设计界的宠儿史黛拉·麦卡特尼（Stella McCartney）、无可救药的浪漫主义者约翰·加利亚诺（John Galliano）、美式帝政式风格主义者马修·威廉姆森（Matthew Williamson），并且还有着高密度的时尚创意产业园。

伦敦的创意产业仅次于金融业，创意产业人均产值远超全国平均水平，2000年伦敦创意产业人均产值为2500英镑左右，几乎是全国创意产业人均产值1300英镑的两倍。据《伦敦市长文化战略草案》的数据统计，伦敦的文化创意产业年产值估计为250亿—290亿英镑，从业人员达到52.5万人。2009年英国文化创

意产业年产值近600亿英镑，在英国的国民经济中占据着重要地位，每年能产生约810亿元人民币的利润，并解决140万人的就业问题，而伦敦创意设计产业的艺术基础设施则占英国总数的40%，拥有英国85%以上的时尚设计师、三分之一以上的时尚设计机构。据《经济日报》2011年11月5日报道，英国贸易投资署日前发布的《英国时装行业价值》报告称，时装行业对英国经济的直接贡献为210亿英镑，间接贡献为160亿英镑。如今英国服装时尚创意产业直接雇员已达81.6万人，是所有文化创意产业中雇员最多的行业，其产值在英国81个行业中排名第15位。伦敦是英国服装时尚创意产业最发达的地区，伦敦服装时尚创意产业的辉煌使之成为“世界时装之都”、“世界创意产业之都”。

在英国，政府是推动文化创意产业发展的重要力量，政府担负起营造一个适宜产业发展和企业公平竞争的外部环境的责任。自1997年7月在首相布莱尔的领导下成立了文化、媒体和体育部后，1998年，文化媒体部成立文化创意产业专门小组——创意产业特别工作组（Creative Industry Task Force），并由首相布莱尔担任主席。小组负责跟踪国际文化创意产业发展的最新趋势，出台《英国创意产业路径文件》以及对于创意产业的定义，规划英国文化创意产业的发展方向，制定能够吸引文化创意产业投资的税收优惠条款，实行三级管理体制，制定帮助创意产品和创意企业走向世界的国家整体营销方式和品牌战略，并且负责大力引进国际资本和创意企业共同发展英国文化创意产业。

在伦敦，随处可见由工厂改建或重新建造而成的创意园区，这些建筑的内部和外部在结构、功能划分上，考虑到了如何可以使人们便捷地使用园区内的各项设施，且使得建筑的各个部分都具有和谐美和感染力，营造出了对创意有利的良性生态环境。由此可以让文化时尚创意者的心绪在这里从低谷上扬至充满活力的状态，从而进入美和自信的良好的创意思维状态。

凡此种种别国无可比拟的条件，吸引了众多艺术人才在这里汇集，最前沿的艺术思想和最先锋的设计与艺术形式在这里产生。这些因素有力地促进了英国多元的时尚创意与服装品牌的发展。设计师凭借他们对时尚的智慧与天赋的灵感、精美制作的技巧，在多元文化艺术的背景下，以休闲的、轻松的独特韵味，给全球时装界带来了品位清新的、摩登的各类服装文化、时尚创意的成果。英国的服装时尚创意与设计完美地诠释了欧美服饰内涵及当今时尚的新趋向，也因此，它们为英国乃至国际的前卫、多元文化创意与时尚服装设计提供了肥沃的土壤和无限的灵感源泉，并影响着全球时装的发展。这一切，是伦敦成为“世界时装之都”和创意产业发源地的重要原因。

2. 多元服装时尚创意呈现争奇斗艳的态势

无论是在英国的伯明翰、曼城、纽卡斯尔等现代文化城市，或是在伦敦、爱丁堡、格拉斯哥等有着辉煌历史过往的老牌帝国文化城市的各个角落，我们都可以清晰地分辨出不同社会群体以及种族之间的差别。这些差别除了体现在他们的相貌和肤色以外，最明显的就是他们的着装。走在世界时尚之都——伦敦市中心的大街上，不同的人种与肤色让你眼花缭乱，在10分钟内就可以听到世界上大部分的主要语言，复杂而缤纷的多元文化使伦敦人的着装品位多元且别具风格。时尚时时都能折射出这个古老帝国的传统民族文化，及其在某些特别领域永恒的光辉。英国所倡导的文化创意、时装文化、时尚创意产业更是紧紧地体贴于日常的国民生活，人们自然而然地将时尚产品紧密地交融于生活的方式之中。

文化创意、时尚这样的字眼在英国这个发达、民主、自由的国度中，不同阶层和不同群体有着截然不同的定义，但在每个人的心目中却有着相同的地位。比如，日本在东西服饰文化交融中形成了日本现代服饰文化，并以十分强烈的文化输出心态将日本现代流行时尚“反侵略”到西方，而英国却在从容吸纳了包括日本服饰文化在内的全球多元文化后仍不失英伦文化本色。又如，随意走在英国各大城市的商业街上，人流中处处可见颓废、混乱、邋遢、猥亵的略带一点怀旧感的青年着装风格形象，他们几乎都喜欢在棒球帽上扎头巾，在英国，这是被称为CHAV的亚文化群体的服饰时尚创意。虽然在维基百科的解释中“CHAV”一词是指那些没有受过太多教育、没有文化、酗酒、暴力和有早孕倾向的下层青少年或中青年典型，是一个带有贬义色彩的俚语。但是，从现实的CHAV来看，他们身着时髦的、强调英国高贵传统的服饰，像是极具英国传统风格的英伦格子装，头戴棒球帽，佩戴着各种珠宝首饰，诸如耳环、项链、戒指和手镯，脚穿白色软面运动鞋，有些女性穿着盖不住大腿的短裙，暴露出松弛的腹部，这一类着装审美风范释放出“我颓故我在”的自信风貌，使他们成为酷感十足的时尚潮流形象代表。可以说英国多元的着装群体，都是一个个对某一时尚、某一风格的专一追求群体，他们展现的是由一种独特的文化及时尚创意所带来的人性化的生活方式。

英国当今的活跃多元的服装时尚创意，完全得益于西方的国家能够在政治生活、经济交往、宗教文化等各个方面都给予老百姓与设计师一样的自由度。可以是撕心裂肺的摇滚风与欧美的大牌风范相结合，可以将复古与时尚集于一身，更可以有金属质感与文化碰撞的震撼，甚至是表现出玩世不恭及具有颠覆性的桀骜气质。无论哪种文化创意所呈现的服装造型都具有自信张扬、标新立异、决不盲从、乐于塑造鲜明的自我形象的特点。服饰言语丰富多彩：令人吃惊的非自然染色的短发有时是非常暗淡的黄色，有时也有红色、绿色、橙色或淡紫色；有雀斑的苍白面孔上涂着乌黑的眼影和厚厚的唇膏。衣着上有时尚流行色，也有永远最受欢迎的红、黑、白色。有用金属钮扣和显得多余的拉链装饰的牛仔裤，带着粗俗字眼的T恤……有为了将暗淡、不健康的、有擦伤与抓痕的皮肤暴露出来而故意撕破的衣服，也有弄脏的带着特大号安全别针的衣服，并携带着所爱的狗等宠物，以及夸张的饰物，甚至把自行车的链条绕在脖子上或拴在腿上。琳琅满目的服饰更是无所不有。服饰文化创意之源可以是传统文化中的音乐、文学、绘画、服饰、艺术设计，也可以是社会领域中的新奇事物等。在英国的服装时尚创意品类中，有现代服饰、宗教服饰以及传统民族服饰，还有与印度、巴基斯坦、非洲等各民族文化融合而来的服饰等，使得英国的各民族、不同喜好的着装人群都享有了通过服装表现自我的自由。

3. 老资历贵族奢侈品牌的时尚创意

除了上述百花齐放、争奇斗艳的服装时尚创意之外，许多极具英国皇家传统风范，或贵族气度十足、或英伦文化气息浓厚的老资历贵族奢侈品牌，如“巴宝莉”、“V&Z”、“MANHARD”等，也都随着时代的进程在继承传统的基础上展开了多层次的文化创意，开发多层次的产品系列以满足不同时代、不同年龄和性别的消费者的需求。

例如，我们从第二章的《“想象”、“圆融、贴切的妙喻”与“同情的模仿”成就无限的创造》，介绍的“巴宝莉”创意史例中已知“巴宝莉”创办于 1856 年，起先是英国皇室御用品。早期的猎装和钓鱼装必须要有理想的防风雨效果，在能承受相当大的风雨的同时，又要有良好的透气性，“巴宝莉”在服装创意上满足了这一服用性能的要求，营造了良好的服装人体环境。面对汽车时代的来临，“巴宝莉”及时调整自身与之相适应，马上通过创新推出适合不同驾驶所需的时尚男装、女装。不同时代的“巴宝莉”都能满足不同人群的品味和风格。“巴宝莉”设计的源动力便是通过服装时尚创意、创新满足顾客对品味的要求和对时尚风格的追崇。目前广泛应用在“巴宝莉”设计上的“传统英格兰格子”以及“新豪斯格”已受到英国商标管理局的登记保护。

现今“巴宝莉”公司采用了零售、批发和授权许可等销售方式，使其知名度享誉全球。文化创意与时尚创新造就了奢华、永恒经典的“巴宝莉”，“2012 春夏男装发布”上男模头顶上那可爱的编织帽，宣告了一场文化创意、时尚创新的视觉飨宴的开始，T 台上的大衣、针织服、衬衫以及包包上，都装饰有醒目的传统民族图案或几何图形，挥洒的色彩和奔放的设计创意恣意横行于人们的视觉感官中，“巴宝莉”的时尚创意演绎出别具一格的、清新的、柔美的英伦风情（见图 3-2-1）。如今，这个吸收着大不列颠联合王国的服装文化、时尚创意的养分成长起来的“巴宝莉”，以典型传统英国风格品牌的面貌在世界上家喻户晓，它似乎已经成为大不列颠联合王国的服装文化、时尚创意的守护神。

又如，体现着维多利亚女王时代思潮的“V&Z”品牌，在创意、创新中演绎了关于维多利亚的品牌故事。维多利亚女王 1819 年生于伦敦，1837 年继位成为英国女王，到 19 世纪末，她被誉为“欧洲的祖母”，并成为英国历史上最为杰出、

图 3-2-1 “巴宝莉”品牌服装时尚创意设计

统治时间最长的女王。她统治英国期间，通过卓越的治理方针使得英国在经济发展、社会稳定、征服世界和聚敛财富方面成为世界首屈一指的国度，并使英国的版图扩展到全球范围，这也正是英国“日不落帝国”称谓的由来。在维多利亚统治时期，因为女王的偏好，“V&Z”形成了华丽又含蓄柔美的品牌服饰风格，这种服饰风格的特点是：大量运用蕾丝、细纱、荷叶边、缎带、蝴蝶结、多层次的蛋糕裙裁剪、褶皱、抽褶等元素，以及立领、高腰、公主袖、羊腿袖等款式演绎着高贵、华丽而又不失柔媚的女性风情。1901 年 1 月 22 日，维多利亚女王去世，但“V&Z”品牌服饰风格仍然延续至现在，塑造着当代具有良好品位和文化修养的都市女性形象。近年来在全球化风潮下，“V&Z”品牌在保持传统经典的英国风格的基础上，吸收了韩国特有的民族风情，并严谨地融合了东方神秘文化，在始终保持着简洁、飘逸和个性的基础上，更彰显了实用、自信和创造的精神，品牌更是充分展现了现代气息和古老文明融合之后的新风采（见图 3-2-2）。

图 3-2-2 “V&Z”女装时尚创意设计

再如，起源于 1903 年的“MANHARD”男装品牌秉承了英国经典、内敛、含蓄的民族文化，代表着英国绅士的优秀传统品质。其创始人 Jachen Sanzio 原是意大利著名画家拉斐尔·桑蒂（Raphael Sanzio）的后裔，在意大利 18 世纪政治动荡的时期，他未能顺利延续他的绘画理想，一直徘徊在欧洲各国，在经历过多重的坎坷后，出于维持生计的需要，1903 年 Jachen Sanzio 将绘画中神学、哲学、诗学的艺术风格延伸到服装的设计中，并在欧洲开了第一间叫作“MANHARD”的裁缝作坊店，寓意做一个坚强不屈、自强不息的男人。从此，他的艺术天才在服装设计领域得以施展，“MANHARD”品牌 100 多年的传奇历史由此开始。“MANHARD”品牌服装以千变万化的线条和格子结构，构建出经典、商旅、文雅的格调，深受英国皇室贵族的喜爱。如今“MANHARD”又将现代绘画的思维加以拓宽，在设计作品中融入了虚拟的星空、海洋、建筑、动植物等形构元素，成为现代经典商旅休闲男装的代名词（见图 3-2-3）。

图 3-2-3 “MANHARD” 时尚创意设计作品

三、法国的服装时尚创意产业对品牌建设的推动

1. 政府对服装时尚创意的保护

法国巴黎是“世界时装之都”、“服装中心的中心”。一直以来，法国服装时尚创意产业的发展，都是以文化创意产业的思路来构建的，从高级时装的风靡到高级成衣的辉煌再到辉煌至今的众多世界级品牌，无一不源于独特的时尚创意理念并渗透着深刻的时尚创意内涵。早在国际上提出服装文化、时尚创意产业的概念与定义之前，法国实质上已经存在服装时尚创意产业，并且是法国的主要经济来源之一。早在 1943 年，法国政府就通过法律规定，缝纫业者的作品享有与艺术、文学作品同等的荣誉。1952 年，法国明确制定规章，时装设计师的创作作为一种艺术创作，享受文艺著作权的保护，并在 1965 年成立了时装业工会来确保时装创作的专利权。1973 年“法国高级时装公会”成立，将高级成衣设计师与高级时装设计师并列。高级时装公会可以选择巴黎市中心享有盛名的场地，如卢浮宫的方形庭院、拿破仑庭院、杜伊乐丽花园、卢浮宫卡鲁塞尔艺术廊等场所举办发布会，并获准在凡尔赛宫展出服饰作品，同时也享受法国电视台的优先放映权。

此外，他们还享有香水专利等方面的特权，这些举措对于促进法国的时装工业、服装品牌的建设与发展具有举足轻重的作用。

在国际上，法国首创将高级时装的名称置于法律保护之下，并按照服装产品的档次将服装品牌分成三类：高级时装、高级成衣、成衣，进行有序管理，这种做法为全世界所效仿。高级时装的名称受到法律保护，并有严格的行业规定，不能任意采用，如要采用其名称首先必须向法国工业部下属的高级女装协会申请，并符合如下条件：（1）在巴黎设有工作室；（2）参加高级时装协会在1月和7月举办的每年两次的女装展示；（3）每季每次展示至少要有65套以上由首席设计师完成的新装；（4）常年雇用三个以上的专职模特；（5）至少雇用20名工人；（6）每款都须量身定做，且基本上由手工缝制完成。高级时装不是终身制，须每年申报两次，审查不合格者即取消资格。法国工业部特设专门委员会每年以法令的方式颁布被批准进入高级时装的品牌，其他未被批准进入的品牌不能擅自使用高级时装的名称，违反者一经查处将受到严厉惩罚。高级时装实际就是高端品牌中的精品，工艺精细，设计含量高，相应的成本也高得惊人。如今，只有20家左右的品牌有此荣耀。

法国以国家法令的方式最大限度地保护了服装文化、时尚创意产业的权益，从而产生了“香奈尔”、“梦特娇”(Montagut)、“迪奥”、“纪梵希”等许多国际著名的服装品牌，以及才智横溢的约翰•加利亚诺等国际一流的设计大师。这种方式还最大限度地保障了法国的国际高端品牌、时尚艺术精品可以在市场的有序竞争中获取高额利润的回报和较大的生存空间。

2. 健全的服装时尚创意传播机制

法国有健全的时尚创意传播机制。很早以前巴黎首创并采用了时装表演与发布会的方式，更加全面透彻地宣传品牌理念，同时这也是他们通过服装时尚创意对服装品牌所采取的独有的广告宣传、促销手段。这种手段是由广告人、设计师围绕一个共同的文化理念，来塑造时尚创意品牌，是品牌设计理念的先行发布和深度诉说的一种完美策划。时装的表演与发布会除了向消费者展示品牌的功能性、外观性的示范效果之外，还真切地展示了品牌的文化、时尚创意理念、内涵，以及品牌的核心文化、创造性与前卫性，同时也以其他广告宣传手段来加强品牌的商业吸引力。法国时装表演和发布会每每都会以宏大的规模、强大的宣传，在国际上建构权威的时尚话语权。法国每年不仅要举办约上百场高级女装表演，以及约30场高级时装表演和30场高级男装发布会，还要举办20多个规模宏大、专业性强、国际化程度高、服务质量好、宣传力度大的服装科技及面料等专业展览会。这些专业展览会也成为法国服装文化、时尚创意理念传播的一个重要方式。这些展览会中最著名的有巴黎“WHO’S NEXT”设计师品牌展，“法国纱线博览会”、

“国际面料展”、“国际内衣展”、“里昂沙滩内衣展”、“国际内衣饰品展”、“国际时装及便装展”、“成衣面料、运动装面料以及儿童服装面料展”，还有全球享有盛名的每年两度的巴黎“第一视觉（Première Vision）布料展”（简称为“PV”），这个几乎是全球最大规模的高新布料展览会，集中展示下一年度的最新面料及其流行趋势，以及色彩流行趋势。每年在法国的时装发布会与展会期间，世界各地的顶级服装设计大师、制衣商、零售商或专业买家都会蜂拥而至，以一睹各类创新的布料款式和高科技质料以及最新的服装时尚流行趋势为快，这些活动为法国乃至国际服装文化、时尚创意的交流和发展提供了一个非常好的平台。在这个平台上老牌设计师可以获得新的灵感，新锐设计师则可以从中展开奇思妙想，这也使法国巴黎的服装文化、时尚创意产业蓬勃发展，享誉世界，进而自然而然地成为领导世界时尚潮流的时尚之都。

3. 政府对服装时尚创意产业的扶植

法国巴黎作为国际时装之都，领导现代世界时装潮流历时之久远，是其他地区无法企及的。这得益于其崇尚文化艺术的良好社会氛围，更得益于历代政府一以贯之的大力支持。法国自路易十四时期起，对服装时尚创意就有潜在的提倡，使高档女装得以在巴黎起步。而拿破仑则开创性地把时装引入军队，“拿破仑军装”至今仍享有盛誉。法国记者皮埃尔·伊夫基朗创设的高级手工时装创新大奖，已经成为巴黎时装界的最高荣誉奖，即世界上最著名的时装奖——“金顶针奖”，不仅鼓励法国时装的发展，对国际时装界也产生了重大的影响。世界上最早的时装设计学校巴黎ESMOD高等国际时装设计学院同样对法国的时尚创意产业起到积极的推动作用。特别是20世纪80年代，弗朗索瓦·密特朗（François Mitterrand）接任法国总统后，在爱丽舍宫接见了巴黎时尚界的几位主要奠基人，这对于巴黎的设计师而言是极大的国家级礼遇，密特朗总统还对被接见的设计师这样说道：“忽略时尚，一个国家就毫无风格可言。”我们从中可以看出，开明的密特朗总统把时尚看作法国的重要文化资源；看作这个时尚国家向世界灌输新文明、推动新的时代消费理念的举措，对全球的时尚创意者是莫大的鼓励。密特朗总统还亲自主持过卢浮宫内时装博物馆的开幕典礼。近年来，法国政府为了应对欧美各发达国家服装时尚创意产业迅速发展，而有可能影响其世界时装霸主的形势，花巨资赞助服装业，一方面大力宣传，帮助国内的设计大师在国际上获得声誉；另一方面组织规模空前庞大的巴黎时装节，邀请世界各国的时装设计师来巴黎展示他们设计的服装。对于法国和法国的品牌建设者来说，时装不仅仅是标志着文化艺术发展的艺术作品，甚至已经成为一个国家的文化、时尚艺术的标志。

“梦特娇亮丝”(FilLumiere)面料的悠久历史和以时尚创意设计而闻名的品牌——“梦特娇”，就源于法国政府长期以来对服装产业的一贯支持政策。早在16

世纪，法国国王就非常重视丝绸的生产，决定在蒙特谷省的圣索沃尔山区（Saint Sauveur De ontagut）试养蚕桑，生产丝绸。随后梦特娇业主的先祖格斯顿·汀兰德先生（Gaston Tinland）于1880年成立了第一间丝线工厂，此后这项事业世代相传。而如今的“梦特娇”亮丝面料通过现代科技与文化创意、创新，有了新的发展，形成与众不同的“梦特娇”服装独有的特点。首先，现代“梦特娇”亮丝面料的纱织构造，要经过100多道精湛复杂的制作工艺，之后，再绣上富有现代文化创意的“梦特娇”花形图案才算完成。当今法国的服装时尚品牌建设者们把“梦特娇”当作国家的文化、时尚的形象象征；为完全保障“梦特娇”品牌服装的卓越品质，从制作到后期的染色和整理定型等所有的工艺，必须由法国“梦特娇”工厂内1000多名技术特别熟练的工人，按传统的制作方法来完成，以使“梦特娇”亮丝面料制作的成衣穿着起来更加舒服、清爽、亮泽、柔顺，保证品牌的高级品质与无以替代的、科技与文化创意、创新的价值。由于“梦特娇”有着悠久的历史文化底蕴并具备了现代时尚性，因此深受各国顾客的钟爱，成为人们心目中珍贵、优雅和高品位的象征，这正是服装品牌的魅力源泉之所在（见图3-2-4）。

图3-2-4 “梦特娇”及其“亮丝”的时尚创意设计

4. 培养创新人才确保世界时尚创意中心地位

法国巴黎是世界上满足人们对感性需要和感官愉悦需求的中心，巴黎市民对时尚生活方式的需求就如同他们的日常生活需要柴米油盐一样。法国巴黎历史上长期稳定的政治、经济、文化条件，造就了巴黎的世界性魅力，使其成为欧洲乃至世界的“经济之都”、“浪漫之都”、“服饰之都”、“艺术之都”、“设计之都”、“时尚之都”。巴黎当之无愧地成为世界上最重要的“时尚之都”，与法国政府根据巴黎的特点，将时尚文化创意产业定位为巴黎经济发展的重要方向分不开。如今，以巴黎为主的整个法国GDP的30%都来自与时尚和奢侈品相关的行业，使巴黎成为全世界当之无愧的“时尚航母”之一。法国人是国际上将“时尚进行到底”的表率，时尚已经渗透在了他们的服饰、娱乐、体育甚至是思想方法、行为规范、语言规范等日常行为方式之中。同时，法国在服装文化、时尚创意产业的发展过程中，十分重视服装设计教育体制的建设与人才培养，力求不断地为服装时尚创意产业提供创意人才。法国的纺织服装时尚创意产业之所以能够在世界上独树一帜，除了上述因素外，不能不说是得益于服装产业、品牌设计、流行发布、科学严谨的服装加工技术以及时尚、前卫的教育体制。法国的巴黎时装学院、法国高级时装公会学校、巴黎ESMOD高等国际时装设计学院等都是设计师的摇篮。法国的服装教育系统中，有以成衣设计为主的，培养适应服装企业所需要的设计制版和工艺制作人才的服装设计学校；有以高级时装设计为主的，着重培养学生的创意设计思维，并且重视超前意识、创新理念的培养，发扬了法国高级时装教育特色的服装院校；还有以服装经营和管理为主的，培养具有开拓精神的现代型服装企业的经营和管理人才的服装院校。法国先进的服装教育体系有着明确的办学方针，各校、各院系的专业针对性强，教学内容根据专业的不同需求而各有特色；在注重传统、不断继承、强调创意的教育模式中培养出来的各式人才，在人力资源方面全面满足了巩固法国作为世界服装文化、时尚创意产业中心地位的需要。

四、意大利的服装时尚创意产业对品牌建设的推动

1. 从时装加工厂到服装品牌强国的蜕变

在法国高级时装的鼎盛时期，意大利的服装文化、时尚创意产业是法国的陪衬，是法国时装的加工厂。尽管早在20世纪初，意大利的“古琦”和“菲拉格慕”（Ferragamo）（见图3-2-5），就已经在其国内时尚圈声名鹊起，但在国际上却默默无闻。从20世纪60年代开始，意大利政府加强了对服装文化、时尚创意产业的扶持。其时意大利发达的工业体系及产业组织模式对服装文化、时尚创意

图3-2-5 “古琦”、“菲拉格慕”时尚创意设计作品

产业的发展起到了十分重要的促进作用。1962年，在意大利时装工业局的支持下，意大利设计师效仿巴黎成立了自己的时装协会。1975年米兰举办第一届高级成衣发布会，其时，“瓦伦蒂诺”(Valentino)、“范思哲”、“阿玛尼”等品牌的著名设计师们以蕴含着传统文化底蕴、体现意大利经历长期复杂的历史积累下来的浓厚艺术氛围并融入时尚流行元素的独特设计，再加之先进的制作工艺，展现了各自品牌优雅精致的设计风格，让时装界刮目相看，米兰也由此真正成为世界的时尚中心。以往在国际上默默无闻的“古琦”从制造皮具发展到设计、生产高档、豪华、性感的高级时装，一下子成了整个欧洲最令人向往的品牌。意大利凭借上述种种条件登上了世界服装文化、时尚创意产业的舞台。20世纪末，时装产业经过20多年的飞速发展，意大利后来居上，一度超越了法国的领先地位，由此，也掌握了国际时尚话语权。

意大利服装文化、时尚创意产业崛起的根本原因之一与法国一样，源自于意大利民族文化创意理念的实现以及政府的重视。不同的是，意大利发达的工业体系及产业组织模式使其更加能够从商业化的角度为服装文化、时尚创意产业提供得天独厚的优良发展环境。此外，意大利产业集群的发展开始进行专业化分工和整个行业的高度整合，并且把服装产业集群作为服装文化和时尚创意的产业基础，此举为服装产业注入了新的活力，并大大提升了产业的协作能力和创意能力。意大利产业集群的优势为意大利服装的文化创意提供了丰富的人力资本和物质资本，使得意大利产业转型获得了成功，成为服装品牌强国，米兰也由此成为“世界时装之都”、“时尚之都”。

2. 政府重视产业集群的发展与设计师的培养

意大利产业的集群主要有三种形式：一是以普拉多地区的毛纺业为代表，以传统人文环境为基础聚集而成的产业集群；二是以“小企业、大协作，小产品、大市场，小集群、大协作”著称的，由中小企业聚集而成的产业集群；三是以国家的经济政策带动，政府投资建设而成的产业集群。20世纪初的“工艺美术运动”为整个欧洲打通了工业与艺术之间的沟通渠道之后，意大利在传统手工制造方面，显现出了意大利人强烈的个人气质，因而其产品表现出了多元性和艺术性。迥异于其他国家的作坊式家族生产模式，使意大利有着悠久的经商传统的优势得以发挥，也正因为如此，意大利服装的商业运作在信息越来越发达的现代经济中呈现出了令人望尘莫及的灵活性，同时也为其时装行业积蓄了充足的市场经验。意大利政府十分重视传统手工制造，重视推动中小企业产业集群的发展，并通过立法给它们以极大的支持、鼓励与保护；通过法案推动企业、产业区和地方机构之间建立战略合作，规范了地方开发投资的实施办法。1979年，意大利政府通过举办“米兰时装展”的契机，将服装时尚创意产业整体迁移到米兰，使米兰构建了良好的时尚产业结构和极具竞争力的集群效应。意大利政府的此项策略，使米兰迅速成为高级成衣的发源地、世界一流的面料制造基地、国际时装设计和贸易的重要城市。不仅如此，意大利政府非常重视对于服装设计师的培养，从设计师选择设计专业开始，政府就大力支持，并为他们提供许多到纺织服装大企业实习的机会。对新秀设计师，政府通过设计基金会和举办发布会等方式给他们提供一些实质支持。由此，意大利的年轻设计师们思维活跃，他们举办的发布会和设计的作品也深受市场的喜爱。大量年轻设计师的崛起，让老牌设计师感觉到压力，他们不得不经常推陈出新以确保自己在意大利时尚界的地位，这使得意大利的时尚界、时尚创意产业比法国显得更具朝气和活力，也使意大利对于消费者不断变化的服装时尚创意消费具有更强的适应能力。

3. 意大利服装时尚创意产业的优势积累

意大利的纺织工业自身已经十分完备，但为了紧跟现代技术更新的脚步，仍不断派出人员以访问、学习的方式引进国外先进技术，并将学习所得迅速应用到实践当中。因此，意大利有最先进的纺织机械、现代弹性制造技术以及印染技术，能够生产一流的传统服装面料，并且是世界上最大的印染丝绸及色织丝绸的生产国和出口国；意大利虽有曾经长期作为服装加工基地所积累的板型、工艺独到的纺织面料制造技艺的优势，但依然不断地追求工艺、板型的创新，并适时将服装时尚创意中出现的时髦设计和样式结合到服装面料制作之中。不仅如此，意大利服装设计师也十分重视将独特的文化创意与立体构成的裁剪原理、精致的做工相结合，从而锻造出炉火纯青的意大利服装板型与品质，使之能完美地诠释服装的艺术境界与文化底蕴。

在意大利服装文化、时尚创意产业中，关键的一点是：在注重传承与表现服装的优雅品位、个性化民族气质传统的同时，也广泛吸纳来自世界各地的风格潮流，并通过标新立异的文化创意来展现热爱自然、拥抱生活的自由奔放的设计风格。他们的设计理念引领了自由便捷、高雅时尚、欢娱休闲等各种风潮，为世界时装界增添了缤纷绚丽的色彩，把现代审美情趣和生活方式表现得淋漓尽致。意大利服装设计师们对文化创意本质的洞察力和感受力、对立体裁剪与板型的精美追求、对高科技面料与设计配合的效果恰到好处的运用、对制作设备的高端要求、对工艺效果的精湛雕凿、对市场敏锐的嗅觉以及各种天赐的机缘巧合，是意大利服装业崛起、走向时装大国的关键。同时，意大利生产的服装品牌具有很高的创意技术含量，极具精巧性和可穿性，使之与消费者产生了亲和力，获得了服装价格之外的经济附加值，这就使意大利服装在国际竞争中处于上风，同时也在无形中推动了服装时尚产业的发展与服装品牌大国的建设。另外，当今意大利拥有全球三分之一的时装设计大师，他们的“阿玛尼”、“范思哲”、“瓦伦蒂诺”、“杜嘉班纳”（Dolce&Gabbana）、“图萨迪”（Trussadi）、“普拉达”（Prada）、“莫斯奇诺”（Moschino）等国际一线时尚品牌，开始慢慢吸引原来钟情于法国品牌的顾客，这就使得意大利的时尚帝国之梦逐渐成为现实（见图 3-2-6）。

图 3-2-6 自左至右依次为“普拉达”、“莫斯奇诺”、“杜嘉班纳”、“阿玛尼”、“瓦伦蒂诺”的时尚创意设计作品

4. 创新的商业模式为时尚创意产业保驾护航

意大利服装产业的品牌经营理念和独特的销售模式，为服装时尚创意的传播提供了良好的基础。意大利服装品牌的营销网络巨大，而其服装品牌市场营销的运作方式，主要是以文化创意作为品牌拓展和传播的核心，将文化创意作为一种消费理念渗透到消费者的消费观念之中，以直销和品牌特许经营为销售模式。意大利的米兰时装周对世界服装的发展起着影响和引导作用，是世界时装设计和消费潮流的“晴雨表”。

意大利善于通过文化创意营建其时尚王国的地位。例如在 20 世纪 80 年代，精明的意大利人就策略性地创造出了“超级名模”这一全新概念，巧妙地掩盖了其时他们的奢侈消费品整体衰退的现实，使其时装业的魅力光环在国际上持久耀眼。在历届的米兰时装周上都聚集着众多时尚界的顶尖人物、上千位专业买手、来自世界各地的专业媒体，以及来自世界各地有着各种风格潮流的精华文化元素的时尚设计。米兰时装周所带来的服装文化、时尚创意的世界性的传播，使意大利在传统商业模式的基础上拓展了服装品牌的市场，使服装品牌的“文化·创意·价值”提升到一个新的高度。

五、美国的服装时尚创意产业对品牌建设的推动

1. 美国服装时尚创意产业的文化立足点

第二次世界大战后，美国成衣产业中的众多休闲装品牌成为服装多元化、国际化的象征，占据了世界服装的显要地位，使美国成为世界时尚的另一个中心。

美国成为世界时尚中心的立足点的原因之一是，美国社会的独立、民主与文化开放造就了美国人的自由、奔放，精神的阳刚、独立，性格的大方、豪放，此外，美国人富足休闲、追崇时尚的生活方式，开放的多民族文化心理和处世价值观念共同形成美国多元化、国际化的文化特点。

美国作为世界时尚中心的立足点的原因之二是，优秀的设计师把美国社会的独立、民主与文化开放的特性，也就是由于美国多民族交融所带来的开放的文化情怀、多元的生活方式、豪放的民族性格以及乐于吸纳国际文化的广博胸怀，淋漓尽致地体现于服装时尚创意产业之中。

2. 独特的时装设计和商业经营理念

20 世纪 80 年代，美国人用广博的胸怀、独特的商业眼光观察国际服装市场的特性，他们认为美式风格的本质具有国际化的特征，因此其他国家的人也都会对反映这种特征的美式服装设计风格做出回应。基于国际化都市人的生活环境、生活方式， 美国设计师感悟到同质化的城市生活方式需要用异质文化创意来调节，于是他们运用与法国传统时装设计理念和营销大为不同的方式，以大规模的广告宣传带标签性的、露骨的性刺激服装设计，市场重点向低龄化人群倾斜。这种方式成为他们屡试不爽的抢占市场的手段之一。“卡尔文·克莱恩”（Calvin Klein）（见图 3-2-7），就是其中的主要代表。美国各种基于传统与创新的，灵活、独特的商业经营理念横扫了国际时装界，“衣”统天下，攻陷了全球服装市场。

图 3-2-7 “卡尔文·克莱恩”的时尚创意设计作品

3. 美国特色的服装时尚创意

在美国纽约，每年都有两次与伦敦、巴黎、米兰时装周并称为世界四大时装周的“纽约高级成衣时装周”，也与其他时装周一样吸引着全球服装界的目光。而纽约时装业的快速崛起，一定程度上得益于对时装教育的高度重视，纽约市目前就拥有FTI（纽约时装学院）等8所专业院校，并且因为拥有“卡尔文·克莱恩”、“古斯”(Guess)、“BCBG”、“拉夫·劳伦”(Ralph Lauren)、“唐娜·凯伦”(Donna Karan)等国际著名品牌，而被列为“世界时装之都”、“世界时尚之都”。

美国服装时尚创意的关键在于美国是一个多民族的、民主自由的国家，是世界的经济、文化中心，并且拥有众多的哲学和艺术流派，特别是美国独立、自由、民主的立国理念，使其尤为重视国家、民族、区域文化的自由发展与创造，同时对外来文化也具备很强的吸纳力，这些因素对于美国服装业的发展具有决定性的影响。在这个背景下，以节奏日益加快的现代生活方式为前提，将重视个性、强调质量、考虑功能、兼具舒适作为服装文化、时尚创意的出发点，这使美国的服装设计有着大众化、平民化的特点。品牌、价格多元，同时讲究机能，极具活力，经久耐穿。由于具备上述这些特点，使纽约时装大量行销世界各地，遍及各阶层，开辟了美国成衣生产的新纪元，也使其成为国际时装中心。例如美国著名的休闲男装品牌J&C的服装时尚创意的主旨便是以现代都市的生活方式为背景，以休闲的美国生活情趣为内涵，以时尚潮流为特色；J&C产品风格把美国人的自由奔放、简约完美融合在一起，倡导了一种美式的生活态度，演绎着简约而又时尚的都市风情，在分明的潮流中影响着国际时尚的风向。而唐美·希绯格（Tommy Hilfiger）则是个性而不张扬，简单却不平凡，被视为理想美国人的外表写照。美国好莱坞每年都要从唐美·希绯格公司团购至少400万美金的衣服作为演员拍电影时所穿的服装。“唐美·希绯格”更是曾经一度打入欧洲皇室，成为年轻贵族酷爱的品牌。“拉夫·劳伦”将20世纪初长达40年的英美上层社会生活、荒野的西部、旧时的电影、30年代的棒球运动员以及旧时富豪的生活情境作为服装文化、时尚创意的本源，“拉夫·劳伦”这种将古典品位融入现代生活方式的设计哲学贯穿在各类设计产品之中，堪称美国服装文化的代表，并因此享誉国际。“古斯”最初以紧身的“梦露式”的女性牛仔裤单品起家，后来主张自由和冒险精神，同时也宣扬好奇、热情、性感的传递，成为纯粹的美国风格的代表。如今“古斯”在传承最初由牛仔服装的风格基调——西部的冒险与粗犷的风韵、质感舒适、自然的格调的同时，吸纳现代流行元素，逐渐朝着贴身、性感、简约的都市风格演变。“古斯”也由此受到经常出入社交场合和喜爱表现个人品位人士的喜爱，成为美国更高质感的设计师品牌。

此外还有“布克兄弟”(Brooks Brothers)、“马克·雅各布斯”(Marc Jacobs)、“唐可娜儿”(DKNY)、“唐娜·凯伦”、“诺蒂卡”(Nautica)、“BCBG”等许多著名品牌，同样把美国社会的独立、民主，人的自由、奔放，精神的阳刚、独立，性格的大方、豪放，以及现代人休闲、时尚的生活方式，开放的文化情怀和处世价值观念等，当作构成的美国文化的特性，作为服装文化、时尚创意的基点，进行自己品牌的特色定位。与上述许多美国著名品牌一样在国际上大展身手、名利双收（见图 3-2-8）。

图 3-2-8 “唐可娜儿”、“古斯”、“马克·雅各布斯”的时尚创意设计作品

美国的牛仔类品牌，更是以强大的让人着迷的美国西部文化为灵魂，融入了美国人独立、阳刚、开拓、进取的精神，并吸收了现代国际都市同质化的文化特性，将服装时尚创意在品牌上表现得淋漓尽致，使其牛仔类品牌至今仍风靡全美，遍布全球，“蓝色牛仔”成为无性别和无年龄差别的时尚象征。

六、日本的服装时尚创意产业对品牌建设的推动

1. 专业化模式成为日本服装产业走向国际的助力

20 世纪 60 年代至 80 年代，第二次世界大战后的日本现代服装设计迅速崛起，在世界时装界完成破冰之旅，且声名渐涨。20 世纪 80 年代，以三宅一生、山本耀司、川久保玲（Rei Kawakubo）为代表，日本设计师在强大的西方服装时尚创意体系中，掀起了日本服装时尚创意设计新浪潮，并以独具东方风格的魅力奠定了日本服饰在国际时尚设计中的地位。

日本现代服装设计在第二次世界大战后的崛起有赖于其服装产业高度专业化的优势。第二次世界大战前的 1927—1940 年，日本只有草帽缝纫机、家用缝纫机、工业缝纫机；大约在第二次世界大战后的 1940—1960 年，日本的民族工业迅速崛起，缝纫机械进入产品多样化的阶段，开始生产锁眼机、钉扣机、之字型装饰缝纫机、编织机等；1960—1980 年升级为机电一体化阶段，生产高速平缝机、包缝机、自动切线高速机；1980—1988 年为跨入软件开发阶段，推出程控绣花机、电脑平缝机、自动对格平缝机、多功能电脑家用机等；1989 年以后转入技术集成发展阶段；现在已经进入到生产国际领先的“高速无供油机头包缝

机”、“高速电子套结机”等各种不同功能的产品阶段。日本的服装时尚创意产业升级，在某种程度上来说是依靠在世界服装界有着较大的影响和较高的声誉的日本缝纫机械工业的快速升级。例如20世纪80年代末，日本依靠文化创意设计与领先的现代缝纫机械，以超小型高度专业的运作方式，各自从事某项产品的专门加工。这一策略的优势在于能够提高工人的制作技巧，使工人积累专业技术，适应机械的快速加工生产。与此同时，因为能够对不同服装面料和产品线的变化做出最快的反应，形成日本特色的快速反应系统，大大提高了生产效率和企业竞争力。由此，使得采用大规模、高产量生产方式的欧洲发达国家的服装制造商，在国际市场上逐渐失去竞争力，日本服装产业高度专业化的优势也由此显现出来。到20世纪90年代，东京从服装制造产业中心成功转型为新的时尚创造的动力源，上述因素在一定程度上成为日本服装文化、时尚创意产业走向世界的辅助推动力。

2. 对民族文化的创新是日本国际服装品牌建设的成功之本

20世纪60年代中期，日裔的设计师们已经开始注重国际设计之间的交流，高田贤三、森英惠、三宅一生等，先后奔赴世界时尚中心——巴黎，通过交流、学习的方式吸收国际高水准的创意理念，并且尝试确立自己在国际时装界的地位。他们在西方主流文化的强大影响之下，以日本文化中的民族观念、习俗和价值观等本土文化为根基，与西方服装文化有机结合，进行自己的服装时尚创意、设计。他们创造了一种多层次的、宽松的，凸显裁剪技巧的服装风格，展示出了东方文化的魅力，成功地进入了西方高级时装圈。高田贤三是其中的重要代表之一，我们通过了解高田贤三对于民族文化的创新，可以想象以高田贤三、森英惠、三宅一生为代表的日本服装设计师对于民族文化的创新，以及日本服装文化、时尚创意产业与国际品牌建设进程的基本面貌。

高田贤三认为在服装设计上的首要原则是要追求东方民族服装将平面构成和直线裁剪进行组合后形成的“自然流畅、活动自如”的服装自由空间，追求对于身体的尊重。他是第一位采用传统和服式的直身剪裁技术的时装设计师，这种技术不需打褶，不用硬身质料，却又能保持衣服的挺直外形。他说：“通过我的衣服，我想要表达一种自由的精神，而这种精神，用衣服来说就是简单、愉快和轻巧。”这是高田贤三基于日本民族服饰文化的前提下，吸收了西方服饰文化，对日本服饰文化所做的创新。他设计的服装将人体从既成的禁锢中解放出来，从而形成了宽松、舒适、无束缚感的崭新的服装品牌风格。高田贤三所设计的服装中流露出了以东方文化、日本服饰文化精神为内涵所形成的现代日本服装的时尚创意，这也是他将自己的服装品牌成功地建设成为国际品牌的根本原因之一。

高田贤三的服装凝聚了东西文化碰撞后的结晶，并且融入了一些来自南美印第安人、蒙古公主、中国传统图案与文字、土耳其宫女以及西班牙骑士等的元素，是闪耀着各国绚烂夺目文化精华的集合体。他尤其喜欢东方瑰丽而神秘的色彩，以及深葡萄酒红、艳紫、茄子色、卡基和油蓝等五彩缤纷的组合，由此他的设计常常会有激情燃放、民族情调焕发的强烈效果。他喜欢中国的唐装与日本和服的传统花样，使用了很多种染色及组合花样的方式，包括用祖传的手工印花蜡染等方法来制作花样；他所喜好的图案有些还来自于大自然，如猫、鸟、蝴蝶、鱼等美丽的小动物，又或者是大自然中绚丽的花朵，因而他的面料总是呈现出新鲜快乐的面貌。他所设计出的色彩和图案像万花筒般变幻，被人称颂叫绝，他也因此被冠以“色彩魔术师”的称号（见图 3-2-9）。

图 3-2-9 “高田贤三”时尚创意设计作品

高田贤三成功地诠释本国的文化精神并创造了与欧美时装不同的日本时装文化；他创造了脱离人体曲线后的又一种服装造型，创立了独具日本文化底蕴的服装品牌，从而成为国际时尚界大牌设计师。在日本，无论是高田贤三、山本耀司、森英惠，还是三宅一生的设计，所形成的日本的服装时尚创意中最突出的特点是：在强大的西方时尚王国的各种影响之下，坚持以本民族的文化作为服装创意的根基，同时也重视吸纳国际多元服装文化的精华，而使他们的设计能够有时尚的、国际化的新创造，得到了国际时尚界的认可并开始推崇他们的时尚创意和品牌建设的成果，最终他们设计的服装也成了国际时尚品牌并引领着世界时尚服饰的潮流。

3. 民族文化的自尊、自觉是日本国际服装品牌建设成功的保障

日本号称大和民族，他们自身的民族信仰和文化具有重学习、模仿和综合再创造的本能，日本的立国之本或者说大和民族的核心精神是：自尊、自信、自

强、集体本位主义。这也是日本近代崛起、现代迅速复兴的重要原因之一。日本人善于以本民族的文化为根基，同时依靠引入外来文明，从而得到启发，并用以推动自身的创造力，利用学习和接种其他文化的价值取向，推进本国的发展。第二次世界大战后，日本更是大张旗鼓、不遗余力地向西方学习，但同时也坚持把西方的文明整合到自己的传统文化之中，并以强烈的民族信仰，用自尊、自信、自强、集体本位主义的民族精神，将所形成的文化集合陶冶成一种新的颇具东方特色的日本式的文明，从而踏上其成功的现代化之路。日本消费者的穿衣态度也成为日本服装时尚创意产业在崛起于世界之路历程上的重要推动力量。穿名牌是现代人之本能，日本人同样认名牌。全世界大约三分之一的世界名牌是由全民富有的日本所消费的。三宅一生在谈到东、西方着装态度的差异时说："西方人是三分精神上穿衣，七分肉体穿衣；而日本人是三分肉体穿衣，七分精神上穿衣。"这些高水准的在精神上穿衣的消费理念在骨子里同样潜藏着大和民族精神，在这点上日本的消费者与他们的大牌设计师可谓心有灵犀，他们懂得自己的设计师与名牌的价值，理解服装中蕴含的文化内涵，崇尚消费自己的民族品牌，他们同样有着将日本传统文化与现代社会创新结合并将其结晶推向世界的共同心愿。设计大师是被能托起大师的消费者造就的，正是因为日本拥有这样具备文化自尊、自信、自强的与文化转型自觉意识的消费者，才可能产生三宅一生、山本耀司这样的服装设计大师，才可能产生日本的国际顶尖服装品牌。

七、品牌大国时尚创意产业的推动作用对中国品牌建设的启示

当今在国际上具有"世界时装之都"、"服装中心的中心"之称的法国巴黎，具有"世界时装之都"、"时尚之都"之称的意大利米兰，具有"世界时装之都"、"世界创意产业之都"之称的英国伦敦，具有"世界时装之都"、"世界时尚之都"之称的美国纽约，是全球时尚创意产业、服装品牌建设的领跑者。从2005年开始，着力打造每年两次时装周，希望与欧美几大时装之都比肩成为第五个"世界时装之都"、"时尚之都"的日本东京，已经成为服装文化、时尚创意产业发达之地。上述几个国家在时尚产业与品牌服装的建设、发展上，各具特色，它们所积累的相同或不同的经验都值得中国在时尚创意产业与服装品牌建设过程中，认真地仿效和学习，尤其是它们的相同之处：设计师都是在继承民族文化传统的基础上，将现代科技、材料的进步因素与时代进程中的新奇事物元素融入智慧创意之中，使其设计成果不断推动本国的服装时尚创意产业发展与服装品牌建设，从而获得他国无法比肩的成就。这不仅值得中国认真学习，而且还对中国产生了启示意义：在服装时尚产业建设中，首先应当思考如何在博大精深的中华民族整体文化之中进行有益的传承与延续，并有效地将自身的文化融入全球化时代的国

际时尚文化之中。

在由中国社会科学院文化研究中心和世界对华交流协会联合发起主办、联合国唯一认可的国际文化产业论坛“2009中国广州国际文化产业论坛”上，英国政府创意产业顾问、多德创意公司主席菲利普·多德（Philip Dodd）说，尽管20世纪初美国的经济已开始迅速发展，但高傲的欧洲人依然视其为“文化荒芜之地”。从1776年7月4日大陆会议在费城正式通过《独立宣言》宣告美国诞生至今，美国才有300余年的历史，而从20世纪初被高傲的欧洲人视为“文化荒芜之地”至今也才经历了短短100年的时间，但美国在这期间已经构建了自己独特的文化体系：崇尚创造、开拓和竞争，讲求理性和实用。其核心是人的“中心主义”：追求人权、民主、自由；在宗教信仰自由，追求扬善抑恶完美人性的基础上，讲求人的生存价值至上，讲求个人利益和个人享受，强调通过个人奋斗、个人自我设计而实现各自追求的最终价值。

美国民主、自由、平等的国策调动了各种族人民的积极性，人人都崇尚个人创造的价值观，重视将个人成就作为个人、家庭、国家前进的动力，使全民的智慧和潜力得以充分发挥，从而促进各民族与国家的共同振兴和发展。一些事业有成的企业家、科学家、艺术家和明星，成了新时代的英雄。美国人个人奋斗的过程和结果，成了社会文化价值取向的参照系，父母教育子女的活教材。美国的人权、民主、开放、信仰自由、流动自由以及公共教育的普及，使美国全民的创造激情与智慧得到全面的激发，无论是土生土长的美国人，还是漂洋过海通过移民来到美国的外人，各类人才都有机会通过自己的努力，改变自己的社会地位，实现人们津津乐道的“美国梦”，即获得自己所追求的成功。虽然美国与其他国家一样都存在消极面，但是，美国建构的这一现代的具有良性前进动力的文化体系，已经使美国在某种程度上成为“世界文化的中心”。好莱坞的电影、百老汇的戏剧、迪斯尼的动画片，“美国创造”的文化创意产品在全世界随处可见，它已经从经济、科技、商业发达的“文化荒芜之地”转化成为世界文化的中心。美国的服装文化、时尚创意产业在上述背景所建构的文化体系下，催生了“唐美·希绯格”、“拉夫·劳伦”、“古斯”、“盖普”（Gap）、“布克兄弟”、“马克·雅可布斯”、“唐可娜儿”、“唐娜·卡伦”、“诺蒂卡”等国际顶级时装品牌。

美国的经验给了我们这样的启示，由国家倡导并创造适宜的社会运行机制，激发全民的创造价值观，调动社会精英的创造智慧，才能使其国家的各类文化创意产品销往全球。

2010年11月17—18日，为期两天的“2010中国国际文化产业论坛——全球创意经济发展与文化多样性”在北京召开，由联合国五大机构共同完成的《2010创意经济报告》在论坛上隆重发布。报告中提到，创意产业已成为世界经济中最具活力的领域，它既有创造收入、扩大就业和增加出口收益的潜力，同时也能促进社会包容、文化多元性和人类社会的发展，是发展中国家新的发展选择。与美国百年之前还是“文化荒芜之地”相比，中国是具有漫长而博大的文明历史的文化大国，而且具有世界独一无二的文化多样性，同时又是发展中国家，那又为何不能在文化创意产业和服装品牌建设上超越美国以及其他国家呢？对于这个问题唯一明确的答案应该是中国需要寻找与强国的差距之根源和潜在的优势，来振兴服装时尚创意产业和服装品牌建设。

法国一直以来都是将服装作为时尚创意产业来发展的，因此法国时装经历了150来年的发展后，形成了独立完整的体系。这个体系使其在设计思维理念、美学运用原则、艺术造型特征、结构裁剪理论、色彩科学配置、物理化学工艺、产业市场经营等方面都成为国际典范。尽管在国际时装业兴起之时，并没有明确提出文化创意产业的概念，但是，四大“世界时装之都”之首的法国，无论是其政府，还是服装行业自身，都为其民族文化与服装时尚创意产业相结合的实践创造了十分优越的环境，制定了可持续发展的政策与措施。英国的服装时尚创意产业的蓬勃兴起，则是源自于以广阔的胸怀融合多元的民族文化与时尚创意设计理念，再在现实市场环境下进行实践。如今，法国与英国对服装时尚创意产业的主导方式、成熟法规和服装时尚创意产业的环境建设、政策、经验都非常值得中国认真学习和借鉴。

从意大利的服装时尚创意产业、服装品牌崛起之路来看，当今中国的服装时尚创意产业和意大利早期的情况有些相似。中国也是服装加工大国，中国也拥有很好的手工技术，中国的品牌也在开始寻找属于自己的时尚话语权。相比英国、法国、意大利、美国等欧美国家，日本的服装时尚创意产业起步较晚，但已有能与世界四大时装之都相比肩的东京。日本的服装时尚创意产业起步以及发展的道路，与中国当今的服装产业的发展，有很多相似的地方。比如劳动力低廉的成本优势、代加工产品、贴牌生产等。但是，最重要的一点则是日本和欧美国家一样都保持着对自身民族文化的自豪、自尊、自信、自醒，坚持以本国民族文化为基础，在坚定地传承、发扬本国文化特点之时，又大胆学习吸纳国际先进文化与科技，进而创造出了具有本国文化特色的国际品牌，这无疑更值得中国学习与仿效。

综上所述，在通过服装时尚创意产业运作推动中国服装品牌建设的过程中，不仅要善于总结中华古今民族服饰时尚风潮之有益的一面，更要倡导将东方“天人合一”的文化思想融入其中，传承绮丽丰华的中国民族文化与服饰文化、服饰元素，学习欧美各国的先进经验，从经验中获得启示，以全球化文化为背景、以时尚为市场前瞻，来促进中华民族文化意识的回归与中国服装自主品牌创新意识的形成，以此推动服装时尚创意产业与服装品牌建设。

第三节
中国时尚创意产业与服装品牌建设的兴起与成长

一、“入世”与全球经济危机推动服装品牌弱国的觉醒

1. 当今中国是服装品牌弱国

众所周知，OEM、ODM与OBM在服装产业中所占的经济效益份额是由其价值链所决定的，它包括原料处理、产品设计生产、成衣制造和销售等过程。据测算，在服装价值链上的经济收益分配为：设计占40%，营销占50%，生产占10%。很明显，在全球服装价值链中，设计和营销处于价值链的高端，而生产加工处于价值链的低端，因而产业链的经济利润就呈现为一个“U”字形。

在国际上，OEM（Original Equipment Manufacturer）意为“原始设备制造商”，俗称“代工生产企业”。代工生产企业受品牌商的委托，承接“U”字形产业链中间的最底端部分工作，也就是经济收益最低的产品加工工作；而在品牌产业链“U”字形左右两端、经济利润最高的设计、销售和售后服务工作则都由品牌商自己做。这样就使OEM代工生产的企业经济利润最低，整个行业的平均利润率在2%—5%之间。而且企业受他人提供订单多寡的限制，不具有长久的、全面发展的、最佳的经济利润。

要使企业跳出OEM代工模式，走全面发展的道路，企业就需要在做OEM产品代工方式的基础上，聘请有经验的设计师对产品进行创意设计，运用做OEM产品加工积累的经验与技术实力，使企业具备品牌产品的创意设计实力。由此，可以使产品创意设计方案成为品牌商选择购买的对象，从而逐步使自己从OEM产品代工的角色，提升、转化为ODM(Original Design Manufacturer)——“原始设计制造商”，获得品牌商的授权进行产品的设计与代工生产的工作。这样就能使企业既获得“U”字形产业链左端40%的产品设计工作经济收益，同时依然有着“U”字形中间底端10%的产品加工经济收益，从而获得整个服装产业链中50%的经济效益。

企业在具备了ODM能力的基础上，再大胆地进行文化创意进而创建自主服装

品牌，逐步开展品牌核心文化风格的传播，积累市场销售渠道以及售后服务工作的实力，最终使自己具备 OBM（Own Brand Manufacture）——“自有品牌生产商”的品牌策划运营等各方面的能力，此时企业就可以享有品牌最高经济附加价值。

在 21 世纪之前，中国各行业都拥有充足、廉价的劳动力资源，服装 OEM 企业是中国劳动密集型产业之一。21 世纪前十年，有关国际咨询公司提供的国际各行业每小时工资水平数据显示，中国劳动力价格仅为发达国家的十几分之一，综合排名为世界第四十八位，可见中国劳动力因其廉价而具有很强的竞争力。劳动力价格是生产成本的要素之一，而作为世界上人口最多的国家，正是凭借几乎没有价格弹性的廉价劳动力的无限供给，使得中国的 OEM 代工生产产业有着所向披靡的竞争力。直到 21 世纪前十年末期，来自国际服装市场的调查数据资料表明，中国为国际品牌提供 OEM 代工产品的企业数量仍占全球总数的三分之一。

据不完全统计，2008 年浙江宁波各类服装生产企业有 3000 余家，是我国重要的服装产业基地和服装品牌重镇，全市拥有“雅戈尔”、“杉杉”、“罗蒙”、“唐狮”4 个中国驰名商标，以及“太平鸟”、“培罗成”、“爱伊美”、”洛兹”等 15 个中国名牌。但是，品牌企业不足宁波各类服装生产企业总和的 10%，也就是说 90% 以上的服装企业是在从事 OEM 代工生产。服装业兴起较早的宁波尚且如此，中国服装产业的整体状况便可想而知。在中国具备 ODM 实力，能够承接“授权贴牌”等业务的服装企业才接近总数的 10%；具备 OBM 实力，创立“自主品牌”的企业更是少之又少。服装产业这样的格局决定了中国的自主服装品牌拥有量极少，品牌产品在市场上只有很小的占有量。

上述的数据和服装企业格局分布说明中国这个所谓的“服装大国”，其实只是国际品牌的“服装加工厂”，是名副其实的“服装品牌弱国”。

2. 服装品牌弱国遭遇亚洲金融风暴、入世及全球金融危机后的境遇

1994 年，几乎没有自主品牌的中国靠 OEM 代工为主的劳动密集型生产模式成为世界服装制造大国。以加工出口衬衫为例，每一件衬衫可获利 30 美分至 40 美分，中国以赚取低廉的劳动力利润，赢得了世界服装“制造大国”的“响亮”声名。自 1994 年直至 2001 年加入 WTO 时，中国已经连续 8 年以 OEM 代工生产的模式创纺织服装出口世界第一的纪录。

在正式加入 WTO 之前，中国服装产业已历经 20 年的规模扩张过程，建立了全球最大的成衣加工体系，具有世界上一流的服装加工设备，能够生产世界上最高品质的服装产品。然而，在服装产业蓬勃发展的表象之下，一方面中国这个所谓的“世界服装制造大国”还只是靠 OEM 代工为主的劳动密集型生产模式来获得没有价格弹性的、低廉劳动力的利润，致使服装产业的创意与发展一直面临极大的困境。有关服装市场调查数据表明，没有创意能力的中国服装产业对于

1997—1998年亚洲金融风暴几乎没有丝毫的抵御能力，众多劳动密集型的OEM代工生产企业要么纷纷倒闭，要么处于生死存亡的绝境之中；另一方面由于全球化与中国服装全盘西化所导致的中国服饰文化缺失、自主品牌缺失、品牌市场话语权缺失等问题，给服装产业的生存发展与“入世”带来了严峻的考验与挑战。

作为服装品牌弱国的中国，在经历了1997年的亚洲金融风暴和2001年加入WTO的重重考验之后，又遭遇了2007—2009年的世界金融危机、人民币升值、用工成本升高，环保、节能、减排以及资源、能源短缺导致的提价等一系列的考验。由于受世界金融危机的影响，国际消费者的消费能力受创。消费能力受创的具体表现有两点：一是消费者购买服装的周期变长，从月购买变成季度购买；二是消费者购买商品时更加理性，从购买高价位产品变为更加倾向于中低价位产品，造成了市场需求急剧缩减。这对中国服装产业产生了直接影响，一是订单数量大幅减少；二是OEM生产的企业订单产品档次从高档降至低档。此时，中国的OEM生产企业所面临的不仅仅是订单的数量减少与档次降低，还有周边的东南亚国家OEM生产企业人工成本与资源、能源成本低廉之优势的挑战。仅就人工成本而言，2009年越南等周边国家工人工资每月约600元，而中国工人则在1500元左右。迫于人民币升值与物价升高的生活压力，2010年中国的工人工资已上升到2000元，但这样的工资还不一定能使工人在企业里稳定地做下去。由于以上诸多因素，迫使中国OEM生产企业失去了国际竞争优势，这就使得本来已经减少的国际OEM订单中又有相当多的一部分向东南亚国家转移。

对于OEM生产企业来说，没有订单就面临倒闭。而能够获得一些OEM订单的生产企业，勉强渡过了金融危机大关，却又面临新的考验。它们不仅要不断地消化金融危机导致的OEM订单不足带来的影响，还要应对人民币持续升值、生产要素价格上涨以及资源、能源短缺和高消耗的影响。环保、节能、减排的政策和劳动合同法的陆续实施，再加上最低工资标准等保障劳工权益的强制约束，又都直接或间接地对OEM生产企业构成新的压力。2008年，据不完全统计，全国有6.8万家企业倒闭，其中的重灾区便是服装OEM代工生产企业。

以国际品牌为标准来看，服装界多年精心培育的自主品牌有着与国际品牌同样的设计优美、选料考究、做工精良，但由于长期以来中国处在服装品牌弱国的地位，只有极少数品牌的市场利润能与国际普通品牌比肩，绝大多数的品牌市场利润往往只是国外品牌的三分之一。世界金融危机期间，一方面是金融危机影响下国际品牌在国际市场上消费低迷，另一方面由于中国市场经营者推崇洋品牌、消费者爱洋品牌，致使国际品牌应势蜂拥进入中国市场。此时，许多中国自主服装品牌不断地加强自身的全面建设，在与国际品牌同台竞争中，市场利润得到了大幅度的提升。这说明有文化根基的中国自主品牌有着强大的发展优势。

在上述中国自主品牌显现出自身的强大优势，以及国际品牌在中国市场销售兴盛、甚至是火爆的大背景下，使在世界金融危机中没有倒闭能勉强坚持下来的中国代工服装企业，以及许多不重视文化建设而根基薄弱的品牌服装企业，不得不面对新的市场挑战与威胁，最终无所适从，乱了阵脚，再次败下阵来。

部分中国服装企业失败的根本原因之一是他们虽然掌握了世界上顶级的服装加工技术，但并不重视自身的品牌文化和产业链建设，长期靠数量扩张和廉价劳动力等低成本优势获得生存之机，处在产业链的最低端。中国服装业的最大软肋正是缺少原创品牌以及精心培育原创品牌的信念。在严酷的事实面前，中国服装人清醒地看到了中国这个服装品牌弱国在国际市场中所处的悲哀境地。

3. 服装品牌弱国境遇带来的涅槃重生

作为服装品牌弱国，中国经历上述一系列的危机是必然的。消极地来看，这些危机是考验；但从积极的方面来看，这些危机会对品牌强国建设起到促进作用。1997 年的亚洲金融风暴，使已经处于困境之中的中国服装业雪上加霜，有许多 OEM 代工生产企业倒闭，但同时也有许多 OEM 服装企业在求生存中进行转型升级，只是服装 OEM 企业的转型升级并非一日之功，正如《中国 100 家企业 CEO 调查白皮书》中所说的："中国企业的转型升级，要求企业在创新、经营管理和人力绩效三个方面有显著的提升，重塑企业的核心能力……重塑中国企业，企业必须要回归到基本面，即通过持续的产品技术和商业模式创新、精细化的经营管理以及高效的人力资源来获得可持续的增长。"[①]许多企业从中深刻认识到：必须调整原有企业的格局，避开 OEM 时期的短处，张扬已有长处；在已经取得的服装制造的科学技术优势的基础上，充分利用民族、时尚文化资源，通过设计师的创意智慧、技能和天赋进行服装时尚创意，产品创新设计，营造品牌的核心文化；通过对于知识产权的运用，争取市场话语权利、拓宽营销渠道，进而脱胎换骨，转型为自主开发品牌的企业，生产出具有高附加值的品牌服装产品，从而确保企业的生存与良性发展。由此，许多企业的服装时尚创意与品牌建设工作的势头在这场危机中展开。比如，东莞厚街的银升鞋业总经理祁耀昌，2000 年开始在给"金利来"、"鳄鱼"、"盛大保罗"、"百丽"等品牌做 OEM 的同时，走民族文化与时尚创意相结合的自主设计的道路，在后来逐步缩小代工的生产规模，减少对代工生产的依赖，将主要精力投入到品牌建设上。如此，他们不仅从容地应对了 2007—2009 年全球金融危机，企业还有了新的发展。又如，杉杉股份有限公司从 1994 年就开始进行企业形象（CIS）策划，面对 1997 年亚洲金融风暴，他们积极响应全国纺织服装行业工作会议提出的"名师工程"、"名牌工程"的战略宣言和中国服装协会提出的"名企、名师、名牌"的企业建设理念，聘请张肇达与王新元设计推出了第一个为中国女性打造的高级时装设计品牌——"法涵诗"（见图 3-3-1、图 3-3-2）。杉杉股份有限公司在此后不断推出自主品牌，2005

①《中国 100 家企业 CEO 调查白皮书》——从 2008 年 11 月开始，清华大学经济管理学院和计世资讯在用友公司的支持下，联合针对 100 多位中国各行业企业的 CEO 进行的访谈。

图 3-3-1 “法涵诗”（王新元设计）

图 3-3-2 “法涵诗”（吴洪设计）

年获得了“2003—2004 年度中国服装品牌策划大奖”和“2003—2004 年度中国服装品牌成就大奖”……在国际金融危机背景下，我国纺织服装行业正面临生产成本上升、外部需求下降的双重压力，然而，服装行业的领军企业杉杉集团却逆势而上，2008 年企业营业收入同比增长 26%，利润同比增长 15%，国际市场份额增长 20%。[①]其原因之一在于杉杉集团用“三条腿走路”：一是做 OEM，即以代工生产来不断积累科学技术经验，积蓄做 ODM 的基础力量。二是做 ODM，依靠先期做 OEM 积蓄的基础力量，增强自主创意设计能力，为做 OBM、开发自主服装品牌打下坚实的基础。三是做 OBM，依靠其 ODM 先期积蓄的创意设计与技术力量，使自主创建品牌的品质达到国际水平，以价格低廉的优势来占领市场，使自主品牌运营进入正常渠道。此外，还运用资本优势，以占多数股份为前提，合资经营国

①《杉杉集团自主创新实现跨越式发展》，载《经济日报》2009 年 3 月 19 日，http://bj.house.sina.com.cn/biz/。

外品牌，使服装从设计到生产、再到销售的过程都是在国内，这种模式的好处在于只有品牌名称是他人的，主动权还是掌握在企业自己的手中。总之，杉杉集团在前进的道路上一步一个脚印，从为人代工到自创品牌的产品创新，从直营直销到特许加盟的渠道创新，从单一经营到多元发展的模式创新，从慢慢积蓄实力自创品牌到赢得发展的主动权，从多元化拓展到走向培育国际化品牌，并且以对服装品质的精耕细作提升品牌的竞争力，创造出完美演绎文化创意与时尚内涵的自主服装品牌。这是在 2007—2009 年全球金融危机时期，杉杉集团及其他重视文化创意和品牌建设的企业的经济利润不断获得攀升的关键所在。

综上所述，1997 年的亚洲金融风暴及入世的挑战，提升了许多服装企业的品牌意识，他们在做好 OEM 代工生产的同时也开始做转型升级与品牌建设的工作，在具备了企业的核心技术和创意能力的同时也在提高企业的增值、竞争能力，力图改变受制于人的不利局面，危机成为服装企业投身于品牌强国建设的促进剂。

中国服装协会和中国服装设计师协会，在中国服装产业发展的各个时期不断地总结工作经验，开出对症的处方：倡导并扶持产业在亚洲金融风暴期间进行升级，适应“入世”并在“入世”后与国际服装市场接轨；为应对全球金融危机，提出以专业化、国际化为基础，以权威性、市场性与绿色设计为主导的求真务实的方针，以“CHIC（中国国际服饰博览会）[①]”、“中国国际时装周”、“China in Paris 中国当代创意 Showroom”，以及相关的各种国内国际展会活动作为平台，推动中国服装时尚创意产业与品牌的兴起。例如其中的活动之一：在中国服装协会的大力支持下，由法国高级时装公会举办的专业展览、时装发布、论坛或面对面的交流活动遍及北京、上海、巴黎、耶尔、大连、宁波、深圳各地，这样的活动与合作在销售渠道、经营环境以及时尚创意等多个方面，为中法两国不同的服装产业操作模式之间架起了一座沟通、学习、拓展的桥梁，促进了中国服装文化、时尚创意产业与服装自主品牌的发展。

中国服装协会和中国服装设计师协会，努力在趋于多极多元化的当代社会中，在全球化的进程中，多渠道地展示国际流行动态，搭建设计师、企业、市场之间的桥梁；全面提升中国服装业关于提高民族文化、时尚创意、品牌市场的意识；全面推动企业转型升级、调整，实施“名牌战略”。另一方面积极推动应对国际市场加工贸易和一般贸易的竞争、提高出口产品附加值的工作。通过多方位的渠道建设，努力提高品牌经营水平，从而使中国的服装业从改革开放之前的商品短缺的状况进入到改革开放后先是由规模扩张、产品过剩导致价格大战，走向自主设计的品牌经营。

上述各方在面对各种危机时，在服装品牌弱国的境遇中，形成了要推动民族文化、时尚创意、品牌市场建设和逐渐转型成为世界品牌强国的共识，在主动和被动兼具的产业转型升级过程中催生了一批自主品牌，进而形成了服装时尚创意

①中国国际服装服饰博览会简称“CHIC”，创办于 1993 年，由中国服装协会、中国国际贸易中心股份有限公司和中国国际贸易促进委员会纺织行业分会共同主办，每年一届在北京举办。

与品牌建设的自觉。或者可以这么说，危机带来了中国服装时尚创意产业与品牌的转机。

二、中国几个主要区域的服装时尚创意产业与品牌建设概况

目前，中国消费者购买力的提高，使国际的时尚品牌纷纷进入中国，中国已经成为世界上最大的时尚消费市场之一，这一现象表明时尚创意产业已经成为最具发展潜力的新兴产业。中国2009年的文化产业增加值为8400亿元，比2008年增加10%，快于GDP 3.2个百分点，占GDP的2.5%，展现了时尚创意产业的初始时期的实力。但是，中国的时尚创意产业还并不成熟，还处于初级阶段。在时尚产业、时尚品牌、时尚消费、时尚营销水平等方面跟国际市场和国际品牌都还有很大的距离，想要通过文化沉淀而成为世界时尚强国的道路还很漫长。

1. 京津地区的服装时尚创意产业园区与自主品牌建设

北京市在2005年文化创意产业的产值已达960多亿元，占全市GDP的14%以上，创造了1000亿元以上的关联效益，是我国文化创意产业发展态势良好的地区。北京规划了十大文化创意产业集聚区。798被誉为北京最艺术、最具文化创意之地。2007年3月，798艺术区内的原751厂所在地成为中国服装设计师协会的新址，“北京时尚设计广场——D•PARK”在此揭幕成立，开启了中国服装时尚创意的大门。自从2001年12月，吴海燕把献给中国国际时装周的“观点2002”主题发布会现场选在大山子已经废弃的706厂LOFT车间举行，开创中国的LOFT空间时装艺术发布以来，落户于北京时尚设计广场的有曾凤飞、阿尤、刘薇、武学伟、武学凯、房莹、张肇达等著名设计师的工作室，他们代表着服装设计从业者对于文化创意品牌建设的追求。中国服装设计师协会主席王庆在北京时尚设计广场成立时表示，北京时尚设计广场的成立，是落实北京关于发展文化创意产业和建设“时装之都”规划的具体措施，它的揭幕肯定了服装时尚创意在中国文化创意产业中的重要地位。自此之后，以“北京时尚设计广场——D•PARK”为中心，举办了一届又一届中国国际时装周，引来中外无数服装设计师在这个时尚舞台上，尽显他们在服装时尚创意上的才华，极大地推动了中国服装时尚创意成果产业化的发展。如今的798艺术区已经成为中国乃至国际时尚文化创意的风向标。

北京市有服装企业2000多家，其中已有“白领”、“腾氏”、“坦博”、“李宁”、“婷美”、“天坛”、“薄涛”、“爱慕”、“绅士”、“雪莲”、“铜牛”、“红都”、“顺美”、“威克多”、“裂帛”等许多知名自主服装品牌（见图3-3-3、图3-3-4、图3-3-5、图3-3-6）。按照2003年提出的要建设时装之都的规划思路，大红门“北京CBC(Clothing Business Center)”的规划业已展开，至2011年已经成为北京服

装服饰文化创意产业集聚区、丰台区“十一五”规划所定的大红门服装商务中心区;中心区大红门福海公园北侧的高庄街两侧还将建起明清仿古建筑的大红门服装文化园，高度2层至3层，街长约300米，中心区拟建的CBC大厦总体量将达到约10万平方米，建成后内设1个4000平方米的设计师走廊，拟规划引进国际著名设计师工作室5—10家，中国青年服装设计师工作室8—15家，服装专业书店1家，服装纺织品检测中心1家，资讯公司1—2家，服装院校专业培训基地1个，使其兼具服装设计、培训、研发、创意、传播发布、质量检测、把握流行趋势等功能。中国纺织工业协会、中国服装协会、中国文化产业（国际）论坛组委会等服装界、文化创意产业界的权威机构也将入驻于此。同时，主题为“中国民族文化”的首届“鑫福海杯”品牌服装概念设计大赛于2009年开始，利用来自国内优秀设计人才的创意直接帮助，提升大红门现有商户品牌的文化创意含量，推进北京服饰文化创意产业与服装品牌的建设发展。

图3-3-3 2011年“变·无惧”李宁创意行动

图3-3-4 “魅惑·爱慕”2011年春夏内衣

图 3-3-5 “裂帛”

图 3-3-6 “腾氏”

2011 年 9 月 26 日至 10 月 3 日，由教育部、文化部、中国文联和北京市政府共同主办的“2011 北京国际设计周”期间，举办了六大板块（共 130 余个项目）的活动。由国家时尚创意中心（National Creative Clusters，简称 NCC）[①]与国际创意产业之父约翰·霍金斯（John Hawkins）的创意生态实验室联合举办了六大板块中的一个重头戏项目——“设计之旅：国家时尚创意中心设计协作论坛暨对话约翰·霍金斯”在北京国家会议中心举行。有 300 余位来自伦敦、米兰、巴黎、纽约、哥本哈根、赫尔辛基等国际著名城市设计规划的领军人物、顶级设计专家、学者、国际知名设计师、媒体以及设计师协会的负责人等作为嘉宾出席了此项活动。论坛深度研讨了时尚创意产业在将北京市建设成为世界城市过程中的重要作用，以及时尚创意产业在北京文化创意产业中的重要作用，提出发展时尚创意产业是中国经济升级的主要动力，是产业转型的必由之路。

①国家时尚创意中心是中国恒天集团与北京市开展央地共建的国际文化创意产业重大项目，是北京“十二五”期间的重点工程，致力于建设“设计产业推动时尚产业；时尚产业带动传统产业”的创意生态大型产业功能综合新区。

通州宋庄文化创意产业集聚区是北京市面积最大，集产学研、生活居住、综合服务于一体的都市型文化创意产业区。2011 年 3 月 16 日上午，“2011 北京国际设计周”开始之前，北京市人民政府与中国恒天集团签订了“国家时尚创意中心——北京（宋庄）时尚创意产业园”项目战略合作框架协议。此项目作为北京市“十二五”规划的重大文化创意产业项目之一，预计总投入为 300 余亿元，力求将其打造成为具有全球影响力的国家级时尚创意中心。“国家时尚创意中心——北京（宋庄）时尚创意产业园”选址于北京东部的通州区宋庄镇南部，规划面积 14.6 平方公里。一共规划了时尚创意总部基地、时尚艺术博物馆园区、时尚创意孵化园、新丝路时尚公社、时尚传媒中心、浪漫之都 6 大板块……整个国家时尚创意中心从空中鸟瞰呈一只展翅的凤凰形状，1000 栋建筑楼宇分布在整条的绿化带两侧，而项目的中心位置还有多块蓝色的水系和小型湖泊点缀其间。项目中心还规划了地标性建筑，以及能够与京哈高速公路、东六环路直接连通的景观大道。此外，正在规划中的地铁 6 号线支线也将横穿国家时尚创意中心的全境，并在境内设立地铁 6 号线支线的总站……未来，国家时尚创意中心将引进 1000 家国内外品牌机构总部、5000 个时尚创意工作室，大约能够吸引数万名高端时尚创意人才。[①]以上背景表明由经济学之父约翰·霍金斯把脉，正在北京东部宋庄区域崛起的国家级时尚创意产业总部基地，即将作为将北京建设成世界城市的一张名片，迎接来自世界各地的时尚创意企业。

对中国恒天集团本着推动中国时尚创意产业发展的思想，开发国家时尚创意中心；对继张肇达、谢锋、毛继红，以及北京电影学院动画学院、北京服装学院、新丝路模特机构、法国巴黎高级时装公会北京代表处成为第一批落户国家时尚创意中心加盟者之后，巴黎 PARIS 城、意大利梦幻时尚城、阿拉伯文化城，也将以合作方式落户；对国家时尚创意中心策划的“2020 世界创意博览园计划”……社会各界专家、学者和时尚创意产业界人士，都给予了充分的肯定和广泛的关注。因为这不仅预示着中国服装时尚创意产业在未来将会有飞跃性的发展，也预示着国家时尚创意中心已经开始为中国时尚创意产业与国际时尚创意产业之间建构绝佳的对话平台。

国家时尚创意中心的建设将采用约翰·霍金斯创意生态的核心思想：“（1）人人都能创意；（2）创意需要自由（创意的个体可以在自由的环境进行思想交流，以此得到愉悦，并且能随意发挥自己的创意）；（3）自由需要市场，其主旨是“把思想变成交易”。使国家时尚创意中心成为能够把东方文化与全球顶级的创意经验、思想资源以及市场结合在一起的创意发源地、生产过程的基地，以及包括物联网在内的全球化时代的时尚产业营销交易平台——能满足国际化的、多元多样性的物质和精神生活消费需求的产品与消费者之间的对接平台。使国家时尚创意中心创意产业的发展具有将东方文化交融于国际文化的时尚化趋势，具有与国际

①《地铁 6 号线支线横穿并设总站 吸引数万高端人才 国家时尚创意中心今启动》，载《北京晚报》2011 年 3 月 28 日。

时尚产业的发展同步化的趋势，并且具有国际时尚创意产业集聚化的趋势。使国家时尚创意中心在产业形态上跨越具有高附加值的先进制造业与现代服务业的产业界限，成为多产业集群组合：其中既有传统文化的创新运用、前瞻性的现代审美需求，又有国际化第二产业的高端先进制造与传统手工业的技艺形态，同时融合第三产业的商业服务，形成具有模特演示介入的媒体、文化、娱乐等一系列的业态……使国家时尚创意中心能够真正走出一条“中国的·国际的”时尚创意发展道路，在中国文化的基础上建造出国际化的“新丝路公园”，使中国服饰文化再现旧时辉煌。

天津文化创意园区内有“6号院”、“万通上游开场”、泰达城“创意空间”以及正在筹建的“亚洲文化产业园”。其中“6号院”的文化艺术交流氛围浓厚，一批艺术家和服装设计师与之结缘颇久，早就在此从事文化创意产业。经过市场的培育和打造，如今入驻“6号院”的企业达20多家，注册资本共计达到2.8亿元；“万通上游开场”是由原天津涡轮机厂的两个旧厂房改造而成，华丽转身后成为引领时尚的文化休闲中心。建筑面积近3000平方米，由小剧场、艺术廊和多功能活动场所等组成。这里举办过各种不断推进天津的文化创意产业建设和服装品牌建设的时尚艺术品展示以及城市文化推广和社会公益活动，如“奔驰”下线酒会、“北方网”论坛慈善拍卖会、“应大”杯模特大赛等。至今天津已经拥有“白玫瑰”、“津达”、“宇华”、“斯必得”、“阔佬”、“巴加奇”、“应大”、“仁立”、“爱之如”、“和泰”、“飞尼克斯”、“大维”、“永正”、“米盖尔”等多个知名自主服装品牌。其中“应大”品牌与“应大杯”在中国顶级服装设计师武学伟的主导下创意表现尤为活跃（见图3-3-7、图3-3-8、图3-3-9）。

图3-3-7 “应大杯”中国国际时装周皮草设计大赛

图 3-3-8 “应大杯”中国国际时装周皮革设计大赛

图 3-3-9 “应大”皮革流行趋势发布

2. 珠江三角经济区的服装时尚创意产业园区与自主品牌建设

珠江三角经济区包括广州、深圳、珠海、佛山、江门、中山、东莞、惠州及肇庆。广东省依照适度集中、形成规模、体现特色的原则，对珠江三角洲各市的定位为：以创意研发、内容生产、高新科技、物流枢纽为重点，依托现有资源，规划建设若干个布局合理、功能完善、主业突出、产业配套、管理规范的文化创意产业园区，促进优势产业区域性集中，提高文化创意产业的协作配套水平。2008 年年底，深圳市获得联合国教科文组织授予的“设计之都”称号，正式加入国际设计平台，进军全球创意市场。2008 年，其文化产业产值已占全省 GDP 的 6.8%，连续 5 年名列全国各省市之首，所占比重超过全国总数的四分之一，深圳通过大力发展设计产业来探索产业升级转型的有效途径，并推进了文化创意产业的良性发展，服装时尚创意品牌建设在深圳也成为发展得有声有色的产业。2008 年，虎门有近 2000 家服装企业，年销售服装达到 2 亿件（套），是国内重要的服装生产基地。至 2011 年，中国（虎门）国际服装交易会已经举办了 16 届。如今的虎门汇聚了广深港客运专线，穗莞深轨道专线、轻轨 R2 三线；同时，滨海人道、长堤路、环岛路三路延伸，国际创意、总部中心威远岛的时尚创意产业园不断成长；这个配套齐全、链条完善的强势服装产业集群正在向品牌集群、创意集群翩然转身。

在珠江三角经济区，仅虎门一镇就有“以纯”、“永艺”、“灰鼠”、“松鹰”、“狐仙”、“依米奴”、“依韵儿”、“霓中依”、“玉情儿”、“伊莎艾伦”、“名瑞”等众多知名自主服装品牌，并在 120 多个国家和地区拥有注册商标达 4000 多个（见图 3-3-10、图 3-3-11）。

图 3-3-10 “以纯”（左一图）、“锦玺唐”（左二图、右二图）、“依米奴”（右一图）

图 3-3-11 “名瑞”品牌举办的“名瑞杯”赛事作品（薛利娟左图、何献波中图、薛立静右图）

3. 长江三角洲的主要区域服装时尚创意产业园区与自主品牌建设

以上海为中心，南京、杭州为副中心的长江三角洲城市圈是世界六大城市圈之一，它主要包括江苏省、浙江省、上海市在内的31个大小城市。

上海市位于长江三角洲城市圈中心，依托大学，发展创意产业园区是其创意产业基地发展创意产业的重要途径之一。上海的服装创意产业基地建设，主要依托上海市名士街创意产业集聚区、服装研究所、东华大学和上海工程技术大学服装学院，在长宁区天山路成立了以时尚艺术、服装设计、品牌发布为主要特色的时尚创意产业园；上海市集聚了包括服装在内的1万多名创意人才，时尚创意产业已成为推动上海经济发展的新增长点。2007年后又形成了“泰晤士”和“创异工房”等时尚创意产业园区。上海时装周就选址在具有时尚地标地位的静安“800秀”，由于静安区位于上海市中心，有着深厚的文化积淀和高度开放的视野，在发展时尚创意产业方面有着相当广泛的基础。因为时装周是培育优秀设计师的温床，借鉴纽约和伦敦时装周的各种经验，静安区被定位为培养青年设计师的摇篮和展示他们才华的舞台。2009年，静安区全区税收收入为155亿元，其中文化生活服务业为2.89亿元、文化传媒业为5.14亿元、创意设计业为8.99亿元，占比达10.98%。2009年，上海的文化创意产业增加值为847亿，比2008年增加9.5%，快于GDP1.3个百分点，占GDP的5.6%。如今，各种类型的服装创意博览会，以及国际著名的“中华杯”服装设计大赛已经成为上海服装时尚创意的亮点。上海目前已经有“培罗蒙”、“海螺”、“开开”、“凯托”、“春竹”、“皮皮狗”、“三枪”、“斯尔丽”、“博士蛙”等知名自主服装品牌。后世博时代，上海纺织时尚产业发展公司试图整合纺织控股集团麾下的20多个创意产业园区来打造上海的时尚创意产业。

2011年10月由中国纺织工业协会与上海松江区政府联手打造的国家级创意基地——中国纺织服装品牌创业园“时尚谷”正式开园。“时尚谷”以传承800年前松江作为全国棉纺中心的浓厚的纺织文化底蕴来促进产业集群的发展，并以助力国内纺织服装品牌快速发展的国家级产业平台与标志性生态圈建设为目标。在上海土地等资源瓶颈的约束下，规划占地2000亩，通过产业升级和结构调整构建集文化创意、设计研发、时尚表达为一体的“内涵式”发展。在开园仪式上，“时尚谷”启动了时尚信息服务中心、中国流行面料发布展示中心、中国纺织工业协会（松江）检测中心等4个服务平台。这些平台为入驻园区的企业提供了时尚信息资讯、面料畅销新品、色彩研发等领域的服务，使企业能享受到与全球纺织服装产业同步的一站式服务。“时尚谷”在后续的工作中，将导入更多的服务平台，最终形成中国纺织服装行业的人才、信息、商贸、设计研发、行业活动、流行趋势发布等六个中心，从而助力国内纺织服装企业从以生产为主，转向以研发、设计为核心的现代时尚产业的建设之路。

江苏省南京市作为长三角经济圈的副中心，在2000年创建了以服装生产、加工和出口为特色的“六合区程桥镇服装工业园区”，2006年9月被江苏省纺织工业协会授予“江苏服装名镇”的称号。园区总体规划面积5平方公里，首期开发3平方公里，拥有服装和玩具等工业企业40多家，员工1.2万人。2007年全镇服装生产总量突破1700万件，产值8亿元，利税7000万元，服装产值占全镇工业总产值的85%。2009年，全南京已建和在建的文化、时尚创意产业园共有46家，入驻企业700个，投资总额80多亿元，占地面积近1.2万亩，建筑面积约250万平方米，是国内省会城市中文化产业园区发展速度最快、数量最多的。虽然目前在文化、时尚创意园内有一批如“达丰”、“昊天”、“联璧”、“吉姆”、“金斯”、“奥威”、“元泰”、“宇盛”和“天之骄”这样的龙头服装企业，也有像“陶玉梅”这样的知名自主品牌，但是，南京市的服装时尚创意园区的环境与功能仍有待提高。

浙江省杭州市同样是长江三角洲经济圈的副中心，是服装时尚创意发达的区域。2007年，杭州启动了能够彰显杭州“女装之都”、“动漫之都”、“电子商务之都”、“生活品质之城”、“全国文化创意产业中心”的独特城市魅力的计划，命名了十大文化创意产业园，以期达到打造全国文化创意产业中心的目标。2009年，杭州市西湖区紧邻创意生态功能十足的中国美术学院象山校区的之江文化创意产业园，以及西溪创意产业园、杭州数字娱乐产业园等三大园，带动文创意产业增加值突破百亿大关，达到102.2亿元，增加值总量占全区经济总量的25.2%。西湖区凭借其得天独厚的地理位置和优越的自然条件，网罗各路文化创意的优秀人才，国际创意大师约翰·霍金斯（John Howkins）就落户在此。西湖区把“最美丽的产业”——文化创意产业，作为西湖区建设的主要项目，以实现“共建共享全国最美丽城区”的目标。2008年4月8日，之江文化创意产业园中的“凤凰·创意国际”正式开园。园区由20世纪70年代建于杭州城郊的水泥厂蜕变而来，水泥厂已关停数年，其工业建筑风格严谨而冰冷。园区保留了水泥厂建筑群的质朴和极具层次的建筑分布，但对水泥厂大型组合筒群和LOFT框架进行了内部改造，规划设置现代设计区、艺术创作区、新媒体区、展示展览区、配套服务区等，并将进一步将园区打造成集创意产业办公、创意产品展览展示、时尚消费与休闲等为一体的创意产业的制高点和时尚新地标，并在2010年的第六届中国国际动漫节凤凰·创意国际分会场举办了精品饰品展等一系列展览展示活动。杭州市锻造出以女装为主的“富可达”、“万事利”、“汉龙威尔”、“威芸”、“红袖”、“江南布衣”、“喜得宝”、“浪漫一身”、“蓝色倾情”、“曼江利”、“秋水伊人”、“达利”、“可可尼”（COCOON）等众多自主服装品牌。令服装界炫目的由杭州市举办的被誉为“中国服装设计界的黄埔军校”，中国杰出女装设计师发现计划的“‘COCOON 杯’——中国国际女装设计师大赛”（原为“万事利杯”，2009 年由寓意“蜕变后的蝴蝶”的“可可尼”接棒），至 2011 年已经举办了 7 届，成为推动服装时尚创意产业发展与品牌建设的标志性活动及核心力量（见图 3-3-12、图 3-3-13、图 3-3-14）。

图 3-3-12 “‘万事利杯’——中国国际女装设计师大赛”作品

图 3-3-13 “‘COCOON 杯’——中国国际女装设计师大赛”作品

图 3-3-14 "COCOON" 应翠剑 2012/2013 中国国际时装周秋冬发布会

同属长江三角洲、具有中国服装第一城之称的浙江省温州市现有"报喜鸟"（见图 3-3-15）、"夏蒙"、"庄吉"、"乔顿"、"美特斯·邦威"（见图 3-3-16）、"森马"、"巴拉巴拉"、"高邦"、"拜丽德"、"林中鸟"、"好日子"、"雪歌"、"乔夫"、"奥奔妮"等众多自主知名服装品牌。"森马"温州产业园建于 2008 年，目前瓯海新城商务区服装总部大楼正在建设中。2011 年温州市的东瓯智库创意产业园开工，对黎明工业区 67 号等工业老厂房进行改建后，它将成为温州首个综合型的大型文化创意产业园。与此同时，温州市在产业转型中重点推进的项目还有：中小企业发展服务平台、"万鹰"国际服饰文化广场、"红黄蓝"集团生产基地、拥有年产 200 万套高档品牌休闲服能力的"乔治白"休闲服饰有限公司、温州"优衣派"服饰股份有限公司整合项目、"夏梦·意杰"服饰基地项目、"庄吉"服饰科技园、"拜丽德"新建物流配送中心、浙江"迪丰"服饰有限公司新园区、年产 100 万套中高档西装的建设项目，以及筹建浙江新盛服装集团有限公司等项目及方案。

图 3-3-15“报喜鸟”品牌作品

图 3-3-16“美特斯·邦威”品牌与赛事作品

位于长江三角洲经济圈的江苏省常熟市，是有着“中国男装中心”、“中国品牌服装中心”称号的服装城。由中国纺织工业协会指导，中国服装协会、江苏省常熟市人民政府主办，《纺织服装周刊》杂志社、江苏常熟服装城管理委员会承办的“常熟服装城杯”中国休闲装设计精英大奖赛，不仅是中国休闲装设计大赛的顶级赛事，也是中国近年来服装时尚创意的亮点之一。

“常熟服装城杯”赛事注重将产业集群、专业市场、大专院校、设计师、品牌企业乃至广大媒体等一系列优质资源进行整合，同时在宣传策略上，突出运用新媒体手段，如微博、手机报等传播方式，提升每一位服装设计新秀的曝光率与知名度；三年间所举办的三次赛事都以创中国赛事“奖金之最”引起行业热议，它投入巨资打造的环幕 T 台使设计大赛演出成为豪华的盛典；它让众多在校的莘莘学子和品牌设计师实现了参与精英大奖赛的梦想，众多年轻设计师新秀在“常熟服装城杯”比赛中脱颖而出，迈出了事业的第一步。2011 年，第三届“常熟服装城杯”中国休闲装设计精英大奖赛，更是着力于推行蕴含江南文化的“江南时尚”设计风格和理念，为当今席卷中国的“全球都市时尚”服装潮流，带来一股清新的时尚风潮。常熟用服装时尚创意助推了服饰产业大升级，同时也推动了中国的服装品牌建设。

4. 海峡西岸经济区的服装时尚创意产业园区与自主品牌建设

海峡西岸经济区简称“海西经济圈”，它包括福建的福州、厦门、泉州、漳州、龙岩、莆田、三明、南平、宁德以及福建周边的浙江丽水、衢州；江西的上饶、鹰潭、抚州、赣州；广东的梅州、潮州、汕头、揭阳共计20个市。在广阔的海西区域中，福建闽南地区在服装时尚创意方面最为活跃，现有“七匹狼”、“富贵鸟”、“九牧王”、“曾凤飞”（见图3-3-17）、“利郎”（见图3-3-18）、“乔丹”（见图3-3-19）、“柒牌”（见图3-3-20）、“劲霸”、“皇宝”、“威兰西”、“浩沙”、“红孩儿”、“玛莱特”、“大赢家”、“东方骆驼”、“七彩狐”、“虎都”等许多知名自主服装品牌。2006年，仅闽南石狮一地，就已经在市区南洋路的黄金商业旺地兴建占地面积1110亩的服装城，总投资10亿元，中心区规划建筑面积60万平方米，设置了服装交易区、展览艺术中心、星光休闲广场、现代物流配送区、商务配套服务区五大功能园区。首期入驻的企业基本上都是品牌企业或名牌产品的代理商，其中省内的“七匹狼”、“富贵鸟”、“九牧王”、“柒牌”、“乔丹”、“劲霸”、“皇宝”、“威兰西”等品牌企业几乎被其尽收麾下，还有省外的著名品牌如“波斯登”、“卡宾”等，“范思哲”、“耐克”、“阿迪达斯”、“花花公子”、“鲍士”等国际著名品牌也登陆石狮服装城。2011年，石狮服装城举办了第十四届海峡两岸纺织服装博览会，落幕时招商签约项目18个，成交额为48.5亿元。

图3-3-17 “曾凤飞”品牌作品

图 3-3-18 “利郎”品牌设计作品

图 3-3-19 “乔丹杯”中国国际时装周设计大赛作品

图 3-3-20 柒牌“中华立领”品牌与“中华立领杯”赛事作品

海西经济圈，近年来服装时尚创意产业不断发展，以已上市的中国市场十大畅销男装品牌、十大领军品牌的“利郎”和获得“中国驰名商标”的“帝牌”服装企业为例。“利郎”是一个集文化创意、设计、研发、营销于一体的中国商务男装领军品牌，2007 年、2008 年连续两年被《福布斯》评为“中国最具潜力企业”。利郎“心路”创意园位于“中国品牌之都”福建省晋江市的中心区域，毗邻世纪公园，预计总投资 10 亿元，“心路”创意园内的建筑群将与城市综合体、园林水景、艺术广场等景观遥相呼应，是国内首家集文化、设计、研发为一体的园区。“利郎”创意园于 2012 年 1 月份开工建设，计划于未来几年内竣工并全面投入使用。2010 年，“帝牌”集团已经拥有总部占地 800 多亩、建筑面积 35 万平方米，拥有员工 5500 多名的规模，并斥资在福建三明的永安市占地近千亩投建“大帝”工业园区。“帝牌”现已经发展成为一家以服装时尚创意研发设计和制造为龙头，生产服装、面料、PU 仿真皮革、聚氨酯（化工）、鞋材、鞋业等（同时兼营其他产业）的企业。通过以上两家大规模创意产业园区的投建，可窥海西服装时尚创意产业与品牌发展兴旺之一斑。

5. 东北地区服装时尚创意产业园区与自主品牌建设

东北服装时尚创意产业的主要区域是大连市。大连位于东北亚、中国东北经济区、环渤海经济圈以及环黄海经济圈的中心地带，是中国重要的港口、工业、贸易和旅游城市，也是中国东北地区的物流中心、金融中心和外汇结算中心。大连市副市长邢良忠认为，大连独特的区位优势和日臻完善的经贸环境，以及多年积累的时尚氛围为大连发展服装时尚创意产业创造了十分有利的条件。大连是一个用服装“表达心情，诠释时尚”的城市，同时“大连国际服装节”和“大连服装博览会”也为大连带来了不少荣誉。在东北区域创建的知名自主服装品牌有“东北虎”（NE•TIGER）（见图 3-3-21）、“创世”、“桑扶兰”、“碧海”、“亚瑟王”、

图 3-3-21 "东北虎"2008 年高级华服发布

"美欧岚"、"孔翎"、"成吉思汗"、"任平"、"叮特来"、"富哥"、"思凡"、"晨鼠"、"星语"、"衫歌儿"、"卡洛佳"、"幸福女人"、"辽南王"、"好悟得"、"吉德里克"、"美羿"等。

2011 年大连在已有的服装时尚产业基础上启动了一项文化创意产业园区工程，将一座名为"15 库"的 4 层钢筋混凝土结构无梁楼盖体系建筑作为大连创意产业园的大本营。这座历史久远的建筑于 1929 年由日本人设计并建造，在当时是亚洲最大、风格独特、设施最先进的港口仓库。该项目的启动既标志着大连市以实现创意产业的学习、吸收、转化和再创意，来推动"中国（大连）国际服装纺织品博览会"的发展，大力发展服装时尚创意产业和时尚创意产业的新朝向，又将会把东港区打造成为大连中央商务区的新功能分区、航运中心区、邮轮经济核心区和时尚创意园区。

6. 其他区域服装时尚创意产业园区对于自主品牌建设的促进

以上只是中国几个主要区域服装时尚创意与品牌建设的大概情况，除此以外还有诸如河北、湖北、山东等许多地区在服装时尚创意产业与知名服装自主品牌建设上都卓有成就。在全国各地服装创意园区内还举办了各种跨越区域和国际的展会，比如"中国国际服装服饰博览会"、"北京国际缝制设备与辅料展"、"中国针棉织品交易会"、"上海国际服装纺织品贸易博览会"、"海峡两岸纺织服装博览会"、"中国国际女装展"、"中国（深圳）国际品牌服装服饰交易会"、"中国国际缝制设备展览会"、"广东国际服装博览会"、"江苏国际服装节"、"大连国际服装博览会"、"中国国际毛皮时装展览会"、"中国休闲服装博览会"、"中国国际男装展"、"香港时装节"、"中国（虎门）国际服装交易会"、"中国国际妇女儿童用品博览会”等。这些展会在很大程度上促进了一方或者全国甚至是国际区域的经济发展，再由经济发展来推进全国的服装产业与自主品牌的建设。

传统文化底蕴丰厚的少数民族地区在服装时尚创意产业园区与服装品牌建设中，各自以不同的文化资源优势和产业优势来开展文化创意产业工作。内蒙古的重点是建设呼和浩特文化创意产业园、包头文化传媒创意产业园、鄂尔多斯江源文化创意产业园、赤峰文化创意产业园等项目，为全区创意产业园区建设与发展积累经验。云南自1996年提出建设民族文化大省的奋斗目标以来，经过十多年的努力，已经基本实现这个目标。2008年云南的文化产业工作的重点已经转为：全力打造一个内涵丰富的大型文化产业创意基地。以这个大规模的基地为依托，每年参与举办面向东盟国家和澜沧江—大湄公河次区域国家的专业会展3—4个，将国家级文化产业示范基地增加到6—8个……各民族地区文化创意园中的服装服饰区几乎都是园区的重点。云南于2000年举办了我国首届中国民族服装服饰博览会，全面、系统地展示了56个民族服装服饰文化，2008年又举办了以“云南风情”为设计主题，包括创意类和时装类的首届“金鼎杯”青年服装设计师邀请赛，为民族地区现代服饰文化的发展开辟了道路，做出了贡献。四川于2010年已经举办了六届“中国凉山彝族国际火把节彝族服装时尚设计大赛”。随着创意产业的发展，民族地区的服装时尚创意产业园将会不断增加。

7. 中国服装时尚创意与产业园区建设的现在与未来

上文所述的是中国几个主要区域的服装时尚创意产业与自主品牌建设的概况，从中国服装时尚创意产业的历史、功能的概貌来看，2001年之前是中国文化创意产业发展的初始时期，北京、上海、广州等地的时尚创意产业园，只有一个模式——出租房子，并不具备其他的功能，这种状况在近十年来有了很大的变化。但从时尚创意产业链上来看，大多数服装时尚创意产业园依然存在很多不足。现代时尚创意产业园区的定位应是：要有传统文化的创新运用及现代审美的需求，要有第二产业的高端先进制造与传统手工业的技艺形态，并且融合第三产业的商业服务，有模特演示介入、媒体、文化、娱乐等一系列的业态而形成服装时尚创意产业园应有的功能，以及具有鲜明的时代特征。上述许多区域的时尚创意产业与这样的定位之间的差距甚远。服装时尚创意产业园区的发展，应该具备上述与定位相符的条件，使园区与第二、第三产业的相关专业的运营者、创意者（服装设计师）能够劲往一处使，通过共同的努力把东方文化与全球顶级的创意经验、思想资源以及市场结合在一起，使服装时尚创意产业园区真正成为创意的发源地、生产过程的基地，以及包括物联网在内的全球化时代的时尚产业营销交易平台——能满足国际化的、多元多样性的物质和精神生活消费需求的产品与消费者之间的对接平台，使中国的时尚创意产业成为服装品牌强国的成长园地和中国服饰文化走向世界的桥梁。

三、在CHIC平台上推动"名师·名牌"工程建设与服装时尚创意的发展

1. 在CHIC平台上的"名师·名牌"工程加快中国服装品牌建设的步伐

1993年5月，在北京举办的中国国际服装服饰博览会简称"CHIC1993"（以下统一用CHIC加年份的方式表示不同年份的中国国际服装服饰博览会）出现在世人面前。这是由当时的中国纺织工业部、中国对外经济贸易部批准，中国服装研究设计中心、中国国际贸易中心、中国贸促会、中国纺织品进出口总公司联合主办，法国女装协会、法国男装协会、国际羊毛局及香港贸易发展局等单位协办的中国首届服装行业专业盛会。"CHIC1993"刮起了一股强劲的"名师·名牌"的时尚旋风，这次展赛上共有美国、法国、意大利、德国、英国、日本等11个国家和地区的100家厂商、名牌，共计120个展台；国内近300家企业参展；由新疆天山羊绒制品有限公司提供赞助举办了"天山杯"服饰理论研讨会；世界顶级品牌意大利的设计大师瓦伦蒂诺和费雷（Ferre），法国的皮尔·卡丹都分别进行了专场时装表演；在天坛祈年殿前举办的以"时装之夜——世纪风"命名的CHIC大型文艺晚会上，意大利、法国等国家的10名国际顶级模特和从全国26个省市选拔出的200名优秀模特，展示了由中国著名服装设计师以及瓦伦蒂诺、费雷、皮尔·卡丹等世界大师所提供的作品。晚会由中央电视台和美国CNN海外电视台向全世界转播，由法国力克系统公司赞助设立的"力克杯"新闻奖，对国内外96家新闻单位的580多份稿件进行评选，23个单位的84件作品获奖。中国自己的设计师也在此次展赛上崭露头角，在6个国家和地区的200名选手中，"中国风"风光独显。中国美术学院教师吴海燕以富有民族文化意味的作品"鼎盛时代"荣获首届"兄弟杯——中国国际青年服装设计师大赛"金奖。

首届"CHIC1993"平台上新奇绚丽的中外服饰文化、服装品牌赢得了满堂喝彩，在国内外引起了不小的反响。在首届"CHIC1993"期间，仅法国女装协会就组织了14家品牌、企业参展，签订的合同金额是法国女装协会1992年对华全部出口的6倍。上述盛况使尚无文化创意产业概念、品牌发展还处于萌芽期的中国服装界开阔了眼界，也令众多中国服装人产生了发展、振兴民族文化和自主品牌的意识，坚定了发展服装时尚创意产业和品牌建设的信念与决心。

中国服装界的上述活动以及后来各种推进中国服装品牌建设的进程，都与

纺织界的重要人物杜钰洲有密切的关系。1996年初，中国纺织工业协会会长杜钰洲先生巧妙地以“名师工程”制造了舆论风潮，并正式发表了以设计师为中心的产业新战略构想。他没有受到自身是从纺织工业部到中国纺织总会、纺织工业局，再到中国纺织工业协会等部门任职的政府官员职业本分的限制，成为对中国服装产业真正有影响力的核心人物。他主导成立中国服装协会、中国服装设计师协会、中国服装设计博览会、中国国际时装周等行业机构，这些机构的运作，都是一步步妙棋，引导着中国的服装业踏上一级级的新台阶。他站在CHIC平台上，以全球化国际服装发展的视野，心怀对纺织服装产业特有的情愫并以远见卓识的大胆作为，从倡导学习西方的纺织服装科技到促进行业的规模扩张；从倡导促成产业的升级改造到史无前例地将提升产业竞争力的关注点落实到设计师的作用力上，并为整个产业挖掘出一批先锋人物，其中包括被服装产业界誉为“三条硬汉”的郑永刚、张肇达、王新元。

1996年9月，郑永刚掌舵的杉杉集团在杜钰洲的以设计师为中心的“名师工程”的产业新战略构想的推动下，在国内服装界率先进行品牌建设，以400万重金聘请王新元、张肇达两位设计师加入杉杉集团的品牌建设阵营，通过张肇达、王新元一段时间的精心运作，1997年9月1日，郑永刚的北京杉杉法涵诗时装有限公司成立，由王新元、张肇达推出中国第一个女装设计品牌“法涵诗”。尽管由于先天环境的不成熟，再加上后天经验的缺乏，最终使得“法涵诗”有了一段曲折的历史，但作为中国企业与设计师协力推出的第一个设计品牌，“法涵诗”的成立成为中国近现代服装史上最有意义的事件之一。推出“法涵诗”后，王新元、张肇达联手，“杉杉”投入重金打造了当时中国历史上最昂贵的时装画卷——在北京、上海等地举行了“走进东方”时装发布会。“走进东方”时装秀的所有服装设计与制作完全按照高级时装的定制标准——先用坯布做好样衣，随后在模特身上试穿，最后再用从国外进口的豪华面料完成成衣制作（见图3-3-22）。设计师王新元、张肇达的设计智慧与才华成为杉杉集团品牌建设进程中的主要驱动力。郑永刚、王新元、张肇达的合作带动了其后各大企业与设计师的合作，全面推动

图3-3-22 “法涵诗”——“走进东方”时装发布会

了中国服装品牌建设的进程，为中国服装名牌战略确定了发展方向。由此，1997年成为中国品牌自觉意识的升华期、品牌展赛与CHIC平台升级的转折期。

1997年4月中国服装协会成为“CHIC”（自第五届起）的主办单位，有150多家中外企业和院校的代表参加了“CHIC1997”——“世界服装名牌论坛”。在“CHIC1997”上包括吕越、吴海燕在内的多位设计师专场和品牌专场发布达19场次，还有国际设计师的专场发布以及香港贸发局带来的4场主题时装发布。在人民大会堂“走向新世纪”大型时装表演晚会上，50名设计师首次以群体亮相。在“CHIC”上“银璐”、“波芙澜”、“波司登”及面料企业“绿色亚麻”举行了流行趋势发布，展示后的第二天在展位上就有人开始订货，体现出了“CHIC”时装展示对于市场的引领和推动作用。“CHIC1997”的参展商近420家，其中海内展商近300家，海外展商近120多家，贸易成交额共计8.2704亿元人民币，达成合作意向2808项，成交额11.3106亿元人民币。自此，“CHIC1997”有了国际性的定位。此次展赛上，王新元、张肇达与郑永刚携手的杉杉集团及其他一批服装企业集团租用了国际展馆，显示出中国服装企业无惧参与国际品牌竞争的魄力。一些有远见的企业开始把目光投向我国落后的纺织工业面辅料领域。从此，“CHIC1997”响亮地提出“创国际名牌，树国际名师，争取早日跨入世界服装中心行列”的口号，在服装界中达成了“没有名师就难有名牌”的共识。

上述“没有名师就难有名牌”的共识，使1997年一度被行业媒体称为“服装设计师年”。当年“黎明杯”评选出吕越、杜和、吴海燕等10位设计师为第二届“中国十佳时装设计师”，张肇达以其非凡的设计才能成为当代服装界中举足轻重的顶级设计大师，并获得中国时装设计“金顶奖”、“专业奖”、“商业设计师排行第一名”等三项大奖，中国服装设计师的地位自此得到了前所未有的提升。正是上述备受服装业界关注的服装设计名师的评选与“名师•名牌”的共识，使以杉杉集团为代表的一批有远见卓识的企业迈开了以“名师”为主导的服装“名牌”建设步伐，杉杉以400万重金聘请王新元、张肇加入杉杉“名牌”建设行列，成为这一时期推动中国服装品牌建设的主要力量。中国服装企业在懵懂的摸索前行中真正明白了什么是品牌，什么是品牌的核心竞争力，直接加快了中国服装品牌建设的步伐，使得中国服装企业对于主导世界时尚圈的国际时尚标准、游戏规则都有了更加深入的了解，并通过“名师•名牌”工程的建设举措、CHIC、中国国际时装周的平台来与之接轨。“CHIC1997”使得当时已经完成了第一轮的内部积累的中国服装产业，开始进入到真正意义上的时尚创意产业领域之中。

“CHIC1998”明显的特点是，专业性及国际性得到进一步提升。移师中国国际展览中心的“CHIC1998”汇集了各个国家和地区的共计538家服装企业，其中，海外展商有130家。此次博览会上共计租用展位1174个，展出面积达2.4万平方米，与上届博览会相比，厂商增加了三分之二，展位增加了一倍。国内外展商共达成直接成交额 21.95 亿元人民币，意向成交额 32.92 亿元人民币，是上一届贸易成交额的两倍。“CHIC1999”突出的特点是：展览质量提高，CHIC 以市场转变为切入点为自己的专业性、国际性注入了更多的内涵。“CHIC2000”是我国规模最大的一届博览会，展场总面积达到了 3.2 万平方米，达到了世界中等规模的展览水平。此后几届 CHIC 的业绩不断得到提升，并以明确的男装、女装分区展览，完全凸显了中国国际服装服饰博览会国际的专业概念，促使其后品牌细分成为趋势，并开始注重文化塑造，在中国服装界这些重大举措的背后都潜藏着王新元与张肇达等一批品牌建设先锋们用智慧与才华对“名师·名牌”工程的建设与服装时尚创意的有力推动。

通过多年“名师·名牌”工程的建设、CHIC 以及中国国际时装周平台对自主品牌的推广，在“CHIC2006”上不仅国内的自主品牌越来越多，国内的相关地区以及国际上的服装企业和品牌还以展团的形式亮相，香港特别行政区、澳门特别行政区和意大利、德国、法国、西班牙、韩国均组团参展。其中，香港展团是最大的展团，参展商数量近 100 家，展出面积 9600 平方米，相比上一届增加了 24%；意大利展团的展出面积为 2300 平方米；德国也首次以国家展团的形式参展。韩国和西班牙也分别以强大的阵容组成国家团共同参展。至此，CHIC 作为中国服装产业规模最大、档次最高、专业性最强、辐射面最广、影响力最为深远的服装展会，已经成为国际化的服装专业展会。它是中国服装产业辉煌发展与服装品牌建设最直接、最强有力的推动者。中国企业和设计师们创建各种自主品牌在这个国际化运作的舞台上，搭建了创意、贸易的广阔平台，获得的了自身的提升。

从 1997 年至 2007 年的 10 年间，CHIC 的规模不断地在扩大。随着中国加入 WTO 及国内市场的逐步开放，在服装领域，越来越多的国际大牌凭借在品牌、资金、管理、物流等多个领域的明显优势来占领中国市场。CHIC 针对这种状况创新性地举办了系列活动，力求解决中国服装产业发展中所遇到的一些难题，并使中国服装品牌建设在整体上取得了巨大进步。但同时，一个不得不指出的事实是：中国服装品牌在国际范围内的“群体话语权”还远未形成。

“名师·名牌”工程在伴随着中国服装设计博览会与中国国际时装周的进程中，集结了像王新元、张肇达等具有国际水准的职业服装设计师队伍，加快了中国时尚产业、服装品牌建设的步伐，中外各品牌在国内各区域以及 CHIC 上的发布展示（图 3-3-23、图 3-3-24）说明了这一点。CHIC 在不断倡导设计与产业相结合的主题性引导以及舆论的推动下，设计师开始从抽象的服饰艺术表现转向具体的成衣设计实践，成衣生产企业也开始意识到在产能扩张、价格大战和广告推销之后以及在全球化金融格局的变幻中，需要以自主品牌的建设来应对国际化品牌竞争时代的来临。

图 3-3-23 部分中外品牌与著名设计师在 CHIC 上的发布作品

图 3-3-24 部分中外品牌与著名设计师在 CHIC 上的发布作品

2. 在 CHIC 平台上提升品牌的内涵与品质

中国纺织工业协会会长杜钰洲先生在 CHIC 平台上提出并实践了“名师工程”的策略之后，又提出了纺织服装行业升级与科技贡献率，以及将民族文化创意、时尚文化、设计文化与国际视野结合的产业实践的倡议，不断促进中国服装时尚创意产业的成长。

2003 年 11 月 21 日，中国国际时装周在北京饭店举行了隆重的开幕式。深具才略的中国服装设计师协会主席王庆接受新浪网“伊人风采”栏目采访时说：“此次时装周最大的特点就是体现了本土文化。”他同时表示：“参加时装周的基本要求是要有品牌设计能力和创意能力，可以体现时尚性和自己的设计风格，服装公司必须要有自己的设计师。”他还说：“以前刚温饱的时候，人们追求的就是单一的服装，而随着经济和服装业的发展，人们追求的就是时尚了。国内的品牌不能仅限于生产单一的服装产品，同时要加强装饰品的点缀、鞋帽的搭配，等等，给人们展示出一种全新的生活方式。”他所提的要求正是中国服装走向国际必须具备的基础。由于中国的服装品牌建设需要以人才为支撑，因此，此次时装周特意集中安排了大量的专业大赛，全面展现设计师的设计创意和市场运作能力，希望通过大赛观摩成熟品牌的设计、运作方式，给业内的新人提供一次交流、学习、成长的机会。使青年设计师能够意识到设计要为产品服务，设计产品需要有准确的消费群体定位，并建立自己的营销网络，通过良好的营销手段等机制使设计能与市场衔接，从而建设属于自己品牌的渠道。使青年设计师真正了解品牌运行机制，从而能够提升服装时尚创意的水平，推动品牌的建设与发展。

经过上述的稳步发展，中国服装业渐渐进入提升期。使中国服装业在跨越2007年至2009年的全球金融危机中，保持了一定的发展势头。在此期间，中国服装时尚创意、服装品牌建设被提到应对全球金融危机、发展服装产业的正式日程上。2006年，连续举办了十四届的“CHIC2006”已经发展成为具有国际水准的服装专业展会，2011年的“CHIC2011”更是跻身全球三大专业服装展会。在这样一个国际级别的中国服装时尚创意及品牌展赛平台上，各路英雄蜂拥而至，有来自意大利、法国以及中国内地、港、澳、台等19个国家和地区的1000余个国际、国内服装服饰品牌；有大企业云集的男装馆、时尚动感的休闲装馆、创意水平不断提升的羽绒馆、趣味活力十足的童装馆、优雅亮丽的女装馆和魅力四射的海外馆以及时尚饰品、“设计师廊”等11个馆区，共同构成了一道华丽的文化创意风景线。同期举行的还有中国服装论坛、中国服装品牌年度大奖等若干秀演、颁奖、论坛活动；“杰克——第七届中国服装品牌年度大奖”活动共选取了15个省市中的10条重要商业街，以及100余家重点亿元商场，作为商业覆盖率调查的对象。活动体现了对服装“文化·创意·价值”这一核心概念的拓展。自2004年至2011年，已经评出“大奖”品牌38个，获提名奖品牌79个，参与活动品牌265个，它们在中国新时期自主品牌中争奇斗艳，在国际品牌环境中跃跃欲试。中国著名的自主品牌和新兴自主品牌的设计者作为时尚的发现者、探索者与实践者，经由“CHIC2011”这个平台站在了新的起点上，以“发现、探索、实践”的眼光，在“CHIC2011”这道华丽的风景线上对品牌进行自我审视，全面认识到了竞争对手存在的意义以及竞争的本质，进而在竞争与创意中去除了稚气而平添了成熟，促进了品牌的内涵与品质的提升，渐显自主品牌的底气和实力，逐渐拥有更多的资历、话语权和影响力，进而树立市场运行规则。使中国的服装产业向着服装品牌推广、市场开拓、创意展现、潮流发布、财富创造、资源分享、国际交流及拓展的方向提升与发展。

四、在中国国际时装周等平台上服装品牌与文化创意异彩纷呈

1. 中国国际时装周等平台上服装时尚创意与品牌的千年贺岁

中国国际时装周与具有国际性定位转折的“CHIC1997”同步创办。谈到创办中国国际时装周的缘由时，中国服装设计师协会主席王庆笑道：“仅仅是因为苦于生计，却没想到效果不错。”当时，中国服装设计师协会面临着缺粮无饷且债务缠身的艰难局面，首先考虑的是如何生存。穷则思变，在中国服装设计师协会的倡导和鼓励下，在中国第一代职业时装设计师的共同努力下，首届中国服装设计博览会于 1997 年 12 月 5 日在北京拉开帷幕。那次博览会共举办了 4 个专场发布会和 5 场联合发布会，设立并推出中国时装设计“金顶奖”，7 所时装高校、122 位设计师、80 家成衣及面料企业参加了展览。张肇达荣获首届中国时装设计“金顶奖”，吴海燕名列媒体排行第一名。

中国服装界通过“创国际名牌，树国际名师”的“名师·名牌”工程，通过“CHIC”的专业展会活动，通过中国国际时装周的举办，正如上文（195 页）介绍的那样，由于服装设计师的出色设计表现，1997 年一度被行业媒体称为“服装设计师年”。中国服装设计师的地位得到了前所未有的提升，中国服装时尚创意和服装品牌建设得到空前的发展。除了上文介绍各种活动和成就外，在这届中国国际时装周上还有如“中国妇女百年足迹图片展暨现代妇女服饰展”等十多项展事，以及第三届“新人奖”中国青年服装设计作品大赛和“中纺杯”、“衡韵杯”、“翔豹杯”、“富爵杯”、“胜家日钢杯”、第三届“中国模特之星”等赛事与研讨颁奖活动。

与中国国际时装周推动中国服装品牌建设活动互为呼应的另一件具有历史意义的事件是，1996 年杉杉集团不仅以百万重金聘请王新元、张肇达两位设计师构筑“杉杉”品牌；1997 年又斥巨资聘请境外公司率先为自己引入 CI 系统，使企业品牌形象迅速提升。郑永刚推动品牌提升的举措也促使国内服装品牌的经营者们开始思考品牌、管理、创意等现代品牌的价值构成。在“CHIC1997”和中国国际时装周的推动下，中国服装人日渐接受“创国际名牌，树国际名师，争取早日跨入世界服装中心行列”的倡议并纷纷开展创立自主品牌的各项工作，拥有自己品牌的“名师”，在世界范围内创建自己的“名牌”成为中国服装人的工作理念和事业共识。1997 年 12 月 8 日，“益鑫泰”中国国际服装设计大赛最高奖在北京人民大会堂宣布设立，同日，中国服装设计师协会时装艺术委员会在北京成立，首批艺术委员签署了艺术委员公约。确立“T 台秀场”在品牌推广和流行发布中的主导地位，迈出了中国时装业国际化进程中的坚实一步。

1998 年 4 月 11—17 日，以“1998 中国名师品牌服装发布周”为名，举办了第二届“中国国际时装周”，推出 11 场时装发布会。时装周上的第三届“黎明

杯”中国“十佳”服装设计师评选和“益鑫泰”中国（国际）服装设计大赛最高奖评审成为服装界的关注热点。此次时装周在全国范围内推出了由中国优秀服装设计师主持设计的十大服装品牌，为消费者提供流行信息，使消费者和广大服装企业感受到了设计师的时尚创造力在服装名牌创立中所起的灵魂作用。同年12月18—22日，以“1998中国时装周暨第二届中国服装设计博览会”为主题，举办了第三届“中国国际时装周”，推出主题为“时尚与产业升级”的17场时装发布会。法国高级时装公会新任主席迪迪埃·格巴克应邀出席开幕式。在时装周上最精彩的一幕是刘洋与著名“七匹狼”品牌合作，进行男装改良创意设计，并以一场别开生面的，名为“‘与狼共舞’——‘七匹狼’刘洋男装发布会”的精彩发布，使刘洋荣获了第二届中国时装界最高奖项“金顶奖”。这一年，由于刘洋将羊绒、针织通过设计引入时装品类中对男装的改良创新，使羊绒、针织在时装品类中的创意设计，吸引着消费者的眼球，刘洋自然成为设计师中最火的一个，他不但第二次获得中国十佳服装设计师称号，同时还获得中国服装设计师商业排行第一名、中国服装设计师媒体排行第一名、中国服装设计师最佳男装设计奖。在这一届中国国际时装周上除了刘洋获得“金顶奖”外，“赵卫国名列专业排行第一名；刘洋、赵卫国、乔以以、吴简婴、刘平、房莹、肖渝、张继成、高巍、曾维当选第四届中国十佳时装设计师；马艳丽、娟子、小爽分别荣获“江汉杯”首届中国时装文化奖最佳职业时装模特、最佳时装摄影师和最佳时装评论员。”

1999年3月22—27日，以“1999中国名师品牌成衣周”为主题，举办了第四届“中国国际时装周”。时装周推出了14场时装发布会，其中包括第二届“益鑫泰”中国（国际）服装设计大赛最高奖、中国模特之星大赛、第七届“兄弟杯”国际青年服装设计师作品大赛、中国时尚巡礼——名师、名牌高级成衣发布等系列活动。众多设计师率领的品牌在时装周的平台上，体现出中国服装业走上了文化创意、举名师、树品牌的发展道路。尤其在该届“兄弟杯”上，来自世界34个国家和地区的设计师作品的文化创意，包含了极强的民族性、包容了各国的历史文化、蕴涵了传统文化精神内涵的沉淀，呈现出既高雅华丽又不失简洁大方的时尚风貌。同年12月2—7日，以“1999中国时装周暨第3届中国服装设计博览”为主题举办了第五届“中国国际时装周”。时装周推出了28场时装发布会，包括联合国教科文组织和中国服装设计师协会联合举办的、来自32个国家的112件作品组成的“雅致中华”生活设计大赛北京展示会。还有“天兰杯”佐佐木住江教授来华讲学十周年教学成就展示会，中国服装协会和美国福特模特公司共同举办的第二十届世界超模大赛总决赛，以及第五届中国服装设计“新人奖”获得者作品的静态展示发布。

综上所述，1999年，在中国国际时装周上的诸多国内设计师凭借日渐成熟的自主品牌的建设理念，顺应多元化时尚潮流发展趋势，以各种不同的风格在T台上争艳，取得了以时尚创意、举名师、创名牌的阶段性成就，为千年贺岁，为20世纪中国服装品牌建设的里程划上了圆满的句号，以新的姿态迎接新世纪的到来。

2. 中国国际时装周等平台上百卉千葩的新世纪服装时尚创意

21世纪伊始，中外服装品牌纷纷登上中国国际时装周的平台，展现各自的精彩身姿。21世纪最初10年的中后期，中国服装协会、中国服装设计师协会又提出了建设纺织科技强国、建设中国纺织服装品牌强国、建设中国纺织服装业人才强国的发展目标，使中国在低碳经济、循环经济、绿色经济领域有所创造、有所作为，树立纺织服装品牌强国的信心。

21世纪的首次（第六届）中国国际时装周于2000年3月27—31日举行，时装周以“2000/2001秋冬中国服装流行趋势发布”为主题，举办了以“蓝色随想”、“都市沼泽”、“世纪序曲”、“意遐闲韵”命名的四大主题时装发布会，表现了新世纪科技、信息飞速发展对人们生活方式、生活态度的影响，引领了21世纪第一个秋冬的纺织和防寒服流行趋势，预言了下一季服装的流行风格。在静态展示中，发布了配合创意设计趋势的100余种各具特色的面料、图文并茂的服装流行新概念，在综合众多优秀服装设计师提案的基础上，分析了21世纪初国际时尚动向并编制了中国服装流行趋势报告，此举完善了对中国服装时尚市场研究与消费的引导。

2000年12月8—13日，以“2000中国国际时装周暨第四届中国服装设计博览会”为主题，举办了第七届中国国际时装周（正式的“中国国际时装周”的名称从此出现）。该届时尚巡礼包括“流行趋势——名师名牌时装发布会”、“风格在线——优秀设计师时装发布会”、“创意空间——青年设计师作品发布会”以及中国服装设计博览会和中国时装设计师年会。其中来自法国、意大利、日本、新加坡、美国的7位设计师和24位中国设计师共举办了28场时装发布会。

2000年是新旧世纪交替之年，在中国国际时装周上深圳和杭州的新一代设计师与品牌所展现的实力，表明中国服装品牌尤其是女装品牌的产业集群地正在形成。曾经辗转于“逸飞”服饰、中服集团的祁刚26岁横空出世，以前一届的“骊骚”专场发布和本届“惊谷”专场发布，获2000年度“中国十佳时装设计师”以及“媒体排行第一名”，他不断地传承民族文化为其所在的品牌企业进行开拓性时尚创意设计。2008年，祁刚的“天色”系列作品，别具一格地以隐喻中国现代艺术，风格大胆前卫的创意思路，通过丝绸、棉麻等天然材料和高科技面料以及提花印染、刺绣、珠绣，再造肌理，时尚色彩，精细工艺来体现奢华、妩媚的艺术形象（见图3-3-25），问鼎了第十二届中国时装界最高奖项“金顶奖”。

图 3-3-25 祁刚别具创意的高级时装设计“天色”

中国服装界以“2000/2001 秋冬中国服装流行趋势发布”和“2000 中国国际时装周暨第四届中国服装设计博览会”为铺垫，踏上新世纪最初十年中国国际时装周的平台，开始中国服装品牌建设的新征程。

21 世纪初，以“2001/2002 秋冬中国服装流行趋势发布”为主题，举办了第八届中国国际时装周。引人关注的女装流行趋势“话经典”、“梦田园”、“享华美”等四大主题，男装流行趋势“追溯经典”、“感受自然”、“再现优雅”等四大主题，“波司登”防寒服专题，“七匹狼”休闲装专题、“沙溪”休闲装十大品牌专题等发布会的时尚余韵未消，第九届中国国际时装周又于 2001 年 11 月 29 日至 12 月 3 日拉开了序幕。其时有 22 位中国设计师和 8 位分别来自法国、意大利、新加坡、韩国的设计师共同举办了 29 场时装发布会。在推动“名师工程”和“名牌战略”实施的过程中，在中国国际时装周上连续四年举办时装发布会的时装设计师和连续三年举办时装发布会的服装企业，受到中国服装协会、中国服装设计师协会的联合表彰，并分别授予他们“名师勋章”和“名牌勋章”。此项表彰活动极大地推进了新世纪服装时尚创意活动的开展。

2001 年 12 月 11 日，中国正式加入 WTO。第九届中国国际时装周贴切而合乎时宜地提出“民族文化和国际时尚”号召，把“中国的·国际的”服装品牌强国建设提到行重要的位置上。“东北虎”品牌打造的“2001 中国国际时装周闭幕式颁奖典礼暨《虎啸京华》东北虎皮草之夜”预示着中国国际时装周的主体开始以设计师和品牌并重。其时，中国服装业经过 20 年的规模扩张，已经建立起全球最大的成衣加工体系，形成规模的服装企业约有 4.96 万家。2001 年梭织服装产量 112 亿件，出口额 366.5 亿美元，创下自 1994—2001 年连续 8 年位居世界第一的纪录；2001 年国仅内衣类商品零售额这一项就创下了 37595 亿元的纪录。如此辉煌的成绩依然掩盖不了全球化与中国服装全盘西化所导致的中国服饰文化缺失、自主品牌缺失、品牌市场话语权缺失等问题，这给“入世”的中国服装界带来了机遇与挑战。中国服装界为应对这一机遇与挑战，开始进入了漫长的企业转型、升级、调整，民族文化时尚创新“名牌战略”时期。

2002年11月21—28日，在第十一届中国国际时装周发布会期间，“‘杉杉杯’第八届中国时装设计新人奖”评选揭晓，“名师·名牌”工程得到了更多的关注。中国服装设计师协会和日本时尚协会、韩国时装协会领导决定共同发起成立“亚洲时尚联合会”使中国在亚洲的时尚话语地位得到了提升；本届发布会还吸引了3家意大利成衣品牌的加入，说明加入WTO后的中国市场引起了国际服装业更广泛的关注。

在第十一届中国国际时装周之前，张肇达的品牌“马克·张”品牌已经上演多场高级时装压轴大戏；郭培的“玫瑰坊”品牌、广东省的“名瑞”（FAMORY）品牌、张志峰的“东北虎”等设计师品牌与企业品牌的高级定制也在此后纷至沓来，构成中国高级定制的风景线。

在中国的高级定制领域，郭培被誉为“中国高级时装定制第一人”。作为中国服装设计师协会理事、时装艺术委员会委员，郭培对中国的高级定制、设计师品牌的发展充满信心，早在1996年，她就成立了中国最早的高级定制品牌“玫瑰坊”，开始成为中国高级制定的最早推动者。她以自己扎实的设计功底、非凡的艺术天赋和对服装事业的热爱为强大的动力，将文化创意的智慧凝结在绚美绽放的高级定制设计里。她于2006年在中国大饭店的会议大厅举行的“GUOPEI2007高级时装发布会”为范冰冰等名媛量身定制的红毯高级礼服、为奥运会设计的颁奖礼服成就了中国高级服装定制——“玫瑰坊”时装王国的绚丽殿堂。21世纪开始的10年，她以“只有腐朽才会重生”的万物“腐朽之色”为主色，以“轮回”为主题发布的“一千零一夜”高级定制时装，2010年“宝马魅力中国行——‘怜香伴’郭培昆曲时装作品发布会”为服装界打造了绝美的视觉盛宴；2012年，其“民族文化·时尚创意”进入巅峰状态，“龙的故事”发布会，整体设计气势磅礴，情境圆融，语言自然精练，神韵如天生化成，形象鲜明而绮丽丰华。“龙的故事”以及以往的各个发布会，都以大成本、大制作，让人眼花缭乱、目不暇接。

如今的“玫瑰坊”立志与路易·威登、香奈尔、卡地亚等国际知名品牌比肩而立，郭培和她的“玫瑰坊”无疑代表着中国高级定制的高水准（见图3-3-26、图3-3-27、图3-3-28、图3-3-29）。

通过21世纪最初10年中国国际时装周的推动，以及郭培等诸多设计师的不懈努力，中国的高级成衣、高级定制这个与特定消费群相适应的服装品牌概念、方式逐渐形成。然而，由于至今在中国国际时装周上高级定制品牌与其他时装品牌的发布会仍未分开进行，因而对高级定制品牌的发展造成了一定的影响和限制。由此可见，从推动高级定制品牌的发展角度而言，中国国际时装周等各种平台的空间还有待进一步开拓，规则有待进一步完善。

图 3-3-26 郭培“玫瑰坊”——“童梦奇缘”高级时装发布会作品

图 3-3-27 郭培“玫瑰坊”——“轮回”发布会压轴作品“大金”（左图）、“一千零一夜”发布会作品（右图）

图 3-3-28 郭培“玫瑰坊”——“一千零一夜”发布会作品

图 3-3-29 郭培“玫瑰坊”——“龙的故事”发布会作品

2003年，中国国际时装周通过六年的探索、实践与发展，特别是第九届（2011年）中国国际时装周提出“民族文化和国际时尚”号召以来，中国国际时装周成为本土文化与国际时尚进行融合，以及中国时装界开展国际合作的最佳平台，并且成为国内时装企业和时装设计师品牌经营的高地。在此背景下，2003年3月24—9日，以“2003/2004秋冬系列发布会”为主题的第十二届中国国际时装周开幕之日，由美国诺帝卡（NAUTICA）赞助设立的“朱钦骐/诺帝卡创意基金奖”评选揭晓，罗峥获首届“朱钦骐/诺帝卡创意基金奖”。次日，“汉帛奖”第十一届中国国际青年时装设计师作品大赛在北京举行，参赛人数创历史新高，显示了中国服装创意人才辈出的气象。此次时装周按类别所设立的“时尚男装”、“时尚女装”、“时尚精品”等，显示出中国国际时装周已经成功地走上分季、分类举办的国际化轨道。

第十三届中国国际时装周于2003年11月20—26日举行，其时恰逢中国服装设计师协会成立十周年，国外知名卖场的代表，如法国老佛爷百货公司（Galeries Lafayette）的艺术总监等作为特邀评委出席此次中国国际时装周，由于中国的消费市场已经成为全球的“时尚营销重地”，国外时装界也期望更多地参与到中国的时尚活动中。从2003年第十三届“中国国际时装周”开始，建立了每年分别于3月、11月举办秋冬系列发布和春夏系列发布的机制。此举标志着中国服装设计界一个新时代的开始，它一方面可以按照国际规则提前发布我国纺织服装业“新设计、新产品、新技术、新形象”的创新成果；另一方面体现了中国国际时装周的运行规则已经全面与国际接轨，能够利用时装产品的季节性特征来进行品牌经营和消费引导，促进了设计与产业的结合，提高了服装及时尚业的创新能力。

第十四届中国国际时装周“2004/2005秋冬系列发布会”于2004年3月28日—4月3日在北京举办，共有22场流行趋势、中外知名品牌发布会，以及“汉帛奖”第十二届国际青年设计师时装作品大赛、“浩沙杯”首届中国泳装设计大赛、“益鑫泰”第五届中国服装设计最高奖评奖等系列活动。本届时装周成为时装周历史上第一次有了与时装产业相关的其他时尚类别的参与：中国美发美容协会和北京吉米色彩艺术传播有限公司，分别发布2004年时尚发型彩妆流行趋势和2004年“吉米”彩妆流行趋势。从中可以看出，中国的时尚业发展，已经从单一的时装引领，转向多元化的共同发展。在这次时装周上，北京服装学院2004届毕业生举行的作品发布会，成为第一次迈进时装周大门的国内专业院校的代表。这是因为时装周的组织者和中国服装时尚产业的引领者们，意识到了人才是品牌竞争的核心，是企业成功的关键，因此史无前例地为青年设计师提供了一个提前在国际化的舞台上检验自己能力的机会，并以此作为培养中国服装设计、品牌建设后备人才的重要举措。

第十五届中国国际时装周于2004年11月19—25日在北京举行。在发布之前，谢锋、罗峥、梁子等5位著名服装设计师代表5家在业界有影响的设计师品牌企业共同签署了《中国服装设计师协会品牌委员会倡议书》，此举宣告中国服装设计师协会品牌委员会正式成立。在第十五届中国国际时装周期间适逢“法国文化年”在中国举行，由法国高级时装公会和中法文化年委员会隆重推荐的一批法国新锐设计师到中国国际时装周进行交流展示。此次广泛的商业合作与文化交流意味着中法两国服装界和时装业的紧密合作进入到一个新的时期。

在随后的几届中国国际时装周中，“威鹏杯”、“浩沙杯”、“三利杯”、“天意杯”等纷纷多次举行大赛；“浩沙”、“绅绮136”、“利郎2006Manhunt”纷纷举行中外模特大赛；“波司登”防寒服、“威鹏”牛仔装、“爱登堡”商务休闲男装、“浩沙”内衣、“威兰西”女裤、“云敦至尊”男衬衫和“吉米”彩妆等7个主导品牌争先进行流行趋势发布；来自海内外的 “Y&CI”、“梦舒雅”、“庄吉•LoroPiana”、“红杉树”、“GAS”、“汉宋”、“Elegant•Prosper”、“HYBRIS”等知名品牌举办了多场发布会。此外，还举办了“品牌经营峰会”、“生活艺术沙龙”和“大学生辩论会”；“中国服装设计新人奖”、“中国十佳时装设计师”以及“汉帛奖”国际青年时装设计师作品大赛、“益鑫泰”中国时装设计大奖的评选也一一揭晓；著名设计师张肇达获年度“最佳女装设计师”奖和第九届中国时装设计“金顶奖”。

中国国际时装周在始终高举“文化传承、品牌、时尚、创意”旗帜的同时，坚持以设计为突破口，积极推动服装产业升级和生活创新，时装周的T台充满鲜花和掌声。特别是在2006年的第十九届中国国际时装周“2007年春夏系列发布会”上，时装周的舞台为民族文化与流行时尚的融合提供了一个广阔的空间。众多品牌打出民族旗号，将大量民族文化、元素融入在设计当中，设计师们不仅以浓厚的文化底蕴赋予了布料、配饰以鲜活的生命，更是以传统文化的魅力洗礼了世人的精神世界。在这次时装周上，五位俄罗斯设计师、两个意大利品牌、一位日本设计师所带来的精彩的异域时尚发布，不仅让中国的服装从业者看到了最新的国际流行时尚，也看到了自己潜藏已久的实力。

2006 年，在中国设计师品牌当中，罗峥的欧柏兰奴（OMNIALUO）已经在中外时尚界平台上走过了十余载。此时，罗峥以她长久以来在民族文化时尚创意上的实力积淀，将美轮美奂的蝴蝶生命变换为创意灵感，以蝴蝶兰花为内涵，将蝴蝶兰花幻化成为品牌服装的灵魂与生命力，设计出内质张扬、外表高贵不凡的“灵魂‘21 克’”主题系列服装，为其欧柏兰奴品牌创造了一个艺术气质非凡、意象丰满、笔调流畅的时尚世界。2006 年 11 月，在“中国国际时装 2007 春夏发布会”上，“灵魂‘21 克’”主题系列服装的成功发布，为欧柏兰奴摘取了第十届中国时装设计“金顶奖”（见图 3-3-30）。这似乎预示着中国服装自主品牌与设计师品牌的先锋，将要进入一个深化品牌文化创意、赋予品牌灵魂的品牌文化建设的“蝶变”期。

图 3-3-30 罗峥获中国时装设计“金顶奖”及蝴蝶兰花幻化成的“灵魂‘21 克’”作品

2007 年 7 月 29 日晚，中国国际时装周十周年庆典活动上公布了由服装业界人士投票选出的中国顶级服装设计名师——“中国国际时装周十大设计名师”，其中 9 位是中国时装设计“金顶奖”的得主，他们是张肇达、吴海燕、计文波、罗峥、刘洋、武学凯、房莹、武学伟、梁子，他们都是中国服装时尚创意设计领域的先行者，也都是自主服装品牌建设的先锋。

2009 年 3 月 24—30 日，“中国国际时装周 2009/2010 秋冬系列”的时尚流行趋势发布会在京举行。时装周的重点是自国内外的近20个知名品牌的发布会。清华大学美术学院、北京服装学院以及浙江理工大学服装学院等国内知名院校也分别举办了2009届时装设计毕业作品发布。由中国服装设计师协会和绮丽集团有限责任公司共同主办的“绮丽杯”第十五届中国时装设计“新人奖”，在来自全国44所高等专业院校的50位设计新人之间展开角逐，从大赛的众多优秀作品中可以看出各届“新人奖”在服装时尚创意人才培育上的突出成就。此外，本届时装周的重要组成部分，“汉帛奖”第十七届中国国际青年设计师时装作品大赛、“威丝曼”2009中国针织时装设计大赛总决赛，也陆续隆重推出。时装周中举办的各类赛事作品的突出亮点是更加注重环保和低碳。在本届时装周做品牌发布的20名设计师中，除了4位外籍人士外，其他均为国内设计师，他们几乎都有在海外学习国际时尚设计的经历。上述种种，昭示了中国服装业“中国制造”旧历程将逐步结束，“中国创造”新征程开始，它引起了中外强势媒体的高度关注，越来越多原先奔波于巴黎、米兰、纽约等时装周的专业记者出现在北京；越来越多的网络和平面媒体刊登了关于“中国国际时装周2009/2010秋冬系列”的各种评论。由此，我们回想《ELLE》进入中国第一年时，整本杂志都是从外国翻译来的文字，翻开今天的《ELLE》，已经有80%的内容来自中国，中国开始与世界一起创造新的时尚审美观。毕业于哈佛大学的美国人Parent，于2009年在上海创立了中国时尚集团，代理了25个名不见经传的中国本土设计师品牌。

上述中国国际时装周与中国本土设计师品牌的发展情势，不断激发着设计界新生设计师力量的蓬勃发展，21世纪的最初10年，他们在各种类型的中国文化创意潮中乘势涌动，活跃于中国国际时装周的各种赛事，各季“魔法天裁”、各届“创意星空”、各届 “COCOON杯”中国国际女装设计师大奖赛、各届“汉帛奖”中国国际青年设计师时装作品大赛之中，并频频展现出他们的无限设计才华。以“汉帛奖”中国国际青年设计师时装作品大赛为例，2009年，青年设计师陈嘉慰，从彝族在招待客人时穿着的一组服装照片中获得创意思路和设计灵感，通过服装上的面、褶皱的线条，配饰、面料、肌理的设计效果，使设计作品散发出欢腾的意境，由此构筑出的“点—线—面”系列作品，从来自21个国家的1738件参赛作品中脱颖而出，获得了由中国服装设计师协会和汉帛（国际）集团主办的第十七届“汉帛奖”中国国际青年设计师时装作品大赛金奖（见图3-3-31）。

2010年，作为中国国际时装周“2010/2011秋冬系列发布会”开幕式的“汉帛奖”第十八届中国国际青年设计师时装作品大赛，于3月25日在北京饭店宴会大厅举行。与往年一样，在国际选手云集的赛事中，中国青年服装设计师张碧钗，以民族文化为创意设计的主线——对精美华丽的唐卡、频频而出的繁复装饰与禅意的体悟中生发出对禅宗净道的情境与创意设计的情缘……她采用半剪、半镂、半浮雕的艺术手法与丝绸材料营造出具有东方韵味、清秀立体的现代时尚品性，宁静的禅意、人性精神之旅的系列服装作品——“释禅”，一举获得第十八届“汉帛奖”中国国际青年设计师时装作品大赛“金奖”（见图 3-3-32）。

图 3-3-31 陈嘉慰 民族服饰文化元素创意作品“点—线—面”
获第十七届“汉帛奖”中国国际青年设计师时装作品大赛“金奖”

图 3-3-32 张碧钗“释禅”获第十八届“汉帛奖”中国国际青年设计师时装作品大赛“金奖”

纵观 21 世纪以来，在中国国际时装周等各种时尚创意平台上，一批批青年设计师得到了磨砺，成长为新的时尚创意先锋。

尽管中国的服装品牌建设在 21 世纪最初的 10 年展现出了时尚创意的新景象，但在辉煌的背后，中国服装人经历了各种磨砺与考验，特别是经历了 2007 年至 2009 年的全球金融危机，OEM 服装企业或消失，或与时俱进，涅槃重生；部分文化底蕴丰厚的原有自主品牌，则在本土与国际的交融中审天时，度地利，飞速发展，初步具备了逐鹿于国际市场的能力。大批新的设计师品牌在不断崛起并快速发展，它们不仅没有受到国际金融危机所导致的市场低迷的影响，相反还为传统产业的转型与文化创意产业的发展带来了勃勃生机。同时，中国服装协会和中国服装设计师协会不失时机地倡导以文化创意带动自主品牌的建设，以此来应对国际化品牌竞争时代的来临。中国纺织服装界从2008年开始，一方面推动CHIC的深入发展，一方面力推“时尚创意空间”活动，全力举办“CCDC中国时装设计创意大赛”，王汁、计文波、刘芳等许多中国时尚创意先锋，在大赛中一展自己的创意才华。同时中国服装协会与法新时尚国际机构联手，将CCDC中国时装设计创意大赛评审选拔出晋级代表直接邀请参加次年在巴黎举办的“China in Paris 中国当代创意Showroom”商业项目活动，使系列活动形成一个反复整合利用国内国际资源的良性循环的商业模式。

2012年2月29日，CCDC中国时装设计创意邀请赛如火如荼地进行到第五届之际，由中国服装协会与法新时尚国际机构联手主办的“2012年China in Paris”酒会再次在巴黎Salons France-Amériques举行。亲临现场的有法国高级时装公会主席迪迪埃·戈巴克（Didier Grumbach）等数百位嘉宾。他们一起共襄未来，一起见证中国设计师与巴黎顶级设计师的精彩交流，实现强强联手，实现中国设计师商业落地的盛举。在“2012年China in Paris”的活动中，法新时尚国际机构与国际专业买手机构“COPAIS”正式签约。施杰、刘芳、张文辉、蒋彦、朱雯、刘海程、詹文舒等新锐设计师作为中国时装设计的代表，参加本届中国服装协会联合法国高级时装公会、法新时尚机构、高端买手等推出的“China in Paris 中国创意在巴黎”的现场展示。他们各得其所，其中朱雯成功签约中国本土品牌“柏堡龙”(Bobaolon)，而刘芳则成为首位在Showroom里签约的中国设计师，使以她为设计总监的国内知名羊绒品牌“帕罗”（Paluopo），帕罗高端设计师品牌线“Paluopo by Liufang”在国际上获得关注和话语权。

获得2007年“中国十佳时装设计师”称号、“最佳女装设计”奖，2009年再次获得“中国十佳时装设计师”称号，同时还获得“最佳羊绒品牌设计奖”的刘芳，又于2010年和2011年两度参加CCDC中国当代创意设计邀请赛，两度分获“最受传媒关注奖”和“针织创新奖”殊荣，成为《SURFACE》（美国）向国际平台推介的“最受关注中国六位新锐设计师”之一。由此，刘芳有了两度作为中国时装设计师的代表参加 “China in Paris”巴黎现场展示的机会。以中国国际时装周作为创意成果发布平台，以CCDC中国当代创意设计邀请赛作为桥梁走向国际后的刘芳，具备了更高的“中国的·国际的”时尚视野。刘芳的这个时尚创意历程也是她不断开拓自己的羊绒设计事业的过程，使她执掌设计总监的帕罗品牌，在短短的四年时间内，就成为在一线市场占有率名列国内同行前三位的羊绒时装品牌。与此同时，她确定了通过国际平台推动商业项目落地的规划，更加注重钻研针织时装工艺技术和设计文化，终于迎来了设计事业的亮丽转身。2012年9月26日，刘芳携带帕罗高端设计师品牌线“Paluopo by Liufang”的设计作品亮相“2013春夏巴黎时装周”，成为继谢锋、马可等设计师之后登上巴时装周的又一位中国设计师。

刘芳首次在2013春夏巴黎时装周上发布的系列作品，将中国式的思维融合到欧洲的审美系统之中。她以“流动的线条”为主题的“白色哥特系列”，在一件件纯白色的、外观大气舒展的羊绒时装上，设计出通透的镂空与预留的空白，还有立体的折裥，层叠、旋转、缠饶的肌理，不经意地裹挟着硬朗的、层叠的、流动的、符号性的线条，强化出抽象而唯美的未来主义雕塑风格，形成奇特的情境与视觉张力。在静态中，整个系列羊绒时装展现出硬朗的建筑轮廓感，呈现出3D雕塑感观。在T台上通过模特的身姿情态、步伐节律对服装精神内涵的演绎，通过灯光的照射，使服装在雕塑般轮廓线条、二维平面与三维空间之间转化、交互变幻，变幻出既立体、厚重又流动、轻柔、超然的艺术境界，呈现出变幻无穷的视觉美感。观众在优美的T台视觉环境中，在古筝的音韵，肃穆如同圣歌的乐声中，在眼前飘然而过的羊绒时装中升华出一种空灵的境界，不知不觉地幻化出“空即是色”的中国式禅境。观众在视觉、听觉和内心的震撼中，感受刘芳的创意设计才能，帕罗高端设计师品牌线“Paluopo by Liufang”的风范。刘芳在巴黎时装周上实现了一次完美的绽放与蜕变。她的成功对于中国服装创意产业、设计师品牌产生了巨大的鼓舞和推动效应。

如果说此前刘芳在Showroom里的签约是获得关注和话语权，那么此次刘芳在巴黎时装周上的主题发布，不仅是中国羊绒设计师及其羊绒针织全系列设计作品第一次登陆巴黎时装周，更是当今中国创意设计力量的再一次完美展现。见证了CCDC、CHIC与“China in Paris 中国当代创意Showroom”在反复整合利用国内国际资源的过程所进行的良性循环，为中国创意插上了可以飞翔的翅膀，从而有力地推进了中国服装品牌建设的速度。

服装界在CCDC、 CHIC与“China in Paris 中国当代创意Showroom”连续推进的同时，还通过增设年度“中国纺织服装行业十大设计名师”的评选等举措，进一步加速品牌的成长，这些举措对于中国服装时尚创意产业的发展与服装品牌建设起到巨大的推动作用。部分CCDC、CHIC与“China in Paris 中国当代创意Showroom”作品（见图3-3-33、图3-3-34）。

继“中国国际时装周2009/2010秋冬系列”之后，“中国国际时装周2010春夏系列”时装发布会，于2009年11月2—10日在北京饭店、D•PARK北京会所如期举行。来自20余家知名模特机构的数百名职业模特，向媒体、商家和专业人士展示了50多个时尚品牌、220余位知名设计师及设计新秀的作品。此次时装周还举办了40场专场发布会和7项专题赛事。此外，台湾纺拓会携台湾的10余个品牌举办了时尚品牌联合发布会和商贸洽谈会，开创了两岸在这一领域中前所未有的合作先例。

本届发布会期间，在北京饭店宴会大厅举行的“旭化成·中国时装设计师创意大奖——刘洋作品发布会‘月宴’”成为最大亮点。

图 3-3-33 刘芳以柔软的羊绒营造 3D 雕塑感，亮相“CCDC”与巴黎时装周

图 3-3-34 郭培、王汁“CCDC 中国时装设计创意大赛”作品
以及“China in Paris 中国当代创意 Showroom”现场

在刘洋“月宴”的亮点背后是他许许多多的服装艺术创造行旅中的丰富积蓄。他于1990年在广州成功举办个人首场发布会“刘洋的服装世界”时，就以时尚明星的形象，第一个将大胆、性感的服装设计作品展现于中国内地服装舞台上。随即他创立了“高级定制明星服装设计工作室”、“广东刘洋艺术创作有限公司”。1994年，他举办了首台大型男装“‘与狼共舞’——‘七匹狼’刘洋男装发布会”（见图3-3-35），刘洋独特的艺术视角，服装设计创造能力、品牌产品引起了服装界和消费群体广泛关注，成为新闻媒体竞相报道的热点人物。1997年，他被世界著名的时装杂志《ELLE》评为“1997年世界杰出的青年服装设计师”；1999年，被广州市政府授予“广州十大杰出青年”称号，同年作为中国当代最优秀的服装设计师参加1999年巴黎中国文化周，被评为“影响中国服装业的50人”之一；2000年，举办中国有史以来首台大型高级职业服装发布会，开创了中国高级职业服装表演的先河。同年他与许多中国服装界的著名设计师一样，在服装设计领域的创造成就被收入《中国服饰大词典》。此外，刘洋还曾经编剧、主演十集电视连续剧《风起霓裳》，同时担任该剧的服装设计、剪辑工作；被广东省第一批破格晋升为高级服装设计师；被日本《朝日新闻》评为“中国五佳服装设计师”。他在德国莱比锡国际服装博览会举办时装发布会，成为第一个站在德国T型台上展示中国服装设计作品的设计师。他的设计令欧洲服装界和新闻界刮目相看，惊呼“刘洋给我们带来焰火一样的晚装”，德国经济部部长在刘洋的发布会后说：“我将重新评价中国人。”

在收获两次“中国十佳时装设计师”称号后，刘洋艺术创造的巅峰之年是1998年，他荣获了第二届中国时装设计“金顶奖”。随后各种荣誉接踵而至，但刘洋为了能够登上更高的服装艺术创造境界，次年，毅然决定远赴美国长期定居并给自己“充电”。他常住背靠森林、面对大海的美国纽约长岛的小别墅中，深入充满豪情的艺术家村，接触来自不同国家的艺术家，流连忘返于纽约的百老汇。他认为要想成为国际化的职业服装设计师，就应该以国际的视野环视世界，感受世界不同地域的时尚文化。同时他以设计师必须“创造美、传递美、让生活更美”为己任。基于此，刘洋在事业上开始新的旅途。2001年在北京先后成功策划了高级女装发布会“轩妮·女人香”以及“丝蒂玛”品牌发布（见图3-3-36上列图左右图）；2002年，带领广州服装代表团在法国巴黎演出，获得成功；2003年，获“星际风云时尚广东代表人物大奖”等多个奖项。接着2004年至2006年，连续三年参加CHIC中国国际服装博览会，其中有“阳光、生活、激情——‘以纯’2004—2005秋冬休闲服装发布会”，“法勃尔（FABORE）”男装新品牌亮相发布（见图3-3-36下列图），中国有史以来最大型童装发布会“宝贝——刘洋·兔仔唛儿童时装发布会”（同时还提出全新的“儿童时装”概念），“感动青春‘YISHION以纯’国际足联2006年世界杯（2006 FIFA WORLD CUPTM）休

图 3-3-35 “‘与狼共舞’——‘七匹狼’刘洋男装发布会”创意设计作品

闲服授权主题新闻暨‘YISHION. S’发布会”……2006 年 11 月在北京国际时装周举办“黛 YISHION.S 刘洋高级成衣发布”（见图 3-3-36 上列图中图），并获得中国国际时装周品牌大奖“最佳女装设计师奖”；2007 年至 2008 年间，出任第八届 CCTV 模特电视大赛总决赛评判长、中国第八届中国职业模特总决赛评判长，以及 2008 年中国国际时装周彩妆造型设计大赛评委会主席等，被有关报刊评为改革开放 30 年引领中国时尚的十大代表人物和风云人物。在此之前，刘洋着手筹备、打造了一部 30 集时尚电视连续剧《时尚不相信眼泪》，刘洋担任编剧、主演、主唱、服装设计和艺术创意，以纽约、巴黎、北京、上海、广州、深圳、香港等地作为拍摄现场，真实地再现时尚圈内服装设计师、摄影师、企业家、模特等人群的生活、爱情和服装设计事业。刘洋说：“我希望这部戏能走向国际！可能有人说我不务正业，其实，我觉得这是一个时尚人的责任。”刘洋所作的努力得到了业界的肯定，2009 年，他获得了日本“旭化成·中国时装设计师创意大奖”；2012 年获得了广东时尚推动大奖。

图 3-3-36 刘洋的“轩妮·女人香”、“黛 YISHION`S”、“丝蒂玛”（上图）
刘洋（下图中）与他的“以纯”（下图左）以及“法勃尔”男装作品（下图右）

设计上的成功使刘洋肩负了更多的责任，他不仅是中国著名旅美高级服装设计师，还身兼数职——美国美中时装协会常务理事、广东刘洋艺术创作有限公司设计总监、中国服装设计师协会副主席、中国服装设计师协会艺术委员会主任委员、广东高级职称评审会委员、广东服装专家委员会会员、广东服装设计师协会主席、广东服装行业副会长、广州模特协会主席、广东工学院硕士导师、中华全国工商业联合会纺织服装业商会专家委员会专家、亚洲时尚联合会执行理事。

刘洋认为：“时尚是一种感觉，时尚民族风格未必非要附加上龙凤呈祥的图案，线条、造型、色彩简洁巧妙地组合，同样可以体现出来。”他正是以这一“民族、时尚”的设计理念和简约的设计方法，将源于中国青瓷文化艺术的启迪，融入具有国际时尚的意蕴，使作品呈现出优雅的线条、流畅的裁剪、精致的工艺，在不同蓝色系列的“旭化成”优质环保面料的灵活运用中，使富有东方神韵的高级礼服的艺术效果得以呈现，使旭化成·中国时装设计师创意大奖——刘洋作品发布

图 3-3-37 刘洋“月宴”2010 年在“广州 T.I.T 创意园”发布作品

会“月宴”成为设计理念的完美表达，传达出“一种清雅、美丽、睿智、无界的象征；成为一种心境、一种哲学、一种安详、一种生活状态”的心理感受，从而获得圆满成功（见图 3-3-37）。

具有划时代意义的是，在“中国国际时装周 2010 春夏系列”时装发布会上，有 Cabbeen• 卡宾、VLOV• 吴青青、“罗蒙”刘小飞、Beauty Berry• 王玉涛、“FENGFEI-Z”曾凤飞、“左岸”洪金山等 6 位男装设计师及品牌的专场发布，他们不仅填补了时装周男装设计的空缺，更推动了中国男装业的升级发展。与此同时，在 2010 年度中国国际时装周的“时尚大奖”中，曾凤飞、王玉涛、卡宾的男装受主席团提名。最终，王玉涛凭借自己的时尚宣言——在不断的转变中确立一种不变的风格品位，用奢华的气质来演绎平淡的生活，运用精湛的工艺来表达丰富的内心感受，以“Beauty Berry”的成衣设计表达的方式，不断讲述一个

图 3-3-38 王玉涛、卡宾（Cabbeen）2010 春夏男装发布会作品

又一个心情故事——站到了 2010 年度“最佳男装设计师”的领奖台上；曾凤飞“FENGFEI-Z”、诺丁山的“NOTTING HILL”、刘小飞的“LXF” 获得“男装设计奖”。令人备感欣慰的是，2010 年度“中国国际时装周品牌大奖”中，男装的设计承继了中国文化，并在其中融入了时尚化的创意与设计创造，以服装为载体传递着华夏文明的特质与品格（见图 3-3-38）。

2010 年 11 月 1 日晚，随着第十四届中国时装设计最高奖项“金顶奖”揭晓，手举沉甸甸的“小金人”的男装品牌设计师卡宾为中国男装品牌设计又增添了一种分量。卡宾因在“2006—2007 CABBEEN 秋冬服装系列”中将大量的中国元素与时尚元素完美结合而备受肯定。2007 年 2 月，卡宾带着充满东方文化元素创意，融入篆刻、书法、甲骨文、京剧脸谱等中国传统文化特色的“卡宾”品牌在纽约时装周的主场地曼哈顿 Bryant Park 举行“卡宾”的首次男装发布会。《纽约邮报》在关于纽约时装周的报道中写道：“纽约国际时装周共有 130 多场秀，其中有 10 场是必看的，‘卡宾’男装排在第五名。”美国著名时装设计师 Pamela Dennis 女士在观看了卡宾发布会后兴奋地说：“没想到中国竟然有这么好的服装设计师和这么好的设计作品！”中国设计师品牌“卡宾”在纽约时装周上展现了创意风格十足又极具实用性的休闲男装系列，被当地业界称为倡导了一种“NEW BLACK”的新风格，即“新的时尚，新的流行。”从 1997 年卡宾创立“卡宾”品牌，到卡宾获得第十四届中国时装设计“金顶奖”之时，其旗下已经拥有都市、休闲、追古赋新等风格的男装“Cabbeen Lifestyle”、“Cabbeen Urban”以及“Cabbeen

图 3-3-39 卡宾作品“城市梦想”

Chic”三个自主设计品牌，成为在中国男装领域具有很大影响力的品牌。2010年卡宾的“金顶奖”作品则以城市的产生是人类走向成熟与文明的标志展开“城市梦想”为主题的“飞行传奇”、“建筑科技”与“城市诗人”三个系列的展示，轻盈淡雅的冷色系与浓郁雀跃的暖色系形成组合对比，诉说着自信与充满梦想的城市人的故事（见图 3-3-39）。

综上可见，21 世纪最初 10 年 “中国国际时装周十大设计名师”、“金顶奖”以及服装业界各种奖项的获得者，企业自主服装品牌、设计师品牌中的新老时尚创意先锋，以及院校青年设计师们所创造的作品，构成了这 10 年来中国国际时装周等平台上百卉千葩的服装时尚创意新景象。

上述背景预示着并初步展示了新老时尚创意先锋们对中国服装品牌建设的引领作用。此外，还有许多全力深耕在中国服装品牌建设领域，但却未能获得相应奖项或没有机会获奖的无名设计师，也在以自己的饱满热情和突出的文化创意成就，展现他们在中国服装品牌建设中的风采。还有院校青年设计师的快速成长，形成中国服装品牌建设的后备力量，相信他们对中国服装品牌建设事业将会起到更有力的“蝴蝶兰花幻化”、“蝶变”般的推动作用。

2010 年度的中国国际时装周，曾凤飞、刘小飞、张鸿雁、吴青青的男装设计师品牌，以及“诺丁山”、“红杉树”等著名男装品牌共同展现了多元化的男装设计风格，显示了男装品牌与时尚创意时代的到来；而男装设计师队伍的壮大，也预示着中国服装时尚创意产业成熟发展时期的到来。

2011 年 11 月 1 日晚，由中国著名女装品牌“白领”（White Collar）赞助的“梅赛德斯——奔驰中国国际时装周中国时尚大奖 2011 年度颁奖典礼”在北京饭店隆重举行，曾凤飞登上2010年度“最佳男装设计师”的领奖台；“卡宾”、“左岸”、“利郎”获“2011年度男装设计奖”；随着中国国际时装周“中国时尚大奖2011年度颁奖典礼”最高奖的揭晓，获得本届“金顶奖”的设计师是“利郎”男装旗下新品牌“L2”的设计总监王玉涛。王玉涛早年师从日本文化服装学院佐佐木住江教授和服装工艺专家佐藤典子女士，曾担任天津炳恒实业发展有限公司首席设计师、广东省中山市柏仙多格制衣贸易有限公司设计总监，现为中国服装设计师协会会员、艺术委员会委员。早在1999年，王玉涛的作品“林海澜杉”就获得了第七届“兄弟杯”国际青年设计师作品大赛银奖；同年，他参加了在法国举办的“中国文化周”服饰展演活动。2000年作品“胭脂扣”获第三届“益鑫泰”中国服装设计最高奖评审金奖；同年王玉涛赴丹麦北欧世家国际皮草设计中心进修，并举行“圣劳德”皮装流行专场发布会，被评为中国皮装十大设计师之一。2001年作品“彩绒花”获首届中国服装设计电视大奖赛金奖和最佳创意奖，同年在中国服装界年度杰出人物评选中被评为“最有才华设计师”。2002年作品“发源”获第十届“兄弟杯”国际青年服装设计师作品大赛铜奖，同时获得“事业成就奖”。2003年和2004年连续两度荣获“中国十佳时装设计师”称号。2005年创办“Beautyberry.homme”男装品牌。不懈地努力和对于理想的坚守使他站到了2010年度“最佳男装设计师”的领奖台上。在2011年11月4日的“梅赛德斯-奔驰中国国际时装周2011年度颁奖典礼”上，王玉涛从众多设计师中脱颖而出，一举获得了第十五届中国时装设计“金顶奖”，同时还获得首届“梅赛德斯——奔驰中国先锋设计师奖”，其后他的“Beautyberry 2012的秋冬系列”，以优雅、大气、奢华的气质，完美地契合了奔驰严谨、精益求精的工艺等要素，构成出色的个人专场时装秀在柏林时装周闪亮登场（见图3-3-40）。

图3-3-40 王玉涛获“金顶奖”和首届“梅赛德斯—奔驰中国先锋设计师奖”（中），其后作品又在柏林时装周闪亮登场（左、右）

2012年11月2日晚，在“梅赛德斯——奔驰中国国际时装周2012年度颁奖典礼”上，王玉涛再一次获得“最佳男装设计师”奖，曾凤飞一举获得第16届中国时装设计“金顶奖”。至此，包括第13届中国时装设计“金顶奖”获得者李小燕在内的16位“金顶奖”获得者的设计师中，只有4位是设计男装的，卡宾是第二位获“金顶奖”的设计师，第三、四位是王玉涛和曾凤飞，第一位则是时任“云敦至尊”品牌设计总监，中国顶级服装设计名师“中国国际时装周十大设计名师”之一，在2004年获得第八届“金顶奖”的中国著名男装设计师计文波。这些男装设计师们为中国的男装品牌赢得了更多的荣耀，而这些荣耀又进一步促进了男装品牌的“蝶变”与发展。

在上述四个“金顶奖”男装设计师中的计文波，当他作为中国第一位以男装的出色设计获得“金顶奖”之际，对新浪网“伊人风采”栏目谈了自己独特的时尚设计创意的来源：“我设计服装的创意是吸取了中、西方文化，比如这场发布会，在色彩、图案上我运用了牡丹、手绘、印花等传统的时尚文化，在款式上也体现了历代时尚的演变与结合。”2007年计文波在卡宾登上纽约时装周舞台之前的一个月，就将“兵马俑”所蕴含的中国文化幻化为力作“利郎·兵马俑”——“一件件洋溢着力量与自信的现代版服饰”，登上了国际上最权威、最专业、最知名的男装时装周——“2007意大利米兰男装发布周”的舞台，并震撼了米兰（见图3-3-41、见图3-3-42）。意大利时装公会主席Mario Boselli表示：“利郎和计文波的秀中中国的元素感动了我，设计师的创意中有新的元素，有中国自己的风格，中国设计师能把中国文化带到意大利，而非复制其他的风格，中国特色很有意思。”在发布会准备期间，世界著名的时尚杂志《VOGUE》的总编助理Avrora Sansone女士看过计文波的设计后感慨道：“利郎不亚于任何一个顶级品牌，它有自己独到的风格，很多款式是可以在国际上流行的。”[①]

图3-3-41 计文波“兵马俑”登上国际最权威、最专业、最知名的男装时装周——“2007意大利米兰男装发布周”

①《利郎——第一个走进意大利米兰时装周的中国男装品牌》，载《搜狐女人专题锦集——中国男装品牌利郎亮相米兰时装周》，http://women.sohu.com/20070204/n248035777.shtml。

图 3-3-42 计文波“兵马俑”男装设计作品

计文波、卡宾和王玉涛在经历了国内、国际服装舞台的多次历练后，他们的男装设计日臻成熟，各自体现出了与众不同的“中国的·国际的”时尚风格。计文波、卡宾、王玉涛、曾凤飞等的男装品牌设计，无疑都响应了杜钰洲先生建构的“名师工程”以及将民族文化创意、时尚文化、设计文化与国际视野结合的产业实践的理念，并在中国服装产业、自主品牌建设迈步前进的基础上，推动了21世纪中国男装品牌的崛起与发展。

从1997年至2012年，走过16个年头的中国国际时装周，已经成为名副其实的中国服装时尚创意及品牌的展赛平台。在这段时间里，有来自中国（包括港、澳、台）、日本、韩国、新加坡、法国、意大利、美国、俄罗斯、英国、瑞士10个国家的240多位中外设计师、290余家中外品牌在此举办了575场发布会和14次中国时尚大奖颁奖盛典。它已经成为200多位中外设计师、1000多名设计新秀、200余家中外知名品牌集流行趋势发布、展示品牌的文化创意与创新设计、树立自主品牌形象、进行中西文化交流与中外品牌商贸合作、资讯传播于一体的国际化时尚舞台，是国内外品牌合作共赢的平台。在这个平台上，以中国服装设计师协会和中国服装协会为主导，中国服装界的各个群体的加盟，品牌企业、设计师品牌中的有识之士以及国际服装品牌的不断介入，服装院校培养的青年设计师作为新生设计力量的参与，共同推动了中国国际时装周和“CHIC”的各项活动，推动了国人服装消费观念的转变，并且成为国内服装市场走向成熟、完善的强大助力。中国国际时装周这一展现文化创意的平台所包括的各项服装专业大奖赛事、每年两季发布会、展事活动中所设立的各种全国专业性赛事，挖掘、培养了众多年轻服装设计师，促进了服装时尚创意产业的发展，培植了许多新的中国自主服装品牌，使中国服装品牌具备了与世界时尚潮流同步展现自己品牌的文化创意、创新能力以及快速反应等品牌强国应具备的竞争能力。中国服装人在民族文化崛起的自觉意识的基础上，以现代科学技术为支撑，释放出了民族文化与时尚创意、自主服装品牌建设的智慧，使中国服装时尚创意产业得到稳步的发展。长期主导服装业增长的加工贸易型品牌在时装周上已基本销声匿迹，取而代之的是设计师主导的个性化品牌，这是一个历史性的大跨越。在历届时装周上自主品牌的文化性、创意性和时代性，凸显了中国服装时尚创意及品牌展赛平台为传统产业的转型发展、服装品牌强国建设所带来的勃勃生机。

综上所述，我们有理由期待通过中国国际时装周、“CHIC”、“CCDC”与“China in Paris 中国当代创意 Showroom”等各式各样的平台，培养、聚集更多的创意力量，向世界呈现更多来自中国但却属于人类的服装时尚创意设计！

五、中国服装业界共筑服装时尚创意展赛平台推动品牌升级

1. 中国服装协会构建服装时尚创意展赛平台推动品牌升级

中国服装协会成立于 1991 年，它以推动中国服装产业发展为宗旨，是服装产业界的服务组织。在其秘书处下设有办公室、会员部、产业部、信息部、展览部、外联部、协作和培训部等分支机构；成立了男装、女装、童装、羽绒服装及制品、休闲装、服饰、服装辅料、内衣 8 个专业委员会，以及全国服装标准化技术委员会、产业经济研究所和北京时尚博展国际展览有限公司等专业机构。同时通过发展共 1400 多个（囊括了中国绝大多数原创品牌）骨干企业会员，聘请中国服装名城名镇名企为理事单位来与协会共同致力于各类人才的教育和培训，进行产业结构调整和增长模式创新，鼓励企业走品牌自主创新之路，不懈地推动产业集群的发展。中国服装协会在加速对于中国原创服装品牌的培育、扶植和提高的基础上，着力于与上下游行业以及企业与政府间的沟通协调，不断开展以经济效益为指标的“百强企业”活动。建立以推动品牌发展为目的的“中国服装品牌年度大奖”等激励活动机制，不断促进现有品牌的发展和新生优秀品牌的涌现，为中国原创服装品牌构建起一个展示、学习、交流的平台，让中国原创服装品牌以群体的姿态向社会展示自己的形象，进而树立中国品牌的价值与地位，推动服装创意设计、风格、品质、营销等各方面工作的整体发展。“中国服装品牌年度大奖”进一步扩大了中国原创服装品牌的社会知名度和社会影响力，为逐步建立适应品牌强国的生态环境奠定了基础。与此同时，以市场检验原则为前提，组织每年一度的“CHIC”，为参与“CHIC”的中国自主服装品牌创造了获得最大的时尚财富的机会，实现“文化·创意·价值”间的对接。由于“CHIC”吸引了亚洲、

欧洲和美洲地区的许多服装品牌、企业的参与，使“CHIC”成为中国品牌向国际展示、学习、交流的平台和中国服装产品通往国际市场的桥梁，初步实现中国服装品牌、企业与国际买手对接的目标，使中国服装品牌与企业逐步赢得国际话语权，并初步融入世界服装行业。

中国服装协会通过编撰《服装工业发展规划建议》和《中国服装行业发展年度报告》，来进行行业中长期规划及年度运行分析；通过“中国服装论坛”锤炼中国服装业者的智慧，通过会刊《服装界》和中国服装协会网第一时间采集和梳理行业信息，及时对中外服装业的最新动态做出反应。在组织“百强企业”活动、中国服装品牌年度大奖、“CHIC”的基础上，适时组织中国服装品牌在海内外进行展示，推动服装产业的中外经济协作与交流。在已初步成形的品牌生态环境中，协助服装品牌及企业进行中外市场的开拓，使中国服装的产业思想得到融合与升华，促进以“质量、创意、快速反应”为重点的名牌战略的实施，使中国服装品牌逐步建立健全与国际市场的接轨机制，为推进中国服装品牌强国战略搭建了不可替代的服装时尚创意及品牌展赛的平台。

2. 中国服装设计界共筑服装时尚创意展赛平台推动品牌升级

中国服装设计界的龙头是成立于1993年的中国服装设计师协会。协会是一个接受中国纺织总会指导，由全国时尚界的设计师、学者、技术专家、品牌专家、专栏编辑、时装模特等中国服装各个行业的工作者自愿组成的专业组织。中国服装设计师协会以团结和组织全国服装设计、服装工艺、服装展演和服装理论工作者面向市场、面向世界、面向中国服装行业的未来为宗旨。

中国服装设计师协会致力于产业促进和社会服务，尊重并维护创作者的知识产权，构筑了海内外知名品牌和时装设计师发布时尚新品、展示设计风格的国际舞台——中国国际时装周。

中国国际时装周始于产业发展和设计师为市场服务深度不足的年代，1997年首届产品发布的时候，因为担心分不出春夏秋冬，甚至还唯恐因为做不到一周的活动而让人感觉名不符实，因此1997年12月5日至8日举办的“中国国际时装周”才会取名为“首届中国服装设计博览会”。1998年4月在以“中国时装周暨第二届中国服装设计博览会”为名的活动期间，尝试着做了一次品牌发布周，获得了较佳的回馈后才取名为“中国时装周”。时装周的初期，中国服装业没有自己的时尚，或者是对别人的复制，或者是模仿，或者只是跟风；时装周的初期，是中国的商业流通体制并不存在采购制的时代，那时商场为规避风险，都采用即卖制，商场也并没有什么超前的销售意识，看到什么好卖就卖什么。随着时代的发展，时装周也稳步地向前发展，而后逐渐进入了中国的品牌可以跟着国际趋势、国际大牌，提前按下一季新的产品、新的成衣系列发布的时代。时装周从最早的中国服装不能主导市场的流行，到后来的可以提前预测、提前发布作品，能够表现中国设计师自己的设计能力，再到能够推出反映中国自己的市场特征、民族文化特征的一些自主品牌的系列作品，逐渐进入到了自主品牌能够主导部分市场流行的时代。

2000年，中国时装周在步入第四个年头（第七届）之际，正式更名为“中国国际时装周”，成为中国服装设计与国际时尚交融、中国服装品牌建设、知名品牌和知名设计师发布最新产品、走出国门的平台，呈现出各种潮流性、趋势性的延伸。中国国际时装周的平台不仅容纳了服装的各个领域，甚至已经扩展到了对于包括美容美发、化妆等时尚造型，以至珠宝首饰等时尚品牌的推展，使其在国际上的影响力胜于国内，吸引了国际服装界的人士，特别是驻京机构的国际媒体都纷纷来观摩和采访，并逐渐吸引来了一些职业买家。广泛开展了与法国、意大利、英国、德国、西班牙、美国、澳大利亚、日本、韩国、印度、新加坡等国的时装及时尚组织的合作；并与日本时尚协会、韩国时装协会共同成立了亚洲时装联合会；设立了“面料与时装合作俱乐部”，使之成为纺织与服装、国内与国际企业商贸合作的桥梁。

中国国际时装周在发展过程中，以“设计与产业结合”、“品牌与产业升级”、“风格与时尚”、“时装技术与艺术”、“民族文化与国际时尚”为主题，举行了各类知名自主品牌和新建自主品牌的发布会；“品牌、时尚、创意”成为时装周的长久定位和鲜明旗帜，也使时装周迅速成为与中国国际服装服饰博览会并列的专业盛会。中国国际时装周最为鲜明的特色是鼓励“中国时尚大奖”、服装设计“新人奖”以及各类专业“杯赛”奖项的获得者到国际时尚之都进行交流学习。中国国际时装周的品牌发布，以及各种大奖和“杯赛”评奖的发展过程，实质上就是鼓励卓有成就的品牌设计师自发地推动中国原创品牌发展的过程；也是激励才华出众的青年设计师自觉地加入中国服装自主品牌建设的过程；更是激发新老设计师的文化创意时尚品牌创造能力的过程；同时也是服装业迎接加入WTO、融入国际一体化竞争的过程；是与加入WTO以后处在社会变革时期的并在进行着经济转型的服装企业共渡金融危机、共渡生死存亡的危险过程；是避免同“CHIC”同质竞争，使两者形成创意时尚与贸易展示相互呼应的互补合作机制的过程；是设法面向企业、面向设计师、面向社会，使时装周从产业促进延伸到文化传播和消费引导，更好地体现服务于品牌经营、服务于时尚生活、服务于产业创新的过程；是最终实现树立中国服装自主品牌形象，融入国际时尚舞台的战略性定位与主张的过程。

总之，中国服装设计师协会从自身角度出发，通过各企业、各品牌的设计师们的共同努力，实现了上述诸多的实践过程。在中国国际时装周平台上上演了一季又一季的流行发布，以最新创意诠释、展示了下一季的流行趋势与未来的时尚风向。可以说，时装周承载了服装业对下季收获的期冀，增强了时装及时尚产业的品牌发展与市场扩张的能力，更增进了各地服装文化创意、时尚经典、品牌发展之间的协作与互动。中国国际时装周上的各种大奖和杯赛评奖的发展过程，建构了无以替代的推进中国服装文化创意及品牌展赛、品牌强国战略实施的平台。

3. 各区域与品牌集团共筑服装时尚创意展赛平台推动品牌升级

除上述已享有国际声誉的“CHIC”、中国国际时装周外，香港以及内地各个区域的时装界与品牌集团在构筑服装时尚创意展赛平台上亦有“你方唱罢我登场”之势。

香港作为东西文化的交会点，是时尚的宠儿，也是国际著名的时尚之都。以推动本地品牌、本土设计师为目的的香港时装周，虽然少见国际大牌之身影，但作为时尚枢纽，香港设计师总能揣摩到最新、最快的国际潮流，并将其融入自己的作品之中。因此，香港时装周的特色之所在，就是在中西合璧的同时注重时尚和实用。近年来越来越多的内地服装品牌开始在香港时装周中交流、学习、取经，使其成为推动内地品牌发展的动力之一。

上海作为国际一流的现代化大都市，经济、文化极为发达，并且极具活力。上海在努力把自己打造成为国际时尚文化交流中心城市的过程中，设立了上海时装周，它紧追国际时尚发展的最新趋势，将重点锁定在国际性、自主性、专业性之上，塑造了一个文化、时尚、经贸三位一体的高端平台，推动着中国文化创意产业与品牌建设的国际化进程，并承担着国际窗口和展台的作用。上海时装周中最重要的内容是上海时装周博览会，作为推广海内外高级时装品牌的一个贸易展示平台，它曾经吸引杭州、深圳特区、浙江桐乡等区域组团以大手笔、大动作、大气势参加。杭州展团领队坦言，杭州女装要借助上海作为国际化大都市得天独厚的优势平台，向来自国内外的专业观众、买手展示杭州女装的崭新风貌，并将“杭州女装万里行”的大型推广活动作为重中之重，进行强势推广，让全世界都感受中国丝绸之都、女装之都的风采。

青岛时装周——中国（青岛）国际时装周，以“中国新锐时装设计师的摇篮，中国新锐时尚品牌的诞生地”为自身定位，以“构建国际品牌通路”为主旨，通过全面策划和精心组织，来助推国内的时尚产业，引领时尚潮流，用文化创意、艺术设计演绎品牌，用激情演绎生活。通过具有东方时尚文化内涵的作品和品牌的发布展示，为设计师、服装企业、社会各界搭建了一个展示、交流的平台，使青岛成为新锐设计师发布处女作品的首选地，在促进传播最新设计理念，推广服装品牌形象的同时，也促进了服装时尚创意、设计和产业化的进程。

深圳国际时装周——深圳是国内最重要的服装城市之一，在良好的服装产业的基础上，要做到时尚产业、文化产业与经济保持同步发展，时装周的时尚发布是其中的一个重要环节。因此，深圳国际时装周担负着促进深圳市经济建设和时尚文化建设的重任，与其他时装周的定位有所不同，其特点之一是以动态秀为主，发布来年春夏最新的流行款式，辅以设计师作品展、国外著名设计师最新作品展演、最佳设计师评选等活动；它将体现设计师才华的品牌展示和每年7月的“深圳国际品牌服装交易订货会”同期举行，为品牌服装企业和设计师创造更多的对外合作商机，以期达到艺术与商业的有机结合，达到文化与经济双赢的目的。通过上述活动，深圳国际时装周扬起了文化创意的大旗，以时尚的名义实施着名牌工程，推动着深圳时尚产业的发展。深圳国际时装周的特点之二是尝试与哈尔滨携手打造一个跨越时空的超级时尚平台，共筑一条新丝绸之路。南北联手的时装周活动，既符合哈尔滨“南联北开”的经济发展构想，又符合深圳时尚产业走向全国、走上国际的发展思路。此外，“2010（上海）深圳时装精品展示会暨第八届深圳国际时装周”推出了30余家深圳知名服装品牌。深圳国际时装周为服装时尚创意、服装品牌发展带来了不可限量的商机，对区域乃至全国服装文化的繁荣、服装产业的发展都起到了积极的促进作用。

此外，大连时装周、杭州时装周、福建石狮—海西国际时装周等都以自己独特的方式开展面向国内、国际的服装赛事与评奖活动；在本章第三节中以“中国几个主要区域的服装时尚创意产业与品牌建设概况”为题的内容中提及的全国各地各种服装博览会上的专项展事与奖项评选，大大地拓展了全国各个区域服装时尚创意产业的途径，为中国服装品牌的国际化交流与提升，为中国服装品牌在国际上获得应有的地位做出了独特的贡献。

在中外服装界已经具有很高知名度的“CHIC”和中国国际时装周的重要颁奖盛典的成功举办，也得益于中国服装设计界对建构中国服装时尚创意及品牌展赛平台的作用的共识。如湖南益鑫泰麻业服装有限公司、日本旭化成株式会社、日本兄弟集团、汉帛国际（香港）集团公司、山东迪尚集团有限公司、杉杉集团、雅戈尔集团、报喜鸟集团、三利集团、真维斯国际（香港）有限公司、东北虎皮草集团、北京白领时装有限公司、宁波市服装协会等一大批服装企业、服装品牌积极筹资和鼎力支持，以大手笔的投入承办了各届中国国际时装周年度颁奖典礼以及相关赛事。使“CHIC”、中国国际时装周的平台更加稳固、坚实。同时这也为他们自己品牌的宣传以及市场的扩张起到了积极的作用。他们注重创意、追求卓越，以“文化·创意·价值”、“中国的·国际的”为理念，共筑了中国服装时尚创意的展赛平台，共同为提升中国服装自主品牌在国际时装业界中的地位而全力以赴，它们从不同的层面、角度在全面推动中国服装品牌强国的建设中，做出了不可磨灭的贡献。

第四节

中国时尚创意产业与服装品牌建设的差距及努力方向

一、中国时尚创意产业与服装品牌建设的成就及事实上的弱国地位

在本章的论述中，我们清楚地看到：(1)在全球服装时尚创意、品牌建设以及当前经济环境的大背景下，各国服装品牌的运作者们越发在品牌文化创意的文化情境创造与诉说、体验与享受上下足力气，力求能够在国际市场，尤其是能在国际顶级品牌蜂拥而至的中国市场中确立自己的地位。(2)中国服装产业界的仁人志士与品牌运作者们，力图使传统加工制造的服装产业，通过服装文化创意品牌建设来摆脱国内行业竞争与国际品牌市场竞争日益激烈的状态，通过对品牌大国的文化创意产业与品牌建设的学习、对比，深感产业结构升级与调整迫在眉睫。(3)全国各地纷纷建立了一批具有开创性意义的时尚创意产业基地，要么是把服装作为园区中的重要组成部分，要么是建立专门的服装创意产业园区，期望通过服装时尚创意、设计、商业展示等方式推动产业的提升与服装自主品牌的建设，为服装产业结构的优化和升级提供推动力，展现出中国服装界应对国际品牌蜂拥涌入中国形成新的挑战的决心与信心。由此，也看到中国服装业诸方协力，有力地促进了中国服装产业与品牌建设的兴起与成长，使服装由“中国制造”转向“中国设计”，经营模式也从过去的加工产品输出转向了文化输出，中国广博的文化资源得到初步利用，形成“中国的·国际的”文化创意与品牌建设的共识，从而也有了“小荷才露尖尖角”的自主品牌兴起的可喜局面。

以上方方面面，基本上展现了中国服装时尚创意产业与服装自主品牌建设的真实状态。但如果把这一真实状态置于国际文化创意产业与国际服装品牌的市场环境之中，就会发现，我们还无法与发达国家的品牌已形成的规模及其价值和效益相比。在当今中国的服装产业中，的确有着为数不多的由知名服装企业创建的中国知名“（企业）品牌”，以及由老一代著名设计师创建的中国知名“设计师品牌”，但它们想要实现国际化或成为国际顶尖品牌还有相当长的路程要走。将多元多样的民族文化与时尚文化相融合，品牌生态环境还有待全面建设，良好的

品牌类型结构尚未形成；青年设计师新创立的自主品牌尚待培植、成长；完整的文化创意产业链条尚需打造；产业效应也没有得到充分释放；服装自主品牌的规模性发展目前尚在孕育过程中。因此，中国时尚创意产业与服装品牌建设还处于发展的初级阶段。

初级阶段的现状表现在下面几个服装业的局部和整体的相关数据上。2004年全世界有1400多家品牌进驻中国，上海的南京路有和伦敦、巴黎、米兰、纽约、东京一样多的品牌，但却几乎没有中国自己的品牌。2007年，对于上海服装市场的调查发现，在上海的顶级服装品牌有1920个，但其中的70%都是海外品牌。虽然近年来中国品牌有所增加，自主品牌在自家的地域上有了一些栖身之地，但与国际品牌相比，中国自主品牌市场的占有率依然很少，西方品牌对于国人依然具有一呼百应的号召力。2009年在上海十大商场内的服装品牌销售中，中国女装自主品牌只占了6.82%；迄今为止，几乎没有一个自主品牌能在“文化·创意·价值”的核心价值上，与国际顶级品牌相提并论。从中国被列为世界最大的纺织服装生产、出口大国的1994年开始，经过多年的发展，直至2009年为止，中国服装出口总量中自主品牌的比例依然连1%都不到。

上述数据，一方面直接体现了中国自主品牌建设的进步，另一方面则体现出中国的服装时尚创意产业和品牌建设，无论是在局部区域还是在整体上都与服装时尚创意产业的本质“文化·创意·价值”的核心价值目标相距甚远，与国际服装品牌强国相比处于严重滞后的状态。那么，当今中国自主服装品牌强国建设的实际地位到底是如何呢？可以毫无疑问地回答：仅是刚刚起步！依然是服装牌弱国！品牌强国建设任重而道远！

二、民族文化自尊、自觉与学习、创造是中国品牌强国建设努力的方向

迄今为止，中国服装产业的发展历经了30余年的征程，在西方强势服饰文化风潮的压力下，以及全球长期劲刮中国风的现实中，不断学习、体悟与实践，经受了艰苦的磨砺。然而，今天中国文化创意产业与服装品牌建设仍然处于弱国的地位，原因有很多：其一，由于历史原因，致使原本血脉相承的服装文化几近断代；其二，中国的传统文化教育尚待加强，国人缺乏对于民族文化特别是民族服饰文化的自尊、自信与自觉，导致了几乎全民穿着西式服装的现状；其三，由于许多服装企业缺乏文化转型与时尚创意的意识，所以，尽管如今中国林林总总的服装企业、品牌有上万家，但“民族文化·时尚创意”仍然缺失，同时连带导致了“自主品牌时尚话语权”、“市场信心”的缺失；其四，崇洋媚外的“买洋牌”消费选择态度，使一部分在文化内涵和产品品质方面与国际知名品牌无异的中国

自主服装品牌，得不到市场管理者和消费者的正常回应，无法显现出与国际品牌同等的价值。由此，在中国的国土上上演着轰轰烈烈的“买洋牌”和“傍洋牌”的市场大戏……回顾中国服装品牌建设的历程，我们发现，在“百年树品牌”的规律面前，中国服饰品牌发展的时间尚短；而与日本服装业用30多年，便打造出了山本耀司、三宅一生等世界级别的服装大师及品牌相比，中国的品牌建设进度显得有些缓慢。

日本与中国仅一水之隔，其服装业的起步和发展过程，也与中国当今服装产业的发展历程有很多相似的地方。比如有着劳动力低廉的成本优势、早期的代加工产品、贴牌生产形式等。当时的日本由于历史条件所限，服装业起步时期在资讯、科技等各方面都不比中国所处的时期好，但依然能够在短短30年的时间内成为世界时装流行中心。其最重要的一个原因就是他们有着对本民族文化的自豪、自尊、自信的信念与自觉的意识，以及胸怀本民族文化，大胆学习、吸纳国际先进文化与科技，大踏步融入国际时尚舞台的气度，更得益于具备文化自尊、自信、自强的和文化转型自觉意识的消费者。日本成为世界时装流行中心所走的历程，兴许可以成为我们的服装品牌强国建设过程中的一面镜子。

意大利MIFA服装公司董事长Marco Rognini说：过去，“中国制造”在意大利人眼里是低档的代名词，但是现在这个概念正在慢慢转变。这几年，“中国制造”让世人感觉到它正以高质量的内涵在崛起，不过，我希望中国不单是做时尚，还要做一些文化，希望中国以文化的方式配合时尚……意大利的时尚是经过历史的沉淀而积攒起来的，而中国的时装可能更多的是借鉴西方。我觉得中国设计师应该创造一些代表中国特色的东西，要把中国的文化带进去，以此来感动世界。[①]法国高级时装公会名誉主席雅克·穆克里埃（Jacques Mouclier）更是直言相告：我告诫中国年轻的设计师，他们永远不要忘记中国悠久的历史和文化……这种历史和文化必须要渗透到他们的设计当中。我私下认为，中国的时尚只有紧紧地依附中国的文化，才能成为吸引法国乃至欧洲时装界的巨大市场。[②]中国作为历史上的服饰文化强国，在服装品牌大国的建设中，应当深刻地思考这个历久弥新的话题：如何咀嚼、品味中华传统文化，体会服饰文化的内涵与本真，站在鸟瞰古老、厚重的东方文明与新奇、广博的西方时尚的高度，探索人类文明趋同与求异间的平衡，如何将时尚交融于民族文化之中，交融于服装品牌强国的建设之中，使多元化的中国自主服装品牌的文化符号显现、品牌故事在国际上传递出“中国的·国际的”时尚信息与魅力，成为受消费者欢迎的物质文明的存在形式，并且能够让多元化的中国自主服装品牌成为东、西方消费者共同的需求。

正如杜钰洲所指出的那样：服装产品不仅带给生产者一个高的品质，还要给消费者带去文化享受、审美的价值、个性化消费的价值，而不是趋同价值，这就

① Null：《纺织服装周刊对话意大利MIFA董事长》，载《纺织服装周刊》，http://www.fs31.com/news/Detail/39040.html。

② 张辛可：《东方时尚：一个在新世纪初喷薄而出的新生命》，http://www.efu.com.cn/data/2005/2005-08-24/116800_2.shtml。

需要加大产业文化创意。[①]杜钰洲还指出：文化创意与艺术生产力是服装产业固有的一部分。品牌是物质实用价值和文化价值在消费者中的评价。企业应抓住市场机遇，摸索消费心理，挖掘中国文化元素，转变观念，加强服装的艺术追求、文化内涵及创意。[②]只有这样，中国的服装才能满足当今地球村时代人们追求物质享受、心灵自由、炫酷体验、健康环保、乐观人生的需求，才能让人们穿出炫目多彩和内心快乐的感觉，才能有市场。

通过分析英国、法国、意大利、美国、日本等国家服装产业的发展，可以看到服装产业与品牌的发展与成功，要有雄厚的经济实力、强大的消费能力、浓郁的艺术文化氛围、世界顶尖的设计人才、发达的时尚资讯传媒、精湛的工艺技术、成熟的经营体系和营销手段以及完备的科研教育体系等诸多条件。但是，这些条件都是以建构于其国家、民族、地域或城市文化基础上的服装时尚创意产业作为保障。虽然各国服装时尚创意产业各有独特之处，比如法国的服装教育体制最为健全，意大利的工业体系较其他国家更为完善，美国有独具特色的商业经营理念，日本的服装则是与服装行业中的专业性完美地进行了融合，等等，但其共同之处是，文化创意是服装品牌大国的脊梁。

中国服装界的精英们把上述意大利 MIFA 服装公司董事长 Marco Rognini 与法国高级时装公会名誉主席雅克·穆克里埃的忠言铭刻于心，把民族文化、时尚创意当作是服装品牌大国崛起的脊梁。中国服装界精英王新元、王玉涛、马可、计文波、吉平生、刘洋、祁刚、吴海燕、杨紫明、房莹、张肇达、张志峰、武学伟、武学凯、罗峥、郭培、梁子、谢锋、曾凤飞、蔡美月、薄涛等著名设计师，都用伴同中国服装产业崛起的经历与经验，都以相同或不同的民族文化、时尚文化的视角和创意方式，在不同的品牌建设道路上，对国际服装文化创意、品牌建设道路的经验进行学习、化用，推动着中国服装大国的崛起。他们以各种可能的方式将后起之秀培养成为品牌建设的推动力量，不失时机在各种场合潜移默化地培养有民族文化自觉、自信、自尊，有品位，将文化、时尚融入生活情调之中的消费者。他们将自己的生命和智慧交融于中服装品牌建设事业的历程中，为我们诠释了民族文化的自尊、自觉、自信与学习、创造的真谛。

下面以中国服装界精英之一吴海燕为例展开叙述，通过她在生长环境中获得的文化情结，伴同中国服装产业成长、崛起的经历；以深厚的民族情结投身于设计与教育领域的工作历程与成就；以民族文化与流行趋势的研究助力中国服装品牌的发展，倡导以杭州的区域文化、服饰文化为主导，推动杭州区域集群品牌的成长与产值的提升等方面的业绩，进行深入叙述，探讨她传承、弘扬生生不息、弱而复强、衰而复兴的中华民族文化的信念，揭示她在提升民族文化自尊、自信，在国际舞台上由寻访者、观摩者、游学者，到参与者、展示者的历程及引领品牌建设的成就，启迪我们如何在全球化背景下进行学习，正确思考“民族文化·时

①杜钰洲：《色彩中国 2007. 11》，在“中国时尚创意论坛——CBC(中国北京服装中心)发展与未来”以及“色彩中国 2008 启动新闻发布会”的开幕式致辞。

②《文化创意：品牌提升的下一个命题》，载《中国服饰报》2007 年 6 月 8 日。

尚创意”的关系，把握中国自主品牌建设的方向。

1993 年 5 月，在北京国际饭店表演厅内，突然渐暗的灯光下，如豆的灯火从后台闪耀前行——8 位模特头戴檐翅高翘的竹编帽子，身着手绘的丝绸服装，手持饰以低垂流苏的竹编灯笼，在渐近而行的猫步节律下，流苏在渐明的光线下漂游，透明的丝绸衣饰环绕着身姿绰约的模特风动飞扬，就像从古代敦煌飘然而至的飞天，翩翩出现在 T 台上。突然灯光大亮，“鼎盛时代”雍容典雅、华美富丽的模特出现在观众面前，全场掌声雷动。

这雷动的掌声穿越时空连接着碧波涟涟的西子湖畔，这神秘的灯笼穿越时空闪动在西子湖畔的里弄中、吴海燕烂漫的童年时光里……1958 年吴海燕出生在浙江省杭州市——南宋都城临安府，她被春秋时节、晴天阴雨中梧桐树的色彩变幻感染着；被西子湖畔的风土人情——苏堤春晓、曲院荷风、平湖秋月、断桥残雪、柳浪闻莺等西湖美景的情境熏陶着；被烟雨濛濛中的灵隐寺、老街里的古琴、二胡、天井、水缸、幽幽的古灯以及“皆金钉朱户、画栋雕甍、覆以铜瓦、镌镂龙凤飞骧之状、巍峨壮丽、光耀溢目”的古都文化、丝绸文化、文人墨迹浸润着……民族文化融于她的骨血。她如醉如痴地迷恋 20 世纪 60 年代百货商店的糖果、水果糖包装纸在玻璃窗上重构、拼贴后通过阳光、透过玻璃所呈现出的斑斓色彩。在精灵般舞动的灶膛火苗所闪耀出的剔透的七彩光辉中，她成长着。

伴随吴海燕成长的南宋都城、西子湖畔的文化情境赋予了她爱美的天性，在她的生命中播撒下了艺术的种子，为她幻化出了五彩缤纷的艺术之梦。时至 1979 年“文化大革命”末期，放眼中国的大街小巷，尽管仍然是一片“蓝海洋”。然而，爱美的姑娘们的粉红纱巾和灰蓝色罩衣下不时露出的花布内衬，却在向世界昭示着这片时装、色彩的荒芜之地缤纷春日的降临。这年早春的北京街头，市民好奇地张望着身着时髦的呢子大衣的世界著名服装设计大师、3 次获得法国服装设计的最高奖“金顶针奖”的皮尔·卡丹，以及和他随行的几位时尚的金发女郎——法国女模特。皮尔·卡丹第一次踏上这片当时时尚荒芜的土地，就以他独具的慧眼看好这个潜在的巨大时装消费市场，并决心要以时装的现实之美来点缀中国。他首次在中国的服装表演被定为“内部观摩”，入场券被严格控制，只限于外贸界与服装界的官员与技术人员参与。8 名法国模特和 4 名日本模特在北京民族文化宫宽敞明亮的大厅里，在笔直地伸向观众席中间的“T”字型台上轻松自然地进行时装艺术表演，这样的时尚发布表演对当时的中国人来说，不啻是“天外来客”，第一次感受到国际时装的魔力，懵懂而又真切地感受着品牌的概念。就这样，皮尔·卡丹带来的时尚春风拂动了这片时尚荒芜的国土。就在这一年之后的 1980 年，吴海燕考入中国美术学院（原浙江美术学院）染织专业，在这所历史悠久的中国美术高等学府中，她在领略西方时尚风潮的同时，接受了扎实的艺术基本功训练，提高了艺术素养。

1983年，吴海燕到世界艺术的宝库、古代时尚的圣地、中国古典绘画的辉煌之地——敦煌考察。在神秘的石窟中，吴海燕的心灵受到前所未有的震撼，她虔诚地临写于一尊尊栩栩如生的彩塑、一幅幅精妙绝伦的壁画面前，借助手电筒的光照，铺纸于地，一笔笔地临摹凌空飘逸的飞天，尽情领略大漠中来自远古的、意味悠长的历史与艺术……1984年，吴海燕毕业留校担任染织专业教师登上讲台之际，正是中国服装业迅猛发展的时期，但服装教育却严重滞后。吴海燕在没有教材、没有教案的情况下，潜心研究友人从日本买来的一套12本服装设计丛书，以及1985年5月间三位国际级的服装设计师——伊夫·圣·洛朗、皮尔·卡丹以及小筱顺子先后在北京进行的时装展览和展示。在国门洞开，西方时尚频频传入中华大地之际，她如海绵般吸收国际时尚，并自觉、自信地将其融会于中国博大精深的文化之中，融会于她的服装设计教学之中。她在不断学习、积极参与企业的服装设计，以及教学中积累的经验与体会在她心中萦绕成了如何将中华文化的精华表现在服装设计上的创造心路。渐渐地，她对现代服装设计体系、教学体系有了较为清晰的认识，并将这一认识付诸教学与艺术创作实践中。1990年，经过6年的实践，吴海燕首次在中国美术学院陈列厅举办了自己的作品展，展览体现了她对中国当代服装设计与教学的见解。

1992年，中国美术学院工艺系设立服装设计专业，此时的吴海燕已经熟知现代服装“民族·时尚”设计的理念、日本服装设计的最新方法，学会了立体裁剪，这为她此后事业的成功奠定了丰厚、坚实的基础。那年，中国服装服饰学会成立，之后举行了中国第一次服装服饰设计论文研讨会，接着于年底举行全国首届服装设计绘画艺术大赛。在这两次活动中，吴海燕的论文《服饰基础教学之我见》与充满民族风情、时尚气息且个性色彩关系完美的“远古情怀”设计作品，分别获得二等奖和一等奖。

吴海燕于中国时装的春天来临之际成为中国美术学院的莘莘学子，在中国服装业迅猛发展的时期成为中国美术学院的教师，在她成为中国优秀的服装设计师之时，儿时在心灵中播撒下的民族文化的种子逐渐萌芽并初结硕果。她把儿时的艺术之梦、十余年服装设计的教学经验与参与企业服装设计的经验、中西文化间的交融，化为自己在专业领域的博闻强识，凝聚成一股内在的智慧与力量，在设计作品中处处呈现出厚积薄发所彰显的魅力。此时正值国际性的服装设计大赛第一次走进中国——1993年5月“兄弟杯”中国国际青年服装设计师大赛在北京举行。她决定用自己的艺术天赋、学识与智慧设计出具有国际水平，反映中国民族特色，体现民族精神的作品来参赛！此时，经年累月的民族文化与时尚文化的熏陶，盈溢出恢弘大气的古代敦煌飞天的服饰美、江南水乡翘檐建筑的夸张美、华丽飘逸的传统丝绸的品质美、青翠娟秀的竹子的柔韧美，古典与现代、北方与南方的审美元素，多维交融的文化精华、艺术符号，从她的心中喷薄而出，升腾成创意的灵感、理想中的艺术设计形象：敦煌瑰丽的艺术、盛唐灿烂的文化——中国“鼎盛时代”的面貌逐渐清晰！中华文化、服饰时尚正走向鼎盛的情境逐渐成型！吴海燕心灵深处——中国服装人心灵深处——期望中国服饰文化再度辉煌的愿望，通过“鼎盛时代”在“兄弟杯”中国国际青年服装设计师大赛中得以展现，正如前文所述，此次展示在北京国际饭店表演厅内迎来了全场雷动的掌声。吴海燕的“鼎盛时代”征服了国际评委，获得了此次大赛唯一的金奖，作品被中国服饰艺术博物馆收藏。

此后的吴海燕设计硕果累累，1993年9月，吴海燕首次在杭州举行了个人服装设计发布会；1994年，在“CHIC1994”上首次推出中国著名服装设计师个人作品展，吴海燕专场好评如潮。同年，吴海燕开始主持中国著名企业“顺美”、“太平鸟”、“金鸿达”、“娃哈哈”等20余家企业的服装品牌设计、产品设计和展示设计。1995年，吴海燕一方面把自己的设计作品拿去巴黎、德国等地参展，一方面兼任浙江省最大的丝绸服装企业——杭州凯地丝绸集团总设计师，并于当年被中国服装界评为首届“中国十佳时装设计师”。不久，吴海燕在CHIC1995上第二次推出个人作品专场，被日本《朝日新闻》评为中国“五佳服装设计师”之首。1996年，日本东京时装节组委会从亚洲6个国家挑选了6名最具实力的服装设计师举办“亚洲的力量”专场，吴海燕成为中国唯一入选的设计师。

1997年，中国服装设计师协会倡导并主办了主题为“设计与产业结合”的首届中国服装设计博览会①。吴海燕以“进化”为主题，将民族元素、民族风情、个性色彩通过心灵的融化、再生、重构，创造出独有的“我”的国际时尚——12个系列、300多款丝绸时装演示的形式，作为专场奉献给这次盛会。外国专家交口称赞：“这场演示原封不动地搬到米兰、巴黎都绝对是一流的。”由于她长期活跃于中外时尚界、国际时装发布、中国国际时装周、“CHIC”平台上，并做出了突出的贡献，因而第二次被服装界评为“中国十佳时装设计师”。

1997年，是吴海燕服装艺术设计生涯中最难忘的一年。那年世界500强企业日本三菱公司旗下的企划公司——菱宣公司总裁岛林在杭州考察，他一次次与时任杭州凯地丝绸集团总设计师、穿梭于印染厂、服装制作车间、服装品质检验现场的吴海燕相遇，他对吴海燕的工作作风和设计作品“一见钟情”。几天后，岛林约见了吴海燕并邀请道：“你是中国著名的服装设计师，你的作品很像日本著名服装设计师森英惠的作品……你是否愿意把你的服装设计作品打到世界去……我想成立一个‘吴海燕国际服装公司’，把你的作品推到国际上去，你将会成为中国的森英惠！”岛林的邀请使吴海燕激动不已，哪个设计师不希望自己走向世界！之后，由岛林创意并规划向全球推出“吴海燕服装公司”的策划与包装方案，调运游艇与吉普车为吴海燕在西湖拍摄大片，展示中国顶级服装设计师的成就和风采的谈判非常顺利。然而让吴海燕没有想到的是，合同条款非常苛刻。

①中国国际时装周的前身，1998年12月正式更名为“中国时装周”。随着国际品牌和海外设计师的不断参与，2000年正式定名为“中国国际时装周”。

1997年年底吴海燕看到合同条款的具体要求——必须离开教学岗位，今后她的所有作品都将属于“吴海燕公司”，甚至她的肖像也要“吴海燕公司”同意才能使用，而她对“吴海燕公司”却没有控制权，一切都要受控于岛林。

一如“鼎盛时代”的创意心路一样，吴海燕把自己定位于中国培养出来的设计师，在设计上一定要坚持民族精神，为了中国服饰文化再度辉煌，在艺术人生中岂能为了个人名利丧失民族气节！她毅然拒绝了岛林的好意，没有在百万年薪的邀请合同上签字，旋即决定应邀出任北京中国服装集团总设计师。身兼总设计师和专业教师双重身份的吴海燕多次到欧洲、日本等发达国家考察。她说，经过在国外的考察和与国外设计师的合作，发现国外的设计师技能很单一，而我国的设计师能力比较综合，在文化创意与时尚设计领域有自己的优势。其后她设计的7个系列100多款丝绸服装，畅销国内外市场。

1998年，吴海燕作为中国服装集团总设计师，受集团的委托开始创造性地主持《中国服装流行趋势研究发布》课题。国际上每个时装博览会都会在展馆中心位置发布流行趋势研究成果。吴海燕深知民族文化、流行趋势是助力中国服装品牌发展的左膀右臂，缺一不可，她以中国服装人的民族气节，不计个人利益得失，接受了常常要自己贴钱的“流行趋势”研究项目。她组织有关设计师并带领自己学校的老师和学生组建了课题团队，共同打造那时还被认为很神秘的流行趋势。从1987年起，她的作品20余次赴法国、德国、美国、日本、马来西亚等国家和港澳地区时装节进行动态或静态展演，遍访巴黎的高级设计师工会等西方时尚机构，向国际时尚艺术界宣传中国文化，把弘扬民族艺术与交流学习过程中所获的体验与信息当作研究国际流行趋势的基础，同时不失时机地关注德国法兰克福、法国巴黎等各种国际博览会，收集、吸纳国际前沿时尚流行的信息，并将其融合到对中国时尚达人、各界名流、社会群体、个人对流行现象追求的异同对比与预测研究之中，将课题扩展到文化、政治、社会以及生活方式等在服装上的反映中，甚至还扩展到衣食住行等人们全方位的现代时尚生活方式的研究上，在全面把握、整合国内服装博览会的整体状态与多元时尚发展的过程中，策划出博览会流行趋势中大的流行趋势体系的设计，联合企业共同举行时装流行趋势发布会，使每年一度的服装流行趋势发布成为引领中国时尚产业发展与文化艺术的盛典。

1999年，吴海燕作为中国优秀服装设计师代表携作品参加联合国教科文组织举办的“99巴黎·中国文化周”中华服饰文化展演专场；同年吴海燕的设计作品“起承转合”获“第九届全国美展”设计艺术类金奖（见图3-4-1），被国家文化部评为“优秀专家”；2000年，吴海燕在北京设立“吴海燕纺织服装（设计）有限公司”；2000年、2001年连续两年荣获上海国际服装文化节颁发的“设计成就奖”；2001年，吴海燕被中国《经济日报》报业集团服装时报社授予“2000年度最有才华的设计师”称号；这一年中国服装集团中断了研究项目，于是吴海

图 3-4-1 吴海燕“起承转合”作品

燕继续以她自己的工作室来开展“流行趋势”的研究，她带着一种民族服饰文化复兴的责任感在磨砺探索中前行，总结出“流行趋势”研究必须跟市场结合的经验，开创了与企业、商场、行业协会、品牌相结合的研究道路，内容涉及小到个人、大到社会整体的服装流行心理的分析研究，例如她为“雅戈尔汉麻世界”所做的设计。2004 年扩展到对于家纺流行趋势的研究。她为中国时尚产业的发展，为民族文化、时尚创意、流行趋势，为中国服装与家纺的品牌建设做出了巨大的贡献。

2000 年，吴海燕作为中国服装设计师代表携作品参加“2000 中华文化美国行”的“走近中国——中国服装服饰展演活动”。2001 年起，主持“梦兰”、“梦洁”、“维科”、“香榭里”、“飞天”等中国著名企业集团的家用纺织品牌设计、产品设计、配套室内设计、样板房创意设计及专卖店的策划设计，并同部分中国著名家纺生产加工企业长期签约设计。

2001 年 12 月的中国国际时装周上，吴海燕奉献了一场以“观点 2002”为名的、富有民族文化韵味和时尚情境独特的时装发布会。她选中了北京市朝阳区大山子已经废弃的 706 厂作为发布会现场。在铁门斑驳、高大宽敞的 LOFT 车间内，少有隔断、空间高挑开敞、设备锈迹斑斑、废弃汽油桶堆放得杂乱无章、黑板上居然还留有“毛主席挥手我前进”的中国“文化大革命”图像遗迹的环境中，用100个油桶和1吨炭，在T型台上搭了3个大炭盆，燃起如同她儿时神往的那精灵般跃动的、胜似舞姿的灶膛火苗，将LOFT空间中这些与时装本身毫无关联的元素吸纳在一起，营造出一个具有强烈历史感和现代艺术感的时装秀发布会现场。零下4度的天寒地冻加上偏僻幽静的环境，迎来了法国高级时装公会主席迪迪埃·戈巴克、中国纺织工业协会会长杜钰洲、中国美术家协会主席靳尚谊、中央美术学院院长潘公凯、清华大学美术学院院长李当岐、著名画家陈丹青、著名电影演员邬倩倩以及众多艺术时尚界人士、各大新闻媒体记者、各大艺术院校师生等宾客。著名化妆师毛戈平承担了时尚秀的整体发型与化妆；吕燕和李欣等在法国发展的名模听说吴海燕筹办这样一场时装秀，主动请缨，免费出演。这场不经意的文化创意秀事，在中国现代时尚创意史上开创了LOFT时尚创意空间艺术展演的先河，她在无意中开启了中国著名服装设计师入驻798服装艺术创意社区的先声。从此，这一大片废弃的厂房被国际国内时尚艺术界人士所关注，短短几年迅速发展成为总名称为“798”的国际知名的艺术社区。2007年，中国服装设计师协会进驻“798”艺术社区，建构了现今称为“北京时尚设计广场——D•PARK”这一国际著名的中国服装时尚地标，这里成为中国国际时装周、服装设计师常年发布时装秀的场所。吴海燕的这场洋溢着浓郁民族情结的发布会作品“观点2002”于2001年获得第5届中国时装设计“金顶奖”。

2001年，吴海燕获得“金顶奖”的前两个月，她在杭州发起了“西湖千年等一回”时尚秀，拉开了杭州女装整体发展的序幕。2001年10月26日下午，吴海燕设计的120套丝绸创意时装，由50名女模特在杭州西湖西泠桥头拉开了中国美术学院与杭州市政府合作的时装秀——“东方丝国”第一回的展示帷幕，这次时装秀不仅演绎了多维的艺术思路、丝绸服装的高贵华丽，还展现了“珠珠相含，影影相摄，重叠不尽”的东方文化情境与创意脉动。

2002年，吴海燕获中国国际青年服装设计师作品大赛组委会、日本兄弟工业株式会社颁发的继“兄弟杯”大赛之后的事业成就奖。2003年，她的作品被中国服装设计师协会选为代表中国服装设计师的“三人展”，亮相法国巴黎老佛爷橱窗。2004年，她携作品参加马来西亚吉隆坡时装节亚洲著名服装设计师展演；同年，她还作为中国唯一的设计师携作品应邀参加法国巴黎家居展；同时，她又作为优秀的中国服装设计师，以充分展现东方服饰大国的神韵、风采和理念，设计了“天人合一”的时尚与传统相互交融的时装作品，入选“东方印象——巴黎·中国时装周”。这一年，她还获得了“浙江省鲁迅文学艺术奖”的突出成就奖，“上海国际服装文化节十佳时装设计师”称号，中国家用纺织品行业协会颁发的“中国家纺设计杰出成就奖”。

2005年，吴海燕设计工作室获得“蓝地——北京·中国服装设计金龙奖”

最佳设计工作室奖。2006 年，吴海燕获上海国际时装博览会“中国服装设计大师”称号及勋章、上海国际时装博览会“中国服装行业艺术设计领袖大奖”、“中国家纺布艺行业设计大师”称号。

2006 年，“东方丝国”第一回的展示落幕后的 5 年，在杭州市人民政府和中国美术学院主办的“2006 中国（杭州）丝绸文化节”上，吴海燕又在凝聚了杭州最具代表性的历史文化、商业文化、市井文化和建筑文化的河坊古街举行了“东方丝国第二回——天下河坊”时装秀，100 名中国名模演绎了她设计的 120 套丝绸创意服装，2006 年 10 月 28 日的《美术报》作了这样的解读：传统与时尚的撞击，展现出了历史生活下市井文化的千姿百态；“河坊唱晚”，则将东方印象、禅意河坊，千娇百媚地在我们眼前重现了前人在河坊里的劳作与生活、播种与收获、生命长久延续；“河坊山水”，用黑白灰三元素的水墨图腾，描绘了青山秀水、月光如水、水波似月，飘逸的衣衫、曼妙的色彩，似乎漫过了千百年的白墙黑瓦、市井街头；“河坊启明”，则将传统文化、时尚元素二者合而为一，丝绸的质感、时尚的创意，展现的是这一传统材质在现化生活中不可忽视的生命力。“天下河坊”以定染、定绘、定绣、定造与定饰和独创性的纹样设计在系列服装中的独特运用，展现了中华服装的特色。“东方丝国第二回——天下河坊”时装秀对人与自然、环境、建筑；人与社会、人群、自我；人与历史、故事、发展；对人与文化、文明、多元；人与设计、时尚、生活；对人与丝绸、服装、流行等关系进行梳理，开创了将市井生活融入民族传统与时尚文化之中的先例，展示了中华服装演进的内涵与情韵（见图 3-4-2）。

图 3-4-2 吴海燕 “东方丝国第二回” 作品

“东方丝国第二回——天下河坊”时装秀更具原创精神，中国的丝绸、中国的设计、中国的加工、中国人的精神，让人们重新认识了杭州的妩媚与丝绸的华贵，贯通着文化艺术上的“想象”、“圆融、贴切的妙喻”、对消费心理的“同情的模仿”，更深刻地表达了中国艺术精神中那宁静致远的禅意与情境，成就了融民族文化的自尊、自信、自觉于时尚的无限创造。

早在“东方丝国”第二回之前的2001年，由吴海燕所倡导的杭州丝绸与女装的组合整体发展——打造“丝绸之府、女装之都”的战略规划已成为杭州发展的既定策略。这一战略规划的实施使杭州女装业迅速崛起，时至2009年，杭州丝绸与女装已经形成一个流派，形成一个产业集群品牌：品牌形象的相似性——婉约柔美；品牌内涵的共通性——高贵典雅；品牌理念的一致性——精致和谐；品牌基础的共同性——渊源悠久。此时，杭州集群品牌中的一条牛仔裤可以卖到2600元，等同于国际二线品牌D&G的牛仔裤售价，杭州丝绸与女装产业集群品牌的年产值高达200亿元。

2007年，吴海燕被中国服装界授予“中国国际时装周十大设计名师”称号。为更好地践行自己的设计思想，2007年，她在杭州“西湖创意谷”创办了“东方国设计馆”，承接各种服装、服饰、家纺、家饰、旅游纪念品的设计业务，构建了一个极具民族文化、时尚创意的设计馆。仅一年时间，“东方国设计馆”已有两万多人前来参观洽谈业务，馆内一件件张扬中国神韵的作品通过服装、家纺、旅游品的特有语言，向全世界传递着中华民族的精神，也在潜移默化地培养中国消费者的民族文化自觉与自信。

教书育人是吴海燕本职工作之一，她把民族文化的自尊、自信与学习创造作为主旨。主张“一个设计师，一定要走中国人自己的路，左手得抓住中国传统文化，右手得抓住世界时尚文化，把传统文化活化于当下的生活。”“传扬中国传统文化之美，用东方美学来审视生活，对中国文化有传承的责任心。”她说：“作品应以民族精神为魂，以传统文化为根……市场所得编辑后带回学校就是最好的创意设计教学资料，而做教学搞研究的所得又可以指导我的市场运作，它们是循环反复的链式关系。”她把开放的、丰富多元的设计实践经验与教学实践经验相结合，构建成自由跨越于艺术教育与艺术设计事业的桥梁。她既把以民族文化为根基、以时尚为前瞻所进行的流行趋势研究，服装服饰设计、家纺设计、形象设计、展览设计等成果融入课堂教学，又把教学、研究、创意设计成果做成产品推向市场。她把构建创意产业链当作育人的根本，把自己的学术观点、开放的、链式的思维、成功的经验默化于青年设计师、学生的学习思想、设计行为方式之中。在多年之前，业界还没有创意产业链的说法时，她就已经进入了这样有实质意义的创意产业链与育人的探索历程，加快了品牌建设人才的培养。

吴海燕作为现任全国政协委员，中国服装协会副主席，中国美术学院设计艺术学院院长、教授、博士生导师，“WHY DESIGN”北京吴海燕纺织服装（设计）有限公司总裁、艺术总监，中国家用纺织行业协会室内文化研究会副会长，中国美术家协会服装设计艺术委员会副主任，中国流行色协会理事，中国家纺文化研究会副会长，浙江民间美术家协会会长；作为30多年从事教育与设计事业的工作者，她把与服装相关联的、跨界的各类艺术设计做得有声有色，并获奖无数。她不仅有许多在服装界具有极大影响力的个人服装设计专题发布会（见图3-4-3、图3-4-4、图3-4-5、图3-4-6、图3-4-7），还先后出任“杭州凯地丝绸集团”和“中国服装集团”总设计师，主持过中国著名服装企业太平鸟、顺美等20多家的服装品牌设计，为梦兰、香榭里等著名家纺品牌，为泛佳、即发等著名面料品牌提供了不同的设计服务。她还为英国、澳大利亚、美国、日本、法国等服装、家纺、纹样品牌提供设计服务。总之，她从教育到服装设计、中国流行趋势发布，从室内纺织品到家装、样板房创意设计，还有旅游产品设计等多元领域的创意设计，将产品开发链接到产业链的构建等的探索中。她是目前中国艺术设计界跨界设计类别最多的设计师之一，但吴海燕则认为跨界的说法其实不存在。她把自己成熟的、多元链式循环的资源运用的能力看作设计师在中国服装品牌建设道路上的本能。

吴海燕不仅推动了中国的服装品牌建设，加速了中国流行趋势的发展，带动了杭州区域丝绸与女装品牌建设、产业经济的快速提升，也促进了北京吴海燕纺

图3-4-3 吴海燕 参加汉堡时装秀作品

图 3-4-4 吴海燕 2008 年台北“亚洲魅力展”、两岸三地“时尚经典服饰展演”发布会作品

织服装（设计）有限公司、杭州“东方国设计馆”的产品开发设计等事业的快速发展。她的业绩在服装教育界和设计界早已耳熟能详，赞誉颇多。但她则认为“名利瞬间可得，而艺术则要在永恒的追求中寻觅”。抱着这种理念，她频繁往返于国内、国际各种时尚舞台，以“中国的·国际的”视野与胸怀，以对民族文化的热爱取得了令世人瞩目的成就，启示世人在民族文化自尊、自觉、自信与学习、创造中的心智。

上述吴海燕的事例仅是中国服装品牌建设队伍中的一个例子。前文所列的众多服装界的精英们都有与吴海相仿却不一样的成长经历，他们以融于骨血中的民族情节，用不同的品牌建设道路诠释了意大利 MIFA 服装公司董事长 Marco Rognini 对我们的寄语：要象意大利的时尚那样，用中国文化的方式配合时尚来感动世界；诠释了法国高级时装公会名誉主席雅克·穆克里埃的直言相告：紧紧地依附中国悠久的历史和文化，才能成为吸引法国乃至欧洲时装界的巨大市场，是中国必须要经历的建设道路。众多如吴海燕一样的服装界的精英们，在不同的品牌建设道路上，纷纷走向国际，而取得的辉煌成就，为我们诠释了对民族文化的自尊、自觉、自信与学习、创造的真谛，启迪了民族文化创新的心智，指出了中国服装品牌人才培养、品牌强国建设的努力方向！

图 3-4-5 吴海燕“T.I.T 金顶风尚”作品一

图 3-4-6 吴海燕“T.I.T 金顶风尚”作品二

图 3-4-7 吴海燕 时尚设计作品

综上可见，文化创意对于中国服装品牌强国建设具有深远的意义。我们的服装品牌的运营者和消费者应当努力加强自己在民族文化上的回归意识，民族文化的自尊、自信、自强的意识，以及在东西文化交融中的文化转型意识。我们的服装品牌运营者应当努力加强自己学习先进科技、文化与创造时尚的意识，拓展以多元民族文化进行多元多样的服装品牌时尚创意的思路；以真切朴实的品牌故事、消费者的多样文化享受、时尚消费感受为依托，努力取得时尚话语权；以服装品牌大国的胸襟与气度面对庞大的中国时尚市场以及国际时尚市场的需求，构建多元多样的品牌生态环境的合理布局；以科学的态度和深沉的智慧创建品牌的多元资本运作、商业模式，以此作为中国服装强国建设的强劲动力和服装品牌强国建设沿着正确方向顺利前进的保障。

第四章

用“中国的·国际的”视野与胸怀建设服装品牌强国

第一节
用“中国的·国际的”视野与胸怀构建多元服装品牌类型格局

当今中国，不仅是世界上最大的服装生产大国、服装出口大国，还是服装消费大国、奢侈品消费大国；世界上每三个人所穿的衣服中，就有一件来自于中国。然而由于各种历史原因，中国却面临服装世界级品牌缺失的尴尬，成为了国际服装品牌建设的迟到者。中国服装界的有识之士从磨砺中步步走来，明确地认识到：中国必须要走品牌强国的发展道路，才能改变被动的现状。在他们的不懈努力下，近十多年来，中国服装品牌发展的势头可谓迅猛，呈现出了百花齐放的服装品牌类型格局，有些中国设计师的本土自主品牌、中国企业的本土自主品牌已经走入国际市场，但是，在中华大地上品牌服装市场大戏的主角却仍然是“洋牌”和“傍洋牌”。这就促使我们提出了用“中国的·国际的”视野与胸怀建设服装品牌强国的战略定位，在品牌强国建设过程中，我们不仅要用“中国的·国际的”视野与胸怀展望服装品牌强国建设，用“中国的·国际的”视野与胸怀建设服装品牌生态环境，更要用“中国的·国际的”视野与胸怀构建服装品牌类型格局。

改革开放以来，我们处在世界服装品牌的外围，用懵懂的眼光旁观光怪陆离的品牌类型格局的演变与发展。我们欣喜早在 1994 年中国就创下了世界服装制造、出口第一位的纪录，展现出了产业的辉煌；在“入世”、亚洲金融风暴、全球金融危机的挑战中，市场推动了对服装 OEM 产业自动洗牌与调整的机制；我们经历了痛彻心扉的代工产业链洗牌、调整、升级的过程，从中意识到了自主品牌建设的重要性；我们从 COPY 开始进入到 OEM，并以 COPY 与 OEM 为服装产业的发展基础，一路朝着 ODM 和 OBM 的方向转型、发展。我们庆幸自己站在国际服装品牌先行者宽厚的肩膀上，因此能用更短的时间来赶超它们。我们有幸在全球化时代，在民族文化、时尚创意、品牌市场的磨砺中迎来服装的品牌建设和产业升级。我们明了品牌发展、文化底蕴、时尚话语权、绿色环保、资本利益人团体、渠道运作模式等生态环境的建设已势在必行。我们肩负历史责任，用“中国的·国际的”视野与胸怀建设服装品牌强国。

用“中国的·国际的”视野与胸怀客观地审视中国服装产业从 COPY 进入到

OEM 的发展阶段，这一时期中国成就了世界服装制造大国的产业辉煌；正视 OEM 的产业升级历程，用“中国的·国际的”视野与胸怀审视“OEM 制造品牌”、“洋牌”、“傍洋牌”在中国服装品牌类型格局中的地位和作用，对于中国服装品牌强国建设具有积极的意义，这是本节需要探讨的议题之一。

本节需要探讨的议题之二是，伴随着中国服装品牌发展的迅猛势头，服装品牌类型的格局呈现出百家争鸣的态势。在这个格局中既有一些销售额比较大的大众品牌，也有一些在创意、消费群体定位上都比较精准的、个性化的设计师品牌。在各类品牌规模越来越大、越来越国际化，风格、时尚无国界的潮流下，我们应当包容品牌类型格局的百花齐放，以“中国的·国际的”视野与胸怀思考将民族文化的灵魂体现在品牌类型格局多元化中，实施服装品牌生态建构战略，推进中国服装品牌发展。

一、OEM 企业是中国多元服装自主品牌成长的基础

经历了 30 余年 COPY、OEM 代工的艰难磨砺和西方时尚文化的洗礼后，中国服装业进入了 21 世纪 10 年代初的后转型期，服装的文化创意与自主品牌、品牌强国建设有了良好的起步，并逐步进入到发展阶段。中国的现代服装企业大多从 OEM 代工发展而来，也正是中国服装人又爱又恨的 OEM 代工，托起了中国今天的服装制造大国的美名，为中国从事服装文化创意的先锋设计师和本土品牌的不断涌现铺就了宽广的道路。

1. 中国 OEM 企业的三个发展阶段

现今，在以江浙、广东和福建为代表的地区已经形成了非常成熟、完善的 OEM 代工体系，OEM 制造成为中国服装品牌成长过程中不可或缺的发展基础。

以浙江省温州地区服装产业 OEM 企业的发展为例。浙江省温州地区是中国改革开放以来发展较早的服装重镇，是服装产业的“风向标”。伴随着自服装业起步以来的大气候，在种种内、外压力的影响下，在市场自主调控的机制下，温州服装产业经历了一次次的洗牌。服装业界的屡次洗牌，使温州企业对市场的风云变幻有了深刻的认识，为温州企业积累了丰富的经验。如今能够留存下来的无论是做 OEM 代工、还是做 ODM 贴牌、OBM 自创品牌的企业，都是历经市场磨砺的、具有自主调控能力、在服装界的生态环境中有着强大生命力和竞争力的企业。此外，在中国服装产业以多元民族文化为精神支撑来建设自主、多元的品牌类型格局的未来发展道路上，温州企业有其自身的优势。

温州地区的服装人和 OEM、ODM、OBM 企业在服装产业的发展历程中大都经历过以下几个主要阶段：

第一个阶段，1983 年，中国刚刚彻底取消延续了几十年的布票制度，人们穿衣保暖的需求不再受布票的限制，具有经商天赋的温州人，就率先起步经营服装生意。随即他们又以独特的商业眼光，看准了国际上服装加工外包的市场。众所周知，20 世纪 80 年代，中国普通工人的工资与欧美普通工人的工资存在天上地下之别。欧美不仅普通工人的工资比中国高，其所享受的福利甚至是工资的 1 倍，且熟练工人的工资甚至达到普通工人工资的 1.5 倍。因此，20 世纪 80 年代，欧美许多服装品牌为获得更高的利润，开始陆续到劳动资源丰富、普通工人工资极低的中国展开全面的考察，最终他们选择物流条件便利的中国沿海地区，设立代工生产基地。温州人及时抓住了这一契机，进入了全球化制造加工环节——OEM 代工企业的领域之中。1987 年，“思想再解放一点，胆子再大一点，办法再多一点，步子再快一点”的对外贸易指导思想的出台，对于具有经商地域文化特质、将经商视为生存哲学的温州人来说，是一个千载难逢的机遇。此时，温州服装业在 OEM 领域迅速达到了全国领先的水平，他们把产业机制当作一份对商业、外贸的兴趣、爱好与冒险，成为中国兴起早、水平高、规模大的服装企业区域。

第二个阶段，1992 年邓小平南巡讲话之后，更加开放的政策环境为服装品牌的成长提供了适宜的土壤。部分旅居欧洲的温州服装人，激活了几乎被欧洲人抛弃的批发业，由他们组建的几千平方米的大规模服装超市不断落成。与此同时，商业眼光独到的温州人再次把目光投向了意大利，许多 OEM 企业不惧道远，带着资金和中国劳工，将厂址落户于意大利。这些企业在意大利制造了无数“Made in Italy by Chinese”的高端“欧装”品牌产品。由他们制造的“欧装”产品一度遍布欧洲的批发市场，对欧洲的服装零售业和制造业构成了最直接的压力，这一现象，以及国内 OEM 代工产业的蓬勃发展，成为中国服装业高速发展的推进器。到 20 世纪 90 年代末，温州的服装企业已经拥有了服装制造所需的高端技术水平和加工设备。温州成为中国服装对外交流的主要窗口之一，能及时反映国际服装款式、色彩、面料及国际服装市场的变化动态，能把握世界潮流并具备较强的产品创新能力。因此，在经历了通过小成本投资、依赖廉价劳力来获得原始积累的阶段后，为了获取更高的产品附加值，谋求更广阔的发展空间，企业进入了具有品牌意识的卖“商标”阶段，后来进一步具备了品牌聚集的区域优势。

第三个阶段，进入 21 世纪以来，随着时代的发展，中国市场与国际市场之间的联系越来越紧密。服装行业不断从 OEM 代工朝着 ODM 贴牌转型，又从 ODM 向 OBM 自创品牌升级。温州服装界把全球 10 大顶级男装品牌中有半数以上在温州下单生产加工积累而来的高科技、信息化技术优势与经验启迪而来的时尚理念，作为品牌运营的借鉴。温州服装界发挥具有品牌文化、时尚创造的优势，多领域资源的跨界互动，深度的展商、观众服务计划而扬名于 CHIC 与中国国际时装周等各类丰富多彩的展赛项目中。如今温州服装界已经从产品的“中国制造”到“民族文化·时尚创意”、“中国创造”进入到“中国的·国际的”品牌创造阶段，并且经历了从经营模式到资本运作的全方位实践。温州的服装企业自OEM代工向ODM贴牌、OBM自创品牌转型以来，以极大的热情开展了诸多项目的实践，有力地推动了服装文化和自主品牌建设、产业结构的调整与升级、以及品牌的国际化。在这个阶段，温州的服装企业进入到动态性、螺旋型的发展模式中，开始打造集“品牌、传播、推广、销售”于一体的快速反应的多元品牌市场运作链。

2. OEM是中国多元服装品牌成长的基础

在上述几个阶段中，江浙以及广东、福建等地区服装的OEM代工企业自改革开放以来，经历了“计划经济的痕迹”、“特权渠道”的历练，以及道德滑坡带来的“商德”低下、三角债、消费者和商家之间不能互相信任等的考验；面对亚洲金融风暴、“入世”，他们努力扩大外贸、加工领域的产出，使中国拥有了服装“世界出口冠军”、“制造大国”的称号。

据统计，2003年温州全市服装业总产值达350亿元，较上年增幅13%。经过新一轮的产业结构调整和洗牌，再上台阶的温州服装产业的特点是：服装品牌产品结构休闲化，产品层次高档化。被称作一枝独秀的温州男装也集聚了一批在科技、管理等机制上具有强势的OBM自主品牌、ODM贴牌和OEM代工企业，形成了产业的优势，其发展前景被国内、国外服装界所看好。2004年，温州服装企业进一步进行了市场细分和重新定位，把“产品质量、科学管理、规范经营”作为企业的“内功”加以苦练。同年4月，国家质量监督检验检疫总局在北京为来自全国各地的29家企业举行了中国首批西服类产品的“国家免检产品”授牌仪式，温州的“报喜鸟”、“乔顿”、“庄吉”、“夏梦”、“法派”、“乔治白”、“斯多纳”七家服装企业获得该荣誉。与此同时，温州人充分发挥其遍布世界各地的人脉优势，聘请意大利设计人员在意大利开设计室，跟踪国际潮流，寻求国际合作，如“夏梦”通过与“杰尼亚”的合资将产品打入了国际市场，同时以最快的速度、最大的覆盖面，将服装产品融入国际流通领域中（如沃尔玛、家乐福等连锁机构），占领世界市场。

世界金融危机之前，OEM代工企业面临严重的同质化问题的挑战。温州地区的服装企业痛定思痛，抢夺战略高地，进行差异化设计。面对世界金融危机、原材料涨价、人民币汇率提升、出口退税减少、用工成本大幅提高等一系列问题，温州地区的大批OEM企业经历了痛彻心骨的倒闭潮，之后仍然存活的企业纷纷转型为ODM，升级为OBM，进行了脱胎换骨的大变革，之后乘势而上，通过“融资上市”、“国际间的合作、合资、并购”等手段，在一次又一次的大浪淘沙中，锻造出了许多自主品牌。有实力的“报喜鸟”、“庄吉”、“乔顿”、“美特斯·邦威”、“森马”、

“巴拉巴拉”、“高邦”、“拜丽德”、“林中鸟”、“好日子”、“雪歌”、“乔夫”、“奥奔妮”等众多品牌，成为具有“中国的·国际的”文化创造符号的优秀自主品牌，成为带动服装产业发展的主流品牌。此外，其他区域一直从西方品牌持有者手中承接外包制造业务的中国 OEM 代工企业，同样纷纷成功地推出了自己的品牌产品，例如“安踏”、“特步”、“匹克”和“361 度”等，它们所售产品与过去为外国大牌制造的产品的质量完全一致，凭自身实力获得了国际认可，“七匹狼”等自主品牌，甚至还催生了一大批追随者（作品见图 4-1-1）。

图 4-1-1 “七匹狼”男装

综上可见，以浙江温州地区为代表的中国服装主流品牌，脱胎于 OEM 代工企业，提升于 ODM 贴牌企业，可以说 OEM 代工企业为温州品牌、同样为中国品牌的成长，创建了最重要的先期条件与基础。

二、OEM 已经成为中外服装产业链上不可或缺的“中国制造品牌”

全球金融危机给中国服装产业带来的是挑战与机遇并存。全国各地与温州的情况大体相同，经过重重危机的挑战后具有市场生存、竞争力的品牌在增多并且成为主流品牌，那些具备较大实力没有倒闭的 OEM 代工企业和 ODM 贴牌企业有了新的发展机遇。

2011 年底以来，人民币兑换美元汇率低于 6.3，尽管人民币的升值严重削弱了以出口为主的纺织服装业的竞争力，但是，因为中国的 OEM 和 ODM 产品目前在国际市场上依然有较高的性价比，因此，“中国制造”在国际上依然保持着很强的议价能力。诚如从事国际贸易业务多年的裴克所说：“‘中国制造’已经成为世界公认的品牌，全球的买家都喜欢‘中国制造’。”[①]我们可以以中国福建制造业

①林国栋：《当“中国制造”成为品牌》，载《每日经济新闻》2007 年 10 月 24 日，http://www.sina.com.cn。

大军中的一个普通工厂，来考量OEM代工企业的基本情况。这家企业位于福建厦门，工厂规模不算太大，只有100多员工，却在为超过20个国际知名品牌做代工，其中就包括国际顶级奢侈品牌“阿玛尼”。第五大道奢侈品网站CEO孙亚菲在这里看到，工厂的皮具间实行无尘化管理，每一个工人在车间工作时都佩戴手套、面罩；从设计师到剪裁中心再到模具直至最后成品，每一个流程上都设有自检关卡，以检查产品质量，连极其细微的划伤都不放过；流程终了，还有一道总体的自检程序在等待着生产出来的成品。

广东省商业联合会鞋业皮具产业合作委员会副主席杨叶林，因为工作性质需要，经常走访亚洲以及欧洲的OEM企业，在他看来，广东很多工厂的产品质量都能达到欧洲“纯手工”的标准，有些甚至比欧洲工人的技术还要好。孙亚菲在对国际品牌的考察中，怀着对于“凝聚了人类智慧结晶的纯正意大利手工”的崇拜心理，参观过多家意大利生产工厂。孙亚菲对工厂的第一印象是人特别少，有些车间里只有三五个人，他们分坐在用桌子拼成的工作台边。在工人座位两旁，一边架设缝纫机，一边码放衣片、布匹；一个人做完一道工序后交给下一个人，颇有刀耕火种式的生产意味，置身此地仿佛回到了20世纪五六十年代的中国作坊中。即便这样，他们的客户中却包括了像“古琦”这样的顶级品牌。对比之下，中国OEM代工企业的专业和规范一目了然。

当前，意大利的“普拉达”、美国的“原单”（Cole Haa），以及西班牙的“看步”（Camper）等时尚奢华品牌在国际上被认为是“上流社会”的代名词，也是中国人所熟知并崇尚的国际顶级品牌。但是，鲜为国人所知的是，它们的产品都出自于中国的OEM代工企业，诞生于几万名中国打工者的手中。在中国除了东莞、深圳，还有杭州、温州、石狮等难以计数的工厂在为世界奢侈品牌做着代工生产。让人难以置信的是，“普拉达”的家族继承人兼总设计师缪西娅·普拉达（Miuccia Prada）说，她最喜欢中国人做的鞋子。从OEM到ODM，从低端制造到奢侈品代工制造的中国服装产业链，经过国际市场竞争的历练，已经日趋完善。

2012福建（晋江）、深圳国际服装贴牌加工（OEM/ODM）博览会、第十二届中国（上海）国际服装服饰贴牌加工博览会相继在2012年、2013年举行。拥有雄厚现代技术力量的中国OEM代工企业，不论规模大小，无论是生产成品还是只做某一道工序，它们的产品质量都值得信赖。就连在国际品牌领域中以工艺标准苛刻闻名的“普拉达”都能认可“中国制造”。毋庸置疑，通过中国产业升级的大浪淘沙，具备全球竞争力的中国OEM代工，实际上已经成为世界知名的“中国制造品牌”。它们将为国内不断发展的“中国的·国际的”高级自主品牌提供高品质的制造服务保障，这是我们可以预见的前景。

广东一位代工奢侈品的服饰制造公司负责人曾经这样说道：“我们的生产成本在400—500元人民币的产品，到国外的销售价格一般为800欧元到900欧元。”

对外经济贸易大学副校长、祥祺奢侈品研究中心首席顾问赵忠秀表示：奢侈品在市场上享有极高的溢价率，奢侈品的直接成本，包括原料和生产制造成本，不会超过售价的10%。中国现今虽然有着制造高端品牌与奢侈品的生产线，但它们却未能给我们带来应有的溢价效应，这说明中国的品牌与奢侈品的产品需要从良好的工艺传承“制造”延伸到传统文化与现代时尚文化对接的文化积淀，才能实现如同国际顶级品牌与奢侈品那样的溢价目标。文化的积淀需要时间的磨砺，当下“中国制造品牌”最关键的就是优良的工艺传承，这不仅是能够形成传统文化与现代时尚文化对接，以及品牌自身历史的积淀，更是造就“中国的·国际的”服装品牌生态环境建设的基础。只有良好的民族文化创意与工艺的传承，以及强劲的高端科技制造能力，才能聚合形成产业集群地与产业链上各环节的品牌效应，而产业链上各环节的品牌打造，才是对“中国的·国际的”服装品牌强国建设最有力的推动。

从以上的事实中我们已经清晰地看到，“中国制造品牌”不仅已经显现出了国际化的力量，更显现出了对于中国实现“中国的·国际的”服装品牌强国建设的基础保障力量。从这个意义上来说，中国的OEM代工不仅将逐渐地成为世界知名的“中国制造品牌”，而且会成为中国服装品牌生态链中不可或缺的品牌类型。

三、中国服装品牌市场上演“傍洋牌”大戏的时代必然性与历史根源

1.“傍洋牌”的市场大戏在“物竞天择，适者生存”的生态环境中上演

目前中国本土消费者“买洋牌”与服装企业“傍洋牌”的现象，让有民族文化自尊的国人为之扼腕，让服装界左右为难，让服装自主品牌设计者尴尬，让自主品牌运作者棘手，成为服装界争议最多的话题之一。中国人以穿着洋品牌为自豪的根源在于本民族服饰文化的几近断代。改革开放后，中国人对于较中国更为发达的西方的经济、文化与生活充满了好奇和期待。每一个出国人员在回国时，都要带回很多“时尚、高端、独一无二”的外国货，许多中国人的这种消费心理习惯性地延续到了今天，这成为“洋牌”在中国得以迅猛发展的土壤。

在国外许多商场销售时，贴上中国商标的商品的价格仅为贴有国外商标的10%—20%，所以虽然是世界上的服装制造大国，但中国所制造的服装商品，往往会用外国经销商的商标以提高商业利润，这是每个国人无法回避、不得不接受的事实。同时，在中国的市场上，中国的品牌要“傍洋牌”才好卖，才能挤进高端

市场。在中国一线城市的高档时装商场里，起码有三分之一以上的“傍洋牌”从设计、生产到销售完完全全是在国内完成，但却以“洋名”作为品牌名称。众多听上去是洋名、看上去不明就里的品牌服装，在精心设计的卖场里通过巧妙的排列与布置，确实能让消费者产生它们不是名牌也应该是外来高档产品的错觉。这种品牌运营手段赢得了许多沉迷于穿着外国品牌服装，且以自身有穿“洋牌”的实力而自豪的国人的青睐。由此，一些企业、商家甚至是设计师就产生了这种“国际注册、国内生产、国内销售”的营销思路，制定品牌策略，生产出大量“傍洋牌”的产品与涌入中国市场的洋品牌竞争，迎合消费者的消费心理和需求，以谋求最大化的商业利益。

近年来，有许多品牌不惜成本开设了自己的专卖店，但销售额一直不佳，后来他们把品牌名称改成了英文，再加以西式包装，打出源自国外设计的招牌，销售业绩一下子直线上升，加盟商也增加了一倍。目前在中国商界有许多商人看中了“忠诚”而庞大的“傍洋牌”消费群体的巨大消费能力，认为这是一个暴利行业，有着高利润、高回报，所以众多商家不惜一切打造“傍洋牌”品牌。服装作为穿着者的精神与物质的表象，每个服装品牌都有自身对于品牌文化、设计风格与消费群体的定位。“傍洋牌”运作者深知一个“洋名”，加上16—18世纪的意大利或者法国巴黎的设计理念，能够增加品牌高档化的筹码，同时能增加些许经典的韵味，也就必然会增加其卖点。为此，一些高明的“傍洋牌”运作者，以才智和力量对“买洋牌”的消费群体的心理和消费需求进行全面的“同情的模仿”，请来了有国外设计资历的设计师，精心为品牌增添文化创意，进行“洋化”包装，赋予该品牌以品牌理念和故事，使得该品牌看起来像是已经诞生了上百年，营造了出人意料的极佳的“傍洋牌”的生态环境，使苦心经营“傍洋牌”的运作者们盆盈钵满。然而，也有部分品牌走向了畸形发展的道路，许多服装商家根本就没有设计师，更谈不上来源于品牌所在国的设计思想和设计灵感，只是抄袭设计款式，这就加剧了服装品牌同质化的进程，加深了国际市场对中国品牌文化品质低劣的看法。虽然这些“劣迹”让有文化自尊的国人不能接受，然而“崇洋”的消费心理所能带来的合法的市场利润来得很实在，部分企业仍然继续闯入这块黄金领地，不断地上演“傍洋牌”的市场大戏。

2.“傍洋牌”与自主服装品牌在市场上的不同境遇与历史根源

“买洋牌”现象和“傍洋牌”现象是市场经济运作中，市场需求作为无形指挥棒而导致的偏差。这一偏差现象源于中国的历次革命与运动所导致的服饰文化的几近断代，许多中国人缺乏对本民族文化的自尊与自信，因而产生了“外国的月亮比中国的圆”的文化自卑心理。

我们可以看到，北京的某些高端服装品牌市场在市场需求无形指挥棒的调度下，服装品牌以“傍洋牌”与“自主服装品牌”来区分高贵与低下，并以此为依据来分配商场的营销区域，这种举措有意无意间抬高了“傍洋牌”的身价，降低了自主品牌的身价。在北京都会存在着这种可悲的营销现象，难道其他城市就不会存在吗？在中国本土的服装消费领域，“傍洋牌”都如此被一些国人高看，那么，真正的国际品牌的地位自然是至高无上了！因此，低看自主服装品牌也就显得理所当然了。部分中国人尚且轻视本民族的品牌，外国人又怎么会看得起中国服装品牌呢？即使外国人身穿具有国际顶级品牌特质的中国服装，感觉到舒服、别致，也会认为这是品质低劣的商品。如此一来，中国自主创意的品牌无形当中便被推到了弱势地位。那么中国的服装文化创意、自主品牌、时尚话语权的建设又从何谈起呢？上述尴尬局面，使一些自主品牌的企业或服装设计师，时常担心设计产品与市场利润之间失衡，如果没有市场的认可，没有消费者的需求，再好的民族文化创意设计也都是虚无的，只能昙花一现。凡此种种，成为历经 30 余年的产业建设，以及从倡导并进入 CHIC1993“名师、名牌”的品牌建设至今，在众多中国服装品牌中，没有一个代表着中国文化创意的品牌能够享誉世界、成为国际顶级品牌的主要原因之一。相反，“傍洋牌”则成为中国消费市场中的宠儿，不断上演着市场大戏，而且它还将不断延续，有着愈演愈烈之势。从根源上说，这是中国服饰文化的几近断代使消费者缺失了对于自己文化的自尊、自信，导致市场需求偏差而产生的结果。

四、“傍洋牌”是服装品牌强国建设的潜在推动力量

据不完全统计，在中国以不同的前后缀注册的“华伦天奴”就有不下 70 家，另外还有“啄木鸟”、“皮尔·卡丹”、“鳄鱼”等“傍洋牌”充斥市场。上海服装行业协会的统计数字表明，主要商场的服装销售排行榜上，600 多个服装品牌中有 90% 使用的是“洋名”。

其实，“傍洋牌”这类品牌经过合法注册而诞生于外国或中国，其产品的品质好，有正规的渠道进入商业场所进行经销，满足了消费者“忠诚”热切的消费心理需求，从这个角度来看（从“穿衣戴帽各有所好”的基本准则来看，从现代商界“有什么样的需求就有什么样的商业手法”的规则来看），“傍洋牌”的品牌拥有者、营销者、消费者都没有违法。再者，“傍洋牌”品牌是其商业智慧发现了这一市场需求，努力对“买洋牌”的消费群体的心理和消费需求进行全面的“同情的模仿”，使消费者从中享受消费该品牌产品，从其所带来的快乐情境来看，“傍洋牌”的存在是合理的。它们是特定历史环境下的必然产物。因此，我们没有必要把这一现象归结到某个点上，来评价其是非曲直。凡事有利必有弊，反之亦然！改革开放的30年间，中国的OEM代工企业，只能在国际品牌的阴影下从事服装“U”

字形产业链最底端部分的工作，通过为国外著名品牌进行贴牌加工，用密集的劳动力来换取不足十分之一的利润，为企业初创期和扩张期的扩大出口服务，构建起了世界服装制造大国的发展规模，但OEM代工现象也有其积极的一面。中国服装界的有识之士从现代服装业的零起点开始，以跨越时代的速度学习、掌握了现代服装制造的科学技术；解读了香奈尔、克里斯汀·迪奥、乔治·阿玛尼、三宅一生等诸多国际服装设计大师的成功之道。由此，我们完全可以这样理解：近年来，在国际金融危机的大背景下，国际品牌蜂拥涌入中国市场后，高明的国际品牌运作者们在中国市场上发挥了他们敏感的、恰当的文化转型意识，运用中国文化对其品牌进行深度开发，进而持续有效地占领庞大的中国市场，获得了前所未有的巨额利润。就是在这样的现状下，在中国服装品牌建设进程中，部分企业、商家以及设计师们在全民尚无文化自觉与自尊的品牌营销环境中，在尚未有一定数量的、成熟的自主品牌可以与来势凶猛的国际品牌一较高下的情况下，为求生存而以合法手段采用“傍洋牌”的方式快速打入高端市场，赢得一部分利润，为构建自主品牌积累资金，也是不得已而为之的一种抉择，或者可以认为这是一种理性的企业发展策略。从这个角度出发，我们可以将“傍洋牌”现象理解为，这是中国品牌的未来运作者运用“有趣的商业游戏”，间接地在为中国自主服装品牌强国建设服务，如此圆融、智慧的思想与高明的商业运营手段是应得到肯定的。此外，这些中国品牌的未来运作者还可以把借助国际顶级品牌效应赢得市场利润的“傍洋牌”运作过程，当作更深层、更全面地学习与掌握西方品牌建构与渠道运营的成功经验的机会，转而为建设具有中华民族文化创意的自主品牌所用。由此看来，“傍洋牌”可以说是中国服装品牌强国建设中的一个历史现象和必然环节，是一股能够积极推动中国品牌建设的潜在力量。

五、民族文化与“傍洋牌”协同创新成为中国服装品牌强国的品牌类型之一

基于以上事实，“傍洋牌”已经是存在于中国服装品牌生态链上的一种阶段性的特殊品牌类型。

从中国品牌强国建设的实质意义上来说，创意是品牌建设、服装设计之母，任何品牌都必须在创意中诞生，在创意中演进、发展。有中国文化自尊、自信的品牌运作者，同样可以适时地为“傍洋牌”融入中国文化内涵，使之在文化转型中成为立足于国际时尚界的中国品牌。事实上，近年来国际上就有许多品牌借助中国元素在市场中大显身手，比如：2011年全球时尚界顶级品牌路易·威登的总监马克·雅可布（Marc Jacobs），在复古与创新相结合的主题中采用了中国清朝的服饰元素，凸显出服装的华贵气质，一时间，他的设计思路被时尚界热切

关注（见图 4-1-2）。这种时尚创意与文化转型相交融而产生的广阔创意思想，为傍洋牌的持续创新、演进、最终转化为名副其实的中国品牌，提供了很好的借鉴。我们应当借此思路，将傍洋牌这一品牌群体的资源优势，通过整合，突破创新主体间的壁垒，充分释放彼此间“人才、资本、信息、技术”等创新要素的活力，使傍洋牌这一品牌群体，通过“协同创新”的过程，不断接受中华民族文化与生俱来的巨大同化力的同化（如盛唐同化西域文化一样）、内涵的浸染，最终一定能够自然地将它们锻造成为兼具“国际化”与“本土化”文化特色的、“中国的·国际的”时尚品牌类型。在这一进程中，对于中国服装界是否具有“中国的·国际的”视野与胸怀、是否具有中华文化大国气度、是否能够在“求同存异”型人类文明中高瞻远瞩，共同推进世界文明的发展与进步，对中国服装界而言，是一场考验。

图 4-1-2 “路易·威登”2011 年春夏巴黎时装周“中国风”弥漫

六、以民族文化为核心的多元品牌是服装品牌强国建设中的主要品牌类型

“海纳百川而成浩瀚之势”，中国文化在漫长的历史进程中通过吸收、融合世界多元文化的营养不断壮大、发展，但根脉始终源于中华这片沃土。换言之，文化在本质上就具有“民族性”和“世界性”——“中国的·国际的”特性。不管是本土自主品牌的时尚创意，还是国际品牌、“傍洋牌”的“本土化”、“民族化”，尊重和弘扬民族文化，使之能够在世界时尚领域独领风骚始终是中国构建多元服装品牌类型格局的主流方向。但是，一直以来中国服装品牌存在着严重的“民族文化、时尚创新”特色的缺失，由此连带产生了“自主品牌缺失”和“时尚话语权缺失”，因而当今中国服饰文化的崛起与服装品牌强国建设需要直接面

对几个重要议题：民族文化，时尚创意，品牌消费市场，品牌类型格局。我们应该针对国际服装市场品牌类型格局与服装设计风格之间的关系，分析国际市场需求，以及由中国 13 亿人的服饰审美所形成的庞大的市场需求，考虑到中国各少数民族的传统衣着习惯所构成的特殊市场需求，思考民族文化在品牌风格赢得本土消费者的青睐、走向国际的过程中的作用。根据这一思路，以民族文化为核心的多元品牌类型，按照民族文化元素的传承、创新方式，可以大致概括地将服装品牌的发展方向分成三大类型格局。

1. 中国原生态民族服饰传承发展类型

以传统民族服饰文化元素为主体，将其他文化元素兼容并蓄于中华民族文化元素中，在保持鲜明的传统民族服饰风格的前提下，适当吸收现代时尚元素。设计的目标定位为：国内外民族服饰文化的教育、交流、展览，丰富中外文化交流和旅游市场，适合于民族区域少数民族的日常生活、节日庆典、舞台戏剧、旅游产品等有专一民族服饰文化指向的、有明显的传统民族服饰特征的特定场所，构成专一民族服饰原生态元素突出的原生态民族服饰传承发展类型服装品牌（见图 4-1-3）。

图 4-1-3 原生态民族服饰传承发展类型设计作品

2. 中国民族文化元素的应用创新类型

设计思路不拘于“朝代多元一体脉络文化”或“少数民族多元脉络文化”中的元素，不受某一特定民族文化的限制，在中华民族传统文化的宝库中提炼符合现代人审美观念的元素，吸收当代时尚元素，引领流行时尚的走向。设计的目标定位为：（1）面向少数民族所在的民族地域，设计符合旅游产业、节庆礼服、舞台表演所需的服装，开发具有传统民族服饰特征的、文化形态明显的、艺术化的产品。（2）面向时尚艺术界的消费群体，设计具有中国民族风格的、富有时代

图 4-1-4 民族文化元素创新类型的设计作品（杨永怡左图、左庆贺中图、王利右图）

气息的高级定制服、高级礼服等。面向爱美求异、求新享受的消费群体，设计时尚休闲的日常服、旅游文化产品。构成兼具中国文化特色与国际时尚潮流、彰显个性的民族文化元素的应用创新型服装品牌类型（见图 4-1-4）。

3. 蕴含中国民族文化的自由创意类型

在中华民族文化资源中提取与现代人审美观念相符合的元素，吸收时尚元素，使设计蕴藏并传递出中华民族的文化底蕴和民族精神。设计的目标定位为：（1）面向需要展示“各美其美”的中华民族精神的消费市场，设计饱含中华民族文化底蕴的时尚流行服装、高级定制服、高级礼服等。（2）设计师在深入研究国际流行趋势的基础上，大胆预测流行趋势的走向，使设计针对时尚趋势进入高端品牌市场，展现出具有独一无二的、富有中国气质的“中国的·国际的”时尚风范，甚至能够引领世界时装流行时尚。构成蕴含中华民族文化的自由创意型服装品牌类型，如张肇达、马艳丽高级定制设计（见图 4-1-5）。

当今以中华民族文化的自觉与自信在时尚领域耕耘的众多中国著名服装设计师，如丁勇、马可、马艳丽、王新元、王玉涛、王鸿鹰、王晓琳、计文波、邓皓、邓兆萍、卡宾、任平、刘洋、刘薇、朱琳、祁刚、吴海燕、张肇达、张继成、张志峰、张义超、李小燕、陈闻、陈述丽、房莹、武学伟、武学凯、罗峥、周红、赵玉峰、赵伟国、郭培、梁子、谢锋、曾凤飞、蔡美月、薄涛等，在上述三个不同类型的品牌建设领域中，各自用不同的艺术视角、独特的服装文化创意、独特的设计语言，在独具风格的品牌建设、品牌产品设计方面都取得了卓著的成就。

例如曾凤飞，在跨越于中国民族文化元素的应用创新类型与蕴含中国民族文化的自由创意类型之间的领域中，进行自己男装民族服装品牌——“曾凤飞”品牌的建设与品牌产品设计的过程中，便成就了自己的一番事业（见图 4-1-6）。

曾凤飞出生在一个贫穷的小渔村，22 岁时他还只有小学三年级文化，但他

图 4-1-5 民族文化的自由创意类型设计（张肇达、马艳丽高级定制时装发布会的作品）

图 4-1-6 “曾凤飞”品牌服装设计作品

对中国民族文化有着高度的自觉与自信，对艺术有着浓厚的兴趣和极强的感悟力。起初他的画布只是一块一望无际的空旷海滩，直到1993年，27岁的他终于如愿考上了中央工艺美院服装设计系，获得了系统学习的机会。毕业后开始了真正意义上的设计师生涯，通过长期的磨砺成为中国著名的服装设计师。他身兼中国服装设计师协会理事，时装艺术委员会委员，亚洲时尚联合会中国委员会理事，福建师范大学美术学院、福州大学厦门工艺美术学院、闽江学院服装艺术与工程系和江西服装学院客座教授，香港爱登堡（国际）制衣发展有限公司首席设计师，厦门圣达威服饰有限公司设计总监，法国卡锐士品牌设计总监，现为厦门凤飞服饰设计有限公司总经理兼艺术总监。曾凤飞在上述各项工作中，在他的流行趋势发布中，全力推动以民族文化为核心的多元品牌服装的建设工作，全身心地将民族文化根植于各类品牌建设之中，使他所主持的各类品牌传递出华夏文明的独特品质与风格。在服装设计领域，他取得了不凡的成就。

曾凤飞在以上述三个类型领域中的服装设计旅程中获奖无数。其中有“中华杯”国际服装设计大赛银奖、金奖，“世纪星光——首届中国儿童服装设计大赛”金奖，“大连杯”中国青年时装设计大赛金奖；上海服装设计协会授予的“中国服装设计大师勋章”,“上海国际服装服饰博览会成就奖”；海西国际时装周“海西国际风尚设计师大奖”,“中国设计业十大杰出青年”称号，《时尚先生》评选的“最佳风尚设计师”称号，北京“奥运会礼仪服饰设计奖”,“北京朝阳文化创意产业精英榜‘十大精英人物’奖”、“燕京·中国式新男装设计作品展‘最具中国特色奖’”；特别是在中国国际周中不仅获得“益鑫泰”中国服装设计最高奖提名、中国国际时装周中国时尚大奖年度“最佳男装设计师”奖提名，还3次获得中国国际时装周中国时尚大奖年度“最佳男装设计师”奖，以及“中国十佳时装设计师”称号，直至获得第16届中国时装设计“金顶奖”。

最值得我们关注的是，这位温文儒雅、举止稳重的服装设计师于2008年，以他对民族文化的高度自信，在时尚浪潮席卷中华大地之时创立了自己的民族男装品牌“曾凤飞”（FENGFEI•Z），这是一个将中华民族的文化精髓与现代国际时尚元素相融合并进行再创造的设计师品牌，贯穿了“中学为体，西学为用”的设计风格，蕴含着儒家的文化底蕴、空灵的禅学思想，展现出“简洁、淡雅、含蓄、豁达、和谐、舒适、自然”的魅力，既有中国传统经典文化内涵，又不失国际大牌风范。“曾凤飞”品牌不仅定位于中式高端男装，同时还为消费者提供了出色的手工量身、高级定制服务，让消费者深刻了解到什么才是真正适合自己的时装，旨在传承和展现中国传统服饰文化观念与时尚创意构建的“中国式新男装的品牌神韵”，不断赋予中国男人以“人有精神气自昂”的现代男性精英形象。

曾凤飞在西式男装品牌充斥整个中国的男装领域，中国男装品牌极度落伍的时代背景下，以中国元素为基础追寻男装的另一个起点。从 2003 年起直至现在，他以对民族文化的自信、自觉担负着传扬“中国式新男装的品牌神韵”的时代责任，以真诚而非功利的思想来看待中国国际时装周，并且是唯一一个在中国国际时装周上每年都做春夏、秋冬两次发布会的设计师，唯一一个以自己的艺术天资和创意智慧推陈出新地设计出“很中国”的新式男装品牌作品参加历届发布会的设计师。曾凤飞的业绩让业界同仁肃然起敬，他对“中国式新男装品牌”的建设与推动受到服装界的高度赞扬，并日渐影响中国男装品牌界，《服装设计师》杂志曾评价称“曾凤飞的前进恐怕可以用飙升来形容”。2008 年，即创建“曾凤飞”品牌的当年，他以“很中国”的“曾凤飞”品牌产品首次进驻北京新光天地，之后，又相续进入北京金融街购物中心、北京赛特购物中心、厦门磐基名品中心、哈尔滨新世界百货等国际高端品牌云集的百货店。在其品牌进驻北京新光天地的第一年，他的“曾凤飞品牌旗舰店”在与国际品牌并肩而行的商业业绩上就第九位。

2011 年，曾凤飞在设计生涯中第 3 次获得中国时尚大奖 2011 年度“最佳男装设计师”、“纺织服装行业十大风云人物”等奖项和称号，其品牌获得中国商业地产年会风云榜“最具成长性品牌奖”。曾有明星消费者这样反馈：“曾凤飞你让我找到了不穿‘阿玛尼’的理由。”这一切表明了“曾凤飞”品牌近两年在节节上升，深入人心。曾凤飞坦言，除了将民族文化的精髓与时尚相交融，建立品牌的核心文化外，“我的秀注重市场化，市场有永远的话语权。市场需求决定产品，服装永远是市场需求的产物。”他还认为，“人通过着装来与外面的世界沟通，‘着装’绝不是一件小事，而是一种表达，表达了一个人所选择的生活方式。设计师要做的，就是引导人们的生活方式。”

2012 年，“曾凤飞”品牌男装在新光天地隆重举行“‘龙颜大展’2012 春夏新品发布会”（见图 4-1-7、图 4-1-8）。中国商业联合会副会长王耀、新光天地副总经理甘添信、中国服装设计师协会主席苏葆燕、中国服装协会副会长魏林、中国纺织工业协会副主席兼副秘书长张庆辉、北京服装纺织行业协会会长常青、中国百货商业协会秘书长范君等各界嘉宾出席这次活动，与会者对“曾凤飞”品牌将虚幻的民族文化艺术元素落实于品牌产品，使其作品成为艺术与服装的最佳结合的创造给予高度的评价。

曾凤飞从渔民到中国顶尖设计师的成长过程中，以对中国民族文化的自尊、自信，全力以民族文化为核心的多元服装品牌强国建设为己任，以不服输的精神执着攀登，从最初自创“曾凤飞”设计师品牌到如今成为获得无数赞誉的男装顶尖设计师的地位。2012 年 11 月 2 日晚，由中国著名女装品牌“白领”赞助举办的“梅赛德斯—奔驰中国国际时装周中国时尚大奖 2012 年度颁奖典礼”上，曾凤飞获得第 16 届中国时装设计“金顶奖”。曾凤飞以 “凤凰涅槃”重生的磨砺、

图 4-1-7 “曾凤飞”品牌 2011—2012 秋冬高级男装发布会作品

图 4-1-8 中国男装品牌“曾凤飞”与其北京专卖店

“蝶变”般的创意设计，使“曾凤飞”品牌得到了完美的展现。《现代消费者导报》现代艺术专刊主编武志华在总结业界对他的评价时说到：“比起他的成就，他多年的坚守同样动人；比起他的声誉，他不倦的追求同样耀眼。从渔家子弟到设计大师，他用努力赢得尊重，用坚持创造成功，打造了具有世界影响力的中国男装……大师独特的设计语言展现了‘曾凤飞’品牌男装对传统和现代、艺术和生活的独特演绎。曾凤飞以优秀服装设计师独到的敏锐，为中国男士设计了独特却不至出格，新颖却不失稳重，成熟却不乏个性的中式男装，令人耳目一新。”[①]他在民族文化与时尚创造相交融的中国新式男装品牌的领空曾心怀如凤飞翔的梦想，如今凤已高飞。

曾凤飞等许多中国服装界的著名设计师，通过自己的服装品牌建设历程在循序渐进地推进了服装品牌强国的建设。他们把努力培育本土名牌，创建“亚洲的世界名牌”、“东北亚世界名牌”，进而创建“中国的·国际的”世界名牌，摆脱中国服装品牌弱国的地位当作共同的奋斗目标。要实现这一目标，就需要我们客观地审视中国服装品牌“小荷才露尖尖角”蓄势成长的生态环境形势，运用文化大国的优势和已经具备的服装制造上的科技优势，运用“想象、圆融、贴切的妙喻”与“同情的模仿”的设计智慧，进行上述“原生态民族服饰传承发展型”、“民族文化元素的应用创新型”、“蕴含民族文化的自由创意型”的品牌建设。

我们从张肇达、吴海燕、曾凤飞等许多设计师，在不同类型、不同风格的品牌建设历程中积累的经验可知，中国服装品牌强国建设，不是三大类型格局这样一个简单定位划分就可以实现。必须要以中华文化大国应有的海纳百川的胸襟和广阔的、高远的国际视野，在上述三大类型格局的划分之下，倡导以中国文化元素为根基，融入本土多元地域的民族民间艺术、多元的时尚文化、时尚生活元素。重视广泛吸纳备受消费者关注的对中国服装品牌建设具有积极意义的，世界各民族多元的、异质的传统文化元素与时尚元素，如英伦文化、朋克（punk）文化、非洲文化、印第安文化；广泛吸纳异国风情和原始部族的民俗、图腾等文化元素，世界顶级品牌的风范与文化创意的经验，使之为中国服装品牌建设提供丰厚的文化滋养与经验借鉴。由此，才能在三大类型格局下拓展多元品牌风格建设的思路，产生多元品牌类型的风格，才能建构出在三大类型格局下多元品牌风格相互依存、相互竞争、相互促进的中国品牌生态链。使中国的服装设计以多元的品牌类型、多样的民族风格，不断突破由于全球经济一体化的趋势导致的全球各民族文化的一体化、单一（趋同）化，进而产生的品牌风格同质化的弊端。使消费者能够在多元的“中国的·国际的”品牌风格中获得多元、丰富的艺术享受与精神上的愉悦。使中国的服装品牌不断走向中外市场，成为世界服装市场中的真正强者。

在上述三大类型为基础的服装品牌强国建设过程中，我们应当像吴海燕所说

①武志华：《2012“曾凤飞”春夏新品上市》，载《现代消费导报》2012年3月31日。

的那样，左手得抓住中国传统文化，右手得抓住世界时尚文化，把传统文化活化于当下的生活。因此，我们不仅要强化“市场需求决定产品，服装永远是市场需求的产物”、“风格永存”的理念，还必须重视流行趋势的运用，将中国民族文化与多元国际时尚元素、流行趋势交融为创意灵感源泉，使品牌风格设计更具时尚性、市场性。

当前，国际流行时尚的潮流趋势主要表现为：（1）科学技术向宇宙空间扩展，在这个科技背景下，服装设计师与消费者出于对太空、宇宙与苍穹的向往，以及对生命的珍惜与顾念，引发了对科技的依赖思想，进而产生了“科幻元素”的国际时尚趋势（见图 4-1-9）。（2）新、旧媒体的交互影响，不断地唤起服装设计师与消费者对过去年代的依恋并且引发了对未来世界的畅想，给设计师带来了无限的、充满创意的“复古与未来主义”的灵感，因而产生了“复古与未来主义”的国际时尚趋势（见图 4-1-10）。（3）时尚界对世界上的艺术风格具有高度的敏感性，历史上的各种艺术形式对服装设计师与消费者的影响是永久性的。由此，艺术和相关事件、造型艺术的风格永远都是服装设计中不可缺少的元素和灵感来源，因而产生了“艺术至上的装饰的”国际时尚趋势（见图 4-1-11）。（4）世界性的体育运动风使体育与文化、体育与艺术、体育与时尚等诸多因素交织于国际体育服饰品牌中，交织于奥林匹克体育运动事件之中，交织于世界各民族的时尚生活之中，因而产生了“运动装时装化”的国际时尚趋势。（5）随着人类科学、技术、经济的发展，人类对地球资源无节制的掠夺在不断升级，由于自然生态的破坏所导致的空气污染、全球变暖、土地沙漠化、大量动植物濒临或相继灭绝、能源枯竭，给人类的生存和精神世界带来了严重的危机。因此，反思天、地、人同根同源的“天人合一”的东方文化，随着回归自然、保护生态、节约能源等观

图 4-1-9 Alexander McQueen “科幻元素”的国际时尚

图 4-1-10 Nicolas Ghesqui è re 主导的“巴黎世家”高度青睐“未来主义”时装

图 4-1-11 艺术至上——“路易·威登”的“混血基因”与“运动装时装化”的“‘路易·威登’2012 度假”系列

图 4-1-12 第 13 届中国时装设计“金顶奖”得主李小燕环保至上
——“旭化成·中国时装设计师创意大奖”作品

念成为全人类的共识，形成了“天人合一、回归自然、绿色、低碳”的国际时尚趋势（见图 4-1-12）。（6）当今“地球村”上的人类处于科学技术不分国界、信息瞬间千里的时代，服装设计师和消费者既讲求时尚、纯粹、质朴、简约、洗练、实用，又提倡享乐主义，追求优质至上的生活态度和求新、求享受、摒弃趋同、注重审美、强调个性的价值观。随着时代的发展，将不断产生以各种自由文化为主题的时尚需求，由此产生了“自由文化主题”的国际时尚趋势。

中国的服装品牌建设、服装风格设计，在以中华民族文化为根基的前提下，将多元国际元素，与上述时装发展历程中反复出现的几种时尚趋势进行大胆交融，才能在中国服装品牌三大类型格局下，创造、衍生出丰富多元的“中国的·国际的”品牌风格类型。此外，承载着民族文化的面料与色彩，也是丰富多样的服装品牌风格形成的重要保障。

20 世纪 50 年代至 70 年代，日本出现了许多成功设计师的根本原因之一，是日本强大的面料企业的支撑，时尚面料成为当时设计师品牌文化风格的土壤。例如山本耀司用他不苟同于世界的思想，游走于黑色时尚的前端，他本人被世界时装界誉为“黑色武士”、“黑色的高傲者”。在山本耀司的品牌出现之前，欧洲时装界流行的是线条硬朗的衣裳，而他在创立“山本耀司”品牌时，则沿袭了日本文化的风格，用层层叠叠、披披搭搭的陪衬方式来处理黑色时尚面料特有的兼具庄重与轻逸的风格，让亚洲人的美学意境在全盘西化的现代设计里创造了奇迹，使其品牌时装的黑白简洁、自然流畅、飘逸洒脱，与当时夸张和浮华的衣风形成鲜明对比，对于整个欧洲时装界如同刮入一股清风。山本耀司的“Y&y”品牌线的男便装中有一件过度染色的夹克服，其刻意未完成、不收边的布边，令帆

图 4-1-13 “山本耀司” 2010 春夏女装

布看起来如薄料的麻质布般轻盈。他用时尚的黑色、熟练的材质拿捏与非固定结构的着装概念及对东方美学思想的体悟，营造了“山本耀司”品牌风格的“黑色时尚天下”（见图 4-1-13）。

在西方，同样有许多国际顶级品牌得益于材质、色彩的标志性时尚效应。克里斯汀·迪奥 1905 年出生于法国的诺曼底，“迪奥”在法文中是“上帝”和“金子”的组合，金色后来也成了“迪奥”品牌的代表色，“迪奥”标志性的“金色”、高级华丽的设计风格、做工精细的品质，象征着法国时装文化在世界时尚界所处的至高的精神地位。百年不衰生机勃勃的“香奈尔”，除了坚持对其原有的品牌文化、品牌故事的传承之外，关键在于它有属于自身品牌的“材质”——对粗纺的梭织面料尤为钟情，并以此为基础不断尝试使用新材质。此外，“香奈尔”在不断更新的设计中，对于有经典象征意义的黑、白、灰加米色的色系的选用一直延续至今。可见，材质面料与色彩同样是构成“香奈尔”风格的重要组成部分。

2009 年 12 月 3 日，在全世界瞩目的金融海啸、全球奢侈品消费的洗牌和中国消费欲望愈发强劲的背景下，时尚大帝卡尔·拉格斐（Karl Lagerfeld）亲自带着“香奈尔”该年度最盛大华美的时装造访上海。拉开了“香奈尔”全球首秀的“巴黎·上海”高级手工坊系列服装大片的梦境序幕。名模们身着介于高级定制和高级成衣之间的服装，一串清脆的高跟鞋敲击地面的声音仿佛成为她们穿越东西方时空身影的伴奏；20 分钟的穿越短片演绎着香奈尔的中国梦想之旅：梦景之中，逆时光而来的香奈尔，从 20 世纪 60 年代的红色经典回到了 20 年代的十里洋场，又追溯到了晚清宫廷之中。这种创意表达了卡尔·拉格斐对于中国的想象，他说：“在 20 世纪早些时候，我的父亲在北京住过很短的一段时间，在黑白电影中，见过曾经的中国社会，所以，如今我凭借着发散性的想象去描述它的一切可能。”卡尔·拉格斐在所展示的近80套“巴黎·上海”系列服装中，有节制地运用了中国的红色和金色。T台上的模特时而演绎着浓烈、温暖、喜庆的“中国红”；时而闪现出源于古老王朝灵感的高贵、神秘、奢华的“中国宫廷金色”；随后在倏忽跳跃中掠过傣族姑娘的斗笠、全民皆绿的军装风……多少中国的沧桑、文明在“中国红”、“宫廷金”的情境中，在中国元素若有若无的神似中与风格完美、材料定位精准的“香奈尔”融为一体，飘然映入观众的心目中。卡尔说：“中国曾有过世界级的品牌，只是不称之为品牌，曾经，全世界都来到这里学习旗袍的元素。如今，要在时尚方面取得成功，中国必须摒弃单纯的民间风格和对欧美的模仿，要和日本设计师一样，从传统中汲取灵感，但又让作品看起来耳目一新，关键是为自己寻找一种‘全新的身份符号’。”的确，在多元多样的中国服装品牌风格建设的格局中，应当要像日本的“山本耀司”、法国的“香奈尔”一样，在对于民族文化精神的不断传承、延伸中，找到由特殊面料、面料时尚创意与独具文化特色的色彩形成的“全新的身份符号”，使之成为品牌的风格定位的主要营养元素，形成以中国的“独特面料与色彩”为主要定位的品牌风格（见图4-1-14）。

近年来活跃于法国巴黎和中国本土的设计师品牌“夏姿·陈”（Shiatzy Chen），呈现出明显的“中国的·国际的”特色。“夏姿·陈”的设计总监王陈彩霞认为，东方设计若想在西方时尚舞台占有一席之地，当务之急就是要突显自身品牌的文化特色。所以每一季第一款服饰的设计，她都要从悠久、深厚的中国文化中撷取灵感，将中国文化的意蕴与元素融入其中，在注入近乎失传的中国材料、手工技艺的同时赋予服装以特定的色彩，并融入西方的立体剪裁技术，她的设计迎合了国际潮流和当代时尚美学，成为中国品牌格局中的经典风格。而在每一季服装作品的设计当中，她都运用了精致的刺绣材料和独特的色彩，使它们为服装赋予新的生命力，使品牌在“中国的·国际的”时尚品牌类型、风格格局中独树一帜（见图4-1-15）。

梁子的设计师品牌“天意”既取材于民间的传统文化、传统材料，又致力于对传统手工艺、材料、色彩的活化再造，终于一步一步地成为中国服装企业、服装品牌发展的典范。综上可见，能够演绎品牌身份的服装材质与手工艺，无疑能够为品牌文化建设提供丰富的营养，成为以承载中国民族文化的“独特面料与色彩”为主要定位的品牌风格（见图4-1-16）。

以中国服装品牌三大类型格局为基础，以民族文化为核心融入国际多元民族文化、时尚文化、流行趋势，以及材质面料、色彩等要素，才能培育、创造出更为多样性的品牌风格，才能为服装品牌强国建设打下坚实的基础。

图 4-1-14 “致敬中国元素——‘香奈尔’巴黎·上海”发布会作品

图 4-1-15 “夏姿·陈” 2010 春夏发布会作品

图 4-1-16 梁子时装发布会作品

七、中国服装品牌强国建设过程中多元品牌类型的生成与发展

从中国服装品牌市场中西方品牌的热销状况来看，纯粹的“傍洋牌”类型的品牌，还会在市场需求的背景下长期存在。我们要有包容的态度，让市场规律决定其生存的空间，同时也要采用“协同创新”的策略，让它们成为兼具“国际化”与“本土化”文化特色的品牌类型。如果我们单纯地认为“傍洋牌”现象只是市场需求所导致的阶段性“偏差”，而认同其无限的延伸、壮大。如果长此以往，中国的服装品牌就会在更新换代中逐渐失去作为品牌灵魂的中国文化，也就无法在未来的“求同存异”型人类文明中，树立中国服装品牌强国的地位，推进世界文明的发展与进步。我们应当在三大类型格局的品牌建设中大力倡导、弘扬中华民族文化，在存异求新中以响亮的、能够充分彰显中华文化意蕴的品牌名称或中外文化意蕴兼备的品牌名称或中西合璧而富有意趣的品牌名称来演绎品牌所承载的中国文化的表象与内质。语言是文化交流的一大障碍，为此，我们不只是用中文，还要以外文品牌名称来演绎品牌的中国文化底蕴、品牌故事、品牌风格、品牌的市场定位；我们的品牌应该凸显中国品牌文化的多元性，具备“中国的·国际的”时尚创意的显性符号，最终为本国乃至世界顶级市场接受，被消费者认可。

任何成功的服装品牌都传承了民族文化中的优秀基因，是人类的共同财富，它们在品牌生态圈中拥有在最适宜自己的位置。例如，西方顶级品牌中的“路易·威登”因为有着“巴黎文化的尊贵而又浪漫清新、帅气成熟、多变优雅”，“ONLY”因为有着“丹麦文化的粗犷无拘、随时尚而变、散发自信风采”，“卡文·克莱”因为有着“美国式的现代极简、舒适性感、轻松优雅”，“杰尼亚”因为有着“意大利悠久闻名的正统西服材料和世界一流的剪裁技术、亦庄亦谐的风格”，而显现出了各自国家、民族或地域的风格与时尚的魅力，受到消费者的追崇和认可，从而成长为国际顶级品牌。同理，具有“中国的、多元民族或地域的风格与现代时尚魅力”的品牌，必定会成为“中国的·国际的”品牌，并在中国的自主品牌文化生态环境中受到消费者的呵护，从而健康成长为国际顶级品牌。

2009年11月，联合国贸发大会创意产业部部长埃德娜在“对话文化产业名人访谈”中这样说道：“我们同样认为，保持文化的特色，中国生产的创意文化产品要有‘中国特色’，而不是完全的西方化，这是我们希望从中国创意文化产品中看到的。你们应当保有自己的特质，你们可以从西方国家学习一些先进的经验，但是要有自己的风格，这是你们不能放弃的，因为你们已经有丰富的传统文化内容，这是中国发展文化创意产业的宝贵财富。而且我认为在创意产业中保持文化的这种独特性是一件非常有趣的事情。”[①]伊夫·圣·洛朗说：“中国一直吸引着我，吸引我的是中国的文化、艺术、服装、传奇……我们西方的艺术受中国之赐可谓多矣，那影响是多方面的而且明显的。没有中国，我们的文明绝不能

①《联合国贸发大会创意产业部部长埃德娜专访》中的“对话文化产业名人访谈”，http://www.oeeee.com/a/20091126/809307.html。

臻于今日的境地。”[①]国际上的文化创意界、时尚界以及我们自己都深信，中国当代的服装品牌建设，不能脱离对于民族文化的时尚创意，必须将其纳入到文化创意产业的行列之中整体运行。

在“中国的·国际的”时尚品牌建设过程中，我们还应当尝试超越欧美时尚元素，出其不意地将非洲、大洋洲、南美洲以及亚洲地区的菲律宾、越南、印度等地域的跨文化元素，大胆地融入服装设计中去，将更多国际间的文化元素整合到中国文化当中来，显现中国文化对全球文化吸纳、融合的磅礴气度与浩瀚胸怀。多元多样的、各个类型的中国自主品牌一旦在品牌生态圈中具备了竞争力，就能够拥有自己的话语权、掌握市场的主动权，使中国服装生态环境进入良好的循环状态。

无论是上述哪个类型的服装品牌、无论是“洋名”还是“土名”，最重要的是市场定位，我们的品牌要以目标群体（以 70 后、80 后、90 后为主体）的消费心理为前提，只有设计、营销、售后、品牌管理等运作机制良好的品牌，才能健康地成长、持续地发展，才能在国际上突显自身的文化气质，具有与国外品牌长期竞争的实力。如此，才会有多元化的“中国的·国际的”时尚品牌的诞生，并逐步成长、壮大，跻身国际品牌的行列，最终才能产生国际的一线、二线品牌。

现代品牌生存发展的根本条件是文化创意、投资资本、设计才华、渠道与模式，其中的投资资本对于品牌建设的发展壮大起到了至关重要的作用。在“中国的·国际的”服装品牌建设道路上，一些以中华民族文化为核心的企业品牌与设计师品牌已经找到了适合自身的发展道路，并打入国际市场。在 2006 年之前，美国的 KEATING 基金公司就对罗峥的高级成衣品牌“欧柏兰奴”（见图 4-1-17）进行了为期一年半的观察，见证了罗峥以民族文化为底蕴的设计师品牌的特征、品牌发展的轨迹，可持续发展的个性化艺术创造的潜力，于是决定向罗峥的品牌投入前期资金，用于开拓国际市场。

近年来，美国国际投资机构凯雷投资集团等国际专业投资机构也纷纷向国内服装企业递出了橄榄枝。2009 年 3 月 25 日凯雷投资集团宣布，向深圳服装企业歌力思（Ellassay）服装实业有限公司投资 1.5 亿元人民币，与其结成战略合作伙伴。“歌力思”品牌创立于 1995 年——中国特定的服装文化复兴、崛起阶段，其名称源自于法国时装大道，并且兼具“汉语的意趣和洋名的意义”。虽然成立于中国，但“歌力思”却散发出浓郁的异国气息，品牌秉承优雅的风尚，坚持不懈地走国际化路线，扎实推进品牌建设，力求打造国际一线女装品牌（见图 4-1-18）。2009 年，它已经在北京、上海、深圳等国内大、中型城市相继开设了 280 家专卖店，销售额以平均每年 30%—50% 的速度持续增长。“歌力思”得到国际资本投资之后，其文化创意、设计才华、渠道与模式有了更大的拓展空间，加快了“中国的·国际的”品牌建设速度。

① 伊夫·圣·洛朗在中国美术馆举办的“25 年个人作品回顾展”的《展览前言》。

图 4-1-17 罗峥的高级成衣品牌“欧柏兰奴”作品

图 4-1-18 “歌力思”作品

其他以民族文化为底蕴的设计师品牌，如谢锋的“吉芬”（Jefen）、房莹的“CLAIRE FANG”、吴海燕的设计作品等都曾经获得了国际资本的投资，并发展成为当今“中国的·国际的”设计师品牌建设的成功范例。

八、品牌类型的多元格局是中国服装品牌强国建设的保障

上述成功运营的品牌案例进一步启示我们，除了以中华民族文化为底蕴的品牌外，不论是在中国本土或国际上进行成功运营的、深受中国消费者喜爱的品牌类型，还是兼具中外文化意蕴、中西合璧而富有意趣名称的品牌，又或者纯粹以外文命名的“傍洋牌”，以及在收购风潮中被中国企业收购的外国品牌，只要它们吸取了有利于企业或品牌发展的“文化创意，投资资本、设计才华、渠道与模式”四股力量来推动中国服装品牌建设，我们就应当推动它们的发展，助力他们发挥企业自身的优势，使他们释放出多元、多样的力量。杉杉集团从OEM发展至ODM，进而实现了OBM自主品牌的转型，再通过收购，控股，实现了国际品牌的跨越式发展，给中国服装品牌提供了通往国际的经验。杉杉集团的前身是于1980年成立的宁波甬港服装总厂，在OEM代工时期效益颇丰。不久，国内第一波的“西装热”开始降温，加之企业内部管理不善，很快出现大幅亏损。在郑永刚担任新厂长后，通过行业考察发现，几乎所有的企业都是埋头给别人做OEM代工，无暇研究国人所需的西装板型，更未拥有过自己的品牌，致使国内的西服款式过于陈旧，“黑炭衬、厚垫肩、羽纱支撑”的国内西装穿起来“厚、重、硬、皱”，穿在身上丝毫体现不出穿着西装时应有的潇洒之感。在调查过程中，郑永刚发现，服装厂在为香港某企业代工生产的过程中，如果商标损坏了，就必须换掉重做。这一现象，使郑永刚悟出了一个道理：商标使用权的重要性在于可以创造市场利润，那么让消费者穿上能够展现潇洒气质的西装一定同样具有市场利润。他下决心采用先进的面料与工艺、板型与样式来提高产品质量，率先实现了从OEM到ODM的产品创新，随即又进入到OBM的品牌创新。生产出来的第一批“杉杉”的OBM自主品牌的西服，具有“轻、薄、软、挺”的潇洒感，令消费者眼前一亮。1989年9月，郑永刚拿着借来的6万块钱到电视台投放了中国服装业第一个电视广告，其中的“‘杉杉’西服，不要太潇洒哦”的广告语成为广告界的经典（见图4-1-19）。从此，在全国范围内，伴随着这句彰显品牌时尚内涵的广告语的流行与传播，“杉杉”声势浩大的自主品牌推广活动也顺利地在全国展开，消费者的心目中高高地树起了“杉杉”品牌的潇洒形象，很多商场甚至出现了消费者排队购买“杉杉”西服的景象。郑永刚创新建立自主品牌的举措，使得企业在当年COPY产品居多的中国服装界中实现了差异化生存，“杉杉”因此由穷到富，掌握了市场主动权。

图 4-1-19 “杉杉”西服作品

1992 年，在国内许多服装企业刚刚踏上品牌经营之路时，“杉杉”为了提升了内部管理水平，又率先开始了规范化的股份制改造。1996 年，集团下属的杉杉股份有限公司，在上海证券交易所挂牌上市，率先成为服装业的上市公司，建立起了全国规模最大的销售网络，以及由 6000 人组成的浩浩荡荡的销售队伍，其中包括 23 家市场管理公司、2200 多家直营专卖店厅，一系列举措使得“杉杉”由富变强。

在当年的繁荣景象中，“杉杉”一年的账面销售达 20 多亿元，但库存却占了一半。表面看来销售额不断增长，但事实上却是子公司买总公司的货，最终产品积压在仓库。1999 年，郑永刚发现了这个潜在的危机，便大刀阔斧地展开了销售渠道改革，将直营、直销改为特许加盟，精简掉了几十个分公司、办事处和上千家直营店厅，进行了一系列的结构调整。随后几年，“杉杉”在保持“零库存”的状态下，服装产品销售额增长 26%、利润率增长 15%，取得了营销上的高绩效。同时公司增强了对于时尚潮流的把握，提高了风格款式的设计能力与企业内部的管理能力，从而进一步提升了“杉杉”品牌的价值。

1995 年，印有统一“杉杉”标志的广告在各地媒体、城市霓虹灯、道路灯箱上出现，此举宣告“杉杉”在服装界第一个完成了 CI 战略的导入，从此走上了有形资产与无形资产相结合的发展新路子。1996 年前后，虽然“杉杉”已是蒸蒸日上，但郑永刚却开始考虑一个新的问题：如果把一个品牌做成大锅菜，让人天天吃，总有生厌的一天。不如每顿点个小炒，便可以让人始终保持着新鲜感。他认为，多元多样的品牌、个性化的服务才是服装行业未来的发展方向。在进一步对世界著名服装集团进行考察之后，郑永刚确立了细分市场与多品牌支撑的企业发展方向。在他的努力下，个性化的服务与多品牌支撑市场的经营形式在企业内部逐渐成形。从 1996 年引入意大利女装品牌“麦斯奇莱”至今，“杉杉”接连与意大利“法拉奥”、法国高级时装公会等合作，先后引入了“鲁彼昂姆”、“玛珂·爱萨尼”等 11 个国际品牌。1998 年，在“杉杉”工业城建成之际，郑永刚把企业从此前的 OEM 升级为 ODM，直至 OBM，为了进一步将企业的发展引入到注重品牌建设的观念上来，他特地把之前的“工业城”命名为“杉杉时尚产业园”。本书第三章第三节中标题为《在 CHIC 平台上推动‘名师·名牌工程’建设与服装时尚创意的发展》的内容中提到“1996 年，‘杉杉’集团掌舵人郑永刚在杜钰洲的‘名师工程’以设计师为中心的产业新战略构想推动下，在国内服装界中率先进行品牌建设，以 400 万元重金聘请王新元、张肇达两位设计师加入‘杉杉’集团的品牌建设阵营。他们在北京、上海等地举行‘走进东方时装发布会’，推动了服装设计师与‘杉杉’集团的品牌建设进程。从而带动了其后各大企业与设计师的合作，全面推动中国服装品牌建设的进程，为中国服装名牌战略确立了发展方向”。从那时起，“杉杉”把工作的重点放在设计、定位、经营理念、服务体系、物流信息、资源整合等一系列时尚生态因素的构建上，并充分利用上海浦东（1998 年时“杉杉”的总部位于上海浦东）接近国际前沿的时尚信息资源、能够快速采集服装产业的发展走向和流行趋势的优势，开发出“意丹奴”等自主品牌（见图 4-1-20）。凭借“个性化的服务”与“多品牌、多元化”的经营战略，“杉杉”很快开始盈利。

图 4-1-20 “杉杉——意丹奴”作品

“乐卡克”(LE COQ SPORTIF)就是很多消费者熟悉的“大公鸡”。2004 年，“杉杉”集团投资 200 万美元买断了骄傲的法国大公鸡“乐卡克”品牌 15 年的销售权，实现了管理团队与国际对接、设计资源全球共享。“杉杉”这一“多元拓展、培育国际化品牌”的深层战略不久就见了成效：2008 年，虽只有 60 余人运作，但这一品牌的纯利润超过了 200 万美元。郑永刚对中国人的文化背景结构、社会演进对于品牌生态分布的影响，有着自己明确的观点：“人们生活质量的提高自然会促进服装市场的细分，消费者需要有不同的品牌、不同的风格、不同的价格来满足个性化需求。‘杉杉’实施‘多品牌、国际化’的策略也正是看准了这一趋势，力争在时尚发展的潮流中把握先机。”所以“杉杉”一方面将核心品牌向“中国的”非西装领域延伸，通过打造品牌族群来最大化品牌的价值；另一方面通过收购合资、兼并更多国际的品牌，打造一支国际化的品牌群，形成“杉杉”服装品牌集群。“杉杉”的每一个品牌运营团队，都从与国际品牌的合作中学习到：如何将工作的重心转移到对时尚潮流的把握、销售软件的设计、市场数据的开发、发布会和订货会的组织上来，以及如何有效地整合全球资源等管理环节上来，以“不求市场份额最大，但求品牌品质最好、目标受众最准”为信念，推动品牌的建设。“杉杉”一直以来的品牌创意理念、个性化的服务与“群星荟萃”的“多品牌、多元化”经营的战略、高速便捷的物流体系，特别是后来在多元拓展中，通过收购、合资等方式，培育国际化品牌的策略，成功地扩展了“杉杉”集团的盈利空间，保证了企业的利润率；为企业赢得了发展的主动权、营销的方式及定价权，同时也奠定了其掌控时尚话语权的基础。这也正是“杉杉”虽经历了自2007年以来的国际金融危机，但在复杂的市场中仍是游刃有余而且利润有所上升的原因。

在中国服装品牌建设中，“杉杉”多种举措并行，一方面保持了“杉杉”原创品牌的发展速度，另一方面通过收购、控股，将一些国际品牌转化成为“杉杉”的自主品牌。在杉杉时尚产业园内，形成了由近20家公司的20多个品牌共同构成的“杉杉”服装品牌集群。它们大多专心于品牌经营，生产环节则采用外包形式，利润率相较采用传统经营模式的服装企业要高出十几倍甚至几十倍，这也就为“杉杉”服装品牌集群打造了有着良性生态的发展圈。在国际金融危机的背景下，2008年“杉杉”企业营业收入同比增长26%，利润同比增长15%，国际市场份额增长20%。从中可见，兼并、收购是企业快速拓展经营规模的一条途径，也是中国多元服装品牌类型建设中行之有效的一种企业成长方式。

我们从以下的企业发展轨迹中也可以看到兼并、控股对于企业的规模扩大所起到的重要作用。如“中国动向”并购“菲尼克斯”（Phenix）之后，目前掌控了更多的“卡帕”（Kappa）全球发展的话语权。在此基础上，“中国动向”以手握60亿元流动资金的雄厚资本实力，继续寻找新的、具有文化内涵并被中国消费者所接受的国际品牌。

又如“皮尔·卡丹”、“梦特娇”这类带有适度中国文化的品牌，已经被中国消费者普遍接受。因此，如历史上的“胡服骑射”、“孝文改制”一样，中国市场上各种类型的带有洋字意味的品牌甚至是洋品牌，无论它们是姓“娜”还是姓“伦”，一旦被当今的中国消费者所认知、接受，并且已融入国人的生活需要、穿着习俗与文化气质当中，同时有持续发展的文化创意、投资资本、设计才华、渠道与模式条件的保障，都会成为中国服装品牌类型格局中不可或缺的组成部分。

当今时代，我们更应当以盛唐时期的博大胸襟，以海纳百川的胸怀、地承万物的气魄面向世界，吸纳外来文化并最终为我所用，以此来壮大、发展自身文化，从而在世界民族中独树一帜，立于不败之地。

以国际化的视角观察国际服饰文化在全球化背景下的现代转型，我们可以清楚地看到：服装品牌必须要有多元多样的民族文化、丰富多彩的风格，才能满足追梦般的消费者对于异彩纷呈的现代精神文化、时尚生活的追求。从国际品牌连年劲刮“中国风”，以迎合消费者需求的角度来看，着力建设蕴含中国文化的本土服装品牌，使之具有“中国的·国际的”特质，不仅能够迎合中国消费者民族文化意识不断回归、提升的心理，赢得全球最大的消费市场，而且随着中国国际地位的不断上升，中国的服装品牌也会被越来越多的国外消费者认可和接受。事实上中国本土消费品牌的日益崛起、市场规模的日趋扩大，已经是大势所趋：“白领”女装创2011年单店单月615万元的销售奇迹；2003年，“江南布衣”（见图4-1-21）已在中国拥有400个分店。2005年，拥有纯正中华民族文化底蕴的“江南布衣”在莫斯科设立了首个海外店。之后，从2006年到2010年，公司陆续在首尔、东京、香港、曼谷、巴塞罗那、纽约，以及新加坡、加拿大、格鲁吉亚等国家的主要城市开设了新店，业绩不断上升。设计作品“秋水伊人”凭借其民族品牌的一贯魅力，于2011年3月打出了轰动全国的爆炸式广告：“零库存、低投入、零风险，颠覆业界传统模式，100%退货初尝试”，之后单店业绩平均递增率在30%以上……

中国本土自主品牌担负着促进世界和谐发展的神圣责任——“文化责任、道德责任、生态责任”，在成长过程中逐步形成与国际品牌比肩之势。一些主流品牌对占领中国市场的外国名牌构成了极具威胁性的挑战。我们可以从福建省的小城市晋江市一段百十米长的街道两侧感受到这种挑战趋势，在那儿有34家出售各种本土品牌产品的商店。挑战“耐克”和“阿迪达斯”（据信，两家公司2011年的在华销售额可能都在10亿美元左右）的中国本土品牌有“安踏”、“特步”、“361度”、“李宁”，“星泉”、“贵人鸟”、“德尔惠”等。“七匹狼”、“利郎”、“365+1”、“雅仕”和“卡宾”则把目标瞄准了“乔治·阿玛尼”、“雨果·博斯”（Hugo Boss）和“杰尼亚”等品牌。[①]富有中华民族文化内涵的本土品牌，应当是“中国的·国际的”服装品牌强国建设、发展的主流，是中国服装品牌类型格局中的主要构成因素。

如此看来，上述各类品牌发展的最终目标都是为了自主品牌的崛起。他们在品牌运行中获得的经验和教训，一定能够在“中国的·国际的”服装品牌强国建设过程中，为中国原创自主品牌提供必要的、正反两方面的运作参照，从而使原创品牌与国际品牌并驾齐驱，打造未来中国本土原创的国际品牌，加快中国服装品牌强国建设的步伐。

①《品牌不是舶来品——中国服装品牌如何赢未来》，载《服装界》2010年第7期。

图 4-1-21 江南布衣作品

上述诸多品牌类型，都在中国服装产业发展道路上，历经各种磨砺，也都是在物竞天择、适者生存的中国服装品牌生态圈中成长、壮大起来的，它们在生态圈中都已经找到了适宜自己的位置，吸收了较为充足的养分，自然地构成了中国服装品牌的合理生态格局，如此多元、多样的品牌类型分布为中国服装品牌强国建设提供了强有力的保障。

第二节
用"中国的·国际的"视野与胸怀建设服装品牌生态环境

当今世界，各种高级时装和奢侈品似乎成为"远来的和尚"的化身，在中国这个新兴的市场上翻云覆雨，如今中国一线、二线城市的商场里面云集了各种顶级国际品牌。中国的消费者于穿红戴绿之时，虽未必了解各国服装品牌的根系发端和起始渊源，但当人们看到来自于国际"浪漫之都"、"时装之都"之称的法国巴黎的世界顶级服装品牌，就会马上想到在21世纪的今天，还能被祖母、母亲、孙女三代同时所钟爱的"香奈尔"（见图 4-2-1 左一）；当人们看到来自于引领世界时尚创意的、有国际“时装之都”之称的英国伦敦的世界顶级服装品牌，就会马上想到既带有浓烈的英伦色彩，又蕴含古典传统之美，更能散发出现代摩登之情趣的“巴宝莉”（见图 4-2-1 左二）；当人们看到来自于引领服装产业升级的、有国际“时装之都”之称的日本东京的世界顶级服装品牌，就会马上想到带着日本岛国气息以及飘散出空灵、清新的东方之风，被誉为“服装色彩大师”的“高田贤三”（见图 4-2-1 右一、右二）。许多国际品牌在建立之初，大多是以其民族、国家、区域或城市文化创意为根基，再以“资本、才华、渠道与模式建设”为扩张手段，从品质到服务，一点一滴做起，在经历了几十年甚至上百年的流行趋势的更替后，逐渐拥有了独树一帜的品牌核心文化、品牌故事、品牌风格以及在竞争上的价值，同时其品牌生态环境的优越性也随之显现。

图 4-2-1 “香奈尔”（左一）、“巴宝莉”（左二）、“高田贤三”（右一、右二）品牌作品

今天，在“中国的·国际的”服装品牌建设的过程中，中国不仅要学习国际品牌建设品牌生态环境的经验，更要长期地、全方位地关注与自身品牌相关的消费群体的时尚生活方式与社会活动，如朋友聚会、自驾旅游、登山、打马球、打板球等；并且充分利用为社会名流、名媛定制服装的机会，将品牌产品精工细作的点滴过程、品牌对于品质的追求及产品中的文化内涵，向消费者作贴切的介绍、宣传，逐步获得消费者的认知、接受；使消费者把购买其品牌的产品当作对于时尚生活方式的追求或是自身价值的体现，进而在其消费需求中生根。由此，通过消费群体的时尚生活圈所形成的时尚生活方式，来深入构建品牌文化，形成可叙说的品牌故事，并将对于自身品牌的品质和竞争力的构建延伸到品牌的慈善事业、社会责任、绿色环保责任中，引领社会发展、展现消费群体的生活方式与人生价值观，使品牌被消费者认可并推崇，从而形成品牌生命的内在文化基因，并生成品牌在其生态环境中的核心竞争力。这是“中国的·国际的”服装品牌强国建设的一个重要环节。

一、服装品牌强国建设中的品牌生态环境建设

1. 品牌生态环境

品牌生态环境的概念，最早出现于美国安格尼斯嘉·温克勒（Agnieszka Winkler）的著作《快速建立品牌》之中。品牌生态环境概念的形成，源于大自然中各种生物、微生物与它们赖以生存的环境之间的相互影响、相互作用所构成的生物圈的生态动态平衡的启迪。因此，品牌生态环境是指能够影响品牌的各种利益的相关者之间的相互协调、相互发展，以及由此所构成的生态动态平衡。

从传统观念来看，拥有品牌的名称和商标的所有权，具有产品设计生产能力，需具备以下重要的要素：（1）品牌个性合乎消费者的心意，能够使消费者产生购买欲望。（2）能长久保持质量的一贯性，并且用容易识别和记忆的方式来描述品牌产品的重要特征（如商标与产品的外观形象、用途和价格）。如此，就可以被认为是一个成功的品牌。

但是在全球化时代，品牌仅具有以上两个要素是远远不够的，品牌需要有自身的生态环境，建构品牌生态的基本环境必须涉及渠道运作模式、零售商、销售商、电子营销商及资本利益人团体等利益相关者；绿色环保、设计师的才华、售后服务、公司信誉、顾客依赖度、形象代言人等相关的因素；制造、销售地域的人口环境、自然环境、政治环境、经济环境、法律环境、资源环境、产业环境，以及与顾客、竞争对手等共同形成的利弊关系。

2. 服装品牌的区域性和功用性差异与生态环境的关系

在品牌生态环境中，由消费者所从属的区域性及其对于功用性的需求所形成的服装品牌类别，构成了服装品牌的基本生态关系。在全球化背景下，消费需求的导向促进了产品的细分：符合国际区域消费者体型（板型）、文化风格、功用等差异性需求的类别；符合国内南北方区域市场的消费者体型（板型）、文化风格、功用等差异性需求的类别；符合国内城市市场、乡镇市场、农村市场的消费者体型（板型）、文化风格、功用等差异性需求的类别；符合无区域性的老年市场、中年市场、青年市场和童年市场消费者体型（板型）、文化风格、功用等差异性需求的类别。同时由于电子时代的到来，消费者对于多元化、个性化的文化消费享受的追求，也促使服装商品进一步细分。例如根据功能，女装又分为淑女装、孕妇装、运动装、家居装、休闲装、职业装、礼服等。如“巴宝莉”品牌所开发的各类服装（见图 4-2-2）。

在明确了品牌利益相关者的分布，特别是服装品牌的区域性、功用性类别所处的生态环境后，便可以开始绘制品牌的生态环境关系图。为保证在品牌生态环

图 4-2-2 “巴宝莉”作品

境中进行良性竞争的前提下各方利益的平衡，应注重以下两点：第一，要对分工管理人员问责过去在品牌管理过程中所经历的成败，要职责分明，兴利除弊，提升品牌的创造能力；第二，要明确消费者的需求与品牌利益相关者的期望，正视与其他品牌竞争时自身的优势与劣势，同心协力推动品牌生态环境的良性发展，形成“双赢”的局面与可持续发展的态势。

3. 品牌生态环境中的利益相关者及其协调发展的机制

在品牌生态环境中，相互影响、相互作用的利益相关者所构成的品牌生态圈，其内部关系包括以下几个方面：（1）投资与战略合作伙伴：包括股东、投资伙伴；金融分析、资源开发和不分国内、国外市场的营销合作；能提升应变能力、抗风险能力的合作者、竞争者、广告代理商、主要承销商等。（2）机构设置与决策：包括领导办公室、设计部、市场部、企划部、财务部、销售部、公关部以及附属机构、控股公司等。（3）信息来源：对于行业有影响者、市场分析员、行业协会提供的利于品牌发展的有价值的信息。（4）管理与营销渠道等方面的终端决策：包括品牌在国内外的现状、服务群体定位、命名；公关策略、广告创作、CI 策略、新闻宣传、品牌辐射范围、标识、商标研究；品牌的文化内涵与核心价值、品牌的培育、技术方面的创新、产品生产的环保、区域覆盖的持续发展战略；品牌营销代理商、批发商、加盟商、分销商、经销商、零售商、电子商务以及细分市场、营销理念、利润高低、风险大小、发展潜力、促销管理、服务对接、财务管理。（5）消费者：包括现有消费者，以及通过竞争与影响力可以争取到的潜在消费者等。此外，还包括内外协作的战略联盟以及分布于国际市场上的品牌生态环境、协调发展的机制建设，要建立由于语言、文化、贸易方式、空间距离、关税、时差等各方面形成的品牌环境差异的连接。

以上的品牌利益相关者及促进其协调发展的机制、决策，共同构成了服装品牌生态环境。

品牌生态环境机制中的“投资与战略合作伙伴”和“机构设置与决策”的过程，是品牌的相关利益者对价值利益的相互协调发展的目标过程，构成了品牌生态环境的基础。那么“信息来源”和“管理与营销渠道等方面的终端决策”以及“消费者”，则是品牌自身维持生命的物质循环和能量转换的过程，是品牌生态环境和谐发展的保障，是品牌成败的根本。特别是在现实生活中，消费者都会以自己的理解为品牌赋予生命，突破品牌的同质化，从而使其后的消费能够满足自己对于品质与实用性的追求，进而充分享受消费过程中的各种体验。即，在消费过程中通过由品牌生态环境所内含的文化底蕴以及绿色、环保、低碳的体验理念与在消费过程中获得的精神上的愉悦和心理上的满足，体验突破同质化后的品牌产品的独特风格，由此实现品牌为消费者带来的文化心理上的对应、个性上的张扬、生活态度上的贴合、价位上物有所值的满意度等价值目标，即对消费者所崇尚的品牌的文化品格进行“圆融、贴切的妙喻”，同时对消费的意愿与情境进行“同情的模仿”，从而打动消费者，让消费者自愿买单，使品牌盈利，这是品牌生态环境建设的实质和关键。

这就为我们提出了一个关于品牌生态环境建设的重要议题：“品牌文化定位与品牌文化创意——品牌灵魂的建设”。任何品牌建设首先要依托于文化创意，才能承载设计上的先进理念、独特品位、个性风格以及可靠的质量。品牌没有创意就没有生命力，没有生命力就难以持续发展。而文化创意即是对消费者所崇尚的品牌风格的快速反应，适时的文化创意能够张扬品牌的活力，使品牌的生产者与消费者之间建立一种及时的、和谐的情感交流。这种交流能够使品牌产品和消费者之间保持默契的、可持续的、心心相印的关系。但假如品牌的产品没有文化创意的价值含量，或者上市速度慢于其他品牌，不消说，消费者对其的感情就会淡化。因此，快速确立消费者对于未来的消费期盼与品牌利益相关者的期望，放眼国内外市场，制定品牌发展的中期与长期的规划，形成下个周期的品牌生态循环，是品牌与消费者之间保持情感的纽带，是消费者在思想上、形象上、生活态度上适时体现自身对于个性化文化追求的保障。同时也是品牌的利益相关者之间对价值利益协调发展的目标过程，是品牌生态系统保持持续循环发展态势的保证。

4. 服装品牌强国建设中的生态环境建设

处于全球化的文化创意时代，在高度社会化的现代生产方式、交换方式和消费方式的背景下，处于品牌弱国地位的中国要进行服装品牌强国的生态环境建设，情境就如同要绿化戈壁滩一般。要将戈壁滩变成绿洲，首先就要让动植物在人为的规划、管理、耕作下，组成一个生态圈，构成一个多元的、有机联系的、开放的生态动态平衡系统，同样，品牌生态环境建设也要融合各种因素，才能使争奇斗艳的各色奇葩——多元多样的服装品牌——在“绿洲”生态圈中各展芳姿，形成服装品牌强国的生态圈。要想实现这一目标，除了要有品牌赖以生存的相关利益者之间价值利益的相互协调以及品牌自身维持生命的物质循环和能量转换之外，还要有本章第一节《八、品牌类型的多元格局是中国服装品牌强国建设的保障》中所论述的以文化古国、大国的胸怀，“中国的·国际的”时尚视野来包容各种品牌的生存与发展，建构一大批以中国文化为根基的、多元多样的品牌，以及中国市场上已经被消费者所接受的各种类型的带洋味的品牌、“傍洋牌”甚至是洋品牌；拓展各种文化创意、投资资本、设计才华、渠道与模式多元化的格局；建立具有高度社会化的品牌良性竞争与合作机制；此外还要有绿色环保低碳、民族文化转型、前瞻性创意、快速反应的意识，以及社会责任和道德责任等方面的自觉；更要有国家政策、法规的支持。如此，才能形成中国服装品牌强国建设中良性循环的生态圈。

在上述诸多因素构成的服装品牌生态圈中，不同的品牌就如同绿洲生态圈中不同的花木品种，需要特定的土壤与适度的阳光、雨露，才能维持自身生命的物质循环和能量转换，从而茁壮成长。20 世纪 80 年代，日本设计师在品牌建设的过程中曾经有过这样的经历：他们在法国得到了艺术界的高度赞誉，并且在法国有了自己的品牌店，得到消费者的认可，但原本在巴黎有很好的市场的他们在回到日本以后，却得不到日本市场的欢迎。同样，20 世纪 90 年代，在我国有着欧美高端品牌设计经验的服装设计师在国外成名，但在回国后却没有了市场。这就是说一位设计师在其他国家成名，是因为他设计的服装吸收的是他当时所在国的营养，能够迎合所在国消费者的心理需求，但并不完全适合本国的消费者。在西方学有所成的设计师，如果不把西方服饰文化的优势，如同阿玛尼等品牌那样，前瞻性地将设计理念融入品牌产品所在国的文化、市场等所形成的生态圈中，最终的结果便是品牌“水土不服”。同样，将本土品牌移植到异地或国外，也会受到不同生态圈“水土”因素的影响。

5. 服装品牌强国建设中的品牌文化、技术环境建设

品牌消费是一种符合生存方式需求的消费，涉及地域性、民族性与时代性，既有人类的个体文化差异需求与区域民族心理文化需求，又有能够维系人类的共同性和一致性的文化共性需求。所以品牌消费是生存方式需求中包含了物质生活与精神生活需求的双重消费。我们将能够体现服装品牌产品的文化底蕴、个性风格创造的精神创造力称作“软技术”；将能够体现服装品牌产品的功能、品质的物质创造力称为“硬技术”。将服装品牌所具有的“软、硬技术”，联系到多元服装品牌强国的建设中，实际上就是文化环境和技术环境的建设。

服装品牌的文化建设在此前的相关章节中已经有过论述。服装品牌的技术环境广义上包含了服装制造的全过程。它从生产各种面料、辅料的技术，到人体工程学与服装艺术设计、结构、板型、裁剪技术；从测量、计算手段与CAD/CAM系统到生产预备、技术、工艺；从产品生产，到网络、营销、物流环境；从废弃物处理、回收到环境保护等技术领域，都属于服装生态环境系统中的技术环境建设。

在服装生态环境系统下的技术环境建设、科技创造，不能闭门造车，需要设备生产企业调研服装生产过程中的问题，从而进行有针对性的设备改造与科技创造。中国服装协会副会长陈大鹏说："我曾经考察过一家意大利专制男袜的企业，一年推出两千多款，专为'阿玛尼'等大品牌做贴牌，但它的装备却很陈旧，原来它只是根据实际生产设计需要，与袜机生产商联合在老的装备上不断地进行改进。这是一个及时了解各自需求、上下游联合研发的非常典型的例子。缝企把握下游需求，设备要改造升级，就需要联合研发。"[①]美国有一个公司，从无到有紧紧地依靠他们先进的技术，创造性地生产了一种可以让人更好地呼吸的材料，用于体育用品上，这家公司成为非常赚钱的公司。中国企业作为世界时尚王国的后来者，应当借鉴他们的经验，进行这样有针对性的技术创造、设备环境改造，使之推波助澜，增强品牌的市场生命力。

国内有关部门在服装行业高科技产业化应用的研究调查中，对一款自动开袋机在服装加工厂的使用情况进行了跟踪，统计结果显示在做夹克衫内口袋的工序上，如果依照传统工艺需要8个人，而用了自动开袋机后只需要1个工人即可，节约7个工人的劳动力成本。事实证明只有服装产业制造流程的科技水平达到国际领先的层面，整个行业才可能顺利实施品牌战略，科技创新是服装强国建设、产业升级的主线，是基础。

2011年5月，西安标准工业股份有限公司在"2011法兰克福国际纺织品及柔性材料缝制加工展览会"（TEXPROCESS2011）期间，推出X-FEED和VETRON技术。由于X-FEED是连续送料设计，可使缝线张力较之前的平缝机产品降低35%，最大针距达到9mm，双送布牙构造实现平稳、连续送布，同时在使用光滑薄料缝制时，可有效防止缝料错层，使缝纫操作更加流畅、高效；而VETRON则是一个全新概念，把缝纫机功能模块分别设计成大的组件，通过模块的更换，实现不同机型、功能的转换。他们以对用户需求的深层次调研把握，从服装品牌建设、产业链的各环节的深入对接中迸发出科技创意，形成颠覆性的创意与创造，独揽了由德国机械设备制造业联合会设立的"技术创新奖"的两个奖项。"杜克普"、"百福"、"ASS"、"艾斯特"、"力克"、"重机"、"兄弟"等全球缝制设备行业的知名品牌也都纷纷展示了各自最新的研发成果。在中国服装品牌强国建设中的技术环境建设，既要有能够推波助澜地增强品牌的市场生命力的技术设备环境改造建设，更要有许许

① 《"制造"品牌——中国服装企业的品牌产业链》，载《服装界》2012年第3期。

多多的科技创意与创造来与品牌文化和产业链环节相对接的高科技环境建设。

目前中国服装行业的科技进步贡献率仅 40%，要追赶美国、日本等主要发达国家 80% 的水平并不是一件容易的事情。然而这给我们提供了未来发展的空间、带来了将要应对的挑战，这就需要整个技术环境、产业链的通力合作，切实将科技转化为服装品牌建设的竞争力。假如在中国现今的产业链中，“CAD 有‘力克’，产品生命周期管理有‘格柏’，缝纫机有‘兄弟’，面料有‘兰精’，拉链有‘YKK’”那么，中国服装以科技创造市场超值效益，以“民族文化·时尚创意”创造“中国的·国际的”名牌就为时不远了。

科学技术、自然与社会、历史文化与艺术，都会对我们品牌的文化创意、品牌的创意设计、品牌的生产与营销方式及品牌的服务产生影响，因此，服装生态环境中的文化环境建设与技术环境建设之间有着密不可分的联系。我们应当把二者提升到品牌生态环境的重要位置来建设，站在国际科技的前沿，挖掘现有潜力，不断赋予智慧的创造并持之以恒，从而引领国际服装文化与技术环境建设的潮流。

二、全球化背景下的中国服装品牌生态环境

1. “全球化”、“现代化”背后的危机

目前对于“全球化”（globalization）一词有着诸多的定义，有指国与国之间在政治、经济贸易上的互相依存；也有将其解释为世界的压缩，也就是将全球视为一个整体；而更多的是将其视作人类社会发展的阶段性现象与进程。20 世纪 90 年代后，现代经济成果及科技强国势力对人类社会影响力的不断扩张，促进了时下全球范围内的版权法、国际贸易法、国际经济法等通用标准不断健全改进；参与到这个进程中的国家，其跨国公司控制的世界经济的股份得到增长，科学技术领域不断得到发展……如今互联网等信息技术使国际共享的信息资源不断增长，国际性的文化旅游事业蓬勃发展势不可挡，全球的文化、艺术交流也得到了很大程度的促进，由此使区域的现代艺术可以风行全球，美国的好莱坞电影、西方服装等强势文化、时尚的影响越来越大。但是，“全球化”却无法刺激差异性文化、文化创意设计的全面发展，多样性文化艺术的创意发展受阻，品牌产品同质化日趋严重。此外，在全球化进程中部分发达国家对发展中国家资源的掠夺，使得少数人占有世界多数财富，发展中国家成为发达国家的产品加工厂，带来了日趋严重的环境污染，凡此种种，“全球化”趋势所带来的利弊兼而有之。

随“全球化”而来的“现代化”建设也日益深入，人口城市化与城乡就业的结构发生了根本性的变化。2007 年 5 月 23 日，联合国人口基金报告宣称城市人口首次超过农村人口。城市是世界经济发展的结果，也是现代化的人类文明成

果的汇集之地。但随着世界各国城市规模的不断扩大，各个城市也面临着因人口激增而引致的环境压力。中国在改革开放、“入世”、全球化的带动下，制造产业的经济在蓬勃发展，吸引了农村人口从辽阔分散、自给自足的乡村走入城市。2011年，国家统计局发布的《2011年中国人口总量及结构变化情况》显示：城镇人口的比重首次超过人口总数的50%，流动人口在继续增加。从乡村涌入城市的人口纷纷走进了中国的制造产业，因此为中国获取了世界制造大国的声誉，其中服装产业是使中国成为制造大国的支柱产业。同时，中国以其巨大的工业产能、市场空间，又逐渐从“世界服装制造大国”朝着“时尚大国”、“服装品牌强国”的方向迈进。在此期间，纺织服装与时尚产业经历了30多年的艰辛、起伏、快速发展后，制造大国似乎给我们带来了梦幻般的欢乐。然而，2007年的全球金融危机，致使中国大批OEM企业倒闭，导致中国服装企业历史性的调整和转型升级，环保被作为重要问题加以强化之时，我们不得不从欢乐的梦幻状态中惊醒，不得不从民生的角度来审视“服装制造大国”、美丽的时尚产业及服装品牌国际化进程所带来的黑色、红色、蓝色的环境污染。2004年6月5日国务院新闻办公室记者招待会所发布的信息表明：2003年，全国主要水污染物化学需氧量超过环境容量的62%，二氧化硫排放量超过环境容量的81%；全国江河湖海普遍遭受污染，城市空气处于较重污染水平，监测的340个城市中有27%属于严重污染。①这一状态至今尚无改观，甚至在有些地方愈演愈烈。我们应当深刻地、清醒地认识到在改革开放、“入世”、全球化、制造大国的征途中，西方时尚文化与现代文明所带来的对于自然环境的破坏，已经波及我国的每一个角落。

以服装原材料的生产过程为例，服装原材料的种植过程、储存过程、纺纱织造的印染过程所使用的各种化学物品对环境会造成污染。许多不重视环保的纺织服装企业，周边环境的重金属——铅、铜和镉——含量均超过国家颁布的《土壤环境质量标准》。在有些区域，曾经清澈的河流如今变得污水横流，空气中弥漫着恶臭或刺激性的气味；河鱼消失，河水不能再用于饮用、洗衣和灌溉；在环境污染严重的区域，当地的居民口罩不离身，河水散发出的气味让人头晕、窒息、呕吐……隐藏在纺织、服装时尚产业美丽外壳下的人们真实的生存环境令人担忧，而急速地导致中国整体环境污染的正是遍布全国的各类制造产业。在残酷的社会竞争中，部分人道德沦丧、正义缺失，为了生存甚至相互倾轧。我们所取得的成就与自然的污染、人民身心健康水平的降低并行，除此以外，我们还要面对道德滑坡、越来越严重的精神危机和越来越严重的资源危机。我们正在用子孙后代的生存条件，来换取所谓的现代文明成果。

2. 国际服装界接轨国际性的“绿色、低碳、环保”运动

环保的绿色生活、产业的可持续发展是人类社会追求的永恒主题。有史以来，

①《热烈庆祝2004年“六·五”世界环境日，今年世界环境日主题：海洋存亡 匹夫有责》，载《中山日报》2004年6月5日，http://www.zsnews.cn。

人类都是在不断地应对和克服人与人、人与自然、人与社会之间的各种矛盾的过程中迎接着文明的一次又一次浪潮，在不断总结先期经验的基础上预知未来，或通过经验进行精确的计算，决策持续发展的远景，并在实践中前进。

有鉴于此，2010 年世界环境日的主题为：“多样的物种，唯一的地球，共同的未来”（Many Species，One Planet，One Future）。为响应世界环境日，中国的主题是“低碳减排·绿色生活”。

“绿色生活”涉及食、衣、住、行等广泛的生活领域，“绿色”服装设计是“绿色生活”中的重要组成部分。在 20 世纪 90 年代初，欧美国家就已经提出了“绿色服装设计”的理念，从保护环境的角度出发，旨在通过设计出无污染、有利于人体健康的生态产品。

“绿色服装”也称为生态服装、环保服装，以保护人类身体的健康免受伤害为出发点，有着无毒、安全的优点。在使用和穿着时，能给人以舒适、回归自然、消除疲劳、心情舒畅的感觉。“绿色服装”必须具备：（1）生产生态学，即产品的生产环境与生产者在生产过程中的环保性，要求不会对生产环境和生产者带来任何毒害。（2）用户生态学，即使用者在使用过程中的环保性，要求不会对用户带来任何毒害 。(3)处理生态学，是指织物或服装使用后的处理问题等三方面的承诺，并需根据承诺开展以下三方面的工作：

首先是环保材料的选择。北欧、西欧，美国、日本等已广泛使用由国际纺织生态研究和检验协会颁布的“Oeko-Tex 标准 100”纺织品生态标签。（见图 4-2-3 上列中图）。（1）选用能使纺织服装产品具备高“安全性、健康性、生态性”的材料，比如具有良好的吸湿、透气、生物相容性的纯天然、安全的纤维面料，包括纯棉织物、麻织物、毛织物、丝织物等。（2）选用新型生态环保面料，其中包括对绿色环保做出了贡献的天然彩色棉，以及其他各具特色的天然纤维，如麻纤维中的蕉麻、凤梨麻，丝中的柳蚕丝、具有天然绿色的天蚕丝，毛中的牦牛毛、驼羊毛、驼马毛、骆驼毛等；还有具有天然色彩，无需染色、漂白，能够减少环境污染，并且穿着舒适的菠萝叶纤维、香蕉纤维、棕榈叶纤维等。所选材料应符合国际纺织生态研究和检验协会颁布的标准要求，并且经检验不含有害物质，同时要以各种醒目的符号和图案标示出所采纳的环保标准，以求达到广为人知。杜绝使用虽然色彩艳丽但需经过化学物质印染的纺织面料，这样就可避免在生产这些面料时产生大量污染环境的废液，并防止其对人体健康造成可能的危害，同时也避免了加工成本的增加。（3）采用天然无毒的辅料：为使对于服装的造型、创意风格、实用性、档次等各个方面都起着重要作用的服装辅料也达到绿色环保的要求，欧盟规定禁止进口使用含镍在 0.5mg/cm^2 以上的、与人体接触的如纽扣、拉链等服装纺织品的金属类辅料和配件。为此，除了采用符合绿色环保标准的辅料外，还可以采用大自然为我们提供的各种各样的优美材料，如高贵大方、色泽独特的各种水产壳类材料，有天然木纹、无需染色、坚硬耐用、质感高雅的坚果、椰壳类纽扣，以及外观如同经过了点染的天然花卉、色泽纹理多变、坚硬耐磨的大理石类纽扣。它们与华丽、高贵的丝绸以及高级、时尚的菠萝叶纤维、香蕉纤维、棕榈叶纤维面料相得益彰；而竹木类纽扣则有着朴素的天然木纹，用在布纹厚重的毛麻服装上更显雅致（见图 4-2-3 上列左、右图）。（4）注重服装设计、生产加工、包装设计等方面的生态特点，以良好的款型、结构设计、工艺制作品质来延长产品的生命周期。为了从源头上做到利于环保、维护生态平衡、减少废弃物的产生，设立产品使用后的回收处理和再生利用程序，杜绝浪费，防止资源的枯竭。

其次是开发“绿色”面料。采用基于新型纤维所开发的新面料，提高服装的附加值。（1）原生竹纤维面料。自然环保性能好，具有良好的韧性和稳定性，可以防缩水、防皱褶、抗起球、抗皮肤过敏。（2）虾、蟹壳（甲壳类动物的甲壳）面料：具有透气、透汗、爽身等多种功能。（3）大豆蛋白纤维面料：被称为新世纪的生态纺织纤维，能使成本下降 30%—40%，具有羊绒般的手感、蚕丝般的柔软和光泽、兼有羊毛的保暖性和棉纤维的吸湿、导湿性。其拉伸度高、耐酸碱性好，穿着十分舒适。（4）霉菌丝面料：一种新型无纺织物，面料柔软而轻薄。(5)菠萝叶纤维面料：比绢丝还要细四分之三，因此，面料轻薄柔软，穿着更为舒适。(6)海藻纤维面料：有保湿特点，并含有钙、镁等矿物质和维生素 A、E、C 等成分，可以美容皮肤。(7）蛛丝面料：具有蚕丝的质地和手感，但强度更好，且易染色，可以用它来制造防弹背心、头盔、降落伞绳、帐篷、军装等重量轻、强度大的军用物品。(8）牛奶蛋白纤维面料：新型高档纺织纤维面料，有亲肤性强、手感舒适、色泽亮丽、易染色等特性，既可以纯纺，也可以和羊绒、蚕丝、绢丝、棉、毛、麻等纤维进行混纺，可用作开发高档内衣、衬衫、豪华床上用品等。(9）食品人造面料：是一种可以吃的衣服原料，是由碱性蛋白质、氨基酸、果酱、铁、钙、镁等元素合成的人造纤维尼龙，富营养，适宜从事远航、勘探、登山和考察等工作的人使用（见图 4-2-3）。

再次是开发“绿色”服装新品。在绿色环保理念的带动下，国外一些科学家与公司将高新技术应用于纺织工业中，开发出了一大批功能奇特、样式新颖的“绿色”服装新品。（1）怡情服装：是采用含有微型香水囊的牛奶蛋白纤维面料来制作的服装。穿着这样的服装时，人体皮肤的热量能使香水慢慢地穿过半透气性的囊壁，散发出香味，令人怡情养性。（2）防弹服装：用抗张强度和弹性俱佳、力学性能极好的、“金眼”蜘蛛丝面料来制作的防弹衣物，衣物更轻，防弹性能更好。（3）防雨服装：用菠萝叶纤维面料制作的服装，具有抗水性能好、经久耐穿、色彩保真度好的特性。（4）仿生服装：采用具有松塔和鹿角等生物结构的面料来制作的服装。当大气湿度下降，松塔的鳞状叶子便会自动张开进行

图 4-2-3 “Oeko-Tex 标准 100”纺织品生态标签，
坚果、大理石、马蹄螺、竹木扣等，环保再生服装面料

“呼吸”，能适应外界自然条件的变化，具有抗风雨等功能。（5）防寒服装：仿北极熊毛纤维中空结构的面料制作的防寒服装，重量轻，弹性大，保温好。（6）抗菌服装：采用含有对人体有益物质的微型球形薄膜与虾、蟹壳面料纤维合成的面料，制作成的防臭、抗菌的超级服装。（7）减肥服装：由保暖牛奶蛋白纤维和多孔霉菌丝纤维制成的衣服。当肥胖者穿上它时，暖纤维能使人体发热、出汗，而多孔纤维能吸收热量、蒸发汗液，在发热、出汗与蒸发的过程中大量消耗人体脂肪，从而达到减肥目的。如此等等，“绿色环保”的理念正在逐渐深入人心，而开发“绿色”服装新品的热潮也不断地在全球各地兴起。

基于“绿色”环保理念的再生服装是指回收废旧天然纤维、动物纤维和化学纤维制作的衣服。通过对纤维废弃物的减量化、无害化、资源化来处理、还原衣服中的纤维，或回收工业生产中产生的废旧材料（如废旧塑料、矿泉水瓶），从中提取出可用作生产服装的原料的再生纤维，生产出新的纺织面料，最后使用这些面料制成服装。

但是由于废弃纤维制品的混合度高，将回收的纤维制品按纤维的成分进行分离、分解的技术要求很高，废旧物品回收利用的生产成本也因此增加，导致纺织企业很难从中盈利，可以说生产“绿色”环保的再生服装是费力不讨好。因此要发展废旧纺织品的循环利用，首先，要培养人们的环保意识，引导大家对垃圾进行分类管理；其次，就是技术攻关，通过推进生产改造和技术创新来降低成本；再者，政府在政策上对再生纺织品的生产企业应给予必要的产业扶持。日本是世界上纤维循环利用比较好的国家之一。在日本，不论是政府、研究机构，还是某些民间组织，都在积极倡导和推进绿色环保的再生服装的工作，各方的努力使得再生服装真正走进了日本人的生活之中。1998 年前后日本每年纤维的总消费量约为 228.7 万吨，废弃纤维总量约为 171.2 万吨，总回收量约为 18.4 万吨，其中能够循环利用的纤维约为 16.2 万吨，即纤维制品的再商品化率约为总废弃量的 9.5%。最近，日本知名服装品牌“帝人”研发出了世界上首项新型聚酯纤维完全回收技术，与用石油制成的聚酯材料相比，它的能耗指标和生产过程中的二氧化碳排放量可减少约 80%。近年来，在日本此类企业越来越多，它们生产出了可以多次回收和再生利用的西服、大衣等服装，并在这些再生服装产品上印制了意为环保产品的“ECOLOG”标识，此类衣服深受环保志愿者的青睐。欧洲议会和美国国会同样十分支持再生服装的开发，曾颁布法令规定只要有再生标识的纺织品，售价就可以比普通的纺织产品高 10%左右。欧美各国在经过了 20 多年对于“绿色”环保的宣传和推广后，如今消费者越来越认同再生纺织品，许多人只要看到衣服上有再生的标签，就愿意掏钱购买，以表示对“绿色”环保的支持（见图 4-2-4）。

图 4-2-4 国际社会倡导再生服装，“H&M Organic” 系列首推可再生环保休闲装

2011 年 4 月，亚洲纺织联盟在《国际品牌时装产业：从善如流很环保》的文章中称：近年来环保意识日益增强，时尚产业也从善如流，纷纷改用有机棉和环保袋，积极迈出走向环保的步伐。29 位顶尖设计师的时装秀——“绿化伸展台计划”从 29 日开始，为环保教育和觉醒方案募款。这些设计师也同意参与美国自然资源保护协会（NRDC）的“洁净设计谋划”，该谋划将指导他们如何把生产制造过程中的原物料、纺织品加工、制造、包装、回收和运送等方面，与环保相结合。通过“绿化”伸展台来、提升消费者哪怕多付一点钱也要使用“绿色”产品的环保意识，以此促进服装产品的“绿色”设计与开发。

3. 用“中国的·国际的”视野与胸怀推动“绿色”服装品牌建设

（1）中国纺织服装界接轨国际性的“绿色、低碳、环保”运动

由于我国自改革开放以来就长期积累的结构型矛盾和粗放型的经济增长方式没有从根本上得到改变，致使经济发展与资源、环境的矛盾日益尖锐，环境保护的体制、机制、投入滞后，因而面临的环境压力比世界上任何国家都大，环境资源问题比任何国家都突出，解决起来也比任何国家都要困难。近年来我国的整体环境风险上升，环保事故频发，服装领域也不例外。

在全球化进程中，国际性的“绿色、低碳、环保”理念时时与中国连接。中国纺织服装业为积极响应国际《人类环境宣言》、《人类环境行动计划》和联合国环境规划署每年 6 月 5 日的“世界环境日”以及中国环保总局的部署，做了许多有效、务实的工作。为了贯彻《中华人民共和国环境保护法》，减少纺织品在制造和消费过程中由于甲醛、重金属、有毒染料、挥发性物质等的释放对环境、消费者健康所带来的危害，中国环境标志产品认证委员会认证、制定了环境标志产品技术要求——生态纺织品 HJBZ 30—2000 的标准，用来代替 HJBZ 6—1994、 HJBZ 30—1998 Ecotypic Textile，国家环境保护总局于 2000 年 1 月 27 日批准并同步实施。随后又根据发展的需要制定了 HJ/T 307—2006 来代替 HJBZ 30—2000，并于 2007 年 1 月 1 日开始实施。这些举措从根本上引领纺织服装的生产环境与产品朝着环保的生态方向发展。

时值 2010 年 6 月 5 日“世界环境日”之际，国务院副总理李克强在北京参观了“环境保护成果”展览。他在会见社会各界环境友好使者的代表时强调：要适应发展的新形势和群众的新期待，以环境保护优化经济发展，促进社会和谐，丰富精神文明，推动经济发展方式转变，促进经济社会全面协调可持续发展。

在上述背景下，服装业在科技攻关方面取得了一系列重大的突破：新兴高性能的纤维材料取得重大突破，常规化学纤维产业高起点、大规模、差别化取得大幅进步，国产化技术在十年的发展过程中已经占主体地位……自主开发 10 项成套设备对行业技术改造发挥了支撑作用，清洁印染工艺的装备大量涌现，新兴纱线、面料、制成品达到国际水准。单位增加值的耗能、耗水、废水排放量下降幅度均已达到国家约束性标准，全面完成“十一五”各项节能减排目标。[①]尽管全局面貌得以改观，但存在的问题仍然不容忽视。

（2）用“中国的·国际的”视野与胸怀推动服装界的“绿色、低碳、环保”运动

绿色环保的理念在中国服装界逐渐深入人心。自 2007 年开始，我国著名的服装设计师刘薇、邹游、顾怡、刘勇、刘洋、张义超、武学伟、武学凯、李小燕先后作为“中国十佳时装设计师”，被邀请参加“旭化成中国时装设计师创意大

①中国纺织工业协会会长杜钰洲：《中国纺织工业协会第二届理事会工作报告》。

奖”，作为获奖者，他们获得了“旭化成”为纯天然环保的面料、辅料、服装制作、模特、化妆、舞美等所提供的一系列赞助，在中国国际时装周的舞台上举办了“旭化成‘宾霸’作品春夏、秋冬系列发布会”。这批优秀的中国设计创意先锋不仅获得了使用纯天然环保面料、辅料的体验，并且通过自身的综合能力在这个平台上展示出了采用纯天然环保面料所制作的服装能够为人们带来的身心愉悦。由此，在中国服装界奏响了一首首“新环保创意进行曲”，引导并提升了整个服装设计产业环保的创意理念与价值观（见图 4-2-5）。

图 4-2-5 纯天然环保的材料“旭化成·中国大奖”
武学伟、武学凯“一起美丽”2011 年春夏系列作品

在上述环保理念的启迪与引导下，中国服装领域的各界人士以“中国的·国际的”视野与胸怀树立起服装设计、生产中的生态环境保护意识，致力于推动开发“绿色”环保服装产品的设计与应用。同时也开始意识到中国这个世界服装制造大国、品牌弱国的服装产业不仅要面对全球化、“入世”所带来的种种困境、难题，而且在参与国际市场竞争时还要面对并跨过“绿色”环保这道坎儿。近几年，我国纺织服装业界存在着前文所述的诸多不足，但是许多纺织服装业界的精英、集团企业、品牌公司为跨过这道“坎儿”，做了大量有效的工作并取得了明显的成绩。

例如，被称为绿色“软黄金”的山羊绒，是制造国际、国内消费者普遍喜爱的环保高级羊绒时装的原料，因此，生产山羊绒能为国家换回大量的外汇。但是，山羊是草原的破坏者，它们在进食的时候会啃净草根，致使草原沙漠化。作为世界上最大的山羊绒产地，我国的内蒙古自治区为了应对生产山羊绒所带来的环保问题，实行了山羊圈养的措施，这样既解决了环保问题，又能确保羊绒资源的持续发展。目前，由香港维信贸易集团投资组建的跨国企业集团投资了 6000 多万元，在内蒙古乌拉特草原兴建了 6 个种羊基地，并在锡林郭勒大草原建设了占地

100 平方公里的牧场。香港维信贸易集团还致力于二狼山白绒山羊主产区的生态环境的治理及种子工程项目的建设，以“建设草原、保护环境、造福人类”为主旨，带动地方经济的发展。如今，香港维信贸易集团已经成为带动内蒙古乌拉特草原种羊基地、锡林郭勒大草原牧场建设的龙头企业和纳税大户。香港维信贸易集团旗下有着质量在世界上首屈一指的羊绒品牌，现可生产无毛线、羊绒衫、羊绒围巾、高档羊绒时装、羊绒面料、羊剪绒制品。由于维信的“KVV01 无毛绒”无可挑剔的质量在全世界首屈一指，使其成为大型纺织企业的首选原材料，并且深受日本、欧美诸国的欢迎。“维信牌”羊剪绒制品，更是日本市场公认的独一无二的高质量产品，被誉为“羊皮雕刻艺术”。“维信”品牌的羊绒衫、羊绒围巾曾在第六届国际山羊大会暨博览会上获金奖。香港维信贸易集团的首席设计师、设计总监张继成，则曾两度荣获“中国十佳时装设计师”的称号，后又获中国时装设计“金顶奖”；“维信”品牌的设计产品被国家纤检中心评为“纤维含量保真制品”，连续三年被国家评为“消费者信得过产品”，连续两年被评为“中国十大女装品牌”，后又被评为“中国最具时尚女装品牌”。香港维信贸易集团以“中国的·国际的”视野与胸怀进行以生态环境保护为前提的品牌服装生产，取得了较好的经济及社会效益（见图 4-2-6）。

图 4-2-6 “维信”品牌绿色“软黄金”作品

我们在第二章第二节“罗布泊文化变迁中的服饰文化创新”专题中曾经介绍过丝绸之路上的罗布麻所具有的各种功能优势，展现出其服装材质的药用价值，这种与生俱来的“绿色、低碳、环保”功能得到了新疆罗布麻综合开发有限责任公司、新疆尉犁疆宝罗布麻综合开发有限公司、敦煌市同辉罗布麻综合开发有限责任公司、山东省菏泽罗布麻综合开发有限公司等许多企业的重视，它们对罗布麻进行产品的深度研究、开发等项目已经成为服装“绿色”材料、文化创意的先要组成部份。现在，越来越多的产品正在服务于社会。

2010 年 8 月 17 日，从宁波传来了一则关于神奇的余姚“纳米环保服装”的消息，国家纺织服装产品质量检验中心对一种能够抗辐射、抗紫外线、抗多种真菌感染的服装面料进行检测后证明：其抗辐射、抗紫外线测试的有效率在 98% 以上。中国科学院抗菌材料检测中心和纺织工业南方科技检测中心出具的检测报告则显示：该服装面料对肺炎克雷伯氏菌、金色葡萄球菌、大肠杆菌的抗菌有效率超过 99%。与此同时，宁波纺织服装学院与位于余姚泗门镇的宁波博州服饰公司已经联手把“纳米环保服装”投入生产并投放市场，通过市场对研制的成果进行一次全面的检验，以求不断改进技术。在专卖店中，具有上述特殊环保功能的女式休闲格子衬衫吸引了众多消费者的眼球。

2011 年 6 月中旬，在第十五届上海国际纺织工业展览会上，一则消息引人关注：“支持废旧纺织品循环利用”第一次写进了我国纺织工业的“十二五”规划（2011—2015 年）中。由此，新概念的“再生服装”正式走进了我们的视野。按照我国纺织工业“十二五”规划，“支持废旧纺织品循环利用”已经有了一个预计的“进度表”：在未来 5 年内，初步建立起纺织再生纤维回收循环利用体系，到 2015 年全国纤维加工总量可望达到 5150 万吨，其中 15% 为再生纤维。①可见，在我国，绿色环保的“再生服装”已经从环保概念进入到了产业实践阶段。

1996 年，大连工业大学（原大连轻工业学院）建立了重点实验室——绿色纤维材料应用技术研究所，它是辽宁省第一家纤维废弃物循环利用的研究机构。目前此机构的研究人员正在开展如何将花生壳、废麻、丝瓜络、玉米皮等废弃物资源进行循环利用的实验。该机构的创建者和主持者于永玲教授介绍说：“这些废弃物在经过科学处理后，均可以制成再生纤维，重新用于生产和生活。”从绿色环保的角度来看，纤维的消耗量与纤维废弃物的污染是非常惊人的。2009 年，仅我国大陆地区的纤维加工就产生了废弃物 360 万吨，在消费过程中所产生的纤维类废弃物总量为 234 万吨，两项总计 594 万吨。于永玲教授说：“如此大量的纤维废弃物，如果能有效地利用起来，它将变成一笔多么宝贵的资源。”②运用纤维废弃物进行“绿色”设计的服装产品改变了传统服装以生产、销售为起点，至穿着破旧为终点的传统服装的生命周期，通过使用结束后的回收、处理、重新利用的“绿色”设计和制造过程延伸了服装的生命长度，使之“梅开二度”甚至“绽放不败”。

据纺织工业协会统计：2010 年废水余热回收、中水回收利用、丝光淡碱回收等资源利用技术在行业中推广应用比例已达到 50%。纤维再利用技术不断升级，再利用纤维数量突破 400 万吨，以可再生、可降解的竹浆粕、麻秆浆粕为原料的粘胶纤维实现产业化生产。以产业链攻关为结合点的产学研、上下游创新资源整合型产业同盟发展迅速。③

①徐晓敬：《“再生服装”：何日从环保概念到产业》，载中国服装网 2011 年 7 月 6 日。http://www.efu.com.cn/data/2011/2011-07-06/383537.shtml。

②徐晓敬：《“再生服装”：何日从环保概念到产业》，载中国服装网 2011 年 7 月 6 日。http://www.efu.com.cn/data/2011/2011-07-06/383537.shtml

③中国纺织工业协会会长杜钰洲：《中国纺织工业协会第二届理事会工作报告》。

“CHIC2010”（第十八届）组委会特意在新国展的南广场登陆厅门口，制作了一个直径8米，颜色鲜艳，外部全由不同颜色的棉、麻、丝、毛等天然纺织品制成的巨型“地球”——“家园”，将其作为“绿色、环保”的主旨性标志物，引导参展企业在布展上朝着环保和绿色的方向努力。使CHIC展的品牌展位布置，逐年呈现出“绿色、环保、创意、多元”等理念，整个“CHIC”的环保气息也越来越浓郁。

在“CHIC 2011”上，在水幕潺潺、浮光掠影的氛围中，几款造型夸张的服饰在模特的演绎下让人眼前一亮，这些服装是以“回归大自然”为理念，采用了玉米秆、树枝、树皮等作为原材料，以高科技技术制成的。展会上还有用竹子、纸浆提取物织制的面料；有些休闲服饰看似普通，实际上却是用塑料瓶做成的塑料衣服，其中绿色衣服的材料是用绿色的塑料瓶，白色的衣服是用白色塑料瓶制作的，这样的衣服无需染色，并且在价格上能够和一般的原生材料竞争，甚至和一般的棉织品价格相差无几。这为遭受着棉花资源短缺、棉价高涨影响的服装生产者，提供了更多的选择。但是，目前在我国，真正的由“绿色”设计制造出的“绿色”服装产品还不多，改变这一状况需要我们不懈努力。

由中国服装协会、中国服装设计师协会、真维斯国际（香港）有限公司联合主办的“真维斯杯” 休闲装设计大赛，到2010年已经成功的举办了18届。2010年3月29日，在北京798艺术区，陈楚生以一首美妙的《绿动》拉开了第19届中国“真维斯杯”休闲装设计大赛的序幕，此次大赛秉承“环保”理念，大张旗鼓地回应媒体、百姓对于“环保”的关注，响应哥本哈根环境峰会对环保的号召，正式向全国及海外参赛者宣告：此次“真维斯杯”大赛将特别采用“绿动”作为设计主题，希冀以“绿色、低碳、环保”的理念让设计师们意识到自己担负着以设计的方式改变未来的责任。“真维斯杯”将借助大赛的舞台，让年轻一代设计师的心中“绿动”无限创意与设计想象，以绿色环保的艺术设计作品让明天的环境变得更美好。

第十九届中国“真维斯杯”大赛的组委会收到来自全国各省、市以及海外的参赛作品共计6125份，创历届大赛作品征集量的新高。参加中国国际时装周2011春夏发布会的第十九届中国“真维斯杯”——休闲装设计大赛的设计师们在“绿色、低碳、环保”理念的倡导下，紧贴大赛主题，通过天然染料、生态纺织品和有机棉等面料的巧妙组合挥洒出了无限的创意，并且在大赛中充分展现了当下的潮流趋势，让人耳目一新。2011年3月28日上午，在第十九届中国国际服装服饰博览会的时尚艺术长廊里，由中国服装协会顾问蒋衡杰、真维斯国际（香港）有限公司董事长杨勋出席并揭幕了“真维斯·CHIC2011”。有20多位艺术家的静态艺术展品在“真维斯”热力登场，其中包括设计师宿哲的以“绿动”为

图 4-2-7 2010 年第十九届中国“真维斯杯”大赛以“绿色、低碳、环保”诠释“绿动”主题作品

主题的作品。可以看出，环保、材料、资源与服装生态，已经被正式地提到了“真维斯”品牌发展的日程中（见图 4-2-7）。

“欧迪芬”集团自从翻古成新铸造了以“清风雅韵”为主题的“2006‘欧迪芬’杯中华内衣元素创新设计大赛”以后，又接连策划了“大唐风仪”、“汉世盛典”、“游元惊梦”、“明门之秀”等中国内衣设计大赛的主题发布会，在中国服装领域一路引领“民族文化·时尚创意”风潮，铸就了大赛的辉煌，如今的大赛已经成长为业内的典范赛事，成为新一代优秀设计师进行创意角逐的最高赛场。为响应“绿色、低碳、环保”——吃的是绿色食品、穿的是绿色材质制成的衣物、住在绿色家园中——的理念，“欧迪芬”集团为“欧迪芬”2011 中国内衣设计大赛冠上了“绿动时尚”的主题，将对“绿色时尚，低碳生活”的追求其实是一种人生情趣、生活态度的表达方式，也是对于具有律动感和生命力的达人气质的追求的观念灌输到设计师、消费者的脑海之中。因此，2011 年以“绿动时尚”为主题的“欧迪芬杯”中国顶级内衣设计大赛，是将自身品牌打造成为“绿色环保”的一种象征、一种信任，更是一种被认可的标志的设计大赛；是集国际潮流与东方风格于一体的最高平台，以无限的创意与灵感碰撞再加之对于律动时尚的角逐，以全新的“环保时尚”的主张，打造出了精彩绝伦的“绿动时尚”，引领了全新的、动感的环保新时尚的风潮。为中国女性提供了大胆的、个性的、更具女性魅力的实用时尚方案，满足了中国女性对于内在美和低碳生活的追求。此举使中国的内衣文化朝着更加环保、时尚和国际化的方向迈出了具有重要意义的一步，也使“欧迪芬”成为中国内衣领域的风尚领导者（见图 4-2-8）。

综上所述，由国际间的全球化进程以及中国的改革开放、“入世”而引发的

图 4-2-8 “绿动时尚”主题的“欧迪芬杯”2011 年中国内衣设计大赛作品

种种利弊，已经引起国际、国内政治、教育、社会及文化等各个相关学科领域的高度重视，对在全球化过程中产生的利与弊的研究热潮一浪高过一浪。虽然目前各界对当下所呈现出的状态的观点和评论有好有坏，仁者见仁，智者见智。但是，显而易见的是，全球化进程中存在的种种弊端，同样也存在于服装产业的领域之中。好的一面是服装领域在生态环保方面已经做了大量的工作，服装生产与生态环境的保护意识在服装界已经初步形成。然而，当代中国所推崇的“战天斗地”，脱离了传统文化中“天人合一”思想的思维，而以凌驾于自然之上的“人定胜天”、“喝令三山五岳开道，我来了”的“英雄气概与精神”对自然环境进行着无情的破坏，并且这种现象至今依然存在。服装业界以及社会全体成员或多或少地缺失了“天人合一”、人与环境和谐发展、造福子孙的意识，还存在短视、盲目地追求着高速度、高效率、逐利于眼前的现象，要使追求“绿色、低碳、环保”的生活方式成为全民的自觉行为，尚需时日，还需做更多扎实的实际工作。但是由于地球环境生态危机引发的人类生态危机已经不容我们再静候张望，服装界在自身领域内自然肩负着义不容辞的责任，在全球化的背景下进行中国服装品牌强国建设的进程中，要以《人类环境宣言》、《人类环境行动计划》、“世界环境日”以及中国环保法规、政策宣传活动来警醒自我，并将环保意识融入服装绿色设计的行动当中；要以“中国的·国际的”视野与胸怀去倾心聆听、诚恳学习他国在全球化进程中对于成功经验与失败教训的总结，甚至是经过试错、纠错过程得来的“绿色、低碳、环保”服装设计理念；要以“天人合一”的传统思想为基础，学习西方社会人人以实际行动来关爱、保护人类共有家园的做法，将身体与心灵融入自然，最终实现人与自然和谐相处、产业与环保均衡发展。提倡人人肩负“文化责任、道德责任、生态责任”克服人性中的自私、贪婪、狭隘和偏见等弱点，主动规避违背道德、健康、环保的短视、盲目追求高速度、逐利眼前等产业发展过程中的弊端，树立“离苦得乐、和他人共乐”的人生观，以及人与自然、自我与社会、传统与现代、国内与国际都能和谐共生的、造福子孙后代的思想与时代价值观。从而使中国服装品牌强国建设走在“环保、绿色、低碳”的科技创新、文化创意、设计创新的光明大道上。

三、以民族文化为基础的“中国的·国际的”服装品牌多样性在生态环境中的活力

1. 以“囧”文化时尚为例思考品牌在生态环境中的活力

（1）“囧”文化的时尚味道的生成

中华民族的文化博大精深，全方位渗透于我们的日常生活，而汉字则是民族文化的直接载体，也是民族文化的重要组成部分。在电脑、网络普及的今天，方块汉字以数字化的形式储存在电子载体中，使用者完全可以通过敲打电脑键盘来“写字”，直接发出指令调用已有的符号形体。这完全不同于以往数千年来，通过书写工具在物体表面产生痕迹来制造可视的符号——如用刀具在铜器、碑石、竹简、甲骨、玉器、砖瓦、封泥、兵符、明器（冥器）上刻画，或是用毛笔在纸张上书写的从无到有的创造方式，它不需要改变文字符号的形态，而是以调用现成物的方式来使用文字。这完全颠覆了自古以来的文字使用者和文字之间的关系，使人们对传统交际工具之一的文字的敏感度下降，导致提笔忘字，更愿意接受“短、平、快”的文字、声画语言。使用“短、平、快”的声画语言成为一个趋势，成为中华民族文化组成单元中的一个分支。

文字的数字化颠覆了文字的使用者与文字之间的关系，以调用的方式代替了刻划、书写的创造，日渐成为全民使用的文字操作方式。但这绝不会影响我们从文化的视角，继续探究、挖掘方块汉字中所蕴含的自远古至今日的文化、历史、艺术信息在文化创意产业中的运用。例如利用汉字所制作的趣味教材作品，这些作品以童心未泯、憨态可掬的面貌和温柔可人的造型方式，开发、创造了一个融合神话、童话和科幻题材的庞大繁杂的、内容丰富的、艺术化的“汉字帝国”。数字化的中国汉字大举进入世界文化领域，增进了华夏文明与世界文明的交融。比如中国人民大学以其教育理念“人民、人本、人文”作为创意理念而设计的校徽，成为“公众最喜欢的大学校徽”。它的优点是：以校徽图案为中心建构起了一整套的视觉形象识别系统，较好体现出了中国人民大学的气质和特点。如此等

等，现在不仅有通过汉字象形、象征、文化意蕴产生的各种文化、艺术、产业上的设计创意，还有由于网络人群追求“短、平、快”，追求新鲜、标榜奇异的心态而出现的一些被赋予了新的含义的、用法奇特的网络方块汉字——像是“囧”被赋予了郁闷、悲伤、无奈之意；“槑”被赋予了很天真，很傻，傻到家之意；“烎”被赋予了斗霸气、彪悍、制霸之意。这些用法奇特的网络汉字的特点是：忽略了传统汉字的阴阳五行、象形等汉字的文化观念基础，对一些汉字进行理据的破坏和用法的重构，即在字义本身保持原样或沿着正常的引申途径变化，但完全忽略它们本来的意义和用法，抛弃文字的历史传承性，只是把它们当作是兼具图形意义与文字意义的符号来使用，这些符号难以在原有的传统语言系统中找到它们的位置。下面将“囧”字展开作全面的分析：“囧”是90%的中国人都不知道该如何读的生僻字，但现在却成了网上最流行的汉字，据说它最早出现在台湾的BBS社群上，在网络文化中大红大紫的原因是其楷书外观貌似失意的表情，被赋予了新含义的“囧”字在互联网上迅速流行，连主流媒体也开始尝试引入“囧”字作为新闻元素。一个生僻的汉字，却因为一些网络人群的“恶搞”，开始在电影、广告产业，甚至是在现代时尚设计中都产生了效应。

“囧”的本义为“明亮、光明”，但是“囧”字在网络上产生巨大魅力的原因与其本意并无任何关联，而是因为“囧”字图形构成中的“八”像向下耷拉着的眉眼，而“口”则像大张着的嘴。因此，最初人们在网络上使用它时，是根据“囧”的形状，单纯地把它当作一个表示“愁眉苦脸”的图形符号，而不是把它当作文字来对待的。随着其后网络人群对于“囧”字的深度探索，发现它的读音和“窘”字相同，这就使得“囧”在形象之外更增添了“窘”字所表示的意思。由此，“愁眉苦脸”的“囧”字便从内到外都表示处境窘迫，表示尴尬、为难、郁闷、悲伤、无奈、困惑、无语等意思，这个新的释意可说是“很好、很强大”，生动地表现出了在特殊情况下的一种极为窘迫的心情。而文字的本质之一就是表示社会约定俗成的意义符号，“囧”的流行恰恰是说明了古老的方块汉字本身充满了多样性的魅力，这让我们看到了汉字象形返璞归真至原生态思维后的另一种有意义的表现。语言中增添了活跃的因素，是语言现象与社会生活相匹配的积极的反映，这种看似“恶搞”出来的语言变化产生了强大的文化生命力。在“优酷”视频网站中，有个《一日一囧》的专辑，这个专辑每天都以漫画的形式上传一个短片，其中的内容有《穿大裤衩的女人》、《费解的司机》、《采水果的小朋友》、《爱干净的女人》、《上课不许说话》，等等，每一个短片都能够表达出一个不同的意思，这些短片时间长短不一，但都演绎出了由“囧”字演变出来的各种不同的心态。至2006年底，“囧”字已经成为人们对生活的一种时尚表达方式，有1200万条通过“囧”字的文化生命力策划出来的时尚信息在“百度”出现。

（2）“囧”文化的时尚味道增强了品牌在生态环境中的活力

一个“愁眉苦脸”的“囧”字不仅反映出了某一时段人们的社会生活与心态，更重要的意义还在于展现出了古老的传统被赋予了时尚的味道后，可能产生的商业品牌的创意价值与产业效益。

湖北大学西门外的一家奶茶店用“囧”字打响了自己的招牌。奶茶店的老板是个典型的网络达人，他不只是用“囧”字招牌来吸引南来北往的师生、路人的目光，最酷的是他利用“囧”字的文化含义调制出了带有“囧”意的“特色囧奶茶”，所谓“特色囧奶茶”，就是味道有点像咖啡，又有点像茶的奶茶，喝一口，总会在味蕾上制造出一种奇怪的感觉。在奶茶店里经常可以看到正在喝茶的顾客，因为总是有着拧巴起来的表情，一张张脸似乎就真的变成了一个个的“囧”字。由于“囧”字强大的文化生命力，“难喝”似乎也成为一种时尚的味道，换句网络流行语来说，那就是“哥喝的不是奶茶，是文化”。奶茶店老板的创意与消费者之间互动出了“囧”的智慧、新颖、独特和与众不同，在不经意间将现代的饮食文化与传统的精神文化融为一体。就像“震动马桶圈”在使用者方便的时候发出适当的震动，目的就是寻求“囧”刺激。

而“囧字舞”、“囧网球”、“人在囧途”、“午门囧事”也纷纷出笼。“囧”字的造型与文化生命的释意体现出了当代中国人在“中国制造”时代的生活状态：无论你是生活清贫，还是不太贫穷，又或者是事业基本稳定，在这低效益、高竞争的社会中，都不能高枕无忧，压力总是时时出现，任凭你有多强的上进心，都会不时地感到一种莫名的失落。这种不时袭来的情绪，就恰如这个低垂着八字眉、瞠目结舌的倒霉脸蛋儿“囧”所表达出来的种种状态。

“囧”字也是“李宁”公司设计部生活运动组的设计师周小凡与朋友交流中的常用图。他平常没事时就频繁地写写画画这个“囧”的造型状态图，甚至还搞怪地为“囧”字添上了胳膊、腿，把它变成了一个个挤眉弄眼的、沮丧的小人，创造着读图时代的妙趣。2007年，周小凡接到了一个任务，要以“卡通MIX”为主题来设计生活时尚运动鞋。周小凡在方案选择期有点一筹莫展，感到很“囧”，他突然顿悟：此刻的自己颇似他为了搞笑而常画的那个“囧”态图，他高兴地跳起来对自己的搭档汪泓和濮意说：“干脆我们就用这个‘囧’字。”设计创意方案确定后，周小凡和汪泓、濮意又开始对“囧”的创意做进一步的拓展：“囧”一代人在“囧”的生活状态中，喜欢回味过去，不时还会怀恋那些伴随着童年回忆的卡通形象，像黑猫警长、阿凡提、葫芦娃，等等。就这样，“囧”态与怀旧的卡通形象在他们的设计中得以升华，自然而完美地融合在了“李宁”出品的“囧鞋”的鞋帮上（见图4-2-9）。

正是这种怀旧情结与现实生活中“囧”状态的结合，触动了他们的同龄人。“囧鞋”在2007年7月初刚上市，订单就达到了8万多双，零售店经常卖断货，

图 4-2-9 周小凡创意设计的“李宁”品牌“囧鞋”

网民对“囧鞋”的评论也渐呈铺天盖地之势，“囧鞋”的信息就像网络上的病毒一样繁殖、扩散，意外地形成了“病毒式营销”，增强了“囧鞋”在鞋类品牌生态环境中的独特活力。

（3）从“囧”的时尚活力思考品牌建设中的生态环境活力

2011 年，网络上的“美丽说”，最有人气的女生社区推出了一个 2011“囧”字时尚新款笑脸女包的栏目。该栏目中的“囧字时尚女包”实际上是源于欧洲的奢侈品牌之一的“赛琳”(Celine) 品牌的韩版“笑脸包”。“笑脸包”并未提及其是以“囧”字为创意，但在西方世界也没有像汉字这般简练却又形神兼备的文字表达。所以它能令中国人直接联想到那些“囧囧有神”的玩具机器人的脸，而且它的正面极像一个正在流着哈喇子的“囧”字，这也使中国的消费者见仁见智地认为这个包的设计，可能是大牌对于中国传统文化在产品时代感上、在时尚创新上的最精练的诠释。时至今日“囧”字的时尚味道还方兴未艾，创意仍在不断延伸，并不断激发出品牌创造时尚价值的活力，进而不断增强品牌在生态环境建设中的活力（见图 4-2-10）。

图 4-2-10 “赛琳”系列“笑脸包”的“囧”文化时尚设计

无论是网络上的“囧字舞”、“囧网球”还是电影《人在囧途》、小说《午门囧事》、网络视频专辑“一日一囧”又或者难喝的“特色囧奶茶”，特别是“囧鞋”的大卖，再到 2011 年欧洲奢侈品牌“赛琳”的“囧”字时尚新款笑脸女包的畅销，都向我们昭示着这样的事实：传统的、古老的民族文化加入了时尚的味道后创意出的品牌产品，增强了品牌创造价值的活力，也增强了其品牌在生态环境中的活力。由此，“囧”文化时尚设计的案例也引发了我们对于品牌建设在生态环境中的活力的思考。

2. 以民族文化为基础的“中国的·国际的”服装品牌多样性在生态环境中的活力

中国民族文化以其博大精深的气度、“天人合一”的思想、淳厚的艺术内涵、生动的历史痕迹以及浓郁的风土人情越来越受到世界人民的关注和喜爱，也成为众多设计师的创作灵感源泉。当今，国人对于民族性与时代性之间，传统艺术与现代艺术之间，民族文化传承与时代创新、时尚生活之间，枝蔓缠绕而产生文化感与时代感互为映衬的品牌生命品格，寄予越来越高的期待；对服饰品牌的文化归属感的渴求也愈发强烈。由此，我们从中华民族文化之沧海一粟——“囧”字的创意及其在时尚设计中的持续活力，可见中华民族传统文化艺术是中国时尚创意产业，乃至全世界时尚创意产业取之不尽的宝贵财富。我们在中国服装品牌强国的建设中，应当认真思考中华文明古国博大精深的文化在时尚创意中所具有的无尽的活力。

以民族文化为基础的服装品牌多样性在生态环境中彰显活力的例子比比皆是。我们在第三章第二节“服装品牌大国的时尚创意产业对品牌建设的推动”中介绍了国际上各类著名品牌通过民族文化创意而产生的品牌价值，说明了由世界各民族文化构建的国际多元多样的品牌在生态环境中的活力。其中介绍了“巴宝莉”（在第二章“想象”、“圆融、贴切的妙喻”与“同情的模仿”成就无限的创造中也介绍了“巴宝莉”的创意实例）：“巴宝莉”在18世纪中叶的始创时期便秉承英伦文化，最早是为英国皇室制作御用品和军服，是英国皇室的御用品牌。19世纪，欧洲的男装时尚舍弃了旧制度的奢华，以英国时尚为代表，开始选择一种简单、高雅、实用的风格。随着这种潮流的发展，以前耀眼的军服被埋在了战壕的烂泥里，军服上的羽毛装及其流露出的优雅气质逐渐被威严、简洁、灵活的运动功能所取代。“巴宝莉”为顺应潮流，于1901年设计出第一款既有英伦气质又能承受相当大的风雨，同时又有良好透气性的风衣。因此，在第一次世界大战时，其风衣被指定为英国军队的高级军服。直到现在，牛津字典中“Burberry”还是风衣的代名词。面对敞篷汽车或封闭式汽车时代来临之时，“巴宝莉”及时调整自己以与之相适应，通过创意推出适合不同驾驶穿着所需的时尚男装、女装。目前已广泛应用在“巴宝莉”设计上的传统英格兰格子以及“新豪斯格”，不仅仅是“巴宝莉”自身历史和品质的体现，也象征了英国的民族文化，因此受到英国商标管理局的保护。这反映出“巴宝莉”从18世纪中叶创立至今，从未因为服装品牌要顺应社会、时代生活方式的演进、转型以及现代服装用途的改变，而摒弃自身所蕴含的英国文化传统。在不同时期，都坚持基于英伦文化的根本，并对品牌的风格，循环往复地以英伦文化的品格进行“圆融、贴切的妙喻”；循环往复地从消费意愿与消费情境上进行“同情的模仿”，通过循环往复的创意引领一次又一次的时尚潮流，来满足不同时期、不同顾客对品位和时尚的不同要求，并以此作为品牌在设计上的源动力，进而不断衍生出新的、强大的品牌“生态基因”。这使得“巴宝莉”在不断发展的国际化品牌生态圈中，始终保持强大的品牌生态活力，展现出英国传统与现代相交融的时尚创造的活力（见图 4-2-11）。

图 4-2-11 “巴宝莉”“生态基因”——格子

“巴宝莉”由实用的军服华丽转身成为字典中“风衣”的代名词的过程总让人感觉似曾相识，回顾中国服装历史，恍然间便发现这与中国历史上的“胡服骑射”有着异曲同工之妙。意大利哲学家克罗齐曾说过，死亡的历史会复活，过去的历史会变成现在，这都源于生命发展的需求。纵观中国服装的历史，中国的服饰文化经过了数不清的流传与失传，自混沌初开以来就充满着多样性。无论是“朝代脉络服饰文化”中的唐朝、宋朝、明朝，还是“少数民族多元服饰文化”中各民族五彩缤纷的服饰，无不跨越数千载的岁月长河，呈现着精彩纷呈、目不暇接、面料繁复甚至是无奇不有的状态。即便说“国破霓裳在”也不为过，历史的发展并未对时尚进程产生过任何影响，朝代的更替从未影响过国人对于时尚的追求。中国服饰文化因为其多元、多样的起源而有着强大的包容性，但包容并不能等同于摈弃和替代，在前些年服装产业的建设过程中，曾有过太多的疏漏与短视，中华服饰曾经有过的辉煌、光芒和影响力在当代中国的服饰中曾经一度是“落花流水春去也”，而今天的中国时尚实际上大多来源于西方。

只是，设计的过程本来便是艺术灵感、才情与产品形象、市场相角逐的过程。意大利哲学家马基雅维利也提到，人性既然不变，而且各地相同，那么历史——对人类以往活动的记录——便能帮助人们预测未来，对比现实。只有对服装的历史与传统追本溯源，才能对今天的时尚知根知底，进而对明天时尚的变化了然于胸。其实在当代全球化的语境中，几乎可以说是“怎么都行”，没有民族的阻隔，国家之间也没有不可跨越的栅栏，标准只是：你所创造的服装时尚蕴含了多少本民族的文化内涵，有多少你自己的思考或者创新，你可否将原本属于你及不属于你的时尚转化为不仅使西方人认可的，而且也可以在中国大众中产生共鸣的服装潮流。回顾中国的服装史，便可看到我们中华民族所具备的强大创造力，而在中国服装产业建设的进程中，在中国服装品牌强国建设的过程中，需要正视的问题就是没有原则地追求高速度、高效率，这样为获得短期的利益，我们所要付出的代价也许就是民族文化的褪色与中华民族子孙后代生存环境的恶化。在构建“中国的·国际的”服装品牌的生态活力时，我们应当把将上文所述的“（三）品牌生态环境中的利益相关者及其协调发展的机制”，视作生态农场的相关运行机制，即为物种提供适宜生长的土地环境，使各种生物、微生物与它们赖以生存的环境之间相互影响、相互作用，进而使品牌能够在生物圈中保持生态动态的平衡；要把品牌的运作、设计者对品牌的策划定位，视为土地环境规划最适宜的生态物种，并能够为物种的生长提供适宜的充足养分的决策，他们是物种科学优化成长与维护生态平衡的掌控者；而民族文化、时尚文化、人们的时尚生活方式则是保障物种茁壮成长并开花结果的根本，可以将它们视为物种所需养分的制造者。

综上所述可见，为“囧”字的传统含义注入当代时尚文化、时尚生活的强大生态基因后，它便在品牌生态环境中呈现出了强大的生命力。国际品牌“巴宝莉”为适应品牌生态环境中经过不断改进、适应现时人类的时尚文化、时尚生活的需要而转型后，也呈现出了新的、持续的活力。这就再一次向我们昭示出这样的事实：无论中外，民族文化的演进、转型及其文化内涵在时尚生活方式的催化下，在设计师的设计智慧、才能的推动、掌控下，都能产生出当代时尚文化、时尚生活以及品牌的强大生态基因并使品牌获得可持续发展的充足养分。而当它们进入到品牌生态环境的协调机制的运行之中，就能铺设出一条为品牌开拓、市场掘金的通道。我们背靠民族文化、面向国际时尚的理念进行产业文化创意时，要以不断的创新和未雨绸缪的精神，挖掘服装品牌生态活力的潜力，才能使多元多样的“中国的·国际的”服装品牌，在国内外的品牌生态环境中更具可生存、可发展的强大生态活力。

第三节
用“中国的·国际的”视野与胸怀展望服装品牌强国建设

一、用“中国的·国际的”视野与胸怀实施服装品牌强国建设的战略

1. 用“中国的·国际的”视野与胸怀确立服装品牌强国的社会责任

现在国际上的消费者大多有极强的社会责任感和消费道德观念，这种责任感和道德观念也成为影响他们购买倾向的一个重要因素。许多消费者宁肯多花点钱去购买既不污染自身，也不会对环境造成污染的绿色环保产品，也不会买较为低廉的、有污染的产品。

在上述社会责任感和消费道德观念构成的国际性消费理念的背景下，21世纪的中国设计师不能一味地追求自我个性的展示，更应该将自己创造短时间潮流的消费促进者的角色，转换、提升为适应“中国的·国际的”服装品牌强国的设计者的角色。如今，我们所面对的影响人类生存的全球性生态环境危机，不再仅仅局限于区域、国家的范畴，而是全人类的、历史性的危机。应对这个危机，需要建立环境道德伦理观念，人类的每一项发明、创造以及产品生产的过程，必须优先考虑全球众生持续生存的利益，避免对大自然和其他物种的巧取豪夺；面对危机，无论是东方国家还是西方国家，无论是富有还是贫穷，无论是城市还是乡村，只要是生活在地球上的人，都负有一份责任。服装设计师、服装品牌运营者作为人类外观形象环境、内心精神环境的创造者，在服装品牌强国建设中，不能自我陶醉地做着奢华之梦，逃避自身所担负的促进世界和谐发展的神圣责任——文化责任、道德责任、生态责任。

服装品牌强国建设中的文化责任、道德责任、生态责任，涉及的范围很广，例如品牌的绿色生态、在产品生产过程中对劳动者和消费者的尊重、对于环境的保护、资源的合理利用；宣传、投资社会公益事业，引导社会成员合理的、积极的消费，克制盲目的、无度的消费。始于2008年的金融危机波及全球之前，仅

占全球人口总数四分之一的发达国家消耗了世界商业能源的80%，无度地消耗着与其人口不成比例的全球自然资源和物质产品。其中北美洲的人均消费是印度、中国等发展中国家的20倍，但以全球的资源和环境承载力，不可能使世界人口都维持西方现有的消费水平。有学者估计，就算下世纪初可以将世界人口的总数控制在70亿，如果以现时西方的消费水平来消耗能源和资源，那么，10个地球才能满足这样的需求。

类似的警示现象也经常出现在中国。2011年初，杭州大厦的华浙、坤和店引入了价格不低于奢侈品的潮牌，一件大衣的售价在1万元左右。面对如此天价，仍有很多消费者趋之若鹜。有调查表明，“80后”的人群最舍得在购置衣物方面花钱，有些人甚至是“风光其外，羞涩囊中”，有一部分“月光族”的月消费数额甚至超过了当月的收入，可谓是“花明天的钱，圆今天的梦”。由于20世纪80年代以来，全球经济经历了同步的高速发展，温饱问题从来没有困扰过“80后”的年轻人。他们在成长过程中接触到了很多物质化的信息，包括西方的时尚潮流、服装品牌，这对他们的消费观念产生了很大的影响。同时，“80后”的时尚信息来源明显要多于前一代人，步入职场后，他们对自身财务能力的预期也大多乐观，“享受生活”是他们重要的消费诉求。基于种种类似“风光其外，羞涩囊中”的社会性原因对于消费者的影响，麦肯锡预测：“在未来的一二十年内，中国人的购买力将大幅上升，其中城市的真实消费力将增长至5倍以上，到2025年将上升到19.2万亿元人民币。”除了“80后”，“70后”、“90后”也是令人瞩目的消费群体。

中国市场消费的另一个重要的警示现象是：目前中国居民的收入还属于世界贫穷的国家之列。但是，中国社会科学院等单位新近发布的《商业蓝皮书：中国商业发展报告（2009—2010）》显示：“2009年，中国奢侈品的消费总额首次超过了美国，成为世界上第二大奢侈品消费国。”2012年中国是奢侈品消费额最大的国家。这个“消费王国”中年轻一代消费者的消费热情，包括少数在改革开放中先富起来的富豪所表现出的“炫富”的消费行为，迅速感染了其他的消费群体，导致了崇尚国际奢侈品牌的中国“贫穷的炫富族”数量快速扩张，“风光其外，羞涩囊中”的“月光族”队伍也在不断地壮大，“花明天的钱，圆今天的梦”的群族范围涵盖得越来越广。

虽然已经成为了世界经济大国，但由于社会分配不公等原因，居民收入仍然属于世界贫穷国家之列的中国，却已经成为世界奢侈品牌消费大国，其根源便是上文提及的相关社会问题和消费道德问题。这个现象的出现与20世纪60年代以美国为首的西方发达资本主义国家推崇消费主义，倡导消费导向型经济，极力刺激社会全体成员消费欲望的经济政策，以及由此背景所延伸出的当代微观经济所研究的消费心理和消费行为的学说，和超前消费的观念在改革开放的过程中潜移默化地影响了尚未具备相应消费能力的中国社会不无关系。改革开放后，经济的快速发展使得每个普通的老百姓都可以成为有效的消费者，并且由于现代信息传播方式以及观看方式的改变，在以前只能由少部分贵族及精英阶层消费的奢侈品，逐渐平民化、大众化、商业化。同时，在商品经济发展过程中，社会的一个重要特征就是对于物质的依赖。物质的极大丰富，使得除了满足人们日常生活需要之外，很多不“必需”的产品出现了，由此，人们的欲望被激发出来。企图用物质来表现自己独特性的愿望驱使人们不自觉地成为消费者。近年来消费主义风气、特别是“炫富”的消费心理在高收入人群中相当盛行，在此风气的带动下，全体社会成员的“炫富”心理的发展很快。这样的现实究竟是荣耀还是悲哀，社会评论各持己见。

但是从建构人类和谐社会的角度来看，无惧“风光其外，羞涩囊中”从而成为“月光族”进而升级成“年光族”的现象是绝不可取的。这样不切合实际的对于物质生活享受的追求再加之社会分配不公的现象，最终的结果便是加大了全体社会成员内心的沉重或激越，导致社会成员的心理处于或兴奋、或委屈、或怅然、或失落、或焦躁、或冲动的状态，这样的社会心理，对于和谐社会的建构与人类和谐的生存状态来说是利大于弊的。由此，足以丈量出我们与文化大国、服装品牌大国在人文关怀与道德消费心理上的差距。

在上述背景下，肩负着中国服装品牌强国建设重任，作为人类外观形象环境、内心精神环境的创造者，服装设计师、服装品牌运营者在工作内容中应当包括推动中华民族优秀精神文化的崛起、建设文化强国、建构和谐社会与人类和谐的生存状态的义务。我们应秉承中国传统的“天人合一”思想的生态哲学，避免对自然资源“侵略性”地、无度地开发、利用的局面，以及盲目的“炫富”心理的无度漫延。中国历代的先贤如儒、墨、道、法等先秦诸子，在建立思想体系的时候，是以“思以其道易天下”，即是用“大道”的思想观念来改变天下的，我们应对这些优秀的传统思想文化有所思索、有所继承。中国优秀传统思想文化中所蕴含的哲理、人文精神，既是促进社会进步的催化剂，同时也滋养了一代又一代新思想。《周易》中所说的“观乎天文以察时变；观乎人文以化成天下”、“思以其道易天下”、“以察时变”，“以化成天下”，都包含了保持民族性、促进社会和谐、完善人生、体现人性、体现人文关怀、平和社会成员的心态与对利欲的追求始终保持正常态势的时代指向性。这样的时代指向性对于服装品牌强国建设，建立一个具有“文化责任、道德责任、生态责任”的品牌大国来说，是一项重要且势在必行的战略。

所谓“服装品牌强国的文化责任”是指：今天我们所生活的世界，充满着前人的智慧和创造，参与中国服装品牌强国建设的设计师、品牌运作者，有责任深入发掘本民族的文化精髓，有责任对这些精神财富加以保护、传承，融入现代时尚文化元素进行再创造，使之焕发新的生命力，并将其贯穿于现代人的生活之中。使优秀的传统文化、精神，为当下生活带来高品质的实用性并为当代人营造出高尚的生活情境，进而使之成为自主服装品牌的内在精神、文化底蕴以及风格传播、消费定位与市场拓展的基础。设计师肩负着通过服装形态、材质、色彩、纹饰等具体而微的细节设计，传递人类优秀的文化艺术之美，进行潜在的人文教化，最终使文化传承成为建构“中国的·国际的”服装品牌强国的内在力量。

所谓“服装品牌强国的道德责任”是指：服装品牌强国的建设者，不仅要用智慧和艺术创造力恰当地运用民族文化、时尚文化，更应该自觉地成为具有社会先知与良知的知识分子，并且应对社会责任有所担当。设计师首先应该是一个有良心立场、有道德自觉的人，而非一味追逐利益的工匠或无条件地满足市场需求的利欲熏心者。设计师不应为汲取更大的商业利益，而过分地刺激人们的感官欲望，引发更多情绪冲动的盲目消费。在中国服装品牌强国建设队伍中的设计师应有着诚实正直、不为利欲所动的灵魂，是社会良知的先行者、倡导者；是能够平和消费成员不切合实际的物质生活追求的布道者；是能够克制对奢侈意欲的无度追求，转而回归人文关怀的、有道德责任的智慧的创造者。

所谓“服装品牌强国的生态责任”是指：服装品牌强国的建设者，要以“天人合一”的思想观、道德观，人类可持续生存与发展的环保观，以及通过品牌生存、持续发展的营销策略来保障利益最大化的运营观，来审视品牌在全球品牌生态圈中、在中国品牌生态圈中的结构关系，建立自身品牌良好的生态环境。用“中国的·国际的”视野与胸怀来审视、衡量制作品牌产品的整个过程对地球生态造成的负面影响的程度，以及“绿色、低碳、环保”的效应指数，最终追求在良性发展环境中品牌利益的最大化，拒绝生产单纯追求高额商业利益、破坏自然环境的产品。要尽可能有节制地使用自然资源，尽量确保产品资源的长期使用与循环利用。

中国纺织工业联合会通过经过多年的努力，于2005年正式向全行业公布了中国产业界第一部行业社会责任自律性文件——《中国纺织服装企业社会责任管理体系》（CSC9000T）。其中涵盖了遵纪守法、尊重劳动者权益、节能减排、维护市场秩序、建立负责任的供应链等内容，并且正式把落实社会责任作为建设先进企业文化、创建自主品牌的重要原则。通过多年来的贯彻实施，它在潜移默化中也延伸到了品牌道德建设的范畴中，同时得到了服装企业和本土自主品牌的热烈响应，得到了社会与消费者的好评，得到了联合国、欧盟、美国贸易委员会的充分肯定。但是要使这份文件中所倡导的各种原则成为服装企业和本土自主品牌的习惯性行为，还需加强监督有关国家环境政策的改善与落实的力度，还有赖于全民环保观念的全方位提升。

纺织企业社会责任管理体系、行业标准的实施通过对品牌的技术环境与质量的加强推进了品牌的品质建设，也推进了品牌的社会责任和道德感的建设。但是，从根本上来说，这样的建设需要企业、设计师、品牌运行者对道德责任的心理自觉。

西门子创始人维尔纳·冯·西门子（Ernst Werner von Siemens）说过：“我们绝不会为了短期利益而出卖未来。”短短的一句话里潜藏着其品牌“质量第一，信誉第一”、“社会责任与道德责任第一”的心理自觉。浙江省宁波市的奉化江桥建于唐代，因为此桥承载了许多关于宁波人的故事，也被称作“母亲桥”、“家乡桥”、“灵桥”，一直到民国初年，江桥都是一座遇洪灾就垮的浮桥。我们现在看到的这座桥是1936年由德国西门子（Siemens）承建的，建设完成后，它经历了抗日战争和内战时的多次轰炸，可谓是历尽沧桑，但至今整座桥的主体结构依然完好无损。这要归功于承建方西门子严格履行合约的品牌观。西门子所建的灵桥，不但使用的钢材全部是从德国进口，工程施工的过程一丝不苟，并且在设计上有预见性地预留了各种管道，果然，后来在架设煤气管道和铺设电话线时这些预留的管道就派上了用场。

1995年，也就是60年的设计使用寿命年限到期之前，西门子集团的桥梁专家如期来到宁波，给灵桥“体检”，专家检查完后表示：“该桥至少还可以使用20年。”由此，我们不得不承认西门子品牌所提出的“质量第一，信誉第一”和“社会责任与道德责任第一”可谓名不虚传。

2011年6月，中国著名自主品牌、福建男装品牌“富贵鸟”，在目前服装国标、市场标准和企业标准还存在一定差距的情况下，完全可以把一批略带瑕疵的服装通过终端渠道销售给消费者，但是，“富贵鸟”男装的总裁洪辉煌坚持将品牌产品的质量看作品牌的生命、信誉的保障，是考量道德的平台。因此，他毅然决定把这批价值300万元的货品当作一堆特殊的“垃圾”而一炬焚毁，表现出了“富贵鸟”在“中国的·国际的”视野与胸怀下，对于品牌建设的雄心与气魄。

在现代日常生活中，无论是“富二代”还是“穷小子”，基本上都可以使用经由现代科学技术创造的、质量、品质大同小异的各种日常生活用品；基本上都可以在博物馆、展厅与影视厅，享受经由现代科学技术创造的、大致相同的各种视听产品。从这一点就可以看出现代科学技术其实已经融入当代人对现代时尚生活、多元品牌文化、风格等方方面面的消费体验之中。它们构筑了品牌产品的文化底蕴、风格、品质与品牌消费者之间互动的基石。杜钰洲曾形象地指出：“品牌并不是由生产者自己创造的，而是由生产者和消费对象合作创造的。”说明了品牌的技术环境、质量的建设，以及消费者期望品牌能够肩负起“文化责任、道德责任、生态责任”的意愿的介入等综合要素，构成了品牌效益的深层内涵。而由品牌效益引申而来的深层内涵，既是对中国服装自主品牌建设发展的科技竞争力和品牌竞争力的战略检验，又是对“质量、创意、快速反应和社会责任”四位一体的品牌价值体系的健全程度的战略检验，同时也是对全行业是否营建了良好的品牌生态环境的战略检验。

综上所述，在中国的服装品牌强国建设过程中，品牌设计、品牌运营者必须通过文化传承与时尚创意设计相结合；对事物发展认识上的先知能力、道德上的良知与人文关怀、适度的利欲追求，科技创新、质量保障相结合；将创造性才能与“绿色、环保、低碳”设计理念相结合，来担负“文化责任、道德责任、生态责任”，并以此作为品牌发展的“王道”。同时，把品牌所针对的消费群体当作合作创造品牌的亲密伙伴。只有具备了这样的认识，才能使中国服装品牌强国建设担负应有的社会责任，真正具有“中国的·国际的”的意义。

2. 以“中国的·国际的”视野与胸怀建构中国的时尚话语权

文化自觉与民族精神是分不开的。德国哲学家黑格尔（Georg Wilhelm Friedrich Hegel）提到：“民族精神是人类精神的特殊表现形态和样式，它是表示民族的意识、意志的整个现实，是民族的宗教、政体、伦理、立法、风俗、科学、艺术、技术的共同特质和标记。”也就是说，我们可以将民族精神看作特定的民族意识、情感、心理、审美、思维方式的凝聚体，是形成服装品牌创造力的根基。从过往的人类历史可以看出，任何民族物质文明的创造都会以其特有的民族精神力量作为后盾和原动力。西方，在拿破仑时代，当他的马队把法国启蒙学者所确立的“科学、理性、自由、民主、真理、正义”等“普遍价值”的观念，带到当时还“保守”、“落后”的德国时，同是启蒙学者的赫尔德等人却反对把法国文化变成“普遍形式”，并提出了特有的“民族精神”、“我的文化”的观念，以此来捍卫德意志的文化传统，从而丰富了世界文化。从人类文化必须多元化的意义上来说，坚持“民族精神”、“我的文化”的观念，体现出了赫尔德等人非凡的国际视野与胸怀，从实质上为民族文化赋予了广泛的国际意义。同理，处于全球化背景之中的中国服装品牌建设，也应当弘扬中国传统文化；在提倡时代精神的同时应当发扬民族精神，通过建立中国的文化自觉来建构“中国的·国际的”时尚话语权。

纵观西方服装品牌的发展历程，其中不仅有“重理求真”的思想、先进的服装科技、时尚文化、现代设计理念，以及通过其国家、地域、民族、城市的文化传统积淀而来的——“民族精神”、“我的文化”——品牌文化的自尊、自信，同时他们也在吸纳着全球多元多样的民族文化、艺术观念、服饰工艺，不断地进行着服装品牌深层意蕴的价值凝练，他们以多元国际文化的视野与胸怀，助推了品牌的深化建设，他们的成功经验值得我们学习。尤为值得一提的是西方设计师与品牌运营者从不会因为市场的变化而将自身的传统文化当作罪恶之渊薮，视为应该抛弃的包袱，而是以自尊、自信的心态，来倡导“民族精神”、“我的文化”，并自觉地将民族传统文化体现在他们的品牌创意当中。

例如在第二章提及的“迪奥”品牌的设计师伊夫·圣·洛朗，曾经在中国美术馆举办的“25年个人作品回顾展”前言中写道：“我们西方的艺术受中国之赐可谓多矣，那影响是多方面而且明显的。没有中国，我们的文明绝不能臻于今日的境地。”克里斯汀·迪奥，约翰·加利亚诺、时装设计天才让·保罗·高缇耶（Jean Paul Gaultier）、还有意大利时装大师乔治·阿玛尼等国际大牌设计师等都曾以真挚的情感，在他们的品牌设计中融入了优美的中国文化元素，但他们的品牌依然保持着他们自身的“民族精神”、“我的文化”的精髓（见图4-3-1）。

自从20世纪80年代与中国的服装业结缘以来，乔治·阿玛尼在他的时装系列设计中经常运用书法、斗笠、大草帽等中国元素。他巧妙地将中国元素与法国20世纪30年代的流行元素进行融合，侧襟、盘扣、立领、中国结、流苏等颇具东方情调的细节在他的设计中被运用得恰到好处。甚至，他设计的服装中还明显采用了中式的黑色丝绸制成的宽松服装、长裤和以中式马褂为原型的白色马甲等。另外，他在品牌服装设计中还大量运用了中国的工笔、水墨画等艺术表现形式。乔治·阿玛尼在设计中把握的尺度是巧妙地将“中国的”传统文化、时尚要素，以适度的文化“转型”方式，转化成为“国际的”时尚，使“阿玛尼”的品牌蕴涵了中国的文化情调，并从中折射出由中国文化元素的魅力所形成的时尚创意，但在总体的感觉上，中国的文化元素却完全被消解到了其品牌所特有的、并且一贯保持的神韵之中——“阿玛尼”品牌所诠释的“民族精神”、“我的文化”的气质氛围中。可以说中国的文化元素只是“阿玛尼”多样性设计风格中的一个因素罢了。“阿玛尼”品牌的文化本根与形象神韵所体现的仍然是意大利的、乔治·阿玛尼所独有的品格特征。这充分显示出了阿玛尼吸纳异域文化，再将其转型成为自主品牌设计的一个要素，显示出他以自身品牌的文化精神，自尊与自信来建构品牌的国际性和赢得中国市场的能力（见图4-3-2）。

图4-3-1 克里斯汀·迪奥——“上海旧梦”作品

图 4-3-2 “阿玛尼”高级定制服装再现“中国风”

作为服装品牌弱国的中国，对于“民族的，就是世界的”的认识，有正确的一面，即：因为是“民族的”，所以能成为国际上“具有独特性的异质文化现象”，进而被国际社会、国际文化艺术界所瞩目，这是客观的现实。因为全球化信息的交融，消费者需要通过经由“异质文化现象”所演绎出的多元多样的时尚生活产品，来满足消费需求。但如果仅是纯粹“中国的”、“民族的”，缺乏国际间文化的相互渗透、演进、转型并将它们融入于现代多元时尚生活的过程，就不能使服装品牌具有让人喜闻乐见的“中国的”、“民族精神”、“我的文化”的底蕴，并且也无法在形、色、质等要素上，体现出现代绝大多数的中国消费者以及国际消费者喜闻乐见的“国际的”时尚特质，那么，纯粹“民族的”只会因为脱离了现代的文化场域，而成为无法与现实生活接轨的、“受看不受用”的历史产物。这样的“民族的”产品不具备现实的、广泛的显性意义，也就无法在建设多元服装品牌强国的过程中发挥其应有的作用，那么服装品牌国际化的建设也就无从谈起。由此可见，纯粹“民族的”产品在中国本土这个拥有世界六分之一人口的庞大消费市场上都无法占据一席之地，就更不要提占有中国以外的国际消费的市场了。

我们应该意识到，尊重本民族文化，并不仅仅是直接翻版本民族的传统文化，而是要以《周易》中所说的“观乎天文以察时变；观乎人文以化成天下”的智慧和思想，来进行适时的文化演进与时代转型。只有在这样宏观、多元的视野下，以智慧对现代生活观念进行文化思辨，才能深刻地认识到经由多元一体的中华历史长河的大浪淘沙、融合、磨砺，最终凝练而成的中华泱泱大国的民族精神、文化气质、价值体系、思想行为，以及在此过程中所积淀的、绮丽丰华的中华传统文化，对于当今国际文化界与艺术设计界的重要意义。

从当今国际时尚界的运营、消费的实践和经验可以得知，无论多么荣耀一时的国际品牌，都要面临这样的时代考验：由于处于国际化、一体化时代，地球村的“村民”日趋摒弃风格趋同所带来的艺术、产品的同质化，转而追逐具有民族特性的文化创意、创新产品所带来异质化的、多元的精神享受与现代时尚生活享受，这已经成为无可置疑的现实和势不可挡的趋势。人类文明的进程与国际多元时尚产业明日的辉煌不可缺失多元的、绮丽丰华的中华民族文化，更不可缺失“中国的·国际的”时尚服装品牌。

旗袍是中国传统文化的奇葩，是“中国的·国际的”服装时尚创意的成功范例。我们所熟知的中国奢侈品牌——“上海滩”便脱胎于它。“上海滩”的品牌故事、发展历程中包含着品牌创建者对中华民族文化的自觉与自信，也潜在地体现出了国际设计师在接掌“上海滩”之后，对中华民族文化的敬重。他们似乎对中华先贤“观乎天文以察时变，观乎人文以化成天下”的智慧和思想有着心神相通的领悟和心心相印的把握，天衣无缝地把中国的服饰文化精神、“上海滩”的品牌时尚文化表现得入情入理，从而创造了品牌的精神与气质，以“中国的·国际的”风格享誉全球，拥有自己的时尚话语权。

1994年，香港著名慈善家邓肇坚爵士的长孙邓永锵爵士，创立了一个中国本土的定位于高级时装（haute couture）的奢侈品牌——“上海滩”（Shanghai Tang），它以精美的旗袍为主打产品，以胜过高级定制的考究的量体裁衣、复杂的工艺和精湛的手工制作来呈现其品牌独特、上乘的品质。“上海滩”的旗袍有着独特的个性，即中国旗袍的“个人性”，也叫作“排他性”。“上海滩”旗袍的“个人性”主要体现在它所设计的旗袍考虑到了旗袍穿着者的年龄、身段、胖瘦等因素。即使体态近似的两个女人，穿着同一款旗袍时，也会呈现出不一样的风韵。由此，“上海滩”的每一个款式的旗袍板型，都必须要针对定制者的身形量身定制，因而无法使用通过推版的板型进行批量生产。上述品牌创意理念及制作工艺使中国旗袍彰显出了特殊的人体意蕴美、特有的服饰文化神韵等强烈的特点。“上海滩”品牌专设的“御尊精裁”坊，选用了中国丝绸、蒙古羊毛绒等各种华贵的天然面料，以融入了现代时尚元素的精雅的海派缝纫技艺精诚地为每一位想拥有优美旗袍的顾客提供定制服务，量身定制出因人而异的、充满中华文化内涵并且象征着幸福、繁荣和健康的，摩登、舒适、精致的“中国的旗袍·国际的时尚”。

从总体上看，“上海滩”是采用中国元素，再与现代元素、流行时尚撞击，糅合成为东方与西方、传统与时尚并行的设计风格。使得由传统中国文化和新的、外来的文化融合生成的“上海滩”在国际品牌中自成一体，并且散发出令人着迷的时尚魅力。因此，自“上海滩”品牌成为国际时尚符号以来，便吸引了英国皇室成员查尔斯(Charles Philip Arthur George)、戴安娜（Diana Spencer），政界人士希拉里（Hillary Diane Rodham Clinton）、撒切尔夫人（Margaret Hilda Thatcher），名模娜奥米·坎贝尔（Naomi Campbell）、凯特·摩丝（Kate Moss），演艺明星安吉利娜·朱丽（Angelina Jolie）、尼古拉斯·凯奇（Nicolas Cage）等西方时尚人士。此外，“上海滩”的狂热追捧者中还有众多西方时尚男女，他们都以拥有至少一件“上海滩”的经典装为荣，甚至现在上海的“上海滩”的顾客群，也多以旅居本地的外国人和国际游客为主。

1994年，“上海滩”品牌创立之初，将专卖店设在了各国游客的必游之地——香港，并以绚丽、怀旧的艺术风格和无以替代的品牌魅力吸引了世界各方来客，逐渐发展成为充满中式时尚但又不乏现代生活意蕴的品牌，同时还将销售范围扩展到了各种高端的、精美的配饰和家装饰品等，从而在世界时尚的舞台上展现了中国文化隽永的魅力。至2000年，“上海滩”的专卖店已有39家，遍布上海、纽约、巴黎、伦敦、东京、马德里等各大城市。分布在世界各地的“上海滩”每到换季打折时店里总是门庭若市。“上海滩”现已成为国际品牌的事实，也是在向世界、向中国服装人宣告：只是体现了博大精深的中国文化一隅的“上海滩”便能打造出国际的奢侈品牌，那么中国的文化概念无疑是中国建构誉满全球的时尚话语权的坚强后盾。

2000年，“上海滩”品牌被拥有“卡地亚”、“登喜路”、“万宝龙”、“伯爵”等品牌的国际奢侈品集团之一、世界第二大奢侈品集团——瑞士“历峰”（Richemont）集团收购。在品牌易主历峰集团后，品牌运营执行主席、地道的法国人雷夫逸（Raphaelle Masne），对品牌的市场消费群体作了系统的调研，决定在原来只有女装的基础上开发男装，把25—50岁之间的、乐于追求时尚生活方式、敢于表现自己个性的男、女高收入人群，确定为目标客户群。由雷夫逸领衔的设计团队从表面看似乎是中国文化的“局外”人，他们似乎只能以无法深入的“全新视角”来观察“流于表面”的中国文化元素，进行时尚创意与品牌风格定位。但事实上，他们的各种行为却表现出了他们对于中国文化的尊重与信心，并以胜似局内人的设计延展了品牌的中国文化内涵和受众范围，为“上海滩”品牌的设计带来了全新的智慧、吸引力与市场空间。他们运用中国的传统文化，也运用市井、浮华抑或落俗然而又有着海纳百川胸襟的旧上海文化，吸收了现代时尚文化，经过撞击、融合成为新的创意设计；表现了上海是一个能以光电的时速传递现代科学、技术、文化经济信息的现代城市；快速地传递出了上海这个国际化都市的时尚信息、时尚生活，以及“崇洋媚外”的现代的“上海滩”气质。这种由“局外”人打造出的特殊的“局内”文化营造出了愈发迷人的现代时尚情境，使得易主后的新“上海滩”品牌更添魅力。同时，全新的

图 4-3-3 “上海滩”演绎“中国的·国际的”时尚气质

品牌运作团队，把一套非常成熟的国际品牌的运作机制带进了“上海滩”，从而由里及表的、全方位地打造了“上海滩”地道的“中国的·国际的”时尚气质（见图 4-3-3）。

最重要的是，“上海滩”启动了改良创新机制，在不断学习中国文化新知的过程中，把中国老祖宗留下来的文化元素当作精神财富，用以激发创意，更好地传承了“上海滩”地道的“中国的·国际的”时尚气质。例如设计团队强调运用中国人早已熟知、但却感觉平淡的，而对于外国人来说则有着特别含义的“双喜”、“双鱼”、“八仙”、“寿”字等图案，甚至是被中国人认为俗气，但是外国人却十分艳羡的中国传统的大红大绿的色彩元素；还有一直为外国人所钟爱的有着描龙画凤装饰手法的传统中国服装设计。设计团队大胆地将具有吉祥含义的金鱼尾巴扣、凤尾扣、菊花扣、一字扣、福禄扣等地道的唐扣元素，以及其他丰富的中国元素融入风格各异的旗袍造型设计之中，并且将这样的品牌产品定位为高级奢侈品牌。

“上海滩”在上述改良创新过程中，进一步以“中国的·国际的”视野与胸怀，拓展了材质与面料纹饰的使用。根据创意设计的需要，除了选用欧洲上好的丝织品，也采用了国人熟悉的、色彩艳丽的中国传统印花料子，运用现代设计融合东、西方材料为品牌营造出了新颖的时尚魅力；“上海滩”的设计师更是寻根问祖地进行着具有中国特色的面料的设计：考究、完美地设计出全新的现代面料，从图案纹理、色彩光泽、真丝绣花、花型布局之中，从细微之处体现出了中国文化的神秘与深邃。但在造型设计上并不拘泥于中国式的固有细节，而是吸纳了世界各地不同文化的新鲜元素、素养，再与偏重于西式的立体裁剪相结合，运用了更为国际化的流行色彩搭配，在整体着装搭配上突显出了现代时尚生活状态。其款式包括：重新改良的现代唐装、旗袍、马褂，有水袖上镶嵌皮毛的旗袍，也有搭配贝雷帽与流苏长围巾的中山装，还有配以牛仔裤和小皮靴的中式造型的上装，更不乏以时尚和前卫的现代装饰搭配中国传统服装元素所营造出的时髦范式，以及按季推出的、不同主题的服装系列。“上海滩”丰富多样的服装设计产品，还可以与其他品牌“混搭”，进而改变了西服作为礼仪服装的惯例，越来越多的都市精英都选择“上海滩”的唐装作为出席国际商务活动的着装，或者是日常在办公室的穿着。他们处处为追求现代时尚生活的消费者着想，以强化了的“中国概念”为卖点，在品牌生态圈中建立了属于自己的良好品牌生态环境。

现在“上海滩”设计师团队的成员全都是外国人，但最令国人感到意外的是，他们却自信、娴熟地运用着源自于传统文化的中国元素。“上海滩”品牌的每一件产品的每一处细节都蕴含着一份令人心驰神往的中国情结，这使得“上海滩”品牌的产品历久弥新，悄然地占领了奢侈服装的国际市场，吸引着全球的消费者。“上海滩”运用中国的文化在奢侈品领域成功地打造出了受众广泛（多为外国人）、“国际的”中国本土第一个服装奢侈品牌，有力地诠释了“上海滩”品牌的“中国的”文化传承力，与“国际的”时尚创造力。显而易见，外国设计师是在以“中国的”文化自觉、自信来建构自身品牌的“国际的”时尚话语权。

综上分析，新“上海滩”的外国设计师团队成员对中国文化的高度尊重与信心，为一部分对自己的民族文化精神持有无端的自卑、自贱、自虐、自戕态度的中国人树立了一个自觉、自信的榜样。“上海滩”的建设历程为我们提供了经验与启示：想要在自主品牌中体现出“中国的”文化传承力、“国际的”时尚创造力，须做到以下三点：（1）在中华“民族精神”、“我的文化”传统、绮丽丰华的服饰元素与现代东、西方优秀文化的相互渗透、交融、磨砺中，首先要尊重自己的民族文化，同时也要虚心学习国际先进科技、优秀服饰文化。（2）用中华圣贤“观乎天文以察时变；观乎人文以化成天下”的智慧和思想，使品牌与全世界的优秀文化接轨，进而转型、演进、建构出现代人喜闻乐见的品牌文化与品牌形象。（3）对“民族精神”、“我的文化”有足够的自觉与自信，以“中国的”服装文化底蕴，打造出“国际的”时尚设计；重视品牌的资本运作、商业运营、消费者定位等机制的建设，承担品牌理应肩负的文化责任、道德责任、生态责任，营建良好的品牌生态环境。由此，才能使中华民族文化在全球化时代焕发出独特的光彩，从而被本土与国际社会所接受；才能使“中国的”文化在世界时尚舞台上发扬光大，从而在建构“国际的”时尚服装品牌的过程中，获得现代时尚话语权。

3. 时尚话语权在民族文化自觉、自信与品牌所承担的社会责任中诞生

近年来走在“中国的·国际的”服装品牌强国建设前沿的许多设计师品牌的设计师、企业品牌的创造者与设计师，都有着“观乎天文以察时变；观乎人文以化成天下”的思想，以及传承中华民族文化，适应文化演进、时代转型的自省意识。这种信念正如费孝通先生所说的：“要对中华文化的全部历史有所自觉、有清醒的认识、有自知之明、有自信，且有文化转型的自主能力和文化选择的自主地位。”在传统文化与西方文化的互动浸透、撞击之时，不断重构、创意出多元、多样化的设计，使中国原创服装品牌建设进入到“小荷才露尖尖角”的蓄势待发期，并突显中国服装品牌强国建设的生机与阶段性的辉煌。

下面探讨一个能够体现中国服装品牌强国建设阶段性辉煌的传奇故事：中国著名设计师马可及其创立的两个设计师品牌“例外”、“无用”。马可于2009年10月28日在北京Icograda国际设计大会上做过一个精彩的演讲。她在演讲之后，将演讲内容整理成一篇哲理深刻的名为《良心设计，清贫做人》的文章，也是一篇阐释“无用”品牌文化根基的文章。此时，马可已怀揣创立根植于中华热土上建设中国服装自主品牌的心愿，走过了17年（从1992年至2009年）的服装设计师生涯。在此期间，她先后游历了许多中国偏远的乡村，有感于农牧民仍旧保留的“日出而作，日落而息”的传统生活方式；有感于农牧民与时装完全绝缘，却与土地之间生成了那种令人感动的亲密、自然、和谐的“天人合一”状态。她考察了众多原生态服饰，加深了对中国的传统服饰手工艺的认识，逐渐产生了别具卓见与极具前瞻性的品牌建设与品牌服装设计的思路。伴同她渴望透彻了解中华服饰文化之本根的心路追寻，她博览群书，感悟到人类对大自然深深的敬畏和对事物最初始的朴素认识，以及由此铺展而来的最为本质的朴实生活与简朴服饰形式的天然之美；深深体悟到历史上那些没有一丝的矫揉造作、不图功名利禄与贪欲、来源于生活而非出于名家大师的质朴服饰强烈的时间穿透力，它们跨越了千百年，仍以质朴的天然之美撞击着现今全球化、现代化导致人性、道德、正义本源丧失的人类心灵。她亲历改革开放以来服饰的全盘西化，感受到全球化、高科技给人们带来的欲望膨胀以及由此引发的世风日下的社会状态；感受到经济急速发展中的人们由于索需无度，以及短视、激进所带来的严峻的威胁人类生存的环境问题；感受到全球化使漫漫数千年人类孕育的多样性文化被迅速同质化，特别是经历巨变的中国，更是为了轻装上阵、追逐一时利欲，而抛弃传统文化、技艺，使它们变成退缩于博物馆的陈列柜中，成为“无用”的东西……

面对一个这样的时代，马可认为在21世纪，设计师不应该一味展示个性，创造短时间的流行，设计师在中国品牌建设中应当负有“文化传承责任、道德责任、生态责任”。

图 4-3-4 “无用”品牌设计作品

基于上述诸多涉及对人性本根、道德、正义本源的追问与思索，马可决心挑战自己过往的极限，重拾那些即将消逝的“无用的”传统文化、技艺，推陈出新。于是，2006 年，马可在珠海建立了名为“无用手的艺术中心”，“无用”品牌也应运诞生，由此开始了马可的让服装回到它原本的朴素魅力的旅程（见图 4-3-4）。

2007 年，马可的“无用——土地”首次在巴黎时装周亮相，继而由贾樟柯摄制的纪录片《无用》出征威尼斯并获大奖，从而使中国服装的文化、故事在国际上广为传播。2008 年，马可再获法国高级时装公会的邀请，在 7 月 3 日，也就是巴黎高级时装周的最后一天作压轴演出，这对于一名中国设计师来说，是特别的殊荣。专为马可在 Palace Royal 露天公园搭建的巴黎时装周特别露天舞台，以中国古老的纺纱车、织布工人灵巧的手指以及手中纤长的棉线装点出不经意的背景，随着蒙古族歌者娜仁悠扬的歌声响起，42 位演出者穿着“无用——奢侈的清贫”系列的作品，以极慢的速度，抬手、转身、挪步于铺设在林荫之间的地垫上。承载着自觉、自信的中国服装文化的“无用——奢华的清贫”系列服装作

图 4-3-5 马可 “无用——土地”

品在这个国际的舞台上，在巴黎观众的心目中，留下了挥之不去的倩影，也因此，中国当代服饰文化、时尚话语发出了最强音（见图 4-3-5、图 4-3-6）。

1992 年毕业于苏州丝绸工学院的马可，在广州的企业里做了三年设计师，1994 年参加第二届“兄弟杯”国际青年服装设计师大赛，以“秦俑”系列荣获大赛设立的唯一金奖，1995 年被评为中国首届“中国十佳时装设计师”奖，被日本《朝日新闻》评为“中国五佳”设计师。马可的人生经历使她渴望将服装和设计作为理想而不是生意，梦想着能够创造出一个品质、审美、设计都位居世界顶尖位置的、原创性的、能够传承中华传统文化精神、彰显民族自信的品牌。

1996 年，马可怀揣自己的时装梦，与有着共同追求的毕业于北京服装学院的毛继鸿一起，成立了广州状态服装设计有限公司，两人分别担任总设计师和董

图 4-3-6 马可“无用——奢侈的清贫”作品

事长之职，同时创立了后来被人们称为“中国第一个设计师品牌”的“例外”女装品牌。

“例外”诞生之时正值中国服饰文化全盘西化、全民追崇西方的流行趋势、消费者和市场都唯西方时尚是从的年代。此时，马可却逆势而行，“违背”当时服装企业以生产西方时尚产品为生存之道的方式，始终坚守“民族精神”、“我的文化”的品牌发展道路。马可将“例外”品牌“例外”于西方张扬、性感的女性美的定义、“例外”于消费者和市场唯西方时尚是从的时尚大潮；以“例外是反的”的风格、创新精神来承载东方文化所倡导的含蓄内敛，以及自信、真实、独立的人格美；以此传播和创造以东方哲学为根基的当代生活理念，以艺术为已任的设计定位，使“例外”成为实践、唤醒“例外”的东方文化与时尚美的窗口，传播中国时尚的、本土品牌的窗口。

当中国文化元素在国际服装舞台上盛行之时，类似织锦刺绣、写意泼墨、青花瓷纹等极具中国特色的民族元素，在纽约、伦敦、巴黎、米兰四大时装周等全球时尚圈中频频出现时，“例外”又“意外”地止步于这样的国际流行。此时的“例外”并不重复为他人所热衷的民族元素、西方的前卫理念，但却有着超越时代的创意思想，以灵感源于对生活的热爱、设计高于生活、滋养生命的理念，寻求一种原创性的、“例外”的美学精神；寻求能够传承中华民族“天人合一”的传统文化哲思的表达方式：将服饰的生态文化融入每一款的品牌产品中，表达出服装与自然、环保、生活、艺术乃至生命的有机融合。一直以来，“例外”都在坚持着服装材质和品质的“例外”，例如以产品全部采用天然材料而从不使用人造化纤原料来倡导朴实、简单、环保、自然的生活态度；通过富于自然灵动质感的面料以及带有“例外”语汇的图案、色彩和精细的制作工艺来打造服装的品质，建构出名扬中外的现代女装时尚的设计师品牌。

“例外”名扬中外的成就并非一蹴而就。20世纪末，在“例外”品牌运营之初，状态服装设计公司的董事长毛继鸿曾亲自把第一批的“例外”服装带到北京和广州的小店寄卖，在北京一家叫做“素人”的寄卖店里，他亲眼目睹了人们看到“例外”衣服时惊奇的眼神，以及短短3小时内便售出了6件“例外”服装的佳绩。这使马可在“例外”创业的艰辛年代亲身感受到了“例外”品牌“例外”于西方时尚的风格带给消费者的“意外”感受，使他们对于“例外”品牌的创业信心倍增。从此，马可带领“例外”团队不断对人工织造、设计、产品制作、营销的经验进行总结，把消费者对产品的“意外”的感受当作服装艺术创造的动力，精心哺育“例外”品牌的成长。按照毛继鸿的话说：“服装是软产品，它一半是商品，一半是文化艺术品。”10年后的2007年，兼具商品性和艺术性的“例外”在全国各个城市共计开设了60家专卖店，销售额逐年增加已经达到3亿元。我们在“例外”的产品中，可以看到马可秉承的品牌原创路线；看到马可并不是把“例外”品牌当作只顾卖钱的商品，而是当作她的梦想，是生命的构成部分，是艺术，是品质，是品位。

我们在“例外”产品的背后依稀可以看见“例外”创造者的劳作身影，听见中国传统的、环保的手工织造的声音。从这声音中传达出马可对“由连绵不断的生态危机所导致的物种的快速消亡；由盛行的奢华之风所导致的地球另一边的痛苦与无助，以及随着全球城市化进程的加剧，世界各民族的传统文化正在迅速地褪色”的忧虑，以及由此发出的倡导：人类生活环境的创造者——企业、品牌的缔造者，设计师应不容推卸地肩负起“文化责任、道德责任、生态责任”。上述各种让人感到“意外”的事实，在不经意间传递出了“例外”所蕴含的中华民族

图 4-3-7 “例外”品牌设计作品

“天人合一”的文化心理与中华服饰文化的情怀。“例外”品牌以“意外”的设计产品，引领中国女性追求以“绿色、环保、低碳”的生活方式，展现出了东方女性心灵的纯净、优雅的气质、中华文明的精神特质、独立的人格力量及女人应有的自信与微笑，从而从容地表达出了现代女性最时尚的生活态度。“例外”的种种“意外”之举，不仅赢得国内外业界的各种荣誉，也赢得了众多客户的喜爱。“例外”品牌的风格与客户的喜爱共同凝结成了广州状态服装设计有限公司以及“例外”品牌不断创新、持续发展的无形实力（见图 4-3-7）。

我们还可以从“例外”将“服装一半当做商品，另一半当做文化艺术品来生产”的实践中，看到自“例外”品牌创立以来的足迹与成绩：1998 年，马可被中国服装设计师协会评为中国服装设计师专家委员会理事；“例外”首次参加中国最大规模的“CHIC98”，并获得了“最佳设计”及“最佳品质”双金奖；1999 年，“例外”应邀参加由香港贸易发展局主办的香港时装节，马可以富于创新的国际化设计理念、品味超众的设计产品，获得了业界人士和广大客户的一致好评；在 20 世纪最初的 7 年间，“例外”在中国国际时装中获得了“中国服装品牌风格大奖提名”、“中国服装品牌创新大奖提名”、“中国服装品牌营销大奖提名”；2005 年，广州状态服装设计有限公司与北京服装学院合作成立的“北服例外传统服饰应用研究所”成为传承、发扬东方文化和原创精神的又一次尝试。

2007 年 10 月，中国纺织工业协会在上海浦东展览馆主办的一场名为“当下”的创意晚会，以“例外”的最新设计，拉开了启示中国设计创造的“时尚创意空间”活动的序幕。[①]“例外”不追逐国际流行，却表现出了最时尚的态度与独特的语言，而成为时尚创意伸展台上最引人注目的焦点。2007 年，法国高级时装公会邀请马可在巴黎时装周上发布了以“无用之土地”为主题的作品展示，在巴黎艺术界

①我国的纺织服装行业通过多年高速发展，已经成为世界最大的纺织生产国，并形成完整的纺织产业链体系，然而让我们尴尬的是，我们仍旧处于世界纺织服装产业链条的低端地位，大量的利润依旧落入发达国家的手中。由中国纺织工业协会主办，中国服装协会、中国流行色协会等 10 余个纺织行业相关机构共同参与组织的“时尚创意空间”活动，旨在脱离传统展会形式的“创意集锦”，融合了静态、动态的展示以及会议论坛的三种常规模式，呈现出不同以往的“视觉空间”和“理论空间”，给行业一种全新体验，同时作为对全行业提高创新能力的示范与引导，为中国纺织产业升级、转变增长方式进行着积极的探索，它为行业发展起到了“起承转合”的作用，直接、间接地影响着行业的未来。“时尚创意空间”代表着纺织服装业从过去的简单模仿时代进入到一个高层次创意的阶段，也是对于对话语权掌控的探索，是使我国纺织服装业的发展产生新突破的举措。

产生了很大的轰动，让国际服装界从服装的角度对于中国文化有了极为深刻的认识，从而起到了在国际上争夺中国服装文化的话语权的作用，进而也起到了使中国在国际上继续争取更有分量的中国时尚话语权的作用。著名导演贾樟柯根据马可所创立的设计师品牌——“例外”与“无用”——中蕴含的深厚的文化背景、创意设计思路，通过真实、可视的情景影像记录以及“无用之土地”系列作品在巴黎时装周发布过程的影像记录，拍摄成了一部名为《无用》的纪录片，获得了当年威尼斯电影节的“地平线单元”最佳纪录片奖。

如果一个品牌或一个国家的服装缺失了文化，必然会被人看不起。而“无用”所彰显出的对于中国文化的自觉与自信，则在国际服装业的链条上高扬起了中国服装文化与服装艺术的旗帜，并使之飘扬在世界时尚舞台之上，为中国文化大国、服装文化大国的重新崛起铺设了一条崭新的、示范性的道路。而《无用》的纪录片又进一步在国际上广泛地传扬了中国的服装文化，同步传播着构成中国时尚话语的基因要素。

2008 年，中国原创品牌设计师马可再度被邀请参加巴黎高级时装周，马可展示了她的“无用——奢侈的清贫”系列作品。“无用”阐释了老子思想中“无为”的哲学概念，而“奢侈的清贫”则演绎了东方人对人类未来、对自然环境、对社会现实的关怀以及由此凝聚的艺术情愫与奢侈概念，不会“例外”、毫无“意外”的是，“无用”再一次在巴黎时尚艺术界引起了轰动。鉴于上述情由，同年，荷兰女王接见了马可和状态服装设计有限公司的董事长毛继鸿，马可和被誉为“中国当代艺术教父”的栗宪庭同时获得“桂冠奖”（荷兰有着由克劳斯王子基金会所设立的，旨在奖励在特定领域对人类文化的发展做出特殊贡献的个人、团体、组织或学术机构的奖项，该奖项每年颁出 10 个“桂冠奖”和一个主要大奖），“无用”也由此在设计师品牌的服装设计产品的特有品质和品位的基础上，进一步升华为艺术作品，在位于阿姆斯特丹的荷兰国家博物馆作为艺术品展现于西方人的面前。上述过程是马可所经历的“时装设计——商业服装设计——服装是文化艺术创造”的历程，同时也是传扬中国服装文化的过程。

2008 年，“例外”诞生 12 周年之际，在北京开设了一家“例外”专卖店——结合了服装与图书的“SOGO 生态店”，“例外”的董事长毛继鸿将其阐释为是“例外”专卖店的升级版——“双面例外”。在此之前，“例外”已经在昆明和南京开设了两家“双面例外”的店铺，以此从文化建构的较深层面进一步弘扬“例外”独特的哲学观和美学观，展现了独特的中国设计师品牌精神，营造了东方哲学式的当代生活艺术，使“例外”成为中国现存时间最长、最成功的、拥有 3 万多名忠实 VIP 顾客的女装设计师品牌。“例外”的各种出人意料的文化创意举措，展现出“例外”超越了目前许多品牌短视地关注眼前的销售额，而是以前瞻性的思维和眼光关注文化、生态环境、人的生存状态及最时尚的生活态度，使品牌的个

图 4-3-8 “双面例外”北京 SOGO 生态店

性得到进一步升华。北京“例外”专卖店的设计，在“五行”哲学的基础上融入时尚，极致精微之处让人窥见浓厚的东方哲学与精神价值取向，呈现出了对于中国文化深刻的理解、认识、把握和化用，充满了中国文化的张力。“双面例外”国贸店全包铜，“SOGO 生态店”则以木料装饰为主，虽选用了不一样的色调，但这两家门店都渲染出了别具一格的、彰显东方哲学的能量与氛围。这说明“例外”已然是一个能够通过中国传统文化来复归、演进、创新并传播人文精神价值与艺术创造理念的品牌，并且构建起了其独特的“中国的·国际的”的时尚话语语境（见图 4-3-8）。

2009 年 10 月，“例外”作为服装领域的代表，参加中国美术馆举办的主题为“设计·生产力”“2009 北京世界设计大会特展”，展示了“例外”从诞生以来，一如既往地坚守着根植于中华民族文化之中的设计哲学，保持着独立的服装美学思考，自立于惯例之外、主流之外、想象之外的哲学观和美学观。展示了在 1996 年创立之初只有 15 万元启动资金的“例外”品牌，在没有任何社会资源给予帮助的情形下，以民族文化创意与时尚设计作为支点的进行中国式的创造，使品牌建设获得成功。此后，通过“例外”专卖店、“SOGO 生态店”所营造的“双面例外”的独特文化氛围，以及通过“无用”在巴黎卢浮宫旁的 Palace Royal 露天公园特别的动态发布秀，在巴黎小皇宫 Palais Royal 的 JOYCE 画廊以“无用之土地”主题的静态作品展，《无用》的纪录片对于品牌理念的可视性宣传等举措，赢得了人们对东方文化的尊重，并以成功的运营方式缔造了品牌的辉煌。到 2009 年，参加世界设计大会特展之际，“例外”已经拥有 60 余家店铺，遍布全国 30 多个主要城市和地区，年营业额达到 4 亿元，显示了“例外”以高度的民族文化自觉与自信肩负文化责任、道德责任、生态责任的态度，以及强大的竞争实力。例外的历史经验，以及近两年，“例外”和“无用”持续发展的新态势，在当今中国服装领域中显现了它们的优势，对中国服装产业提升、自主品牌国际化的拓展、创意经济发展的推动都具有先行性和示范性的价值，同时也为中国服装时尚话语的建构铺设了宽广的道路。

在中国服装时尚话语权建设的漫漫征途中，伴同马可的“例外”一路前行的还有梁子的“天意”（TANGY）、吉平生的“MOUSE JI”、谢锋的“吉芬”、房莹的“CLAIRE FANG”、罗峥的“欧柏兰奴”、计文波与“利郎”等设计师品牌和企业自主品牌，他们在以“民族精神”、“我的文化”的自觉、自信来塑造品牌精神品格的过程中，自觉地、全方位地承担起了文化责任、道德责任、生态责任，逐步争得中华民族文化在国际上的话语权，逐步争得品牌在国际上的时尚话语权。他们共同为当今中国服装产业和中国自主品牌提供了进行国际化拓展、推动创意经济发展的先行性、示范性经验，同时也为传播中华民族文化、中国服装时尚文化提供了各异的手法、多元的途径的参考。我们已经看到，上述品牌在已然存在的文化创意、时尚创新所构建的品牌个性、时尚话语权的基础上，逐步迈向了掌握国际时尚话语权的新台阶。由此，我们可以预见，中国服装品牌在国际上的时尚话语权，将随着上述品牌的引领，以及越来越多的自主品牌不断走向国际，而不断得到提升。

二、用“中国的·国际的”视野与胸怀思考服装品牌强国建设的基本途径

在中国原创服装品牌建设所显现的“小荷才露尖尖角”的生机与阶段性辉煌中，已有一部分设计师品牌与企业自主品牌通过成长期的探索与实践，在国际上赢得了时尚话语权，同时也在中国服装品牌强国建设的范式与途径上为业界提供了有益的经验。除了品牌创建者的功绩外，这些经验的取得与改革开放30年来中国服装产业整体环境建设所取得的成就分不开，与全球化、入世等因素分不开，与中国国际时装周以及“CHIC”所倡导的文化创意、设计创新、科技创新带动品牌运营理念，以及为推动这一理念的实施，搭建了动态与静态结合、潮流与商贸结合的平台分不开；与中国服装品牌因为具有“中国的·国际的”文化创意的时尚品格，而被国际五大时装周以及国际服装展会所接受，而有机会参与各种国际时尚活动分不开。众多国内、国际服装产业的活动，共同为中国本土各类品牌的成长提供了适宜的土壤与充足的养分，为中国服装品牌的持续发展奠定了坚实的基础。因此，目前通过参加国内外展会、时装周或多元方式来进行品牌建设的服装企业，是当前中国服装品牌强国建设过程中应给予足够重视和充分研究的对象。我们应当以此为鉴，用“中国的·国际的”视野与胸怀思考服装品牌强国建设的基本途径。

1. 思考通过国内外的展会推进服装品牌强国建设的途径

通过国际、国内各种展会来推进服装品牌建设，是品牌建设的有效途径之一。

在中国有一个不事张扬、少于宣传却被服装界所熟知的品牌——吉平生创建的“MOUSE JI”。作为一个南京设计师品牌，“MOUSE JI”“危中求机”，创造了两个“第一”：中国内地第一个也是目前唯一参加“世界精品品牌展”的服装设计师品牌；第一个也是唯一跻身“老佛爷”的中国设计师品牌。”①

在2007年初，吉平生的“MOUSE JI”品牌作为中国内地第一个原创服装设计师品牌，第一次参加了“世界精品品牌展”。在巴塞罗那这个时装品牌、设计师与商家之间进行推广和交流的平台上，其展位被来自世界各地的经销商、代理商、业界人士争相簇拥欣赏，被“有品位”、“太精致了”、“高级”等赞誉声包围着。展会的品牌审查总监妮娜小姐主动提出购买“MOUSE JI”的要求，这无疑宣告了“MOUSE JI”的成功。与此同时，“MOUSE JI”又被邀请参加巴黎“WHO’S NEXT”设计师品牌展、英国伦敦“PURE LONDON”国际服装展。2007年年底，MOUSE JI PARIS公司、“MOUSE JI”的时尚展示和产品分发中心在巴黎成立。2008年1月下旬吉平生携“MOUSE JI”参加了巴塞罗那的一个世界精品品牌齐集的展会，旋即又亮相于巴黎“WHO’S NEXT”设计师品牌展，并通过了严格的审核，获准当年秋天入驻“老佛爷”（GALLERIES LAFAYETTE），成为第一个进驻巴黎“老佛爷”的中国设计师品牌。据悉，自“MOUSE JI”入驻之后，前几个月的销售额就已经是预计销售额的三倍。凡此种种，使它成为中国品牌国际化发展的探路先锋，也成为中国服装行业开创中国品牌的国际商业运营模式的里程碑。

2009年1月，吉平生第三次参加“世界精品品牌展”，5月参加了国内“CHIC”，同年10月又应邀参加“TRANOI巴黎顶级奢侈品牌展”。在国内“CHIC”上，“MOUSE JI”以一个“灰牌”系列登场，在设计中并没有运用旗袍的样式、绣龙画凤的装饰、大红大绿的绚丽色彩、传统的印花图案以及其他直观的中国元素，但却表现出了中式的禅意，品牌透出典雅而又极富品味的个性。它为白领、年轻的知识女性和演艺界女性塑造了简约但却依旧飘逸、超然且充满了梦幻、高雅而不奢华、高贵而不浮华、个性却不张扬的时尚形象（见图4-3-9），因而产品备受国内、外媒体的关注和气质非凡、特立独行的时尚女性的喜爱。2009年8月，全球金融海啸席卷了欧洲，许多品牌纷纷倒闭，而“MOUSE JI”却以巴黎为中心，建立了辐射意大利、德国、英国、荷兰、比利时、加拿大、澳大利亚、日本等16个国家的263家“MULTIPLE BRAND店”的销售网络，取得了神奇的逆市商业业绩。“MOUSE JI”品牌不但让国内同行称道，也国际时尚界见识了中国设计师的深厚功力、中国文化与中国原创品牌的魅力，更是让国际时尚界预见了中国原创品牌全新的发展远景。

“MOUSE JI”设计师品牌的创始人吉平生，早年在国内时学的是具有深厚民族文化传统的陶瓷美术专业，1993年在意大利的时尚学校学习时尚设计。1996

①晓秋：《MOUSE JI用剪刀征服欧洲》，载《服装界》2009年第4期。

图 4-3-9 “MOUSE JI”品牌服装飘逸、梦幻、高雅的时尚个性

年到 2003 年，吉平生为西方品牌做贴牌生产，因为生意一直不断而积累了许多经验。至 2006 年，他又有了从事意大利、法国的高级品牌设计、设计总监工作的经验。他把博大精深的中国文化当作“MOUSE JI”品牌背后的文化支撑，当作永不枯竭的设计灵感之源，把为西方品牌工作的经验当作品牌成功运作的保障。正如前文所述，他的“MOUSE JI”并没有走众多国内设计师试图通过时装周 T 台来赢得国际时尚圈的权威认可的路线；他走的是“实用主义、世界主义的路线”，其品牌在表面上看起来很欧洲、很世界，但是如果仔细品味，就会发现在西方的外形下，“MOUSE JI”所散发出的浓浓的中国味道（见图 4-3-10）。诚如吉平生自己所言：“就像这风中的玉兰花一样，我的作品中有着很自然的中国内涵。”这样的中国味道、中国内涵源自于他在服装设计中渗入了中国哲学思想和中国艺术精神，以与西方迥异的哲学、美学观为前提，以民族精神为本根，再于其中融入世界精神，并吸纳了不同服饰文化的精髓与元素，最终提炼出简单、恰当的设计形式、语言和视觉要素，来进行品牌的文化创意与服装的创新设计。这样不仅仅表现出了品牌的核心文化、神韵与境界，也从根本上为自己的设计注入了与中华民族的灵魂血脉相通的文化品格——成就了“MOUSE JI”品牌在国际上的市场地位，建构出“中国的·国际的”服装品牌在国际上的时尚地位，成为中国服装品牌强国建设征途上的领跑者之一。

“MOUSE JI”品牌的成功有着与众不同的故事。早在 2003 年吉平生在注册“MOUSE JI”品牌之时，他就以自己的艺术心智与才华将东西文化的精华贴切圆融于“MOUSE JI”的品格之中，并大胆地把自己这一具有独特神韵、境界的品牌

图 4-3-10 “MOUSE JI”品牌服装展现出不凡的民族文化神韵与境界

设计作品寄给了“世界精品品牌展”的组委会。在他之前，除了日本，从没有别的亚洲国家参加过“世界精品品牌展”，组委会受惯性思维的影响，怎么也不相信这样赏心悦目的作品竟然出自中国人之手，更不相信这是中国本土设计师品牌的原创作品。他们给吉平生回信，表示很欣赏他的设计，但是基于“怀疑”的心态，要求对吉平生连续三年 6 季的品牌设计作品的图片和样衣进行审核。于是吉平生以入禅的心态，让自己的设计理念在禅意境界中翱翔，使设计作品渗透着他学生时代潜心研究的中国陶瓷文化博大精深的中华民族文化精髓交汇而来的神韵与品格。就这样吉平生在从容中磨砺前行，在一季又一季的设计中超越，一连三年6季按时将赏心悦目的设计作品图片和样衣寄给组委会。最终，在2006年底通过了“世界精品品牌展”的权威性审核，并如愿以偿地收到了“世界精品品牌展”的邀请函，从而成为第一个有资格参加“世界精品品牌展”的中国设计师。

在参加“世界精品品牌展”等展会的同时，吉平生认真研究梳理国际品牌商业运作的途径与经验，以争取国际买手的合作和实现销售计划为目标，进行全面的品牌运营策划，因而一战成名。吉平生通过上述方式传承了“中国的”民族文化，并用自己独特的、“国际的”视角诠释了品牌“另类的优雅”和“别样的女性美”在国际上建构了自己的市场渠道。德国著名设计师Juliusfogo评价道：“‘MOUSE JI’每季的作品中都有潮流的影子，但又有着特别的韵味，看不出灵感的来源是哪里。”[①]而吉平生的回答是“中国文化”。吉平生坦言道：“‘MOUSE JI’一定是有着明确的中国印记的品牌，这是我的品牌能够成功的基础。但在‘MOUSE JI’中，你看不到旗袍或是绣龙画凤这些直观的中国元素，能够表现品牌中国属性的是中式的禅意。我从不强调对中国元素符号的直观展示，而是秉承了中国画‘不可多一笔，不可少一笔’的简约主义。这才是这个品牌设计理念的‘艺核’。甚至可以说，‘MOUSE JI’只有设计思想是中国的。正因为我所运用的不是简单的文化符号，更不是中国元素的堆砌，因此我也就不必担心作品的重复。这与欧洲的设计师在某一时段采用的短期的、暂时的中国元素是完全不同的概念。”[②]这正是‘MOUSE JI’品牌的气质与品格的关键之所在。

吉平生的设计师品牌“MOUSE JI”在海外经过多年的市场历练与检验，因品牌富有中国文化内涵、国际时尚魅力、个性设计风格，而备受国内外媒体的关注和时尚女性的喜爱。吉平生心怀参与、促进祖国服装品牌强国建设的情愫，于2010年8月携“MOUSE JI”品牌回到中国，他的北京SANLITUN VILLAGE店是第一个回归中国的店铺（见图4-3-11），平实中透着典雅的店内陈列，个性而富有品位、飘逸、梦幻般的时尚设计作品，深含对中国文化的孜孜眷恋之情与时尚的创造性，而深受不同年龄及层次的知性女子的追捧，更有时尚名媛、当红艺人、外国使节及夫人频繁惠顾并给予很高的评价。由此，吉平生以他的中华民族文化气度与时尚文化的前瞻性，让“MOUSE JI”在它的文化本根之地逐渐构建它的另一辉煌。

如今，吉平生的“MOUSE JI”品牌，以“非是‘旗袍’、‘绣龙’、‘画凤’等直观的中国文饰元素的视觉传承，而是以中式的禅意来表现品牌的国际时尚、中国文化的内涵”这样一种方式的民族文化创意、传承与创造性设计，展现出了其独有的“另类的优雅”和“别样的女性美”，使品牌不断释放出“中国的·国际

①搜狐女人网，女人频道－奢华风尚－奢华前沿，“MOUSE JI中国设计师创造国际品牌”，2009年09月21日 http://women.sohu.com/20090921/n266884874.shtml。

②严涵：《MOUSE JI禅意中国华丽绽放》，载《北京青年报》2009年11月27日。http://bjyouth.ynet.com/article.jsp?oid=58775216。

图 4-3-11 “MOUSE JI”品牌的北京 SANLITUN VILLAGE 店

的”时尚艺术气质和文化神韵，开拓出了“MOUSE JI”品牌独有的一片广阔领地。特别值得一提的是，他坚持与国际各种展会相结合，以国际化的品牌商业运作方式进行品牌建设，为当下中国服装品牌强国建设增添了一份活力，提供了一种示范性的经验。

另一位旅居法国的中国设计师高巍，在品牌建设的道路上有着与吉平生既不同又相同的途径。不同的是他曾经参加过许多大赛，并且曾经是“兄弟杯”国际服装设计大赛的金奖得主、“益鑫泰杯”服装设计大赛银奖得主、“中国十佳时装设计师”；相同的是他在品牌占有相关国际市场的同时也通过国际展会来促进品牌的发展。

高巍有着不平凡的经历，1999 年 10 月 1 日，而立之年的他毅然摘下了自己头上在国内获得的荣誉光环，登上了飞往巴黎的航班。他英语水平一般，法语更是一句不通，但却无畏语言的障碍，以一名普通的“大”留学生的身份逐渐融入了“国际时尚之都”——巴黎。他与欣展一同创建了设计师品牌“高巍和欣展”——“GAOWEI+XINZHAN”以及“GX-2”。“GAOWEI+XINZHAN”主要是高级成衣，风格极为女性化，装饰性很强、很东方，它所具备的东方文化的共通性与心理共鸣，迎合了来自中东、尤其是石油出产国家的客户的审美观，他们渐渐地成为品牌的固定客户。反之，他们也培养、塑造了这一品牌的风格。图 4-3-12 所展示的是高巍和欣展的“GAOWEI+XINZHAN”品牌于 2012—2013 年参加巴黎服装展会的作品，

图 4-3-12 高巍和欣展的"GAOWEI+XINZHAN"品牌设计作品

系列服装从兰花、罂粟花、羽毛、宝石、珍珠中获得感悟，同时将来自海洋世界的灵感与环保高品质的面料进行有机融合，使作品极具国际时尚，但在作品的骨子里我们则可以领略到东方文化的神韵。

高巍和欣展品牌的身影一直活跃于法国巴黎每年两度的"成衣展"（atmosphere）上，在"世界时尚之都"巴黎，他们拥有自己的品牌经营空间，最多的时候他们有 100 多个来自世界各地的客户，他们的品牌产品在法国的销售市场上已经占有一席之地，2008 年 5 月，高巍在接受中国服饰报记者刘妍的访谈时表示："作为一个中国设计师，在设计中对中国元素的应用是不需要特别注意的，你会在做东西的时候不自觉地流露出来。这跟你从小接受的文化、生活环境都有关系，无论你怎么改变，这些元素是烙在你骨子里的，不能抹去。我在中国生活了 30 年，跟那些外国人从小接受的教育、思想完全不同，思维方式总归是不一样的。这些在作品中会不时地体现。"高巍还表示："虽然我在设计中尽量模糊那些特别突出的特色，也就是传统文化的概念，但是我跳出来看自己的东西时发现，其中还是包含了东方的审美在里面的。作为一个中国设计师，对中国元素的应用完全不需要刻意追求，仅仅是无意流露出的已经能够成为你的标志了，中国元素是流淌在你血液里的。"

高巍和欣展的另一品牌"GX-2"是"Gaowei+Xinzhan"高级成衣品牌的二线品牌，是时尚、华丽、优雅、性感与高贵的代名词，主要是针对欧洲的客户群体，特别是意大利、法国，还有部分追求时尚的美国以及中国香港、台湾等地的年轻

图 4-3-13 高巍和欣展的时装设计作品

人。因此，风格的多元化是 GX-2 设计与审美的一个显著特点。为此，高巍和欣展在设计中把中国元素把握在“流淌在血液、无意流露”的层面上，同时不断从各国的自然界与传统中去寻找元素，借助重组的手段，表现对服装的无限畅想、纯真的本色魅力，服装可以随意揉皱，穿脱放置随意，既集女性的万般柔情与奢华于一身，又体现一种无所谓的轻松风格。“GX-2”变幻莫测的创意，让女性的肌肤与雪纺、绸缎、各色蕾丝、柔软皮草和个性皮革相辅相成，加上大胆的拼接裁剪，制造出十足的女人味的轻柔与厚重。它还注重具有高贵品质的装饰如珊瑚、珍珠与宝石等，营造明亮奢华的装饰风情，色彩上既有闪耀光泽的华艳，又有灰黑色的神秘沉稳与闪动的跳跃，在装饰中强化繁复与简洁的完美结合，从而呈现出洗练明亮却又毫无造作的张扬，散发出永无止境的性感华丽与温婉神秘，充满了古典意味、魔幻气息与异域情调。这种浓浓的另类味道，令时尚在不可思议的风貌中流露出经典的浪漫主义，因而具有巴黎地平线那浪漫的夜色，洋溢着希望与满足、优雅与率性的辩证气质（见图 4-3-13）。

高巍和欣展两位著名设计师“中国元素是流淌在血液，是无意流露”的设计理念，以及结合国际各种展会进入国际市场的品牌建设之路，对于中国服装品牌建设无疑具有借鉴意义和示范性的价值。

2. 思考通过国内外时装周推进服装品牌强国建设的途径

通过国际、国内各种时装周来推进服装品牌建设，也是品牌建设的有效途径之一。

由王氏三兄弟王冬星、王良星、王聪星始创的中国本土品牌——“利郎”及其“兵马俑”的声名，是与2002年加盟利郎（中国）有限公司的设计总监、曾获得中国时装设计“金顶奖”、“中国国际时装周十大设计名师”称号的计文波的名字联系在一起的。计文波和“利郎”携手合作之初，“利郎”只是一家年营业额3000—4000万元的西服加工企业。计文波在他那张设计总监的办公桌上，既要做设计还要打版，同时包揽设计以外的所有杂事。8年后，“名师+名企”的强势化合作为“利郎”带来了超过5亿元季度营业额的辉煌业绩。前文第三章第三节“四、在‘中国国际时装周’等平台上服装品牌与文化创意异彩纷呈”、2.‘中国国际时装周’等平台上百卉千葩的新世纪服装时尚创意”中曾经对计文波在2007年1月16日，以“中国的”“兵马俑”元素为主题，设计出“国际的”时尚的“兵马俑”系列服装，在米兰时装周成功演示，并获得意大利时装公会主席MARIO BOSELLI等时尚界人士的高度赞赏等事例，以及“利郎”所具有的国际性做过一些分析。

从上述分析中可知计文波是中国设计师携中国本土自主服装品牌登上世界顶级男装品牌和大牌设计师聚集的超级平台——意大利米兰时装周的第一人，计文波在设计“兵马俑”时，坚持“民族、时尚、创新”的理念，不仅灵活地运用了“兵马俑”以及京剧、功夫等中国文化中的经典元素，同时还将自己对极具意大利代表性的、充满地中海气息的国际男装品牌“DNG”的设计理念、流行趋势、发展动态的研究所得，转化为全新的东方式演绎（见图4-3-14），将时尚的概念浑然一体地交融于“兵马俑”所蕴含的中国文化之中，让“世界时装帝国”意大利米兰的观众耳目一新，在走秀的20分钟，场内接连响起了五次热烈的掌声。从米兰时装周归来的计文波，更是坚定了要以“民族精神”、“我的文化”的元素进行“中国的·国际的”时尚设计的信心。计文波饱含深情地说：“中国的历史文化元素很多，最让我有感受的是秦始皇的兵马俑。秦始皇统一了中国，而兵马俑代表统一和力量，‘利郎’品牌的表现需要一种强劲的力量，而且应该是男人的力量，并由它转化出中国的男装。在设计构思的时候，我注重挖掘民族文化元素，但如何把这些元素变成成衣设计、服装品牌的一部分，我一直在思考。”[①]在这样的思考中，计文波通过服装创意体现出了“中国男性精神”。

计文波在谈及“兵马俑”的创作过程时说：“对今天的人来说，陶俑是定格了的东西。我花了一个月的时间，对着“兵马俑”的图样冥思苦想，一开始在图纸上用传统的白描把它勾出来，然后参照油画的抽象画法对图样做了许多变化。就这样，慢慢地，“兵马俑”身上的铠甲出现了服装的质感。我终于以皮革和羊绒裁出了一套秦朝人的劲装，再配上假发头饰和皮靴，这些东西往模特身上一穿，居然和兵马俑很是神似。”[②]“兵马俑”的创意设计过程体现出了计文波的设计智慧与理念，对中华民族精神和中国男性精神的追求，最终打动了那些早已习惯

①《计文波：中国元素转换者》，载《服装界》2007年第7期。

②《计文波：中国元素转换者》，载《服装界》2007年第7期。

图 4-3-14 计文波的“民族、时尚、创新”设计作品

欧洲式的优雅与低调奢华的时尚名流。使计文波成为中国乃至亚洲第一个在世界男装帝国的舞台上，成功地进行品牌发布并受到国际时装界好评的设计师。展现了“中国的·国际的”男装品牌在国际上倍受关注的地位。

计文波的服装设计、品牌建设心路始于米兰发布“兵马俑”之前，并且有过许多参赛、获奖经历。

1984—1997 年主要参赛、获奖经历有 1984 年“长春市首届服装设计大赛”，独揽一、二、三等奖等七个奖项；1993 年“华夏杯”服装设计大赛并获铜奖，作品曾在日本、新加坡、美国等国巡展；在“96 上海国际服装文化节”服装设计大赛上，获得了铜奖和“全国优秀服装设计师”称号；在“CHIC1997”“创国际名牌，树国际名师，争取北京早日成为世界服装中心”的主题下，他设计的近 80 套作品受到高度好评。

1998—2006 年，他一方面携服装品牌参与“CHIC”，中国国际时装周，中法文化年巴黎——中国时装周东方神韵—中国魅力服装设计专场，中、日、韩三国顶级设计师联合发布的“亚洲之风”时尚盛典，韩国釜山国际时装周等各种服装展赛等活动，通过静态展示或动态发布，以及“JIWENBO 个人专场发布”等个人发布会；一方面创立“厦门文波艺术设计公司”开展各种创意设计，不断展现他的设计才华。他先后被权威媒体、中国国际时装周等组织机构评为中国最具商业价值服装设计师、年度中国时尚界十大新闻人物；先后获得中国时装设计“金顶奖”提名，“高级设计师”称号，“中国十佳时装设计师”、“最佳男装设计师”奖，直至获得第八届中国时装设计“金顶奖”。上述活动与成就既是他在民族文化与时尚创意上才能的体现，也是激发他自己的潜在创造才能的过程，更是通过他的文化创意时尚设计作品、中外各种国际时装周的个人专题发布会等途径，拓展他所主导的品牌的建设道路，为中国服装品牌强国建设开拓了不同途径的历程。

2007 年，他奔忙于时尚创意设计与“利郎”品牌建设的征途上，是成果最为丰硕、成就最为卓著的一年。一月，他携著名的“利郎”品牌“兵马俑”系列作品在意大利米兰国际时装周举行“LILANG—JIWENBO”专场发布，并获意大利男装公会主席颁发的中国首位入选米兰时装周的男装设计师荣誉证书。秋天，他在“法国巴黎 PV 展”上作为“中国男装”的唯一代表举行专场发布会。最荣耀的事是荣膺中国服装设计师协会颁发的“中国国际时装周十大设计名师”称号；年末，荣获中国文化、娱乐界最具影响力的“BQ2007 红人榜时尚类年度设计师”称号。

2008 年，计文波在《时尚先生·Esquire》杂志、“马爹利”名士魅力联合举办的“2007 年度时尚先生评选颁奖典礼”上获“年度终生成就设计师奖”。同年 7 月，获邀在“2008 台北魅力国际时尚展”上展示了自己的设计作品；9 月，他将“兵马俑”元素进一步延伸到春夏商务时尚休闲、商务办公等系列服装的设计作品中，登上了世界第五大时装周日本东京时装周的 T 型台，让东京时尚界沉醉在“利郎”所呈现出的中国时尚、中国气息、中国气势、中国魅力中。“利郎”在东京时装周经久不息的热烈掌声中落下帷幕，引发了东京时装周少有的现象——走秀结束后媒体久久不愿离去。日本的专业媒体记者表示，他们十分欣赏计文波在米兰时装周上发布的作品，并且认为那些作品非常适合日本市场。计文波的这次“利郎”时装秀无疑是整个东京时装周中的一个亮点（见图 4-3-15）。日本纺织产业政策室长间宫淑夫说：“今天非常高兴，‘东京时装周’有了第一

图 4-3-15 计文波的“利郎”在“东京时装周”发布会作品

个外国品牌及第一位外国设计师参加，如此精彩的设计让我们大开眼界。可以这么讲，这次‘利郎’的表现是最令人难以忘怀的。”①最后，东京服装协会副会长山崎贤二授予计文波荣誉表彰证书，感谢他对东京时装周所作的贡献。2008年，“利郎”获得第二届品牌中国“金谱奖”（最具代表性区域品牌奖）。同时，“利郎”与“波司登”、“罗蒙”、“红豆”、“希努尔男装”、“名瑞”、“宜禾”、“真维斯”、“暖倍儿”、“唐狮”、“圣雪绒”、“浪登”、“米皇”一同成为“2008最具时尚影响力服装名品”，“利郎”品牌建设由此走进一个新的旅程。

2009年，“利郎”旗下全新时尚子品牌“L2”问世并成功运营，这代表着“利郎”多品牌发展的战略正式拉开序幕。早在2002年，“利郎”就聘请了陈道明作为品牌的形象代言人，子品牌“L2”也聘请了吴彦祖作为形象代言人。与此同时，“利郎”的公司管理、营销渠道、品牌战略等也在全面升级，四季都推出“利郎”的正统与休闲两大类产品，并辅以衬衣、皮鞋、领带、皮具等相配套的产品。各类产品品质精良，款式时尚新颖，并且恰到好处地迎合了中国消费者的品味；同年，“利郎”荣获“国际知名品牌”、“中国商务休闲男装首选品牌”、“亚洲十大驰名品牌”，成功登陆“港交所”，成为首个在香港上市的男装品牌。

2010年，“利郎”先后荣获了“2010行业十大领军品牌”、“中国市场十大畅销男装品牌”、“中国最具成长性新上市公司”、“中国广告主长城奖·消费者信赖的知名品牌奖”。

2011年，“利郎”全新的、时尚的办公大楼落成，再一次开启了新的品牌建设旅程。同年，“利郎”参加了“CHIC2011”、“2011中国国际时装周”，荣获了“华尊奖”。子品牌“L2”的首席设计师王玉涛，以其非凡的设计才华携同“L2”获得了第十五届中国时装设计“金顶奖”，以及首个“梅赛德斯—奔驰中国先锋设计师奖”的殊荣，接着又在“柏林时装周”发布他的作品。“利郎”男装品牌和设计师王玉涛通过中外时装周，推动品牌建设成为中国时尚界关注的焦点。

众所周知，在2011年，利比亚、美国、欧洲的政治、经济的危机动荡了整个世界局势，世界各个角落的正、负面新闻，关于“玛雅2012预言”是否真实存在的揣测等等的信息交织于各种传媒，以光电般的速度传播，人们或自愿、或被迫地吸纳、承受着形形色色的信息狂潮的侵袭，而在不经意间的情绪作用下就受到了影响，甚至产生岌岌可危的社会心理。此时，“利郎”的总设计师计文波则以“中国的·国际的”视野与胸怀、以设计大师的豪迈与自信，精心打造出了在中国乃至世界时尚发布秀都未曾有过的、邀请160位全球著名模特集中亮相的“国际级阵容”的豪华巨制、时尚界史无前例的震撼巨作——“冥想2012——LILANZ JIWENBO2012专题发布会”。发布会独特的总体策划，作品设计理念在立足于中国传统文化的同时，自然地融合了异域的文化、风情、图腾等特色。设

①《利郎“中国风”熏醉东京时装周》，载《羊城晚报》(地方版)2008年9月26日。

图 4-3-16 计文波“冥想 2012”——LILANZ JIWENBO2012 专题发布会作品

计中娴熟地应用重复、变异、渐变、肌理等美学法则，采用了立体的剪裁、定制式的品质、创新的方式、松与紧的平衡手法，围绕着文化艺术的元素，独创了结合高级舒适的面料的纹样设计，在简洁大气中隐含着细节的精彩。作品还以代表着设计师风格的恒久主色—黑色与白色，呈现出了黑色独有的低调与高贵，在不经意间彰显了品牌与设计师不凡的时尚信仰，使得整个设计充满了神秘和诗意。当包括影视明星霍思燕、吴佩慈、唐文龙在内的500多位国内外时尚、文化艺术、传媒及演艺界嘉宾如群星一样闪耀入场；在灯光与方形围构、平面立体、子母空间、如月似舟、穹苍圆顶等造型空间交互变幻而来的情景融合于秀台上（见图 4-3-41）、交融于星光璀璨的“利郎”的“冥想”服装发布会中……“冥想”在中国文化时尚标志性建筑——D—PARK 的“七九罐”降重上演。150 家海内外媒体、视频观众、消费群体感受到了全新的时尚的震撼力。“冥想”引领人们消解那岌岌可危的心理、平伏那躁动不安的心灵，人们顿感释然，朝着设计大师豪迈与自信所示的方向去思索、领略、憧憬充满神秘、诗意、变幻的未来……“冥想”同样演绎了中国服装人在探索服装品牌强国建设的多元途径上，努力思索、领略、憧憬充满神秘、诗意、变幻的未来……

“冥想”秀成为“2012 春夏中国国际时装周”上无法被人忽视的亮点。在“2011 年度中国时尚大奖”上，商务男装肇始者计文波的“利郎”又成为中国国际时装周品牌大奖的大赢家（见图 4-3-16）。

继“冥想 2012　LILANZ JIWENBO2012 专题发布会”后，作为中国时尚界屈指可数的领袖级设计师，计文波一直担当着设计师的文化责任、道德责任、生态责任，思考着应该如何以自己的方式来应对繁芜琐碎的正负面信息的轰炸、物

图 4-3-17 计文波“信仰”在“旭化成·中国时装设计师创意大奖”发布会上的作品

质欲望的泛滥、思想流于浮世、焦躁的社会心态，寻找并实践能给予人们自信的力量。计文波期望能够跨越不同的社会、意识形态、地域，创造适时的时尚，以服装的语言表达形式来呼吁人们共同肩负起当今社会所赋予人类的使命。由此，形成了“信仰”的服装设计主题。计文波自己说：“信仰不是一种学问，信仰是一种行为，它只有被实践的时候才有意义。穿越地域、跨越文化、摆脱形式，我们将通过对时尚的定义唤醒人们内心深处对美的信仰。”他在“信仰”主题系列服装设计的策划中，强调“用时尚定义美和理想”，以服装为载体来表达文化理念，实践信仰，融会中、西，倡导平和的心态，呼吁人们崇尚“低碳、绿色、环保”的生活方式。在设计过程中，计文波将民族文化、新抽象主义艺术、东西方音乐、电影等庞杂的艺术形式、环保材料相互浸透、交融，生成了无限的创意与灵感；他又将重构生成的服装抽象结构、图案等设计新元素，融合于服装款式的形态载体上；再将服装材质与形式上的“硬与软”及不同风格进行随意拼接，力图展现他所倡导的平和的、时尚的生活态度以及意识形态的跨越，以期与欣赏者及所处的时代产生共鸣。2012 年 3 月，在中国国际时装周 2012/2013 秋冬系列发布会期间，计文波以“信仰”主题专场发布了获得第十届“旭化成·中国时装设计师创意大奖”的作品（见图 4-3-17）。

在国际金融危机的背景下，我国纺织服装行业全面面临着生产成本上升、外部需求下降的双重压力，利润下滑是全行业必须面对的现实。而计文波则通过一系列在国际、国内时尚舞台进行时装发布的过程，不仅为中国的自主品牌的创立、服装文化的展示、中国时尚话语权的建构做出了积极的贡献，同时还将他在国际、国内时尚舞台所做的文化创意、所使用的设计概念，全部转化为商业行为，使“利郎”的“兵马俑”系列在 2008 年的销售中，一直名列前茅。这使得“利郎”

在2007年、2008年连续两年被《福布斯》评为“中国最具潜力的中小企业”。2009年以来“利郎”的营业额仍然保持着强劲的增长势头。

“利郎”品牌从建立至今的20多年来，一直都在精心地诠释和演绎着它的核心价值：在“民族精神”、“我的文化”的基础上，从最初的“取舍之间，彰显智慧”；到后来的“多则惑，少则明”的舍弃哲理；再到“世界无界，心容则容”的高远境界。每一步的探索与实践，都与简约、精致同行，伴随着传统与时尚的融合，再加突破和品牌升级的同步。在视文化、设计、研发为一体的不懈求解、取舍、升华中造就了包容世界的简约新主张，为全球的商务人士带来全新的、“简约但不简单”的、凸显品牌设计哲学的价值体验。伴随着持续推进的国际化征程，“利郎”进入到更加国际化的时尚市场已经指日可待。2011年底，“利郎”分别在日本东京的银座、泰国的曼谷机场投放了巨幅的户外广告——两个外国模特身着中国唐装，这显示出“利郎”已经迈出了在海外传播的第一步，并将日本、泰国的旅行者锁定为目标受众。由此，“利郎”已经成为“中国的·国际的”服装品牌强国建设中的生力军。

计文波在与“利郎”携手同行的中国服装品牌建设的道路上，用自己的智慧与设计实践，以“中国的·国际的”视野与胸怀，不断地思考并参与了国际、国内时装周中的品牌发布，再辅以参与相关展会活动的方式，推进了品牌建设，找到了品牌建设的有效途径，铺就了一条可供他人借鉴的服装品牌建设的典范之路。他真切地向中国服装品牌建设的同行者倾吐了自己的感悟与心声：“中国设计师要想走得长远，就必须走出去，登上国际舞台，向人家学习。虽然祖国日益强大，但如今在我们的设计师当中，还没有真正能在国际上产生影响力的。在这方面，我愿意为年轻人铺路，为中国设计的未来铺路。我希望，中国设计师不仅能在国内的舞台上一展风采，而且也能参加国际时装周，到国际舞台上去展示自己。我希望，不只是我一个人这样做，而是一群人、是许多中国设计师都能够这样做。”[①]设计师品牌“卡宾”的总设计师卡宾也认为：“中国本地的设计师品牌要在世界时尚舞台上脱颖而出，首先就要坚持原创，坚持本民族的文化，坚持自己的设计风格；其次要发出自己的声音，到国际时尚舞台上去展现自己的作品，展现‘中国的’设计，并且改变‘中国等于制造’这种狭隘的认识。同时，本土设计师要重视自己的舞台，中国服装品牌的崛起，不是一个品牌能做到的，需要所有的中国服装品牌共同努力。”[②]无可否认，在中国服装品牌强国建设的过程中，坚持中华“民族精神”、“我的文化”，学习国际时装文化、运营经验等是设计师的责任和工作内容，在中国、国际舞台上发布自己的品牌，也已然是推动中国服装品牌强国建设的最有效途径之一。

除计文波的“利郎”品牌、卡宾的“卡宾”品牌等，以国际、国内时装周发布会为主要建设途径的品牌还有罗峥的“欧柏兰奴”等（见图4-3-18）。

① 2010年5月14日计文波接受《中国服饰报》记者采访。

②《走向国际的中国设计师》，载《东南早报》2010年10月21日。

图 4-3-18 罗峥中国本土设计师女装品牌“欧柏兰奴”作品

罗峥从小热爱艺术，更喜欢服装，10 岁生日那年，为自己设计了一件黄色的小礼服，可以说是自小就体验到了“云想衣裳花想容，春风拂槛露华浓”的意境。1991 年，从深圳大学国际金融贸易专业毕业的罗峥，度过了几年徘徊在广告公司和设计公司之间的工作时光，由于她并不甘心止步于“为他人做嫁衣”，于是开始自己动手设计时装，进入了时装设计行业。经过短短几年的努力，她就从完全不懂服装的外行变成了一位非常优秀的时装设计师。1996 年，她筹集了 100 万元作为启动资金，注册了“深圳市欧萌实业有限公司”，成功创立了自己的设计师品牌——高级成衣品牌“欧柏兰奴”，2004 年，罗峥又创立了高级新概念礼服品牌“西罗直觉”（C.LUO INTUITION）。罗峥对品牌的文化底蕴与风格的定位与她的生活经历息息相关。由于母亲从事的是外贸工作，因此，罗峥在小时候就比同龄的孩子有更多的机会接触到国外的资讯，因而十分崇尚西方文化，直到上了初中，她才慢慢感受到了中国文化的博大精深。后来通过中、西文化的对比及各种切身的体验，她对中华民族文化的认识逐渐加深，这对于她品牌的文化定位起到了极为重要的作用。她说：“去外国旅游时，我发现外国人就连对自家门前的树和石头都会情不自禁地赞叹半天，这启发了我，我就开始关注本土的文化。中国的戏曲、云南的刺绣、青花瓷……真是太美了！我应该把这些传统文化用服装的形式演绎出来。这是无法用钱买到的。”①罗峥的设计师品牌就是这样在不断同步演绎中华文化与现代时尚中前行。

2002 年，她在中国国际时装周上发布品牌设计作品，荣获了“中国十佳时装设计师”第一名、中国“最佳女装设计师”奖。2002 年、2003 年两度被评为中国服装业最具影响力的十大设计师。2003 年 3 月 24 日在北京，罗峥和美国诺帝卡（Nautica）集团的“朱钦琪 / 诺帝卡设计创意”评委交流了她参评作品的理念，她以简洁的设计元素，表现出对服装整体关系的成熟把握，作品气质内敛、品质精致、成熟大气、飘逸灵动、充满张力和活力，但却不张扬，表现出了浑然天成之美，获得了评委的一致好评，荣获美国诺帝卡（Nautica）集团“朱钦琪 / 诺帝卡设计创意基金”奖。同时在当地建立起支持品牌运作的体系来开发终端产品，这就给罗峥的设计师品牌插上了飞翔的翅膀。同年 11 月 23 日，在“2003 中国国际时装周”上，罗峥用源于中国（东方）的典雅元素以及镜子内外的影像、虚幻的梦想旋律为灵感源泉，生成了“幻影”主题设计。“幻影”结合了 20 世纪初旧上海的仕女图与扇子，用绡、纱、缎、真丝与欧根纱相组合，辅以时尚的肌理、褶皱，分别打造了“幻影”主题下的四个系列服装：“幻游”、“掠影”、“媚惑”与“极美”。“幻影”在扇子、镜子、薄纱、轻舞、层叠的花瓣、如梦似真的灯影中升腾起了炫目的华丽、高贵而又与众不同的情调、意境，让观者感受到了浑然天成之美（见图 4-3-19）。她在感觉很“洋”的作品中巧妙地融入了本土文化，始终保持着洗练、纯真、明快、优雅、时尚的设计风格，表现出了一个成熟的职

①刘文英：《罗峥：流行属于自己》，载《深圳商报》2009 年 3 月 11 日。

业设计师应该具备的品格。这使她受到了业界的好评，同时也成为品牌占有稳定市场份额的保证。2003年，她代表中国服装时尚界在法国巴黎的卢浮宫举行了“欧柏兰奴”的时装发布会，罗峥在回忆当年为这场秀所作的设计及制作过程时说：“在法国卢浮宫的服装秀上，我采用了上海的侍女图、香烟女郎、旧海报女郎、中国工笔花鸟等形象。为了把这些形象用电脑喷绘在面料上，我在东莞熬了5个通宵，仅3米布就花了2万块钱。最后我用这些布料做了3件小洋装，就像旗袍一样，在法国特别受欢迎。”[①]她对事业全身心的投入也赢得了回报，她的服装设计才华和作品受到法国前总统蓬皮杜夫人（Claude Pompidou）、政界要人，以及“普拉达”等时尚大牌的总裁在内的法国各界名流的好评，并有三件礼服被法国上流社会“克利翁舞会”（Le Bal des débutantes de Paris）选中。[②]这是罗峥的品牌，也是中国本土设计师最早向国际时装界迈出的有影响力的一步。同时通过在高端国际舞台上的展示、交流、学习，使此后“欧柏兰奴”的产品形象也愈发国际化。

在各种中外服装的发布、展示中，2004年，罗峥又获得了“路易·威登”麾下的法国轩尼诗所颁发的“亚洲时尚设计大奖”、2004年中国年度“最佳女装设计师”奖、2004年度“最佳女装品牌设计奖”。2004年11月，“中国国际时装周2005春夏系列”发布之前，罗峥、谢锋、梁子等5人代表5家在中国业界有影响力的设计师品牌企业，共同签署了《成立中国服装设计师协会品牌委员会倡议书》，此举宣告了中国服装设计师协会品牌委员会的正式成立。从此，罗峥的设计师品牌成为在国际和国业界有影响力的品牌，显示了罗峥的设计师品牌在中国品牌建设中的示范性地位。

2005年，在北京世纪剧院，罗峥获得“2005年中国设计业十大杰出青年”称号，同时还获得“2005年度莱卡风尚”、“2005年《时尚芭莎》风尚设计师”称号，2005年中国国际时装周“最佳女装设计师”奖等奖项。她的设计才能和成就在务实的经济社会中得到了认可，并不断地向着更深、更广的维度延展。同年11月，罗峥在“中国国际时装周2006春夏时装发布会”上，推出了灵感和取材都源自于中国的戏曲——《牡丹亭》中“游园惊梦”的主题为“惊梦”的时装秀。罗峥做这场发布凭借的不仅仅是自己游走世界的经历和对中国传统艺术的理解，她还翻阅了大量的资料，研习了相关的戏曲服饰文化。罗峥感叹地说：“我惊奇地发现，以前的戏袍和服饰设计工艺的制作非常精美，都是珍品。当你看到这样的珍品时，你会叹为观止。还有一些霞帔做得也非常精致，可惜它的好多工艺到现在可能早都失传了。我们作为年轻设计师，应该将它的可传承、可再设计的因素提炼出来，然后用更时尚的方式将它再次演绎出来。我觉得我们可以把这件事情当成一种责任来做。”[③]于是，罗峥以卓越的创意理念，现代剪裁技术以及高级的材质作为系列服装的设计基础；将历经时间与文化痕迹糅合、演进而来

①刘文英：《罗峥：流行属于自己》，载《深圳商报》2009年3月11日。

②克利翁舞会：每年的11月，世界各地的名门贵族、各界名人明星聚集在位于法国巴黎协和广场的克利翁酒店（Hotel de Crillon）举行一个盛大的著名的克利翁名门少女成年舞会（Le Bal des d é butantes de Paris）。

③吉莉：《欧柏兰奴设计总监罗峥访谈实录》http://women.sohu.com/20051122/n240775193_2.shtml。

的内涵意境，融合在后现代解构的手法之中；将色美工精的传统纹饰、手绣工艺，融合于细腻、大气的现代订制式工艺之中；将古装服饰的霞帔丽服演变成了现代服饰上玲珑精致的绣肩，以及经营布局得体的各个部位的装饰设计之中；创造出美学底蕴浓厚、无拘无束但又高雅时尚的“寻梦”、“惊艳”、“追梦”、“惊梦”四个意境相承的现代服饰系列，打造了一场具有时代魅力的、充满中国神韵的时尚盛宴（见图 4-3-19）。

图 4-3-19 罗峥打造充满中国神韵的时尚盛宴

2005年，李冰冰、范冰冰、刘亦菲、徐静蕾等许多中国影视界的明星，在出席重要颁奖典礼之前，纷纷选择罗峥为自己设计礼服。此后，明星穿着本土设计师的作品出席重要场合成了一种时尚潮流。2006年10月，章子怡出席由《时尚芭莎》杂志举办的“明星慈善夜”时，所穿的礼服也出自罗峥之手。紧接着，吴佩慈、赵琳、张静初等明星也身穿罗峥设计的礼服出现在“金鸡”、“百花奖”颁奖礼的现场。罗峥这位新锐的时尚设计师极致地展现出了“将时装品牌高级成衣化、将高级晚礼服时装化”的设计才华，她在设计灵感与设计主题、艺术价值与市场的天平上，在品牌培育、推广与时装周的发布、宣传的平台上，为中国服装品牌建设找到了最佳的平衡支点。

2006年，作为中国设计师品牌先行者的罗峥所执掌的“欧柏兰奴”，通过中外时尚界的平台进行国内外的竞争与交流已逾十年，此时的“欧柏兰奴”有了一个进取、充满着时尚活力的精英团队。在民族文化与时尚创新的交融中，在品牌与时日交辉中，罗峥更加坚定地认为：“中国有5000年灿烂的文化，有太多太好的东西，设计师为什么不能将这些优秀的东西运用到现代生活中，民族的好东西，不仅仅属于中国，它应该属于全人类。”[①]“抛弃了自身文化的，再新潮、再前卫我都不会选择。”[②]她坚守“美的力量不亚于思想”的设计信念，力图通过服装设计来诠释美，以服装之美来引领人性的提升、社会的进步。她要用一生来推行“自我、个性、唯美、柔情、浪漫、梦幻”的独特的设计风格，来表现永远的出其不意和繁华美丽的时尚梦境，并以大美的衣着境界，使人的灵魂、精神与行为得到陶冶与净化。此时，中外游历、中西文化、现代影视、中国古典文学中的“蝴蝶”传说、生命的哲理在她的心底沉积出了新的创造意境，幻化为创意设计的恣意畅想。电影《灵魂的重量》在罗峥的心绪中奔泻出自由的、灵性和感性的创意，她以自己至爱的蝴蝶兰花——蝴蝶为创意之源。把蝴蝶从受精卵—幼虫—蛹—茧—羽化—成虫用尽全部生命，在轮回与蜕变旅程中再幻化成蝴蝶，展现其色彩色彩斑斓的生命旅程作为背景，设计出的“21克”主题系列服装华丽出台。“21克”通过国际化的手段，色彩上以亮丽米色、米白色以及高雅的灰紫色为主，面料则多采用精致如水的绸缎、精细轻柔的绡纱来传递内心的欢乐与灵魂的自由，巧妙地演绎着时尚生活的典雅、高贵。浅金、拼接、镶嵌、细针密线等精湛而独特的工艺及突出的、不同肌理的碰撞与融合，为服装塑造出了如同生命轮回般的惊艳与美丽。“21克”的文化意喻与色、材、质、艺共同构筑了层层叠叠的浮想意象：生命的萌动、呢喃的细语、灵魂的蜕变、欲望的飞翔；透露出了设计师在内心战胜一切障碍之后所获得的飞翔般的畅快与自由的喜悦。“21克”展现出在蝴蝶的轮回与蜕变的生命意蕴下，幻化出张力十足的、美轮美奂的、高贵不凡的系列服装气势，构建出一个意象丰满、笔调流畅的艺术世界。2006年11月，“中国国际时装2007春夏发布会”上“21克”主题系列服装的

①《柔情霸主——罗峥》，载中国服装网，http://www.efu.com.cn/data/2006/2006-12-11/177063.shtml。

②《柔情霸主——罗峥》，载中国服装网，http://www.efu.com.cn/data/2006/2006-12-11/177063.shtml。

图 4-3-20 罗峥"21 克"作品获中国时装界最高奖项"金顶奖"

成功发布，使罗峥成为第十届"金顶奖"的得主（见图 4-3-20）。

2007 年，罗峥获得"中国国际时装周十大设计名师"称号，此时她的设计师品牌在北京、上海、深圳、广州、厦门、哈尔滨等地已经拥有了百余家连锁店，每年能够创造上亿元的产值，并保持着 30% 以上的年增长率。

对于充满了中国文化精神的唐诗——去年今日此门中，人面桃花相映红。人面不知何处去，桃花依旧笑春风——每个人的理解或许都会不同。2008 年 9 月，罗峥经历着孕育的喜悦，目之所及都是春光明媚、落英缤纷、人间极美的景象，同时，她也思考着人生的意义与生命的价值：极度落寞过后，仍然要笑对人生——“桃花依旧笑春风”；历尽沧桑，历尽苦难，还要充满激情地前行的人生境界。罗峥通过对“孕育新生命”、“桃花依旧笑春风”的感悟所产生的“花开当珍惜”的人生感怀，构思了以“人面桃花”为主题的系列服装设计，并通过自己每次发布的主题以及系列服装，不急不缓地表达出了她对中华文化的感悟。罗峥坦言：“我是一名中国的设计师，中国有很多文化，有很多好东西，我想应该拿来与全世界人分享；中国美丽的丝绸有成百上千种，我们希望用这种美好的、具有生命力的材质，与时代和实用性相结合，不仅仅让它们躺在博物馆或展现在历史书上，而是让所有的人分享这种美。”①罗峥在实施这个富含民族文化的服装创意设计时，按照她品牌设计的运行惯例，通过公司的两个团队在设计上分工，一个原创团队出创意概念，另一个产品团队完成各种元素与服装设计的嫁接，以“中国的·国际的”视野与胸怀，创作出了完全贴合“2009春夏纽约时装发布”流行趋势与风格的作品。在总体设计上以感性与理性、东方与西方、古典与现代并行的方式演绎了唯美、浪漫的时尚生活精神。较之以往增添了更为年轻、时尚、摩登的感觉。作品采用很多短裙、短裤以及层叠的搭配方式，展现了东方新浪漫主义的激情与活力。选用大量高级丝绸材质，再辅以顶级裁剪，用明黄、桃红、灰粉、淡紫红等梦幻的色调，以及大量细密针脚的刺绣、扎染、钉珠等传统中国装饰工艺细节，使设计焕发出了自然美的力量、东方传统文化的光芒、新的时尚空气，将潜藏的、中国式的、隽秀婀娜的女性内在美与张扬的现代时尚完美地结合在一起。它是“东风西渐”，亦是“西风东渐”的中西文化的完美合璧，它体现了现代繁华都市中独立的、锐意进取的女性的共同情感与时尚生活的态度。2008年9月12日，罗峥作为中国女装设计师品牌第一人，带着“人面桃花”系列作品，远征世界上商业性最强的纽约时装周，在发布现场的一段全息影像的VIDIO、清淡的水墨不断变幻直至桃花满天的序幕下，一位画中女子——中国名模——神奇般地出现在观众面前，于此，“纽约时装周2009春夏”的“人面桃花”主题发布便以明快动人的色彩为主线在纽约正式开场，精美的“人面桃花”作品吸引了众多非常专业的美国观众。挤满秀场的观众在15分钟的发布过程中爆发出了4次掌声。“欧柏兰奴”的“人面桃花”在纽约向世界充分地展示了中国当前服装时尚产业的发展水平（见图4-3-21）。

纽约时装周给了罗峥向世界展示自己作品的机会，同时也引发了罗峥的许多思考。参与纽约时装周的国际化的专业销售团队、顾问公司所实行的项目负责制，由筹划秀场的买手、专业媒体、潜在的客户三部分观众组成，都是专业化的人员。同时公关公司要求品牌发布方要在节目单中写上产品的款号、材质特点、销售对象。专业媒体人会在后台或在彩排的时候亲自去感受产品的材质，询问设计师要表达的主题。在发布会上，为了使品牌服装的设计主题与商业信

①王彤晖：《花开当珍惜——罗峥谈纽约时装周处女秀》，载《中国服饰报》2008年11月7日。

图 4-3-21 罗峥"欧柏兰奴"——"人面桃花"上演纽约时装周

息能够吸引这些专业的观众，模特的化妆、造型以及舞台都很简练。发布秀没有经过事先的彩排，背景音乐也只是来自发布现场的乐队伴奏、模特走台的即兴歌唱，发布会就在这样即兴的发挥与良好的互动氛围中流畅地完成。这就使现场的所有焦点都落在了服装上，如此明了、清晰的商业目标，让罗峥对美国市场有了更为深刻的认识。

罗峥的"欧柏兰奴"与美方投资者，虽然目前在整体规划定位上主要是针对国内市场，暂时没有制定进军美国市场的计划，但是，"人面桃花"在"纽约时装周"的发布过程，给罗峥留下难以磨灭的记忆。纽约时装周轻松、务实、专业，有效率的与买手之间的沟通、交流的程序，有效地促进品牌发布终级目标的达成……使她对通过中外国际时装周等时尚舞台推动品牌建设也有了更为明晰的思路；对未来品牌进军美国市场的方式与方向有了清晰的定位。由此可见，纽约时装周为美国市场提供了更多了解罗峥品牌的机会，也为其将来进军国际市场做了前期的铺垫。这是一次自主知识产权的民族设计师品牌在国际资本支持下，尝试在国际化商业模式下进行运作的前期探索，它有力地推动了"欧柏兰奴"设计团队以及具有"中国的·国际的"特性的品牌建设。罗峥在2010—2011年发布的"低调的奢华——中国本土设计师女装'欧柏兰奴'新品系列"等产品，既深含着"中国的"文化底蕴，又更加的优雅、浪漫，具有"国际的"新时尚风貌。在全国各大城市位于一流商业圈的连锁店里，新的品牌产品不断热销，成为知性女士最为喜爱的、国内外主流时尚媒体热捧的中国时尚女装设计师品牌的代表之一。

同样通过时装周开拓品牌空间的还有张志峰和他的"东北虎"。张志峰是亚洲时尚联合会中国主席团主席、中国流行色协会副会长、各大时尚活动的重要评委、国际服装品牌营销专家，被誉为"中国奢侈品第一人"。他是一位具有高度民族文化自觉的设计师，长期以来，他是中国奢侈品、高级定制的有力推动者之一，致力于中国奢侈品文明的复兴与新兴，以其"贯通古今，融汇中西"的设计理念创造出"东北虎"高贵、优雅、性感的奢华风格。他认为，中国在古代就已经有了高级定制服装，而在国外才有几百年的历史，因此，在当代中国奢侈品牌成长和设计理念上既要认识到与国际间的差距，也不要把奢侈品牌高级定制服装当作国外的专利，不能一味照抄国外的东西，要挖掘中国服饰文化使中国奢侈品文明得到复兴。对于高级服装而言，最重要的是要有自己的特色，对民族品牌的发展要有责任心。他潜心研究中国历史，对中国文化有着深沉的热爱，深切领悟儒、释、道精神相交融生成的中国传统文化，并认真而执着地不断将其转化成为推动中国奢侈品文明复兴的动力。

张志峰的设计师品牌"东北虎"创立于1982年，早期以皮草的设计和生产为主，随后张志峰不断将悠久的华夏文明凝集成品牌发展的精神力量，通过文化创意实践使品牌推陈出新。2002年11月，第十一届中国国际时装周以张志峰的"'花开四季'东北虎皮草之夜"作为开幕，中国奢侈品、高级成衣、高级定制的概念由此得到了新的提升（见图4-3-22）。

在品牌发展过程中，"东北虎"相继推出了晚礼服、中国式婚礼服和婚纱等系列产品，并开创性地推出了高级定制——"华服"。"中国有礼仪之大，故称夏；有章服之美，谓之华"；华夏礼服即是"华服"，是代表中华民族精神的国服。放眼当代东方，可以发现许多国家均有自己的国服和礼服作为身份标识符号，像日本有和服，韩国有韩服，印度有纱丽。"东北虎"品牌下的"华服"肩负着传承华夏礼服的使命而诞生，它融汇了中华民族的多元文化，贯通了中华民族传

图 4-3-22 张志峰“东北虎”皮草设计作品

统与国际顶级时尚的设计理念，全力展现中国国服的博大精深与时尚魅力。张志峰认为，国服的要义，第一，在于展现中华民族的核心文化，以中华经典服饰元素形成鲜明标识；第二，国服应该承载和融汇华夏各民族的文化特征，兼容并蓄；第三，国服在发掘与发扬传统文化的同时，应当融入现代感与国际化，使得当今世界对中华民族新风采形成统一的共识。“标志性”、“经典性”、“民族性”、“兼容性”和“现代性”共同构成了“东北虎”品牌的当代国服风格。“华服”设计基于此五大元素，并在传统的基础上加以现代的演绎和再创造，而有了传承与发展。同时，张志峰将“华服”的设计概括为五大特征：一为“礼”；二为“锦”；三为“绣”；四为“国色”；五为“华服”。即以礼为精髓，以锦为材，以绣为工，以国色为体，以华服为标志，凝聚呈现数千年华夏礼服的文明。“东北虎”华服中融注了中国文明的血脉，是一种源于传统，经历现代创意的文化再现。

2010 年 4 月，由“东北虎”创制的织造技术堪称国宝级巅峰巨制的“鸾凤双栖牡丹”缂丝华服，被首都博物馆收藏；同年 10 月，“东北虎”推出了“天干·地支”高级定制华服发布会，并首次将历史悠久的羌绣艺术运用到现代华服之上。2011 年 1 月，“东北虎”助力国家形象大片拍摄，杨丽萍、章子怡、张梓林等明星着“华服”出镜，张志峰代表中国设计师出镜；同年 10 月，“唐·风”高级定制发布会拉开了上海时装周的大幕；同年 10 月 25 日，“唐·境”高级定制华服发布会作为中国国际时装周的首场大秀再次拉开了时尚盛宴的序幕，将千年前的大唐盛景，完美展现于现代华服之中。

2012 年是“东北虎”活跃在国际时尚舞台的一年。7 月，“东北虎”应国家新闻办的邀请参加“感知中国——日本行”活动；同月应亚洲时尚联合会的邀请，作为中国唯一的品牌代表举办了“华夏礼服，礼传天下”的高级定制华服秀。

2012 年 9 月 7 日，“东北虎”应第二届“中意时尚峰会”的邀请，作为中国唯一的品牌代表在米兰著名的地标建筑——科列里奇宫的壁画大厅举办了高级定制华服发布会。融汇了东方服饰文化的“东北虎”华服让包括“杰尼亚”董事长、“古琦”总裁、“普拉达”董事长、“芬迪”（Fendi）创意总监在内的众多意大利时尚同行为之震撼，向欧洲彰显了中国数千年的服饰文化魅力（见图 4-3-23）。在发布会之前的论坛上，张志峰以题为《传承，开启世界共通的文明》的精彩演讲将峰会的气氛推向了思想交流的顶峰，该演讲以气势恢弘的《中国丝绸》短片开场，告诉人们一个不容置疑的事实：中国不仅正在用巨大的消费力影响全球时尚界，同样重要的是，全世界的奢侈品都能在中国寻到“根”。中国奢侈品古已有之，无论是中国丝绸、陶瓷、金银器、玉器还是茶叶，都曾经征服过世界，在文化内涵、艺术造诣和制作工艺上同西方相比，有过之而无不及。今天，有着深厚文化底蕴的中国奢侈品品牌也正在崛起，傲视着西方时尚群雄，而“东北虎”就是其中的典型代表。

作为中国服饰文化的守护者和传承者，“东北虎”在打造世界顶级品牌的道

图 4-3-23 “东北虎”受邀“米兰中意时尚峰会”发布高级定制华服

图 4-3-24 “东北虎”(NE · TIGER) 品牌作品中剪纸等传统设计元素的应用

图 4-3-25 2013 春夏中国国际时装周“东北虎”品牌“华宋”主题秀作品

路上特立独行。在品牌发展的过程中，“东北虎”不仅开创性地提出了“华服”的概念，也以高级定制华服作为载体，将具有 3500 年历史的缂丝、1580 年历史的云锦进行了深入的挖掘和整理，把缂丝、云锦和四大名绣等中国极品手工艺融入时尚前卫的设计中，使得现代人仍可以欣赏甚至穿着用这些濒临失传的古代珍贵手工艺制作的华服；同时将剪纸、结绳和手绘等中国传统手工艺也在“东北虎”的高级定制设计中得到发扬光大（见图 4-3-24）。

2012 年 10 月 25 日在北京饭店，“东北虎”以“华 · 宋”作为中国国际时装周开幕秀，拉开了这一时尚盛会的序幕，展现了“东北虎”的华服新姿（见图 4-3-25）。

自 1982 年创立以来，在 30 年的成长历程中，“东北虎”以时装周为平台，

图 4-3-26 “东北虎”华服设计作品

始终坚持发掘服饰背后的深厚文化，致力于中国奢侈品品牌的新兴，汇集华服、皮草、晚装和婚礼服于一身，奠定了它在中国皮草行业中的领军地位，迈入了国际顶级时尚奢侈品牌的行列。30 年来，“东北虎”作为中国奢侈品行业的先锋，已被越来越多的中外消费者认可，成长为“中国的·国际的”的时尚品牌（见图 4-3-26）。

上述设计师，用“中国的·国际的”视野与胸怀，用民族文化与时尚创意相融合的服装品牌风格，证实了中国设计与世界顶尖设计没有不可跨越的鸿沟。他们通过国内外各种时装周来推进服装品牌成功地走向国际。他们的品牌建设途径，无疑能够为中国服装品牌强国建设提供具有先行性、示范性价值的经验。

3. 思考以多元方式运作的服装品牌强国建设的途径

在中国服装品牌强国建设过程中，各企业品牌和设计师品牌除了以上述国际、国内各种展会，或以国际、国内时装周为主要途径进行品牌建设外，各企业品牌和设计师品牌还以多元的运作方式——通过与国内外展会以及时装周并行的途径、吸纳多元投资的途径、以多元化的市场和消费特性推动多元渠道模式运作的途径——进行服装品牌建设。这样方向不同的、以多元方式运作的服装品牌建设途径，为中国服装强国建设提供了更为宽广的发展途径与发展的可能性。

以下列举几个企业品牌和设计师品牌，就它们在品牌建设过程中从不同方向展开的多元方式运作进行简要的探讨。

谢锋作为当今中国服装时尚创意先锋，身兼“吉芬”的董事长和总设计师两职，一方面要掌舵“吉芬”的品牌运营，另一方面也要领导针对国际市场的“吉芬”品牌产品的开发与设计。谢锋能够携自己的设计师品牌不断行走于国际市场，成为“中国的·国际的”品牌强国建设的先行者之一，与谢锋具有中国文化的自信以及他所经历的国际化的熔炼不无相关。谢锋早期就读于浙江理工大学纺织品设计系并在毕业后留校任教，之后又进入东京的日本服装学院攻读硕士学位。在攻读硕士学位期间，夺得了从未被任何外国人获得的“日本青年服装设计师大奖赛”金奖，接着经由日本“Nicole”公司的推荐，得到了在享誉巴黎的日本时装设计师高田贤三的工作室工作的机会，后来又有工作上的机会与让·保罗·高提耶大师接触，间接地学到了他的许多设计理念，这是谢锋设计师生涯中最重要的积累。在巴黎期间，那条和法兰西的历史一样悠长、蜿蜒曲折，却又静谧、狭窄的圣多诺雷街，以及街道两边的“纪梵希”、“克罗耶”（Chloe）、“范思哲”、“瓦伦蒂诺”、“古琦”等名声显赫的品牌，特别是他工作过的圣多诺雷 118 号那座古色古香的 6 层高的楼房——日本设计师高田贤三创立的法国著名的“KENZO”服装公司，他和同事们在高田贤三的主持下进行的种种时尚品牌创造的情境，始终铭刻于谢锋的脑海。1971 年，高田贤三以“日本丛林”为商标的时装设计，作为巴黎最新时装产品销往美国，商标的独特情趣和别致的设计风格令人耳目一新，在美国引起轰动，这是谢锋早已知晓的。让他终生难忘的是他的一次亲身经历，有一次，高田贤三先生从巴西带回了设计灵感，他在办公室的桌子上用一张巨大的、半透明的塑料纸盖住一堆棕榈叶、花朵以及漂亮的土著饰品，并对谢锋和其他几位设计师说：“好好看看吧，这就是我们下一季的风格和感觉。”有同事打算揭起塑料纸，把底下的东西看个究竟，高田贤三先生马上制止说：“不要掀开塑料纸，我们不要直接表现，要朦胧和含蓄，隐隐约约地表现热带风光和植物，要浅淡和古朴。”这样的设计要求将东方所崇尚的自然与含蓄作为出发点，再将来自美洲的绚丽的热带植物和饰品融入其中，造就新一季的巴黎时尚。这次的设计经历深深地交融于谢锋艺术设计的才智之中，开启了谢锋在民族文化与时尚创意上的无穷智慧。

在法国巴黎，各国设计大师们以自己的本土文化为根本，融入其他文化元素，使巴黎成为将世界各民族的文化和艺术精髓聚集、交融、演化为时尚的通道，最终造就了法国时尚舞台繁花似锦的恒久魅力。充满时尚魅力的巴黎和巴黎的圣多诺雷街也让谢锋见识到了欧美、日本服装品牌每年几十亿、上百亿美元的销量。历历在目的此情此景，给了谢锋以品牌国际化的视野与智慧，同时也为谢锋的文化创意与时尚创新提供了无限的养分。这正是“吉芬”每年的设计新品中，总有一个系列是以清晰的中国本土文化为根本，锻造百年设计师品牌的思想根源。

正是由于谢锋有了上述种种见识与实践，并且有着亲历市场的、为日本公司在香港工作的经历，再加上有机会接触珠江三角洲发展中的成衣加工业，以及在河北一家公司工作时所经历的市场壁垒等丰富的经验，才能够使谢锋的设计师品牌与市场运作在东西方美学、国际时尚观念、国际化市场模式的交汇中共生共荣，在混合文化的熔炼胶合中，在有形与无界之间跳跃转换，在不断渗透、深入汲取、有的放矢中磨砺，在心智的沉淀中成熟。谢锋通过种种机缘与自身的不懈努力，积累了能够直接获取最新的国际时尚信息和资源的渠道，并由此使品牌具备了国际化运作的可能性。更重要的是，通过上述各种历练，谢锋能够在文化全球背景下以“中国的·国际的”视野与胸怀，用国际化的时尚语言来阐释自己的品牌文化，能够对“吉芬”在国际和国内市场的运作做出迅捷的反应。

谢锋设计师品牌的创立于2000年，那时谢锋的设计才华与品牌运作的能力深得意大利纺织世家索必迪公司的认可，索必迪公司为谢锋提供面料支持，并注册了“吉芬”品牌商标。虽然谢锋的品牌“吉芬”对外一直保持低调，但却能够站在“中国的·国际的”服装品牌建设的高度，审时度势地进行市场定位。“吉芬”的市场定位主要是针对28—40岁之间的自信、知性、优雅、受过大学或更高教育、集知识与美丽于一身的女性消费群体，以扎实、真诚的服务为她们设计高级时装。创立不久的“吉芬”在中国高级成衣市场，便以年销售额过亿元的业绩逐渐显露出自身的优势，在海内外树立起了极高的知名度与美誉度。2005年，“吉芬”成为国际时尚资本青睐的投资对象，法国著名的VLOSY奢侈品咨询集团入股“吉芬”企业并着手对其进行国际化包装。同时，在VLOSY的引荐下，“吉芬”聘请了英国《芭莎》的编辑出任“吉芬”风格的总监。“吉芬”这个以设计师为主导的中国设计师品牌，从此逐步转入了国际化的运营模式中。

2006年，谢锋以故宫的门为灵感，策划了以“门”为主题的系列品牌服装设计，同时向法国高级时装公会提出了参加巴黎时装周的申请。谢锋以国际化的时尚视野作为“门”的设计切入点，运用简洁而又大气的故宫门的方形轮廓元素、独特的门钉式的装饰细节，巧妙地将源自故宫的灵感转变、升华成关于中西文化交融的创意。同时大胆地选用最富中国特色的、纯正中国制造的、纹路细密而整齐的、光泽细腻柔和的素缎、丝绸以及亚麻等面料与如同烛光晚宴般的浪漫情调相融合，打造出既饱含中国文化血液与中国品牌自身的文化烙印，又符合国际审美标准的“门”系列作品（见图4-3-27）。10月金秋是“吉芬”的收获季节，“门”通过法国高级时装公会的几次审核、考察，被列入了“巴黎时装周”全世界只有80多场的时装秀中的首场。谢锋携“门”主题系列时装作品，登上了巴黎时装周的舞台，在卢浮宫拉开了巴黎时装周发布会首秀的帷幕。此时，他代表着中国首次叩开了巴黎时装周的大门，正式拉开了“吉芬”穿过故宫大“门”走进国际大门的序幕。

“门”以一款渲染着水墨桃花的、充满了中国文化底蕴的丝绸印花长裙作为发布秀的压轴谢幕，发布会受到巴黎时装界和媒体的强烈关注。此后，谢锋便开始观察、了解、学习别的设计师在巴黎做秀之后的销售经验，全力思考如何开拓“吉芬”在国门以外的国际销售渠道，进而叩开国际时装界的市场大门。

图 1-3-27 谢锋的“吉芬”品牌走向世界之“门”

2007 年 2 月，谢锋以“路”为主题的系列时装作品，再次登上了巴黎时装周，之后，他用 4 个月的时间来寻找最适合自己品牌的国外经销商和合适的买手。最终，谢锋选择与曾经为约翰·加利亚诺、三宅一生等著名设计师做过公关及市场推广工作的国际“通路公司”合作，由他们正式代理面向海外市场推出的“Jefen By Frankie”在东亚、北美和欧洲地区的市场销售。同时谢锋坚持不懈地塑造设计师品牌的“灵魂”——每个系列都要花费长达半年的时间，用于从灵感来源到时尚创意敲定，季节主题、风格的选择。谢锋还重视对品牌生命——“灵魂”要素的呵护，创意思路敲定后，用一流的设计、意大利风格的顶级打版、高级制作的工艺、严格的质检……全面监控品牌产品的生产过程。对品牌灵魂的塑造与品牌生命的呵护，需要极高的成本投入，产品却不是工业化的批量生产，产品中的每个款式至多只生产 300 件到 500 件，借以保持设计师品牌致力于服务比较小众

图 4-3-28 谢锋“吉芬”品牌在巴黎发布“翔”作品

的客户群体的重要特性。因此，有着高艺术性、高品质的“吉芬”品牌在海外的定价与“范思哲”、“香奈尔”等品牌基本持平，使“Jefen By Frankie”成为在国际上显示实力的中国本土高端品牌。此举标志着“吉芬”成为“中国的·国际的”品牌建设之路的成功探索者，也是中国设计师品牌以多元方式运作进入国际时装流通渠道的重要实践者。

2006 年 10 月 5 日以来，“吉芬”在位于巴黎卢浮宫的法国巴黎时装周舞台上连续举办了“门”、“路”、“翔”（见图 4-3-28）、“和”四场经典发布之后，接着举办了第 5 场在卢浮宫巴黎时装周舞台的经典发布——“桃花源”。“桃花源”主题系列时装秀中的每一处细节都流淌着中国文化的沉淀与民族精神的内蕴：写意于长裙之上的一朵朵饱满而灿烂的桃花，轻吟着宛若陶渊明《桃花源记》中所描绘的那份空灵、宁净、唯美，“忽逢桃花林，夹岸数百步，中无杂树，芳草鲜美，落英缤纷”的意境，令人有如沉浸于“陶令不知何处去，桃花源里可耕田”的东方意境之中。它所营造的独特的飘逸、昂然、温婉、桃色斐然而又昂然自若的精神境界，使观众在浓墨重彩的视觉感受中获得一种恍若隔世却更为现代的时尚精神享受（见图 4-3-29）。

2008 年，谢锋开始尝试跨界合作，在巴黎时装周上发布的“和”与“桃花源”系列是先后与中国著名画家洛奇、杜觉民合作的成果。2009 年，谢锋跨出国界，走上了国际化的合作道路，与法国著名的艺术家 Francesca Brenda 合作上演了“那边”系列的发布，给北京中国国际时装周带来了新的时尚气息；2011 年，谢锋已经与丹麦的“哥本哈根皮草”合作了四年，开创性地推动了皮草时装化的

图 4-3-29 莫万丹压轴主演谢锋“吉芬”品牌的“花园之梦”主题系列作品

进程，同时与国内堪称一流的新一代摇滚乐队 The Super VC 合作，推出了“炫色年代”系列、“2010-11 秋冬时尚态度——摇滚都市”系列，以及“中国国际时装周 2011 春夏女装”系列的发布（见图 4-3-30、图 4-3-31）。同时，他还以中国的传统配饰为灵感，融合了东西方的元素，为已有 149 年历史的巴黎和平咖啡馆设计手工定制的“梅花弄”旗袍，做跨界设计——“中国香碰上法国甜”的甜点艺术造型设计，成为巴黎和平咖啡馆的甜点品牌。

从 2006—2011 年，“吉芬”在巴黎时装周以及国内的中国国际时装周等时尚舞台上连续上演 10 场发布秀，每一场都得到了国内外业界的好评，使“吉芬”成为通过多元途径建设中国时装设计师品牌的佼佼者，业绩连年上升。

作为中国服装界的创意先锋，谢锋携“吉芬”品牌通过在国内外时装周的品

图 4-3-30 谢锋“吉芬”品牌的“炫色年代”中的怀旧风情作品

图 4-3-31 谢锋“吉芬”品牌在中国国际时装周上发布“2011 春夏梦幻植物园”作品

牌发布、参加各种展会，吸纳多元投资等品牌建设的途径，通过跨文化领域的合作探索品牌服装设计与建设的途径，以及以多元化的市场及消费特性推动多元渠道模式运作的品牌建设途径，交织成为一种里应外合的、民族文化与时尚相交融的、艺术创造与商业运营相结合的景象，为中国服装强国建设提供了可供借鉴的、有价值的途径范式。

在中国服装界，有一个耳熟能详的名字——房莹，她作为中国服装界最重要的创意先锋之一，培育“Claire Fang”品牌的方式上有着自身的独特之处，形成与众不同的品牌建设途径。

房莹曾获中国服装设计师协会等组织颁发的“中国十佳时装设计师”称号、“中国国际时装周十大设计名师”称号、“最佳女装设计师”奖、“时尚中华十大风尚人物”奖、“名师勋章”、“服装设计功勋奖”以及中国时装设计“金顶奖”等众多荣誉称号和奖项。她还是意大利世界时尚权威杂志《BOOK》在2006年采访的首位中国服装设计师，《BOOK》以“新视觉的开拓者”为题，对她进行了大篇幅的报道。作为经验丰富的中国新锐设计师，她曾担任多项中国服装以及模特大赛的评委，还曾先后担任万事利集团、帕仙多格时装有限公司、珂莱蒂尔服饰有限公司等首席设计师、设计总监，艺术总监……

多年来，房莹不仅精心培育了享誉中外的自己的设计师品牌“Claire Fang”，为中国服装品牌建设做出了重要的贡献。她的国际化设计视野、品位、设计理念在跨专业的合作实践中不断融合、升华，并最终沉淀在了“CLAIRE FANG”的品牌设计之中。

房莹是一个善于运用国际视野与胸怀来展现自己艺术才华的设计师，她在中国国际时装周、中国服装设计博览会，以及各类国际时装发布与展会上做过许多主题系列的发布与展示。1996年获“中国服装流行趋势资格设计师选拔赛”第一名；1998年首次举办个人时装发布会“梦幻西藏”；2000年在美国纽约举办了“当代丝绸——黄河之梦”专场时装发布会；2002年作为中国设计师的代表参加印度新德里国际时装周并压轴演出“春天”时装发布会；同年在中国国际时装周上演绎了“喜悦”主题系列服装设计专场（见图4-3-32）；2003年作为中国当代优秀青年设计师代表，作品入选在巴黎卢浮宫举办的2003年中法文化年巴黎时装周“时尚中华——中国设计师”专场时装展示会（见图4-3-33）；2004年2月应巴黎高级时装周展览会主席的邀请，参加了“巴黎高级成衣展”；2005年作为唯一的中国设计师代表被邀请在马来西亚吉隆坡的亚洲时装周的开幕式“亚洲之夜”上作专场时装发布会；2007年受米兰时装周组委会主席邀请，携个人品牌“CLAIRE FANG”参加米兰高级成衣展；此外还有“本土2000”、“春天”（见图4-3-34）、“喜悦”以及“中国青花瓷”、“中国的花鸟”……每个系列的设计作品都流露出她对“中国元素国际化”的热情与创新。例如，她的首次个人时装发布会“梦幻西藏”系列，灵感源自于藏区，地上的牦牛、雪峰、哈达与天上的云朵，寺庙、僧侣、金壁和夜空等元素共同打造了神秘的西藏意境。她以黑白、酒红这些单纯而又丰富的堪比国际流行色的西藏色彩组成了系列服装的色调，天籁般的宗教音乐、一串串迷离的藏珠、僧袍上的影子与皱痕都被编织在了现代、时尚、飘忽、轻柔的面料之上，交融在了与主旨一脉相承的“梦幻西藏”系列成衣服装的时尚创新设计之中；融化进了如同高原夜色一样晶莹透亮的晚礼服上。秀场上的人们仿佛被房莹的设计作品带进了一个亦真亦幻的情境之中。这样的艺术情境源于房莹在民族文化与时尚文化的长久积淀，源于房莹文化创意才智的迸发，通过对传统文化的继承与时尚理念的交融，在艺术心路中升华，成就了时尚世界中的独特景致——神秘的洪荒亘古、绵长永恒的传统优雅、东方的灵韵与时

图 4-3-32 房莹“喜悦”主题系列服装设计作品

图 4-3-33 房莹 2003 年中法文化年巴黎时装周“时尚中华——中国设计师”专场时装展示会设计作品

尚的清新，交合成了她对“中国的·国际的”服装设计的独到诠释和见解。

特别令人关注的是，在“梦幻西藏”专场发布会的作品中因将服装的艺术性与成衣的实用性进行完美的结合，房莹给中国国际时装周的发布会带来一股清新之风，被认为是引发了一场“观念革命”。

图 4-3-34 房莹“春天”系列设计作品

2000 年，在“中华文化美国行”中，中国设计师首次在美国举办现代丝绸服装秀专场——房莹“黄河之梦”发布会，作品由 4 个系列共 90 多套服装组成。这是她对“梦幻西藏”在秀台上引入成衣的“观念革命”所做的更深层次的探索。她充分利用本民族的文化元素如肚兜、皮影戏、脸谱、古代仕女图、旧式月份牌美女、中国结等，结合了许多中国的传统刺绣、手绘、亮片等工艺手法，同时巧妙地糅进了当代最先进的纺织色彩印染技术，将丝绸全部染成华贵、艳丽、和谐的国际流行色，以现代的、时尚新颖的款式设计将传统的丝绸做成比较成衣化的时装，使民族文化元素与现代时尚巧妙地结合成了“中国的·国际的”现代丝绸服装设计。由此，这台展示对于国际成衣界产生了强烈的视觉冲击，成为在“中华文化美国行”的整个展演过程中唯一加演一场的单个设计师的时装秀。一位美国著名电视时尚评论员说：“我经常去巴黎观看时装表演，这是我第一次看到中国的丝绸时装也会如此紧跟世界最新时尚，这充分体现出中国时装正在赶上世界的步伐。美国著名钢琴演奏家卡米乐·拉米东女士当场向演出组织单位提出要求购买本场演出的服装。美国大型邮购时装公司‘CLUESCO’的副总裁 Georgenaim 再一次找到‘万事利’代表团的人员，要求将此次中国丝绸时装表演的全部服装陈列于公司的陈列室中，向全世界客户展示，共同拓展全球丝绸时装市场。”[①] 业内人士评述说：“如果说房莹 1998 年的‘梦幻西藏’将成衣带入了时装，那

①《中国丝绸时装展轰动纽约》，载《人民日报》（海外版）2000 年 9 月 13 日。

么这次，她是将丝绸做成现代成衣，更是一次在观念上的全面更新。”由此也体现出了房莹在引领中国服装走向国际化设计道路时所展现出的大将之风，以及她善于利用“中国的”文化创造出“国际的”时尚的雄厚实力（见图 4-3-35、图 4-3-36）。

上述历程，展现了房莹一直以来站在中华民族文化的平台上，创立自己的设

图 4-3-35 房莹“梦幻西藏”设计作品传达着传统的优雅

图 4-3-36 房莹“中华文化美国行”设计作品传达着东方的灵韵与时尚

计师品牌并使之走向国际化的心路历程。2003 年，房莹的设计师品牌“CLAIRE FANG”诞生于上海。“CLAIRE FANG”中的“Claire”在法语中是指透明、明亮、纯洁的意思，正好呼应了房莹名字中“莹”字的中文含义，这一内涵强化了“CLAIRE FANG”品牌在融合中国传统、民族特色，同时又非常强烈的时尚感。“CLAIRE FANG”品牌服装的面料以丝绸为主，汇聚国内各种文化创意的信息，涉猎世界时尚之都的先锋时尚，同时在其中不经意地透出对中国元素的运用（见图 4-3-37）。房莹在“CLAIRE FANG”品牌的运作上，不仅成功地运用了中国的民族文化和时尚的创意设计，更是成功地借助国际展会闯进了欧洲。自从 2004 年 2 月应巴黎高级时装周展览会主席的邀请，参加了巴黎高级成衣展之后，房莹依然每年两次携个人品牌“CLAIRE FANG”参加此展及意大利米兰高级成衣展等展会，逐渐取得了品牌的话语权，开拓了主打国际的市场的渠道，逐渐成为一些欧洲客户追崇的中国设计师品牌。同时房莹还每年都带着自己的品牌“CLAIRE FANG”，参加巴黎高级成衣展，并在各个商店销售，品牌主要针对的是欧洲客户群，由此，她的设计师品牌服装在欧洲积累起了自己的客户群。

房莹把服装设计当作自己的职业，同时她也曾在北京 798 开画廊，做艺术

图 4-3-37 房莹以丝绸为主的“CLAIRE FANG”品牌服装设计中不经意地透出对中国元素的运用

活动、艺术创作，同艺术家、策展人做一些跨界的合作。早在2006年，她就跟荷兰的雕塑家一起做过音乐剧的设计，在跨专业的合作中，她努力寻求能与雕塑家所追求的整体的感觉、力度相融合的面料，并在这个过程中激发出了前所未有的、超越常规的创意。她认为艺术和设计是互相影响、互相渗透的，它们都是相通的，没有不可逾越的界限。她希望能与艺术家、策展人合作，做些与艺术相关的事情。

房莹的“CLAIRE FANG”品牌是一个保持着高度的文化自觉、自信与自尊的中国本土设计师品牌。在巴黎高级成衣展，设计师品牌每年仅有100个左右，只有房莹的“CLAIRE FANG”是来自中国大陆的设计师品牌，她明知在法国注册品牌，短期内会对品牌发展和经济利益带来很多好处，但是她没有这么做，而是选择在中国上海完成品牌注册。第一次去参加巴黎高级成衣展的时候，有一些西方人站在房莹的展位前，看着展位上贴着的五星红旗的标志，很多人都诧异地说：“哦，中国的，中国的。”房莹为此特意贴了一个很大的“CLAIRE FANG”来自中国上海的标识。在第一次展览期间，她婉言谢绝了意大利服装商想定购“CLAIRE FANG”服装到意大利换商标销售的要求，房莹站在建设中国本土设计师品牌的高度，抛弃了对于短期利益的追求，这体现了她传承中华民族文化的雄心，更体现了她对其品牌所具有的“中国的·国际的”文化创意的自信，以及她对中国民族尊严的维护。

房莹为中国服装业界提供了如何以高度的文化自觉、自尊与自信开创中国本土设计师品牌，以及如何以服装设计为原点开展跨专业艺术探索与实践等的经验，将为中国未来服装设计、服装品牌强国建设途径提供一些具有先行性、示范性意义的、多元运作方式的参照。

我们在第三章的“服装品牌弱国境遇带来的涅槃重生”中，在第四章“品牌类型的多元格局是中国服装品牌强国建设的保障”中，都谈及“杉杉”在多元方式运作的服装品牌方面有何过人之举。这与“杉杉”的掌门人郑永刚在中国服装界有着巴顿将军般的智慧与气魄，能够高瞻远瞩是密不可分的。“杉杉”在多元方式运作上也曾经历跌宕起伏，并在一系列深刻的变革中前行，创造了中国服装产业的无数个第一：1989年，第一个系统提出名牌发展战略；第一个提出无形资产经营理念；1992年，第一个完成规范化的股份制改造；第一个建成完整的当时中国最大的市场网络体系；1995年，第一个全面导入CI系统，以此为基础逐步建立起企业经营文化系统，又以此为依托，走上了有形资产和无形资产相结合的企业发展新路；1996年，成为第一家服装业上市公司，同时与意大利女装品牌“麦斯奇莱”、意大利“法拉奥”（GRUPPOFORALL）、法国高级时装公会等合作，先后引进国际品牌多达11个。2004年又与日本株式会社迪桑特、伊藤忠纤维贸易（中国）有限公司联手投资200万美元买断了骄傲的法国大公鸡——“乐卡克”品牌15年的销售权。郑永刚胸怀收购合资、兼并更多国际的品牌的志向，实现了管理团队与国际对接，设计资源全球共享。在依托世界资源的同时，从中学习国际品牌的先进理念、运作经验，开发出“意丹奴”等多个自主品牌，将核心品牌向“中国的”非西装领域延伸，通过打造一支国际化的品牌族群来最大化品牌的价值，成就“杉杉”的服装品牌集群战略，成功地扩展了杉杉集团的盈利空间，保证了企业的利润率，为企业赢得了发展的主动权、营销的方式决策及定价权，同时也奠定了其掌控时尚话语权的基础。

上述多元投资、多元管理理念和多元品牌发展路线等品牌建设模式，使得杉杉集团在21世纪最初的7年，从拥有各类服装品牌22个，市场一级、二级特许加盟商1500余家，员工1.2万余名，发展成为以资本为纽带的跨地域、跨行业的杉杉集团、杉杉科技集团、杉杉生物集团、杉杉科创经贸集团和松江铜业集团五大事业板块，2家上市公司，7家海内外（公司）事务机构，24家核心产业公司，19家品牌公司和近3000家遍布全国及部分欧美主流市场的专卖店。“杉杉集团”的总资产和年销售总额均已超过百亿元，成为国家重点企业排行榜中的企业巨子，并且在“杉杉”时尚产业园内形成了欣欣向荣的多元化、专业化的产业发展群落。

类似这样朝着多元方向发展的企业和品牌，还有周成建执掌的“美特斯·邦威”、李如成执掌的“雅戈尔”、高德康执掌的“波司登”、罗峥的“欧柏兰奴”、张肇达的“马克·张”、计文波与“利郎”等许多中国本土品牌，它们虽然规模大小不同，但都走出了自己的多元方式建设品牌的道路。

1995年，“美特斯·邦威”集团公司创建于浙江省温州市，创始人周成建对民族品牌有着深厚的感情，以“扬国邦之威、故邦之威”为己任。公司与法国、意大利、中国香港等地的知名设计师有着长期的合作关系，每年设计的服装新款式多达3000多种，形成了一支集研发、生产、销售为一体的本土休闲服品牌队伍。2006年，“美特斯·邦威”全系统的零售额突破40亿元，创造了服装业界发展的奇迹。2008年，他先后收购了流行服装“衣之纯”品牌和“雷迈服饰有限公司”的主打服装品牌“LEIMAI”。在“虚拟经营”上玩得最好的“美特斯·邦威”旗下的品牌系列主要销往日本、韩国、印度、马来西亚等东南亚地区，现已成为日、韩女性喜爱的品牌服装。2011年5月9日，在临近“美特斯·邦威”上市三年之际，“BrandZ最具价值全球品牌榜单”发榜，“美特斯·邦威”以14.46亿美元的价值，跻身全球服装品牌10强，成为了唯一入选“全球年度服装品牌十强”的中国本土品牌。

中国雅戈尔集团公司在品牌发展的过程中，曾经首次独家开发了“HP棉免熨衬衫”，填补了国内空白，成为中国服装行业的第一个国家级新产品；其后又成功开发出新一代免熨产品：VP棉免熨衬衫、纳米VP衬衫、纳米西服、竹纤雅丽呢面料等，获得了国家重点新产品的称号。2005 年面对纺织品后配额时代与全球新保护主义的挑战与阴影，与日本伊藤忠商社、意大利玛佐多（Marzotto）两家国际著名的纺织服装企业，展开了技术、资金、人力培训和营销渠道等方面的全方位合作，通过三方强强联手，组建起全球最大的纺织服装联盟，共同应对贸易壁垒、拓展世界高端纺织品服装市场，现旗下有五大服装品牌。2007 年 4 月，旗下的“汉麻世家”品牌的世界首条汉麻纤维生产线在云南西双版纳投资建设，汉麻纤维是一种能抗菌、抗紫外线、抗异味的产品。2009 年 4 月，联合国粮农组织为其新型天然纤维的开发和应用授予了“创新奖”。2012 年 2 月，旗下的五大品牌“YOUNGOR”、“MAYOR”、“GY”、“哈特马克斯”(Hart Schaffner Marx)、“汉麻世家”全线入驻投资 4.5 亿元、建筑面积达 1 万多平方米的杭州雅戈尔旗舰店，使其成为“雅戈尔”打造的一艘“品牌航母”。这也正式开启了雅戈尔服装品牌的大店模式的时代。

“波司登”经过 35 年持之以恒的创意发展，创造了“中国制造”的品牌奇迹。在狭窄的羽绒服品类中发展成了世界级的业务规模，羽绒服装的年产量占到全球市场总量的三分之一。2003 年初，“波司登”在纽约曼哈顿第七大道成立了美国分公司，聘请当地优秀设计师，同时聘用熟悉当地市场、善于经营、管理的专业人士负责市场拓展。2008 年 9 月 23 日，两家“波司登”男装专卖店在英国开业，开创了中国自主男装品牌专卖店登陆欧洲市场的先河，并在欧美国家树立起了中高端精品的良好形象，开始了由“民牌”向“名牌”的转变，外贸业务连年来也在持续迅猛增长。“波司登”现已建成了 6 大现代化生产基地，2010 年的销售收入超过了 158 亿元，同比上升 43.6%；利税 22.72 亿元，同比上升 44.4%；出口产值 1.85 亿美元，同比上涨 16.3%。2011 年 4 月 28 日，第二届中国工业大奖表彰大会在北京人民大会堂隆重举行，波司登股份有限公司荣获中国工业大奖。这不仅是纺织服装行业，更是在国内消费品领域首个获此殊荣的企业。“波司登”由此成为制造业中唯一拥有中国世界名牌产品、全国质量奖和中国工业大奖三项国家级荣誉的企业品牌，彰显了其在实践名牌战略、卓越管理和自主创新方面的成绩和活力，在全国工业行业中都具有标杆与榜样作用。①

罗峥的品牌以国内外时装周为主要途径进行品牌建设的成就，在中国服装界有目共睹。同时，她在多元方式运作的品牌建设途径上，也展现了一道亮丽的风景线。她于 2003 年获得美国诺帝卡集团“朱钦琪 / 诺帝卡设计创意基金”奖，此奖专门奖励中国最有才华、最具创意的设计师，并且帮助这些设计师在国际上推广他们的商品，同时在当地建立起支持品牌运作的体系来开发终端产品，这为罗峥以多元方式运作设计师品牌插上了“飞翔的翅膀”。2006 年美国 KEATING 基金公司与“欧柏兰奴”在北京中国大饭店举行了投资签约仪式。这使罗峥的品牌成为中国最早获得国际投资公司的资金注入的公司，而使以多元方式运作的设

①孟杨、吴昕潞：《荣获全国消费品领域唯一的中国工业大奖，波司登引领服装品牌走向世界》，载《纺织服装周刊》2011 年第 16 期。

计师品牌有了强大的经济后盾。由于罗峥在国际、国内时装周展现的辉煌业绩，她和她的品牌越来越被时尚界所关注，美国著名的布卢明黛尔（Bloomingdale）连锁百货商场邀请罗峥品牌入驻。2007 年 6 月 18 日，美国《女装日报》刊出一篇题为《“欧柏兰奴”开始把中国品牌放入美国版图》的文章，文章一开头便指出：“就在美国和欧洲的零售商匆匆地进入膨胀中的中国市场时，‘欧柏兰奴’——一家位于深圳的女装企业却把视线投向了美国。”10 月，欧柏兰奴集团有限公司宣布，已完成对美国 Wentworth Ⅱ公司的反向兼并，成功地登陆了美国的 OTCBB（即场外柜台交易）市场，并募集到了 615 万美元的资金。罗峥以其胆识与远见推动品牌在多元运作道路上留下了自己的发展轨迹。

我们在第二章“以丝路敦煌文化为灵魂创建服装品牌文化”中谈到张肇达行者般地将足迹遍布全世界、游历人生，之后取得了丰硕的艺术设计成就。作为中国时尚界曝光率最高、影响最大的人，他在 1991 年创立“马克·张高级女装”之后又创建了包括“马克·张创作”、“马克·张高级订定制”（见图 4-3-38）、“马克·力仙奴”、“郛日·马克”、“马克·蝶丽奥娜”等等品牌，形成了“马克”品牌族群，范围涵盖了男女服装、婚纱、高级定制、皮件、香水、家居用品、配饰、模特、艺术传媒等时尚生活品的方方面面。新近张肇达又从产业链的集成创新战略与品牌生态优势构建的角度出发，将“马克·力仙奴”、“郛日·马克”品牌优势移植于其他品牌，在品牌群系中进行扬优弃劣的整合，构建了“马克”多元品牌集成的群系强势，以及多元形式拓展的强势，突显张肇达作为顶级设计师、品牌建设领航者、时尚教育家、传媒专家、企业家、资本家的超凡视野、气度与胆识。正是由此，张肇达不仅通过与业界合作形成品牌持续升值、跨界合作不断延展的机制，把时尚设计延伸到与中外设计师的合作上，如与具有“中国的辛迪·克劳馥”之称、从名模到演员、著名设计师的马艳丽合作推出“张肇达、马艳丽高级定制时装发布会”（见图 4-1-5），与清华大学美术学院纹章学专业的博士生导师、沈阳师范大学司徒安国际雕塑学院院长司徒安教授，以及清华大学美术学院院长、博士生导师李当岐教授合作，共同推出“‘东方夏娃’时装艺术秀”（见图 4-3-39）。张肇达在一步一步实现理想的同时，促进了中国服装时尚产业的发展与品牌的建设，为我们留下了诸多值得认真思考的品牌建设途径的模式。

在探索中国服装品牌建设途径的过程中，王新元、张肇达、吴海燕等设计师，在中国服装界全方位地参与国内时尚活动、多元品牌建设，为时尚品牌、时尚媒体、模特培训与服装专业院校当全职或兼职的教授，成为中国顶级的时装设计师、时尚艺术家、教育者。他们全方位地从不同方面引领中国时尚产业、多元品牌建设的发展。1991 年，王新元在北京，组建了定位于中国职业女性商务服装的“新元时装有限公司”，张肇达在中国南方他的家乡广东省中山市，创立了中国南方、也是他的第一个设计品牌“马克·张”；王新元首次提出“职业女性时装”理念，并推出“职业女性之歌”个人作品发布会，成为在中国北方最早创立的以设计师命名的服装品牌。

在中国服装品牌建设与“名企、名师、名牌”的推动者中，王新元是其中重要的一个。1996年王新元任“杉杉集团”总设计师、北京“杉杉·法涵诗时装有限公司”执行董事，他与张肇达合作于1997年在北京、上海、宁波举办“走进东方”王新元、张肇达大型高级时装发布会；1998年在北京、上海、哈尔滨等15座城市举办“不是我是风”王新元、张肇达大型高级时装发布会（见图

图4-3-38 张肇达的“马克·张”高级定制设计作品

图4-3-39 张肇达与司徒安、李当岐联手演绎的“东方夏娃”时装艺术秀

图 4-3-40 “不是我是风”王新元、张肇达高级时装发布会作品

4-3-40），结束了中国无高级时装发布的历史，开创了国内时装发布与世界接轨的先河。1999 年在宁波天一阁，由王新元设计、主导的“百年时尚”国际时装节开幕式——“天一夜宴”巨秀（动用 1000 名模特和 200 名舞蹈演员及歌星和影星），别具风采地演绎了一幕时尚春秋。2000 年在北京居庸关举办了长城秀——“路易丝漫”高级时装发布会，吸引了国内外 200 余家传媒的关注。2001 年，在上海国际服装服饰博览会闭幕式上，王新元又以纵贯上海南北的重庆高架路人行天桥为 T 台，发布了如诗如画的“夜秀——‘路易丝漫’时装‘行云流水’系列”；在“苏州国际丝绸节”的闭幕式上，王新元展示了中西合璧的“夜泊苏州——隽秀”。2002 年，在“CHIC2002”期间，王新元在北京前门箭楼上推出了“如意·中国”发布会；之后的几年，王新元又以执导、总策划、首席设计师等身份相继推出“江南寻梦”、“潮起海宁”、“平湖衣海”、“梦萦退思”、“面子”等发布会。2006 年王新元指导并组织了中国的 8 个服装品牌，参加意大利米兰时装周，旋即又在中央电视台举办了 2006 CCTV 中国服装流行趋势发布会——“浪漫专场”……

王新元在杉杉集团任职总设计师之后，又先后出任如意集团总顾问、艺术总监、中国时装设计师协会艺术委员会主任、时尚杰集团董事长、上海新元企业发展有限公司董事长等职。他还同时出任江苏盐城工学院教授，兼任清华大学美术学院、中国美术学院、广州美术学院服装学院、湖南株洲工学院及苏州大学艺术学院客座教授、兼职教授，现任苏州大学名誉董事、上海国际时尚联合会副会长……

王新元的偶像是巴顿将军，这位独特的设计师身上也隐约显现出了其偶像的影子。他既有着艺术家敏锐的感觉、丰富的情感、犀利的眼光，又具备了将军般的坚毅，他的设计作品大气张扬，豪迈奔放而不失温婉与细腻。两种貌似不合的设计手法，恰恰体现了他的“设计观”——如同筹划一场战争。设计衣服需要从全局入手，再从局部部署，最后做全面的整合，这样在不失整体的和谐气质之中又可以确保局部细节的突出。“出其不意，方可克敌制胜”，无论是设计师还是将军，两者都需要极度的自信、非凡的创意和一颗“勇敢的心”。被誉为服装界的“时尚王子”的王新元，无论在担任企业的董事长、总经理、艺术总监、总设计师期间所进行的多元服装品牌的资本、渠道运作建设工作中，还是他带动设计师办企业，与大型企业结合，创办高水平、大规模的时尚品牌时装发布等时尚活动中，再或是他在职业女性时装设计，丝绸、皮装设计，演绎中国面料的源远流长、展示品牌发布会中时尚产品的设计等方面，都展现了他出众的天赋与才华。他在中国服装界不断掀起层层时尚浪潮，推动着中华民族服装心理长城的构建，为中国服装由制造过渡到创造以及多元服装品牌的运作与建设，做出了突出的贡献。

王新元与张肇达、吴海燕一样，在提升民族文化的自尊、自信、自觉，进行时尚创造与品牌建设的过程中，也展现出了联合企业、融合资本的能力，这种综合能力成就了他们“把传统文化活化于当下的生活”的理念与品牌建设的理想，探索出了极具参照价值的多元服装品牌建设之路，为后来者提供了更多的、促进中国品牌强国建设的努力途径。

我们知道计文波有着强大的创新设计及产品开发的能力，他通过国际、国内的时装周筑就了“利郎”品牌发展的有效途径，使“利郎”成为中国男装品牌中的佼佼者，服装行业市场业绩快速增长者。然而他的丰富经历和出色才略远不止这些。还表现在1997年至2005年期间，担任福建盖奇制衣公司、七匹狼实业股份有限公司、九牧王（福建）服饰发展有限公司、喜得龙福建体育用品有限公司、福建云敦服饰有限公司的设计总监、总经理、总设计师等职的出色业绩上；表现在2002年，计文波加入“利郎”，除了担任“利郎”总设计师与长期担任他自己创立的“计文波时尚设计机构”艺术总监的才智上；表现在当任中国服装设计师协会理事、中国时装艺术委员会委员、中国流行色协会首席男装趋势研究员、广东服装设计师协会副会长等善于筹谋的工作上。丰富的工作经历为他积累了多方面的才略与经验。2007年，海南“博鳌”正式成立爱浪（国际）文化产业集团计文波时尚推广机构，他不仅担任编剧，还兼任导演，拍摄了一部以服装模特为主题的电视剧（此项目通过“爱浪”投资，除聘请知名演员参加演出外，其余主要演员从“万众偶像”中选出）。他联合“祁刚时尚推广机构”设立模特经纪公司，培养的十大名模全部走向世界。他为“快乐男声”突围赛主持人和中国12强的选手设计服装，展现他在各个领域的才华和能力。

计文波在上述多元领域的实践中深有体会：“真正的设计师，不是仅仅能够做某一个领域的，他应该是一个通才，具有能够自由游走在所有设计领域的能力。”计文波在多元领域实践中所推行的、最为可贵的经验是：在男女装的设计上都坚持不注入太多设计师特立独行的风格，而是顺着市场深入走下去，并做到引领市场。他还对春夏季大约在男装中占三分之一、具有举足轻重的T恤市场，提出了自己的意见：“近三年，中国的T恤设计在面料、色彩、工艺上，已经达到了一定的水准，甚至达到了国际品牌的要求和水准，但自己的风格还是不够突出，韩国和意大利T恤设计都有自己独特的风格，希望中国能在设计的细节尝试创新，从中华民族的传统文化汲取灵感，从而形成自己的设计风格。”每每表现出对事业的那份自信，他都让人印象深刻。

正是多层面多方向的成功经验、广阔的文化胸怀、开阔的国际视野，使计文波能够协同“利郎”屡创佳绩的专业管理团队，通过广泛的、机制完善的全国分销网络、独特的市场营销策略催生了“利郎”以多元方式运作品牌的新开端。“利郎”于2009年在香港联交所上市，成为首个在香港上市的男装品牌，并以“利郎”新品牌“快销时尚”L2揭开“利郎”多元方式运作品牌的新序幕。上市一年多，“利郎”在迅速成为最具成长潜力的上市公司后，启动了品牌发展的五年战略——成为“中国阿玛尼”，向国际顶级男装奢侈品牌进发，开始了其向品牌导向型企业的战略转变。在实施多品牌市场策略的过程中，“利郎”首先决定对数字网络业务形象进行更新，开展电子商务，选择顶级的数字品牌服务商“正邦网络”作为合作伙伴开展战略性合作——“利郎”利用“正邦”所积累的品牌经验和数据库，提出了企业站、主品牌站、子品牌站分离，以主品牌站为主导的互联网布局，分别面对投资者以及各品牌所指向的目标市场人群。2012年，位于晋江市区的“利郎”总部旁边，总投资约10亿元的“利郎文化长廊”正式揭牌，“利郎创意园”正式破土动工，它将成为国内集“文化、设计、研发”为一体的企业品牌创意园区。

这一切无疑为计文波与“利郎”加快探索出了以更为多元的方式来进行品牌建设的途径，为中国服装品牌强国建设又提供了一个新的发展思路。

我们熟知的顾怡、丁勇、刘薇、邹游、张继成、薄涛、马艳丽等中国时尚创意先锋设计师的品牌建设思路与途径也同样贯通东西，他们经常奔赴日本、韩国、马来西亚、蒙古等国家的时尚界，不断以中国文化创意、时尚创新与自主品牌建设来挑战自我，不断尝试登陆国际时尚舞台，不断丰富中国服装品牌强国建设的经验，逐渐生成多元化的中国服装品牌强国建设的成功范例。

我国纺织服装界的中国纺织工业协会、中国服装协会、中国流行色协会等10余个纺织服装行业的机构共同参与组织的“时尚创意空间”活动，旨在将纺织服装业从过去的简单模仿阶段推进到高层次创意的阶段，探索对时尚话语权的掌控，使我国纺织服装业的发展能够有突破之举，进而推动多元化运作的中国服装品牌强国建设。2007年10月30日，首届“时尚创意空间”登陆上海，在此基础上生成的、由中国服装协会与法国新时尚国际机构联手主办的“China in Paris”（中国创意在巴黎）活动现已经开展了多期。它构建了创意行业在国内、国际横向连通的平台，为设计师品牌开拓了国际商业渠道，提供了打开国际大门的钥匙。例如，首次在巴黎的国际商业渠道开拓中，来自百货商场、高端多品牌店、Buying Office的高端买手及巴黎“WHO’S NEXT”设计师品牌展的相关负责人对此次的“Showroom”都表示出了浓厚的兴趣。其中法国老佛爷百货公司、法国巴黎春天百货、法国好商家百货公司、英国哈罗斯精品百货、美国萨克斯第五大道精品百货以及日本的芬理希梦也都与参与“Showroom”的设计师进行了商务对接。杭州杰施时装有限公司的施杰、上海优玛服饰有限公司的王汁（Uma Wang）等设计师首次登陆法国，便获得了订单。法新时尚国际机构董事赵倩透露：“当代艺术家黄致阳先生，很多人在世博都看过他的作品，这次也来到了巴黎，并且和法国高级时装‘Anne Vailerie Hash’签约合作来年的秋冬时装，这是国内当代艺术首度融入国际时尚。”杜钰洲说：“一大批新生代设计师，他们不仅在国内外现代教育中获得新的知识，在社会实践中建立了专业基础，而且他们敏感于时代潮流，勤学苦练。他们专注于在经典与时尚的思辨中探索真谛，在传统元素与现实生活的融汇中激发灵感、发掘新的价值，在国际化的视野中选择自己的成功之路。‘China in Paris 中国当代创意 Show room’正是中国年轻设计师施展和检验才华的更高舞台。无论他们个人的愿望实现多少，都是一次难得的学习和提高的机会。就中国服装业来说，能以团队形式参与巴黎时装周无疑是一次历史性的进步。”①

从上述几个设计师品牌以及企业品牌的简要事例中，从“时尚创意空间”与“China in Paris”的活动中可见，在中国服装品牌建设的道路上，无论是依靠品牌自身实力来拓展，还是依托中外时装发布、展会争取国际资本的投入来走向国际；无论是OEM、ODM、OBM还是兼并收购，走向国际市场，都是企业、品牌快速拓展的有效方式，也是中国多元服装品牌类型建设中不可缺少的多元化的有效途径。这些在前行的道路上所经历的磨砺与有益的探索所积累的经验，对于中国服装品牌强国的建设具有示范性的意义。

三、用“中国的·国际的”视野与胸怀展望中国服装品牌强国的建设

20世纪以来，在百年世界服装发展史中，西方文化挟雄厚的政治、经济实力，在时尚领域以宣扬“我的文化”符号②、打造明星设计师、开设大旗舰店、生产高品质产品、媒体大量宣传等方式逐渐形成了国际标准、游戏规则，西方在全球呼风唤雨的寡头垄断占据了近一个世纪的世界时尚史。

进入21世纪，世界政治、经济的格局不断地发生变化，如今的中国已然成为世界第二大经济体，成为当今世界最常被关注和研究的经济体之一，与其他国家相比，中国有着更大的发展空间。尽管中国在经济、体制、社会和外交等方面

①田占国：《当中国创意初吻世界》，载《时装电子报》2010年10月29日。

②例如“迪奥”品牌的名称“Dior”在法文中是“上帝”和“金子”的组合，金色后来也成了Dior品牌最常见的代表色。

仍存在着各种各样必须要解决的问题，但是，中国无疑是一个正在崛起的超级大国。21世纪初的10年间，美国人口约为3亿，欧盟人口约为5亿，印度人口约为11亿，俄罗斯人口约为1.5亿，中国人口约为13亿，中国的消费水平在世界上排名第二，消费群体已经具备购买包括世界顶级奢侈品牌在内的各种品牌的能力。根据上述背景，未来全球时尚产业的聚焦点无疑是在中国。

鉴于这一背景，当今中国的品牌建设应坚持“天人合一”的东方文化观念，以足够的民族文化自觉与自信，承担品牌的“文化责任、道德责任、生态责任”，以营建良好的品牌生态环境为前提，进入“中国的·国际的”世界品牌群的培育和建设阶段。为此，我们必须以“天人合一”文化的核心价值为核心，坚持自己的“民族精神”、“我的文化”，使我国在自身所具备的深厚潜力与悠久文明的基础上，积极学习、借鉴世界各国的文明成果和文化创造，实现文化大国的真正崛起。只有具备了文化大国崛起的资格和条件，并从中华服饰文化的演进创新中、从自古已然的流行时尚中获得品牌服装设计的启示与借鉴，重视文化创意，追求品牌在同质化的国际品牌环境中，具有突出的存异求新的设计成果为目标，才能在全球时尚产业聚焦中国的时代，展现出中国品牌应当具有的“文化·创意·价值”的特质。

要真正实现中国品牌的“文化·创意·价值”，资本运作、商业运营、消费者需求定位则是关键。只有重视品牌的资本运营与商业模式创新，重视品牌社会责任，在消费者需求所决定的市场竞争中，获得合理的品牌价值，使利润最大化、资本增值。有了品牌资本增值的保障，才能使中国的原创服装品牌从“小荷才露尖尖角”的蓄势待发阶段进入到世界强势品牌的培育和建设的阶段，使“中国的·国际的”品牌集群不断进入国际时尚舞台、不断提升国际时尚话语权，由此，中国才能逐渐成为“国际标准、游戏规则”的主导者之一。

近年来，中国的许多本土企业开始以“中国的·国际的”视野与胸怀，在“入世”、全球金融危机、企业升级的过程中涅槃重生，其中的一部分经历了从OEM到ODM再到OBM的脱胎换骨，建立了自主品牌。许多企业品牌和设计师品牌在全球化的整合中，始终保持着本民族的特性，使自身既具有开放的胸襟和气度，又能将本民族的文化根基和内在精神发扬光大，力图颠覆全球格局中的不平等关系，为品牌不断注入创新的中国文化精神，使之成为人类文明的重要组成部分。服装界在中国的和平崛起过程中加大了中国文化形象重建的力度，取得了有目共睹的辉煌成就。但是，中国要真正成为世界服装品牌强国以及“国际标准、游戏规则”的主导者，需要具有上文所述的重视相关因素构成的“品牌资本增值的保障”，进一步加大“中国文化形象”的重建力度，推动中国服装业从成熟制造时期，全面、快速地转型进入创造时期，跨入商业时代。这显然需要我们重新审视中国纺织服装产业链的构成、工业流程，寻找文化创意、时尚设计与资本结合的共赢机制，这是我们如何以“中国的·国际的”视野与胸怀来展望中国服装品牌强国建设的关键之所在。

从文化创意、时尚设计的层面出发，服装品牌必须准确定位自己的设计风格——在传统与现代、东方与西方交融的背景下进行多元文化创意与时尚创新设计——这在服装界已经有了共识。张肇达在“时尚创意空间”上说：“我要谈一下我所理解的‘创意’，它是一种创造、创新的过程，但我认为它与‘传统’并不是背离或冲突的两个概念。相反地，我认为，它是在传统的基础上，对传统有了深刻理解后的一种突破，我认为，任何创意必须有深厚的文化或历史背景为基础，否则就是苍白的、肤浅的、难以为继的。‘巴洛克’风格是我个人习惯的一种创作手法，但我始终认为我的根在中国，我创作的灵感源泉就是几千年积淀下来的博大精深的中华文化，这就是为什么每年我都要去一两个地方，我是去寻根，在寻根的过程中从内心升发出新的灵感和创意。”[①]张肇达以精辟的语言表达了与中华民族血脉相通的不同地域的民族文化，在多元多样的中国服装文化创意、品牌建设中的重要性。

中国服装界许多仁人志士纷纷在中国服装文化创意、品牌建设中八仙过海，各显神通，寻民族文化之源，提炼本土创意元素，以时代性的审美、国际化的前瞻目光，建构全新的自主服装品牌的文化精神，而不是简单地认为“只有民族的，才是世界的”，也不是单纯地以“国粹主义”或“狭隘的民族主义”来进行品牌文化建设；更不是简单地借鉴某一单位地域，比如北欧的“基本、纯粹、质朴、简约、洗练、实用，重视自然、人与环境共存”的设计理念作为时尚设计的唯一范式，更不是以欧洲化或美国化的时尚作为“国际的”标准。例如计文波新近的“冥想”、“信仰”系列作品，一如此前“兵马俑”所展现的民族文化的无限魅力与时尚创意的长久市场价值那样，其在设计上的文化传承与适度的转型意识，使其时尚创意有力地促进了品牌的持续发展。“冥想”（见图 4-3-41）、“信仰”主题时装秀，以及新近许多中国服装界创意先锋的品牌发布会，展现出中国品牌纷纷开始在民族文化、时尚创意中以文化责任、道德责任、生态责任为出发点，去探索生命的意义，在工作、运动和休闲中，实现时间、空间与人和谐的设计。

只有这样，才能从“民族文化·时尚创意”、“中国的·国际的”时尚服装品牌产品设计中，表现出一个真正的文化大国的胸襟与气度，才能唤醒人内心深处的神明，启迪人的心智，而这正是服装业界重建中国文化形象反映在服装文化创意、时尚设计上的一种成熟的、具有国际化的前瞻性目光的体现。

在中国服装制造大国向服装创造转变、建设服装品牌强国的过程中，有许多品牌并没能认识到服装文化创意在品牌建设中的重要作用。许多品牌运作者难以从“观乎人文以化成天下”中获得启示，来思考中华民族“文化”的内涵与外延，

①《“时尚创意空间”精彩活动抢先看》，载《中国服饰报》2007 年 10 月 24 日。

图 4-3-41 计文波 “冥想”主题时装秀——探索生命的情境

以及它存在的价值与意义；难以用“天人合一”思想来“观乎人文”化为服装文化创意，难以使品牌在民族文化、时尚创意与消费者之间架构“圆融、贴切的妙喻”的消费心理需求的桥梁，在设计风格上进行“同情的模仿”与“智慧的创造”，将观照现实生活、文化生态与人文情境“融入”品牌设计作品和发布演示中，进而“化入”人心——消费者的消费心理情境之中，用“理解”与“化用”，来调整、定位品牌生态与品牌建设的新方向。如今绝大多数的品牌已经开始意识到这一点，它们在民族文化传承与创意上，根据自身品牌在国内外品牌生态环境中的生存空间进行有利于自身生存发展的文化创意定位与方向的选择。它们有的是从“原生态民族服饰传承发展”的方向，有的是从“对民族文化元素的应用创新”方向，或是从“蕴含中国民族文化的自由创意”的角度进行服装设计与品牌建设；更有过或“中骨西皮”、或“西骨中皮”、或表象是“傍洋牌”但在内质中却饱含着中国文化精神的积极探索与实践。特别是本书列举的“中国的·国际的”品牌建设的先锋设计师，以及因本书篇幅所限，未曾将其成就或列举于本书中的丁勇、王玉涛、王鸿鹰、王晓琳、邓皓、邓兆萍、任平、朱琳、祁刚、张继成、张义超、李小燕、陈闻、陈迷丽、周红、赵玉峰、赵伟国、蔡美月等众多著名设计师，他们从不同方面大力倡导、弘扬中华民族文化，以民族文化为品牌的根基，进行“中国的·国际的”服装品牌的创建；他们或以响亮的能够充分彰显中华文化意蕴的品牌名称，或以中文与外文文化意蕴兼备的品牌名称，或以中西合璧而富有意趣的品牌名称和服装文化创意设计，来演绎品牌所承载的中国文化的表象与内质，显现对中华民族的文化自尊和其内质所具有的国际魅力。他们作为21世纪的中国服装品牌建设者、文化创意先锋，以“天人合一”思想为基础，在民族文化与时尚创意之中体验、领悟，使自己能在文化创意上进行“圆融、贴切的妙喻”，能在设计上进行“同情的模仿”与“智慧的创造”。他们尽自己的智慧与才能进行以多元文化创意与时尚创新设计为前提的、以各种方式运作的中西合璧的品牌建设实践，开辟适合自己品牌建设与成长的途径。他们在资本战略、集团化战略、品牌运营等贯穿于全产业链条的集成创新竞争中积累了系统性的经验。他们的经验是中国服装产业链集成创新过程中所必须关注和拥有的要素，他们在过去的一段时间里支撑和推动了中国服装品牌的成长，在未来也必将继续成为企业转型、产业升级的核心力量，他们为服装品牌强国建设之路提供了示范性的参照。

从寻找与资本结合的共赢机制的层面上来说，中国服装界一直在寻找文化创意、时尚设计与资本结合、与市场结合的新路径，以期制造新的供求。但是，一直以来资本和市场都是我们的弱势。为此，国内的许多企业品牌和设计师品牌在这方面做出了让世人瞩目的探索，他们通过开发自主品牌，参与中国国际时装周以及国际五大时装周的品牌发布，参与国内、国际间的各种展会，通过合并、收购国际品牌等品牌建设实践，来尝试多元化的品牌建设途径。他们同时从所收购的西方品牌中，从国际资本与品牌（炒家、国际时尚势力）在中国登陆后的运作方式中获得启迪，并在中国土地上进行复制、模仿，使之变成趋势、成为模式。

在2012年3月26日至29日举办的“CHIC2012中国国际服装服饰博览会”上，中国服装品牌展现了中国服装企业在科技进步、设计研发、商业模式、资本运作、资源整合、国际合作等方面不断深入、不断创意的新成就。在“CHIC2012”上共有来自21个国家和地区的1000多个服装品牌参展。其中，国内参展品牌近600家，它们有的气势恢弘，有的自然清新，突出展示了文化创意、时尚设计与资本结合的品牌优势与独特风格。

与“CHIC2012”同期举办的“中国服装品牌年度大奖”，显示的数据如下：综合前7届，累计有112个品牌企业入围提名，44个品牌获得各项大奖。按照2011年的标准，历届入围的112家企业数量占全行业10400家规模以上企业的1%，单件服装的综合价值是行业平均单价的2.77倍；销售额占规模以上企业的20%；单个企业产量是全行业平均产量的4.35倍；单个企业主营业务收入是13.53亿元，为规模以上企业的11.37倍。①此数据表明了国内服装品牌价值含量的增加。中国服装协会秘书长王茁表示：“当前国内市场需求逐渐增加，给我国服装产业带来了重要发展契机。这一季的服装活动，充分体现出我国服装品牌的创新精神和对发展自主品牌的重视，服装企业已经从销售产品的初级阶段进入到销售文化的相对高级阶段，有了打造整体品牌的理念。”他还特别提到：“我国自主服装品牌已经开始加快实现市场国际化和资源整合国际化，由发展国内市场产业链到发

①刘瑾：《中国国际服装服饰博览会——自主服装品牌华彩绽放》，载《经济日报》2012年4月10日。

展跨国产业链。”[1]由于国内服装业发展迅速，尤其是品牌服装发展取得了骄人的业绩，受到了中外资本的关注。在“CHIC2012”上，光大证券的一位工作人员说“服装业作为比较稳健的实体行业，我们看好它的投资前景，之前已经投资了一些企业。从今年的服博会上，我们希望发现一些新的具有发展潜力的品牌企业，帮助他们走向资本市场。”[2]迄今服装业界已经有一部分企业、品牌上市，与中外资本的携手，扩展了品牌发展的空间，完善了服装品牌的产业链。服装企业、品牌借助资本的力量让自己强大起来，这是中国服装品牌强国建设加快发展速度的有效途径。例如凯雷集团投资 1.5 亿元人民币助力中国时尚产业、与“歌力思”结成战略合作伙伴的举措，在业内传为佳话。

然而，另一个事实是，一个企业或品牌的外围股东进来得越多，原始控股人的控股比例就越少。福特（Henry Ford）的家族成员在福特公司并没有拥有最大的股份；香奈尔也没有掌握其公司的最大股份。在控股权不断地被外围股东稀释的过程中，其创始人对于这个品牌的控制力越来越弱，在很大程度上需要尊重投资商的意见，但投资商对服装行业可能不太关注，他们更关注的是每个季度、每年的利润是否能够达到最高的利益回报。因此，无论是上市也好，获得“风投”也好，外部资本永远都是企业发展的外部因素，真正起决定作用的依然是来自于企业、品牌的内部力量。因此，在“中国的·国际的”服装品牌强国建设道路上，没有捷径可走，练好“内功”才是关键。练好“内功”才能在未来参与主导国际标准、游戏规则、话语权利，实现中国服装品牌的价值。

“中国的·国际的”服装品牌强国建设的“内功”是什么？首先我们需要认清这样一个事实：目前，在世界服装业的格局中，OEM 为服装制造提供服务，OBM 卖品牌文化、卖创意、卖设计，ODM 为他人做创意、品牌设计。在中国服装业的品牌类型格局中有一部分企业经历了从 OEM 到 ODM 再到 OBM 的脱胎换骨的转变，建立了自主品牌，它们和一部分中国本土设计师品牌共同构成生机勃勃的中国服装品牌建设队伍，它们的努力已初见成效。在中高端市场，本土品牌已经开始占据一定的主导地位，初步构筑出一个全方位的品牌架构，而且取得了不凡的业绩。但是，在短期内，中国还产生不了像香奈尔、迪奥这样的顶级奢侈品牌。因为还有相当多的中国服装生产商处在 OEM 和 ODM 阶段，或者表面上做了升级，但在根本上仍然保持着 OEM 和 ODM 的思路；而已经升级、建立了自主品牌的企业和设计师品牌，在品牌文化、创意、设计上还有待提高。因此，中国要成为世界服装品牌强国，要成为国际标准、游戏规则的主导者之一，必须全面提升自己，还需要从文化与创意上苦练“内功”。

作为中国服装业巨变的亲历者，作为从业时间长、阅历广、思考深的中国服装品牌建设的主要参与者，心系中国服装发展全局的张肇达认为，未来服装设计与生产必定会包含以下几个要素：“技术、艺术、文化、科技、医学，目前是技

①刘瑾：《中国国际服装服饰博览会——自主服装品牌华彩绽放》，载《经济日报》2012年4月10日。

②刘瑾：《中国国际服装服饰博览会——自主服装品牌华彩绽放》，载《经济日报》2012年4月10日。

术、艺术、文化在起主要作用；而5年以内，科技要素将极大地应用于服装设计与生产；10年以内，医学要素将极大地应用于服装设计与生产；30年以内，医学、科技、文化要素将主导服装潮流发展，而艺术、技术要素的作用将逐渐减少。”[①]张肇达对世界服装业发展的观察和思考，为中国服装品牌强国的建设提供了一个赋有前瞻性的思路。

综上所论，中国人应当对中国文化有充分的自觉，对自己的文化身份有高度自信。中国服装品牌建设的精英们更是要有对民族文化的高度自信，对中华未来文明的进程有着充分的把握，能够用“中国的·国际的”视野与胸怀，以应有的智慧来担当中国服装业的文化责任、道德责任、生态责任以及建设未来的中华文明的责任。正在推动中国服装品牌强国建设的精英们，要有国际化发展的前瞻性，建立适合服装设计发展的新体系。每个与服装产业相关联的院校，都要对能够主导未来服装潮流发展，以及其他将会影响服装产业发展的要素做出预见，并适时地将其融入教学纲要和培养方案之中。各个院校都应形成自己的办学优势、特色。学校不仅要培养、发掘学生在这一领域的潜能，还要“对学生施以文化、艺术、经济、哲学、国学等方面的培养与熏陶，并辅之以西方设计技法与品牌运营经验的全方位训练。假以时日，这批中国服装设计界的未来精英将作为未来发展的先锋，带领中国服装产业在世界时尚圈内掀起一场东方时尚风暴，创造又一次令世界侧目的辉煌”[②]。

到那时，作为世界服装品牌强国的中国，应当具备完善的品牌类型生态：（1）有覆盖全球的、相当数量的“中国的·国际的”一线、二线、三线品牌，并进入国际高、中、低端市场，使中国成为国际标准、游戏规则的重要主导者。（2）有覆盖全国的、面对为数众多的中国本土不同规模城市内的各种类型的消费者，对多元文化、时尚生活有着多元的需求品牌类型。（3）有符合各个民族的日常着装，婚庆、节假等各种场合、各种宗教信仰的各具特色的品牌类型。（4）有以各种资本方式运作的、多元文化交辉相映的品牌集群。（5）有着良性循环的品牌生态环境。（6）有着多元多样的品牌强国建设途径。在服装品牌生态园中展现出春意盎然、百花绽放的景象，展现出中华文化古国、文化大国的气度与胸怀，使中国的服装品牌与品牌服装设计产品呈现出“珠珠相含、影影相摄、重叠不尽”的文化情境。

正如美国史学家威尔·杜兰在《东方的遗产》中所说的：“外来武力的胜利，或外国经济的专制，将无法长久地压迫这个资源和活力如此丰盛的国家……在一个世纪之间，中国将会吸收并开化它的征服者，将会学会所有现代工业的技术；经济和节俭将会带给它富裕……每一个混乱只是一个暂时的现象。最后，混乱消失……中国在以前死过好多次，好多次它都又重新复兴起来。”[③]中国的传统服装文化经历了各种动荡、外来因素的影响、生产生活方式的改变，或者被融合，

①达刘萍：《2009：梦想照进现实——对话著名服装设计师张肇达》，载《纺织服装周刊》2009年第10期。

②达刘萍：《2009：梦想照进现实——对话著名服装设计师张肇达》，载《纺织服装周刊》2009年第10期。

③[美]威尔·杜兰：《东方的遗产》，东方出版社，2003年版。

或者被分解。但是，当今的中国服装文化正以民族文化与时尚创意相结合的方式，在发展变化中崛起，并受到世界的瞩目。在服装品牌建设中对于现代时尚元素的融合，以及对于传统文化的创意，就像细胞分裂一样，发生在中华大地的每一寸土地之上。21 世纪世界时尚的主题是“中国”，中国国民经济的崛起、中华文明的复兴，将是世界文明史上的重大事件，将对未来产生深远的影响。现在整个西方都在密切观察和研究今日中国会怎么样、怎么做。我们在世界面前要保持谦逊，但也要保持以应有的文化尊严在全球化道路上阔步前行。中国文化的崛起，将会从根本上改变世界的格局；我们所进行的“民族文化·时尚创意”，以及通过资本战略、集团化战略、品牌运营等贯穿于全产业链条的集成创新来构建服装产业链的新体系，推动中国服装品牌强国建设的实践，将会从根本上改变由西方主宰时尚话语权、国际标准、游戏规则的局面，中华文明的一举一动影响到的将不仅是中国，而且是整个人类文明。

后 记

书虽已脱稿，心中却不能释怀……

自从20世纪60年代末，笔者带着一拨裁缝匠师们手持大剪刀、竹木尺子、烧木炭加热的铜熨斗以及脚踏的家用缝纫机，开始为人们做常服嫁衣以来，亲身经历并见证了中国服装业的发展。尤其自20世纪80年代以来，笔者在自身的工作中，在历次欧美的学术访问、艺术交流过程中，目睹中国服装业在改革开放的背景下经历了从向西方学习到创造的过程：从COPY、OEM起步到ODM再到OBM，从建设自有服装品牌到自有服装品牌集群逐步崛起的辉煌进程……在此期间，伴随着拥有国际名牌的渴望，一部分富裕起来的中国人在国际上一度成为队伍壮观的“购物狂”。特别是近十多年来，时尚消费领域有了一个巨大的变化：中国消费者在国际上逐渐形成的壮观的“购物狂”队伍通过历经岁月与时尚的洗礼后，逐渐沉淀成为一批品味不凡的时尚经典品牌的消费者；今天，国人的时尚品位已经有了极大的提高，虽然还有一部分消费者仍然盲目追求西方品牌的现象，但“购物狂”已不再是中国人引以为荣的头衔。让国人感到欣喜的变化是中国的服装企业品牌和设计师品牌纷纷进入国际时尚舞台，它们在国际各大时装周上、在“WHO’S NEXT ”等国际大展以及高端品牌齐集的“老佛爷”等商场中，展露出了“小荷才露尖尖角”之势；中国自主品牌在国内外时尚领域中的地位不断得到提升，并获得中外消费者的认可。与中国相关的时尚报道在国际上各类媒体中频频出现。国内时尚城市如上海、北京、广州等加速追赶国际时尚之都的后起之秀柏林、香港，并定位于成为国际时尚之都。这预示着不久的将来，西方时尚统领一切的局面将会发生颠覆性的变化。

上述种种只是中国服装品牌强国建设的起步情形，中国服装品牌在中外市场上的挑战与机遇并存。近年来，中国消费者在国内各大商场中购买八方云集的各类国际品牌的热度不减，而且出国的购买能力也不断攀升。在吸引中国消费者的商战中，“让·保罗·高提耶”、“古琦”等许多国际大牌推行适度的文化转型策略，以中国文化为创意进行的服装设计；欧美一些品牌用中国模特儿拍摄的海报，出现在他们的大大小小的品牌商店中，进一步在中外市场上吸引中国消费者。这一局面对中国品牌不仅是一种挑战、一种压力，也是一种启示。它启示我们要进一步提高民族文化自尊与自信，以民族文化为根基进行“中国的·国际的”服装品牌强国建设的重要性、迫切性，昭示了“中国的·国际的”品牌具有占领广泛的品牌市场商机的可能性。

我们如果以理性的思路对上述变化进行梳理，就会清醒地发现，我们的品牌建设虽然取得了举世瞩目的成就，但要想使中国成为引领国际时尚潮流的品牌强国，尚需奋起直追。全球化格局中的品牌强国不仅仅体现在经济、信息等方面，关键体现在文化、产业结构以及贯穿于全产业链条的集成创新上。从这个角度来说，在全球格局中，当前中国的“Made in China”印痕、状态和地位不容我们过于乐观。

此前的“Made in China”着实让我们感受了名副其实的服装产业“制造大国”的辉煌，然而，2011年4月28日，国家统计局第六次全国人口普查的数据表明，中国已经越过“刘易斯拐点”，“人口红利”窗口即将关闭。这就意味着此前中国依靠“人口红利”构建起来的以劳动密集型产业来支撑“制造大国”的优势已经一去不复返。

今后我们虽然还可以在“制造大国”的基础上，努力推动相关制造企业升级为国际制造品牌，但是，即便中国能够长久地处于“人口红利”优势之中，“Made in China”能够为我们的国家带来持续的经济利益，这种现象也只能是阶段性地、小范围地存在。因为长期以制造而不是以创造为业，必将是我们民族的悲哀。有文化且有创造力是一个民族核心价值的体现，一个有文化有创造力的民族才是真正有生命力、有发展空间的民族。人类一切文明都是基于文化基础上的创新的结果，创新使人类的价值得以体现。这就需要我们将原来的劳动密集型产业转型、升级为知识密集型产业，建立现代品牌生态环境，建立产业链集成创新体系；依靠科技创新、文化创意、设计创新，创造出能够彰显民族文化和时尚特质的高附加值品牌服装，从而将中国的服装“制造大国”、“品牌弱国”变成“中国的·国际的”时尚品牌强国。诚如2012年7月6日至7日温家宝同志在全国科技创新大会上所言：“如果能在‘中国制造’前面再加上‘中国设计’、‘中国创造’，我国的经济和产业格局就会发生根本性变化。”[①]

“中国设计”、“中国创造”离不开科技支撑，20世纪80年代OEM代工时期的科技水平已经远远不能满足当今的中国服装产业建设和服装品牌强国建设的需要。当今中国，必须进入到“CAD有‘力克’，产品生命周期管理有‘格柏’，缝纫机有‘兄弟’，面料有‘兰精’、拉链有‘YKK’”的现代高科技材料时代中来，使之与品牌的管理制度、销售网络、终端控制力、竞争手段、物流系统建设等相对接，与“民族文化·时尚创意”营造的渗透着多元文化的品牌、多元风格的品牌店面形象相对接，与“坚持质量、科技创新、快速反应、社会责任”四位一体的理论和实践相对接，从而建立起一个庞大的、运行良好的现代产业链，进而构建能够为品牌提供充足营养、具有新陈代谢能力的优质的服装品牌生态环境。有

① 参见2012年7月8日中国科技网（http://www.stdaily.com），作者：徐京跃、顾瑞珍，原文链接为：http://www.stdaily.com/special/content/2012-07/08/content_491964.htm。

了上述的基础，才能使中国的服装行业、企业与品牌真正实施走出去战略、资本战略、集团化战略、品牌运营与品牌建设多元化（差异化）战略，最终各企业、品牌（包括“OEM”、“傍洋牌”、“并购国际品牌”）自然地融入到“中国的·国际的”服装品牌强国建设的全产业链条的集成创新战略格局中，各就其位，持续健康地运行，从而彻底实现从数量发展到价值创造的伟大转变。

毋庸置疑，科技创新是“中国的·国际的”时尚品牌强国建设的主线与基础，营销是保障，而设计上的文化性、艺术性则是核心，三者的有机结合才能保证品牌的竞争力。从这个角度来说，国际间的品牌比拼之关键是“民族文化·时尚创意”。

品牌的经典源于文化的经典。国际经典服装品牌的背后都有着源源不断的“民族文化·时尚创意”，有着深厚的品牌文化积淀。服装品牌的核心价值无疑要以文化为灵魂，以人文特性、生活情境、历史底蕴、时代精神为要义。对于成长中的中国服装品牌来说，发展的着力点就在于以鲜明的“中国的·国际的”时尚个性赢得“文化·创意·价值”，在“求同存异”型人类文明的进程中，与全世界分享以多元多样的中华民族文化为根基的时尚创造成果，共同推进世界文明的发展与进步。

对于“中国的·国际的”时尚设计而言，“民族文化·时尚创意”是核心和根本。中华文明在漫漫历史长河中积淀下来的民族文化是产生创意的亘古源泉，不管在任何时间、任何地点，我们都应对自己的文化身份有明确的定位，没有了对本民族文化的自信、自尊、自觉，我们自身以及我们的作品便丢失了灵魂。没有了灵魂的创意，不管怎样绚烂夺目，都是昙花一现。离开了民族文化这片厚土的滋养，就不可能有长久的生命力。

基于当前略显沉重的现状，基于所肩负的社会责任和历史使命，基于复兴中华民族伟大文明的美好理想，我们希望能够从自己所熟悉并深爱着的服装领域着手，通过对于中华民族服饰发展史的简要梳理，加强我辈及后来者对于中华民族服饰文化的自信；以“民族文化·时尚创意”为根本思路，希望能够为中国服装行业的明天开启通往文化创意和产业发展空间的窗口，在服装界各方人士的共同努力下，真正实现服装品牌强国的梦想，让中国文化、中国服装焕发出时代的生机，这是本书写作的原动力。伏案的日日夜夜在不知不觉中流逝，临近截稿，一方面希望能够与大家分享自己的所知、所感、所思，能够对于我们的服装产业发展贡献自己的绵薄之力；一方面则心中惴惴，唯恐由于我们能力所限，书中难免之疏漏会对读者产生负面影响。斗胆抛砖引玉，诚望方家惠赐援手，提出宝贵意见，以便更好地服务于后学。

本书截稿之际，中国时装设计“金顶奖”获得者、“中国国际时装周十大设计名师”、中国服装设计师协会副主席、国际中国美术家协会副主席张肇达先生为本书提供了封面设计所需的作品图片；中国时装设计“金顶奖”获得者、“中国国际时装周十大设计名师”，中国美术家协会服装设计艺术委员会副主任，中国服装设计师协会副主席、中国美术学院设计学院院长、博士生导师吴海燕教授欣然为本书作序，在此一并致以真诚深切的感谢！

本书由王新元、马可、计文波、吉平生、刘洋、吴海燕、房莹、张肇达、张志峰、武学伟、武学凯、罗峥、郭培、梁子、谢锋、曾凤飞等众多服装设计界名师，不吝无偿提供高品质的品牌服装创意设计作品图片，同时核对了他们的品牌建设与成长中的业绩并提供了一些鲜为人知的动人事迹，使本书生色增辉且有了更强的可读性。此外“裂帛”、“可可尼”等品牌与设计师也为本书不吝无偿提供珍贵图片，在此一并对他们无私、有力的支持表示真诚的感谢！

本书主旨是“民族文化·时尚创意”，核心内容是“中国服装品牌建设”，涉及领域广阔，笔者在广泛征集相关文献图片时，尽力做到每一处图片与文献资料都有详细无误的出处，其中有少部分来源于网络的图片资料未能如愿寻到准确的出处，但是这些图片和文献资料都非常出色，因而难以割舍，这让笔者非常不安！为此，笔者敬请有关作者能够谅解，并请相关作者与笔者联系、赐教，笔者谨在此向有关作者表示诚挚的歉意与谢意！

本书在出版的过程中得到中央民族大学“985工程”少数民族美术学科建设项目领导小组的大力支持，并有幸被评为中央民族大学特色教材，同时得到了许许多多专家、学者及相关专业人士的帮助与支持，在此一并致以深深的谢意！

钟志金

2012年11月12 日于北京